MatheNetz 6

Herausgegeben von

Jutta Cukrowicz, Hamburg
Joachim Theilenberg, Langenfeld

Autoren:

Heike Becker, Bielefeld
Jutta Cukrowicz, Hamburg
Michael Mohring, Wetter-Volmarstein
Christian Schirra, Düsseldorf
Dr. habil. Wolfgang Schwarz, Wenden
Joachim Theilenberg, Langenfeld

westermann

Autoren vorangegangener Ausgaben:

Jutta Cukrowicz, Mechthild Ebenhöh, Heinz Kalenberg, Angelika Mertens, Peter Stender,

Dr. Horst Szambien, Joachim Theilenberg, Stephanie Wichtmann, Prof. Dr. Bernd Zimmermann

Druck A [1] / Jahr 2006

Alle Drucke der Serie A sind im Unterricht parallel verwendbar.
Redaktion: Stephanie Aslanidis
Herstellung: Dirk Walter-von Lüderitz
Umschlaggestaltung: Idee Design, Edgar Rüttger, Langlingen
Satz: O&S Satz GmbH, Hildesheim
Repro, Druck und Bindung: westermann druck GmbH, Braunschweig

ISBN 978-3-14-123916-4
alt: ISBN 3-14-123916-9

Erklärung der Bildsymbole:

Aufgabe, die in Partnerarbeit bearbeitet werden soll

Aufgabe, die in Gruppenarbeit bearbeitet werden soll

Etwas schwierigere Aufgabe

Aufgabe, die mithilfe des Computers bearbeitet werden soll

Rechercheaufgabe

Aufgabe zur Kopfgeometrie

Aufgabe mit historischen Bezügen

Aufgabe, die im Gruppen-Logbuch (Glog) dokumentiert werden soll

L1 Aufgabe, deren Lösung hinten im Schülerbuch angegeben ist

Wiederholungsaufgabe

MatheNetz ist ein Buch zum TUN und MACHEN – es lädt ein zum Entdecken, Probieren, Spielen und Staunen.

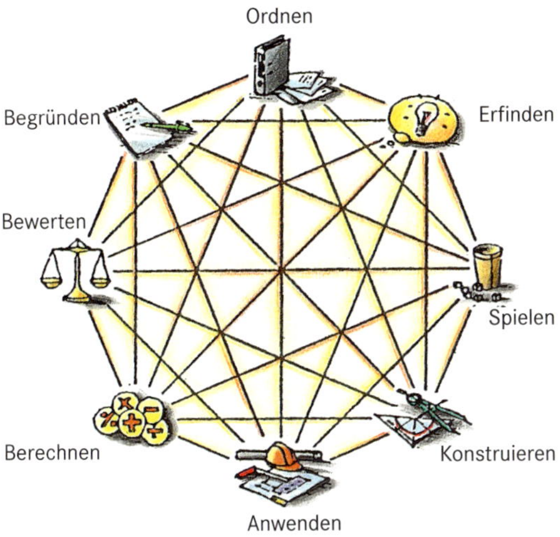

Die Ecken des Achtecks sind alle miteinander verbunden. Dadurch entsteht ein Netz.
Es weist auf die vielen wichtigen und interessanten Querverbindungen innerhalb der Mathematik und zwischen Mathematik und Umwelt hin.
Wie viele solcher Verbindungslinien gibt es in einem Achteck?
Kann man sie mit System zählen?
Gibt es eine Formel, mit der man die Anzahl ausrechnen kann?
Wie ist das bei anderen Eckenanzahlen?
Wie zeichnet man ein Achteck, das so schön regelmäßig ist?

Antworten auf derartige Fragen findet man auf vielerlei Wegen. Wichtig ist sich die **Lösungsstrategien** zu merken, denn sie können bei der Lösung anderer Probleme nützlich sein. Dabei helfen die **Denkwerkzeuge** in Kapitel 7.
Oft ist es sinnvoll ein Problem **im Team** zu bearbeiten. Man kann sich dabei die Arbeit teilen, sich gegenseitig **verschiedene Lösungswege** erklären und sie miteinander vergleichen, gemeinsam **Fehler finden** und **korrigieren,** unterschiedliche Meinungen austauschen und begründen. In den Einstiegen, Ausstiegen und Projekten, aber auch in vielen Übungen gibt es dazu reichlich Gelegenheit. Wichtige Ideen und Entdeckungen während dieser gemeinsamen mathematischen Arbeit lohnen, dass man sich an sie erinnert. Ihr könnt sie im **Glog** notieren (s. nächste Seite).

Einstiege E1

Grundwissen

Übungen

Ausstiege A1

Die Kapitel von MatheNetz teilen sich in thematisch abgeschlossene **Unterkapitel.**
Zunächst gibt es jeweils mehrere **Einstiege.** Meistens **genügt einer** davon um sich das **Thema** allein oder mit anderen zusammen **selbstständig zu erarbeiten.**
Im **Grundwissen** sind wichtige Ergebnisse aufgeschrieben und nützliche Verfahren an Beispielen erklärt. Dabei werden auch Bezeichnungen eingeführt, die man in der Mathematik braucht.
Die zahlreichen **Übungen,** die auf das Grundwissen folgen, sorgen für das notwendige **Training** und die **Anwendung,** sie regen auch an zum **Erklären, Begründen** und **Vergleichen.**
Zu manchen Übungen finden sich die **Lösungen** in verschlüsselter Form auf derselben Seite.
Mit den **Ausstiegen** gibt es weitere Angebote für alle, die das Thema besonders interessiert und die noch mehr Entdeckungen machen wollen. Hierzu gehören auch Begebenheiten aus der Geschichte der Mathematik oder Geschichten zu mathematischen Inhalten.

In der **Zusammenfassung** werden noch einmal die wichtigsten Inhalte des Kapitels aufgeführt.
Den Abschluss jedes Kapitels bildet das **Projekt.** Die Projekte gehen inhaltlich über das Kapitelthema hinaus und **vernetzen** dessen Inhalte innerhalb der Mathematik oder auch mit der Lebensumwelt.

MatheNetz bietet viele Möglichkeiten zu **üben** und sich selbst zu **kontrollieren:**
In den **vermischten Übungen** am Ende jedes Kapitels werden Aufgaben zu verschiedenen Themen gestellt und Inhalte verschiedener Kapitel miteinander **vernetzt.** Einige diese Übungen sind mit einem **L** gekennzeichnet. Für diese finden sich **Lösungen** am Buchende.
Mit der **Mathe-Box** (s. nächste Seite) kann man einzeln oder zu mehreren zu Hause oder in der Schule üben und wiederholen.
Schließlich finden sich auf vielen Buchseiten unten **Wiederholungsaufgaben** zu früher bereits behandelten Themen.

Am Ende des Buches gibt es zu jedem Kapitel zwei **Tests,** deren Lösungen einige Seiten später stehen.
In Kapitel 7 sind Aufgaben zusammengestellt, mit deren Hilfe du testen kannst, ob du schon die **Kompetenzen** erworben hast, die am Ende von Klasse 6 von dir erwartet werden.

Bestimmte Bildsymbole weisen auf Besonderheiten von Aufgaben hin. Ihre Bedeutung wird weiter vorne erklärt. An geeigneten Stellen machen zusätzliche Informationen und Merkhilfen in Form von Denkblasen, Schildern u.ä. auf Merk-Würdiges und Bedenkenswertes aufmerksam und geben hilfreiche Tipps zum Lernen und zum Behalten.

1 *l* Wasser wiegt 1 kg.

Das MatheNetz-Team hofft, dass die Arbeit mit MatheNetz allen, Schülerinnen und Schülern ebenso wie Lehrerinnen und Lehrern, Spaß macht und dass dabei Verständnis für mathematische Zusammenhänge entsteht.

Glog – das Gruppen-Logbuch – ist eine Art Tagebuch für alles Wichtige und Interessante, das ihr beim Lösen eines Problems in der Gruppe entdeckt. Sind euch interessante Zusammenhänge aufgefallen? Ist jemandem ein Licht aufgegangen?
Immer, wenn etwas passiert, das für die Lösung des Problems entscheidend ist, solltet ihr „gloggen“, denn so etwas sollte nicht verloren gehen.
Reihum ist immer ein Gruppenmitglied dafür verantwortlich im Glog zu berichten.
Dabei könnt ihr z.B. folgende Fragen beantworten:
Was war heute wichtig?
Was haben wir heute gelernt?
Was ist uns gut gelungen?
Wo gab es Probleme?
Natürlich könnt ihr euch Hilfe holen, bei Mitschülern oder beim Lehrer oder im Buch, und aufschreiben, wie ihr das Problem schließlich gelöst habt.

Datum: 31. 08. 06 Aufgabe: S. 41, E1
Zwei Brüche sollen möglichst geschickt verglichen werden.
Brüche vergleichen geht einfach, wenn die Zähler oder die Nenner gleich sind. Zuerst hatten wir dazu dieselben Ideen wie in dem Gespräch im Bild.
Dann meinte Ilona, statt $\frac{20}{36}$ könnte man auch $\frac{5}{9}$ schreiben.

In einem solchen Glog könnt ihr dann später, z.B. vor der nächsten Klassenarbeit, nachlesen, was ihr gemacht habt, und wenn jemand gefehlt hat, kann er oder sie sich auch im Glog informieren.

In der **Mathe-Box** sammelt ihr nach und nach selbst erstellte Aufgaben mit Lösungen. Jeder kann sich seine eigene Mathe-Box basteln oder ihr baut eine für die ganze Klasse oder für eure Gruppe.
Bei einer Mathe-Box-Aufgabe schreibt jedes Gruppenmitglied auf eine Seite einer Karteikarte eine Aufgabe und auf die andere Seite die Lösung. Manchmal ist das auch vertauschbar.
Alle Aufgabenkarten werden in der Box gesammelt. Anschließend zieht jeder eine Karte, löst die Aufgabe und kontrolliert die Lösung mithilfe der Rückseite der Karte.
Wenn die Ergebnisse übereinstimmen, wird die Karte zurückgelegt und eine neue bearbeitet. Andernfalls sucht man gemeinsam den Fehler und verbessert ihn.

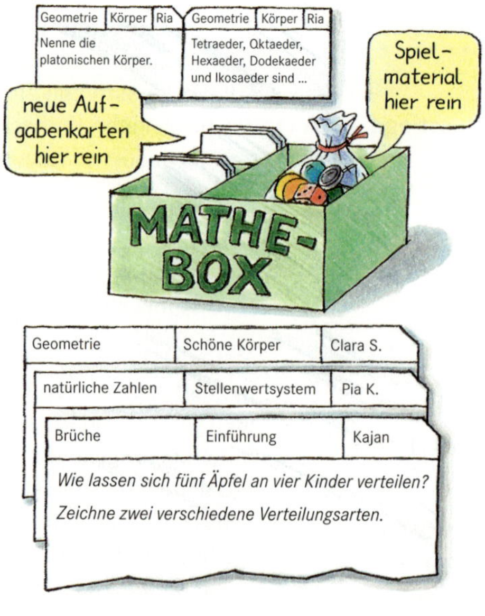

0 Wiederholung

0.1 Zahlen und ihre Darstellung

1

natürliche Zahl

a) Die Zahlen 0; 1; 2; 3; 4; 5; 6; 7; 8; ... heißen **natürliche Zahlen;** mit ihnen kann man Anzahlen feststellen, d. h. zählen. Um sich Anzahlen besser merken zu können haben die Menschen schon vor sehr langer Zeit **Zahlzeichen** benutzt. Auch zum Nummerieren von Bahnsteigen, Häusern usw. werden normalerweise natürliche Zahlen verwendet.
Wie wurden natürliche Zahlen in früheren Zeiten und bei anderen Völkern dargestellt?

Stellenwertsystem

b) Das **Dezimalsystem** *(Zehner*system) ist ein **Stellenwertsystem** mit der **Basis** *zehn.*
- Im Dezimalsystem benutzt man *zehn* verschiedene Ziffern.
- Die Stellenwerte erhöhen sich von rechts nach links jeweils um den Faktor *zehn.*
- Das Anhängen einer Null bedeutet, dass die Zahl ver*zehn*facht wird.

Die **Stellenwerttafel** für das Dezimalsystem kennst du schon aus der Grundschule.

Millionen			Tausender					
HMio	ZMio	Mio	HT	ZT	T	H	Z	E
100 000 000	10 000 000	1 000 000	100 000	10 000	1000	100	10	1

Beschreibe, welche Vorteile die Darstellung von Zahlen in einem Stellenwertsystem z. B. gegenüber der römischen Zahldarstellung hat.

c) Das **Dualsystem** *(Zweier*system) ist ein Stellenwertsystem mit der Basis *zwei.*

1024	512	256	128	64	32	16	8	4	2	1
1	0	0	1	1	1	0	1	0	1	1

$10011101011_2 = 1 \cdot 1024 + 0 \cdot 512 + 0 \cdot 256 + 1 \cdot 128 + 1 \cdot 64 + 1 \cdot 32 + 0 \cdot 16 + 1 \cdot 8 + 0 \cdot 4 + 1 \cdot 2 + 1 \cdot 1 = 1259$

Wie verändern sich die Stellenwerte von rechts nach links?
Wie heißen die nächsten drei Stellenwerte?
Was bedeutet es, wenn man an eine natürliche Zahl im Dualsystem drei Nullen anhängt?
Welches ist die größte dreistellige Zahl im Dualsystem? Wie lautet sie im Dezimalsystem?

Potenz

d) Für Ausdrücke wie 2 · 2 · 2 · 2 · 2, in denen eine Zahl mit sich selbst multipliziert wird, verwendet man die **Potenzschreibweise:**

$\underbrace{2 \cdot 2 \cdot 2 \cdot 2 \cdot 2}_{5 \text{ gleiche Faktoren}} = 2^5$ (gelesen: 2 hoch 5)

$\underbrace{12 \cdot 12 \cdot 12}_{3 \text{ gleiche Faktoren}} = 12^3$ (gelesen: 12 hoch 3)

Potenz
2^5 ← Exponent ← Basis

10^6 hat 6 Nullen.

Außerdem wird festgelegt $2^1 = 2$, ebenso $12^1 = 12$ usw., und $2^0 = 12^0 = ... = 1$.
Die Stellenwerte im Dualsystem sind **Zweierpotenzen,** die Stellenwerte im Dezimalsystem sind **Zehnerpotenzen.** Schreibe sie bis 2^{12} bzw. 10^{12} auf.
Welcher Zehnerpotenz entspricht eine Million (Milliarde; ...)?

2 a) Im Zusammenhang mit Größen begegnen dir täglich Kommazahlen:

> Wenn du auf dem Lineal 6,4 cm abliest, bedeutet die Stelle hinter dem Komma 4 Millimeter, bei der Angabe 17,34 Euro bedeuten die Stellen hinter dem Komma 34 Cent.

Was bedeuten die Stellen hinter dem Komma bei folgenden Angaben?
1,28 m; 355,4 km; 4,999 kg; 5,1 g; 0,25 *l*; 3,3 dl; 24,5 cm^2; 30,7 m^2; 18,46 ha.

Dezimalzahl

b) **Dezimalzahlen** (Kommazahlen) kommen auch ohne Maßeinheiten vor und sie können auch mehr als zwei Nachkommastellen haben.
Man liest die Nachkommastellen einer Dezimalzahl ziffernweise von links nach rechts:

> 706,503 wird gelesen: siebenhundertsechs-Komma-fünf-null-drei.

Leider hört man in den Medien oft fehlerhafte Sprechweisen. Zu welchem Denkfehler wird der Fernsehzuschauer im Bild verleitet?
Bei Euro- und Meterangaben entstehen solche Irrtümer nicht, obwohl man z. B. 3,99 Euro als drei-Euro-neunundneunzig liest und 2,75 m als zwei-Meter-fünfundsiebzig. Woran liegt das?

c) Auch Dezimalzahlen mit Nachkommastellen kann man in einer Stellenwerttafel darstellen. Dazu wird die bisherige Stellenwerttafel nach rechts erweitert:

· 10 · 10 · 10 · 10 ·10

Dezimalbruch	...	100 Hunderter	10 Zehner	1 Einer	,	0,1 Zehntel	0,01 Hundertstel	0,001 Tausendstel	...
0,25				0	,	2	5		
706,503		7	0	6	,	5	0	3	
9,75				9	,	7	5		
13,01			1	3	,	0	1		

: 10 : 10 : 10 : 10 : 10

Was geschieht mit den Stellenwerten, wenn man von links nach rechts geht?
Wie heißt der Stellenwert rechts von den Tausendsteln?
Wie schreibt man Milionstel in Ziffern?
Was passiert, wenn man rechts von der letzten Nachkommastelle eine Null anhängt?

Zahlenstrahl

3 a) Zahlen kann man am **Zahlenstrahl** darstellen.
Von zwei Zahlen ist jeweils diejenige größer, die auf dem Zahlenstrahl weiter in Richtung Pfeilspitze liegt.

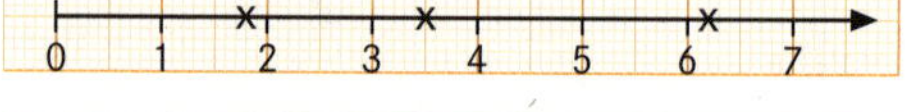

kleiner als
größer als

Das Zeichen „<" bedeutet „ist **kleiner als**", das Zeichen „>" bedeutet „ist **größer als**".

> 301 < 302 < 310 < 320
> 320 > 310 > 302 > 301

Mehrere Zahlen vergleicht man in **Kleinerketten** oder **Größerketten.**
Welche Dezimalbrüche sind auf dem Zahlenstrahl im Bild markiert?
Wo liegen alle Dezimalbrüche, die vor dem Komma nur eine Null haben?
Wo liegen die, die nach dem Komma nur Nullen haben?
Ordne der Größe nach: 3,01; 3,10; 3,09; 3,9; 3,1; 3,11.

b) Zeichne einen Zahlenstrahl, an dem du Zahlen bis 1000 (bis 1 Million) darstellen kannst.
Wie lang muss ein Zahlenstrahl sein, an dem man alle natürlichen Zahlen darstellen kann?

Bruch

Zähler

Nenner

4 Wenn man ein Ganzes in *zehn gleiche Teile* teilt, so nennt man jeden solchen Teil ein *Zehntel.*
Drei von diesen Teilen bilden *drei Zehntel* vom Ganzen.
Für solche Angaben benutzt man die **Bruchschreibweise.**

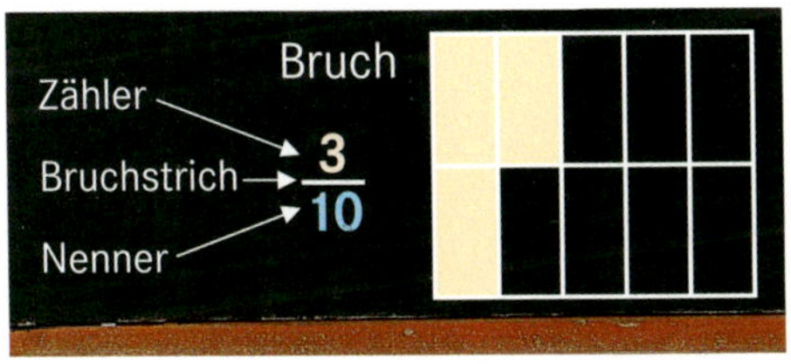

Der **Nenner** gibt an, in wie viele gleiche Teile das Ganze geteilt wird, im **Zähler** steht die Anzahl der ausgewählten Teile.

a) Zeichne das Rechteck aus dem Bild ab und markiere $\frac{3}{10}$ auf verschiedene Arten.

Zeichne Strecken und markiere $\frac{1}{2}$; $\frac{1}{4}$; $\frac{3}{4}$; $\frac{1}{3}$; $\frac{2}{3}$; $\frac{3}{5}$; $\frac{1}{10}$; $\frac{3}{10}$; $\frac{5}{10}$; $\frac{7}{10}$; $\frac{9}{10}$; $\frac{10}{10}$.

b) Brüche mit dem Zähler 1 nennt man **Stammbrüche.** Gib Beispiele an und versuche den Namen zu begründen.

5 Vier Pfannkuchen werden gleichmäßig auf sieben Personen verteilt. Jede Person erhält vier Siebtel.

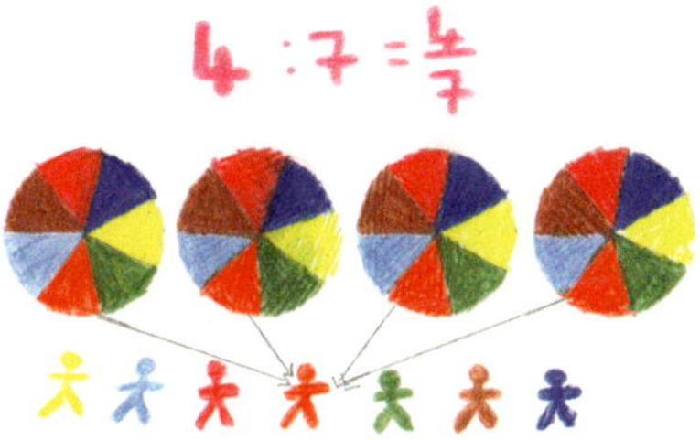

Divisionsaufgabe $4 : 7 = \frac{4}{7}$

Quotient = Bruch

Der Zähler kann 0 sein: $\frac{0}{7} = 0 : 7 = 0$;
der Nenner kann nicht 0 sein, weil die Division durch null nicht erlaubt ist.
Beschreibe die Pfannkuchensituation, wenn
(I) der Zähler 1 ist; (II) der Nenner 1 ist; (III) der Zähler größer als der Nenner ist;
(IV) Zähler und Nenner gleich sind; (V) der Zähler 0 ist.
Wie müsste die Pfannkuchengeschichte lauten, wenn der Nenner 0 wäre?

6 Janine, Uwe, Tommi und Lisa kommen aus dem Freibad und stürzen hungrig zu Janines Mutter in die Küche. Die hat noch drei Pizzen im Tiefkühlschrank.

5 Viertel ist größer als 1.

a) Stellt euch verschiedenfarbige Kreise für die drei verschiedenen Pizzen her und legt damit die Anteile, wenn alles gleichmäßig auf die vier Kinder verteilt wird.
Legt auch die Verteilung unter Berücksichtigung von Sonderwünschen:
Uwe möchte am liebsten nur Spinatpizza, Lisa hat eine Vorliebe für Champignonpizza und Tommi bevorzugt Tunfisch. Janine mag glücklicherweise alle Sorten.

b) Verändert die Geschichte so, dass sie zu dem rechten Bild passt. Schlagt mögliche Verteilungen vor. Denkt euch weitere Veränderungen aus.

c) Für Brüche, die größer als ein Ganzes sind, kann man die **gemischte Schreibweise** verwenden: $\frac{5}{4} = 1\frac{1}{4}$. Man erkennt daran sofort: Dieser Bruch liegt zwischen 1 und 2.
Zwischen welchen natürlichen Zahlen liegen die folgenden Brüche?
$\frac{17}{3}$; $\frac{5}{4}$; $\frac{3}{4}$; $\frac{4}{3}$; $\frac{22}{5}$; $\frac{100}{3}$; $\frac{3}{100}$; $\frac{7}{6}$; $\frac{8}{7}$; $\frac{101}{100}$; $\frac{57}{9}$.

7 Welcher Anteil der Figur ist jeweils gefärbt, welcher nicht?

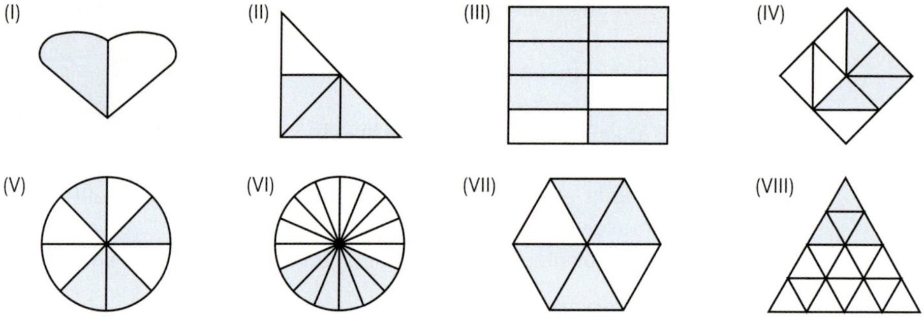

8 Brüche können verschiedene Arten von Sachverhalten beschreiben, z. B.:

- **Anteile** von einem oder von mehreren Ganzen
- **Verhältnisse** (z. B. Mischungs-, Teilungs- oder Übersetzungsverhältnisse und Maßstäbe)
- **Operatoren** (Operatormaschinen, Rechenvorschriften)
- **Quotienten** als Lösungen von Divisionsaufgaben

a) Gib bei jedem der folgenden Beispiele an, um welche Art von Sachverhalt es sich handelt. (Es können auch mehrere zutreffen.)

(I) $\frac{5}{3}$ von ■ Euro bedeutet ■ Euro durch 3 mal 5.
Wie viel ist $\frac{5}{3}$ von 69 Euro (von 3 Euro; von 1272 Euro)?

(II) 1272 Euro sollen im Verhältnis 5 : 3 auf zwei Partnerinnen verteilt werden.

(III) Welche Zahl kann man für den Platzhalter einsetzen?
1 : 5 = ■; 1 · ■ = 5; 5 · ■ = 1; 11 : 7 = ■; 21 : 7 = ■; 7 · ■ = 11.

b) Gib ebenso für die Aufgaben **5** bis **7** an, um welche Art von Sachverhalt es sich handelt.

9

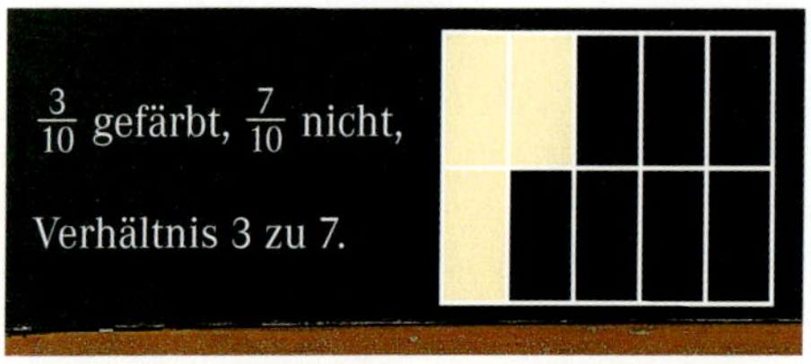

a) Die gefärbten Teile verhalten sich zum Ganzen wie 3 zu 10, die nicht gefärbten verhalten sich zum Ganzen wie 7 zu 10. Die gefärbten Teile stehen zu den nicht gefärbten im Verhältnis 3 : 7.
Mache entsprechende Aussagen zu den Figuren in **7**.

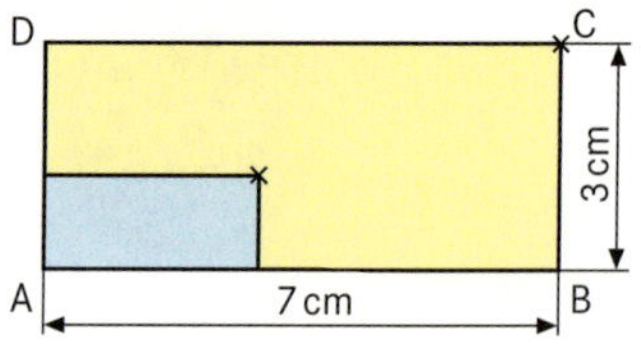

b) Zeichne wie im Bild mindestens fünf verschieden große Rechtecke, deren Seiten sich wie 7 : 3 verhalten.
Was kannst du über die Rechtecke sagen? Wo liegt jeweils der rechte obere Eckpunkt? Verändere das Seitenverhältnis.

10 a) Zeichne einen Zahlenstrahl und trage die Brüche $\frac{1}{4}$; $\frac{2}{4}$ und $\frac{3}{4}$ ein. Um die richtigen Stellen zu finden kannst du z. B. einen Papierstreifen passender Länge in vier gleiche Teile falten.

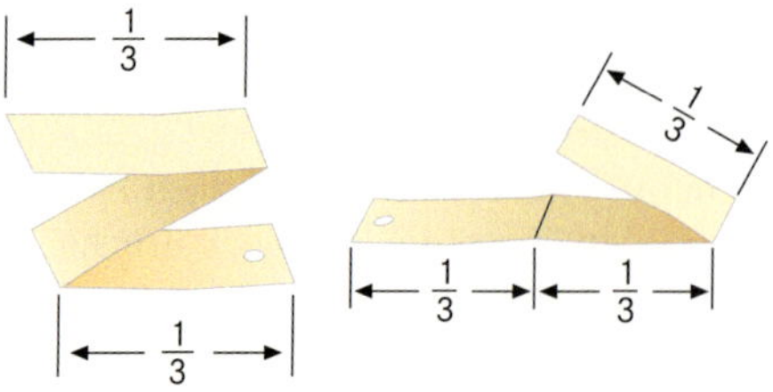

b) Trage $\frac{1}{3}$ und $\frac{2}{3}$ am Zahlenstrahl ein. Auch diese Stellen kannst du durch Falten finden.

c) Beschreibe, wie du mithilfe der bisherigen Ergebnisse die Stellen für Fünftel, Sechstel und Achtel finden kannst. Trage einige davon in deine Zeichnung ein und beschrifte sie.

11 Bei den Brüchen $\frac{3}{4}$ und $\frac{6}{8}$ wurden unterschiedliche Einteilungen eines Ganzen gewählt. Die beiden Brüche bezeichnen denselben Anteil mit verschiedenen Namen. Man sagt auch, sie haben denselben Wert.

Bruchzahl

$\frac{3}{4}$ und $\frac{6}{8}$ beschreiben dieselbe **Bruchzahl**

oder sind gleich: $\frac{3}{4} = \frac{6}{8}$.

erweitern

Die Anzahl der Teile wird verdoppelt:

$\frac{3}{4}$ wird **erweitert** zu $\frac{6}{8}$.

kürzen

Die Anzahl der Teile wird halbiert:

$\frac{6}{8}$ wird **gekürzt** zu $\frac{3}{4}$.

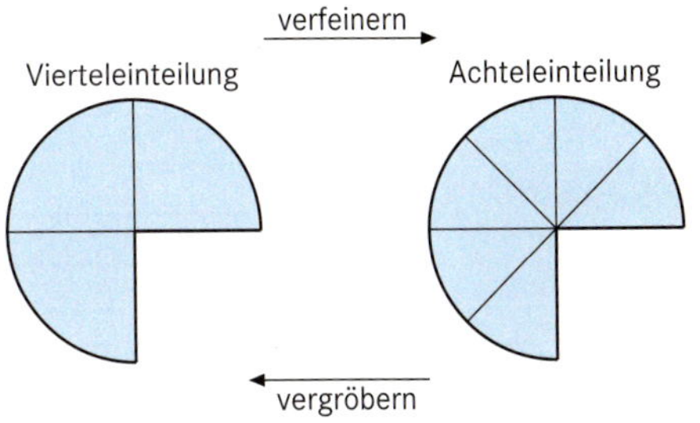

a) Wie wird die Einteilung verändert? Zeichne passende Bilder.

$\frac{1}{2} = \frac{3}{6}$; $\frac{8}{10} = \frac{4}{5}$; $\frac{2}{3} = \frac{8}{12}$; $\frac{10}{15} = \frac{2}{3}$

b) Kürze soweit wie möglich. $\frac{24}{36}$; $\frac{50}{100}$; $\frac{32}{18}$; $\frac{11}{13}$; $\frac{5}{1}$

c) Wenn möglich, verwandle den Bruch durch Kürzen und Erweitern in einen Hundertstelbruch.

$\frac{12}{16}$; $\frac{54}{72}$; $\frac{42}{30}$; $\frac{28}{35}$; $\frac{15}{36}$; $\frac{44}{40}$; $\frac{17}{34}$; $\frac{49}{70}$

d) Gleichwertige Brüche bezeichnen die gleiche Bruchzahl und werden am Zahlenstrahl an der gleichen Stelle eingetragen. Jede Bruchzahl kann durch viele verschiedene gleichwertige Brüche dargestellt werden. Auch jede natürliche Zahl ist eine Bruchzahl.
Zeichne das Bild ab und ergänze es.

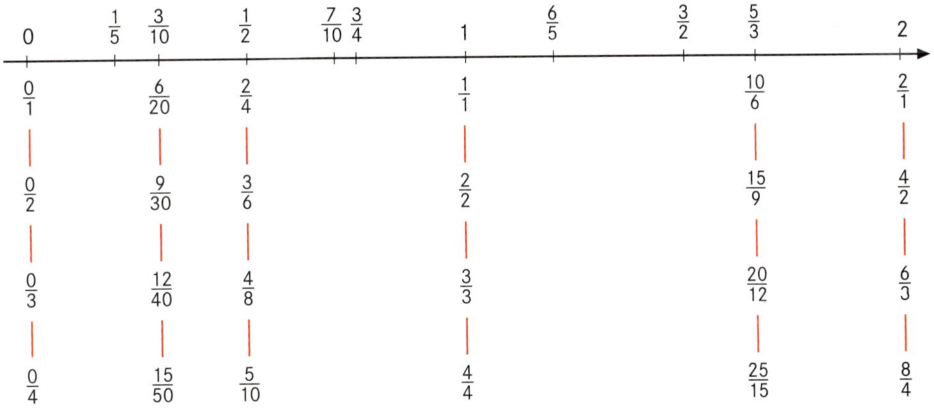

vergleichen

12 a) Einfache Brüche kannst du durch Überlegen oder mithilfe einer Zeichnung **vergleichen.** Welcher von den beiden Brüchen ist kleiner, welcher größer?

$\frac{1}{3}$ und $\frac{1}{5}$; $\frac{2}{7}$ und $\frac{2}{9}$; $\frac{5}{4}$ und $\frac{3}{4}$; $\frac{7}{10}$ und $\frac{10}{7}$; $\frac{8}{9}$ und $\frac{18}{19}$; $\frac{6}{11}$ und $\frac{7}{15}$.

b) Wenn du nicht sicher bist, ob z. B. $\frac{7}{12}$ oder $\frac{5}{8}$ größer ist, können dir Verfeinerungslisten helfen.
Vergleiche möglichst geschickt und begründe deine Ergebnisse:

$\frac{7}{12} = \frac{14}{24} = \frac{21}{36} = \ldots$ und $\frac{5}{8} = \frac{10}{16} = \frac{15}{24} = \ldots$

$\frac{14}{24} < \frac{15}{24}$, also auch $\frac{7}{12} < \frac{5}{8}$

$\frac{6}{5}$ und $\frac{11}{10}$; $\frac{17}{24}$ und $\frac{5}{6}$; $\frac{7}{8}$ und $\frac{45}{46}$; $\frac{2}{7}$ und $\frac{5}{14}$; $\frac{9}{19}$ und $\frac{27}{30}$; $\frac{5}{6}$ und $\frac{8}{9}$.

Tabelle Säulendiagramm

13 In den sechsten Klassen der Kästnerschule sind die Kinder unterschiedlich alt: Vier sind 10 Jahre alt, 41 sind 11 Jahre alt, 45 sind 12, neun sind schon 13 und eins sogar schon 14. In der **Tabelle** und in dem **Säulendiagramm** ist dieser Sachverhalt dargestellt.

Alter	Anzahl der Schüler	
	Kästnerschule	Lindgrenschule
10	4	–
11	41	43
12	45	49
13	9	43
14	1	–

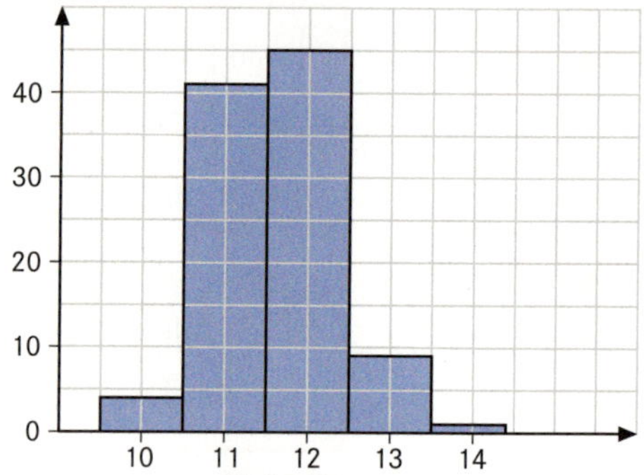

Säulendiagramm

a) Vergleiche die Darstellungen mit dem Text. Wo siehst du Vorteile bzw. Nachteile? Welche wichtigen Angaben fehlen in dem Säulendiagramm?

b) Stelle die Daten aus der Lindgrenschule in geeigneter Weise dar.

c) Wenn du die Tabelle in ein Tabellenkalkulationsprogramm eingibst, kannst du mithilfe des Diagramm-Assistenten verschiedene Diagramme erstellen. Welche geben den Sachverhalt gut wieder? Welche zeigen die Unterschiede zwischen den beiden Schulen besonders deutlich?

14 Die Dreiecksfiguren im Bild „wachsen", indem jeweils eine Reihe mit kleinen gelben Dreiecken hinzukommt.
Die Tabelle gibt zu jeder Figurnummer die Anzahl der gelben Dreiecke an.

Figurnr.	1	2	3	4	5
Anzahl	1	3	5		

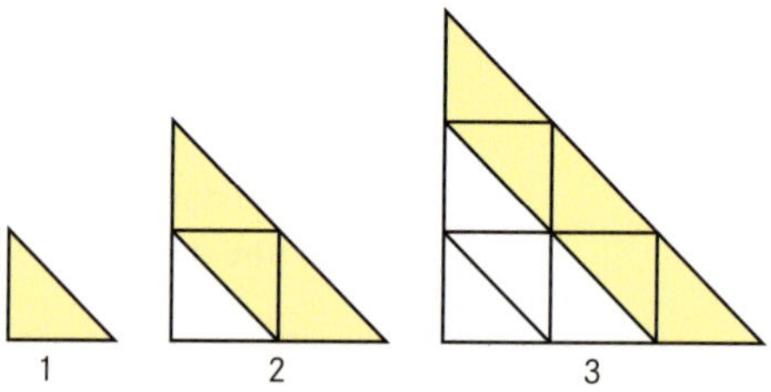

a) Wie sehen die Figuren 4 und 5 aus? Übernimm die Tabelle in dein Heft und setze sie bis zur Figurnummer 10 fort.

Koordinatensystem

b) Zur Darstellung des Zusammenhanges zwischen der Figurnummer und der Anzahl der gelben Dreiecke eignet sich ein **Koordinatensystem.**
Dazu zeichnet man zwei zueinander senkrecht stehende Zahlenstrahlen mit gemeinsamem Anfangspunkt.
Sie bilden die **Koordinatenachsen** und werden als **Rechtsachse** und **Hochachse** bezeichnet.
Der gemeinsame Anfangspunkt heißt **Ursprung** des Systems.
Zeichne ein Koordinatensystem auf Karopapier. Vergiss die Pfeilspitzen und die Beschriftung des Ursprungs nicht.

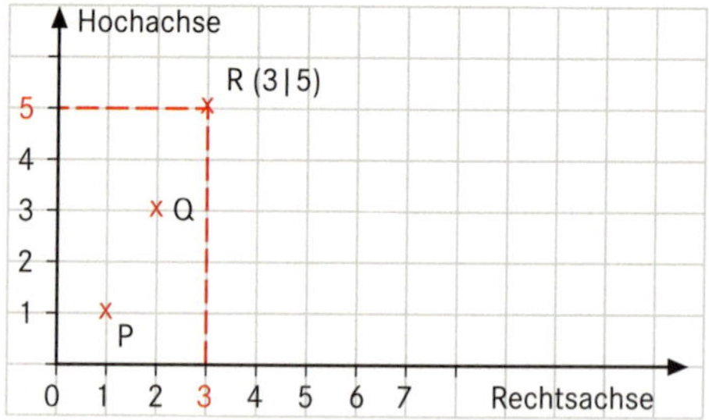

c) Im Bild ist ein Punkt R im Koordinatensystem eingetragen. Seine **Koordinaten** sind 3 auf der Rechtsachse und 5 auf der Hochachse. Man schreibt R (3 | 5) und liest „Punkt R mit den Koordinaten 3 und 5".
Lies die Koordinaten der Punkte P und Q ab.

d) Die Punkte P, Q und R stellen die ersten drei Paare von Zahlen aus der Tabelle von a) im Koordinatensystem dar.
Zeichne die Punkte zu den von dir berechneten Paaren ein. Wie wird es weitergehen?

0.2 Rechnen mit natürlichen Zahlen

Addition
Subtraktion

1

Addition					Subtraktion				
85	+	76	=	161	161	−	76	=	85
↑		↑		↑	↑		↑		↑
1. Summand		**2. Summand**		**Summe**	**Minuend**		**Subtrahend**		**Differenz**

Multiplikation
Division

Multiplikation					Division				
5	·	13	=	65	65	:	13	=	5
↑		↑		↑	↑		↑		↑
1. Faktor		**2. Faktor**		**Produkt**	**Dividend**		**Divisor**		**Quotient**

Der Kasten zeigt die üblichen Bezeichnungsweisen bei den vier **Grundrechenarten.** Man sieht hier auch, dass die Subtraktion die Umkehrung der Addition ist:

Platzhalter

In der *Summe* fehlt ein Summand. Er ist durch einen **Platzhalter** ersetzt. Wenn man ausrechnen will, welche Zahl für den Platzhalter einzusetzen ist, berechnet man die *Differenz.*

● + 76 = 161

161 − 76 = ●

a) Ebenso ist die Division die Umkehrung der Multiplikation. Erläutere den Zusammenhang ausführlich.

b) Was passiert, wenn man 1 addiert, subtrahiert, mit 1 multipliziert, durch 1 dividiert?
Was passiert, wenn man 0 addiert, subtrahiert, mit 0 multipliziert?
Erläutere die Regel: Die Division durch null ist nicht erlaubt.

c) Wofür kann die Eselsbrücke als Erinnerungshilfe dienen?
Warum ist es bei Subtraktion und Division wichtig die beiden Zahlen zu unterscheiden, während man bei Addition und Multiplikation jeweils mit einer Bezeichnung auskommt?

Vorrangregeln **2** In welcher Reihenfolge gerechnet werden soll, wird durch **Vorrangregeln** festgelegt.

(I) Was in einer **Klammer** steht, wird **zuerst** berechnet.

(II) Multiplikation und Division werden *vor* Addition und Subtraktion ausgeführt. Kurz: **Punktrechnung** geht **vor Strichrechnung.**

(III) Wenn nichts anderes festgelegt ist, rechnet man **von links nach rechts.**

$$6 \cdot (47 - 8 \cdot 5) + (81 : 3 + 18) : 3$$
$$= 6 \cdot (47 - 40) + (27 + 18) : 3$$
$$= 6 \cdot 7 + 45 : 3$$
$$= 42 + 15$$
$$= 57$$

Berechne unter Beachtung der Vorrangregeln.
Wo könnte man Klammern weglassen, ohne dass sich das Ergebnis ändert?

a) 30 + (15 · 4) : 6; (30 + 15 · 4) : 6; ((30 + 15) · 4) : 6

b) (900 : 9) · 10 + 10; 900 : (9 · 10) + 10; 900 : (9 · (10 + 10))

c) (28 : 4) · 7 + 90; 28 : (4 · 7) + 90; (28 : 4) · (7 + 90)

d) (38 : 19) · 3 + (6 · 7) : 14; (42 − 14) · 5 − 108 : 9; 57 · 2 − (15 − 4) · 9 + 14 · 3

schriftliche Rechenverfahren

3 Schriftliche Rechenverfahren für natürliche Zahlen

Addieren	Subtrahieren	Multiplizieren	Dividieren
9123	189456	7405 · 3056	455 : 7 = 65
+68325	− 93476	22215	−42
+ 798	− 6897	37025	35
+ 2651	− 4378	44430	−35
2 1 1 1	1 1 2 2 2	22629680	0
80897	84705		Probe: 65 · 7 = 455

a) Die Merksätze in den Sprechblasen helfen beim schriftlichen Rechnen Fehler zu vermeiden. Zu welchen Rechenverfahren gehören sie? Ergänze weitere wichtige Regeln.

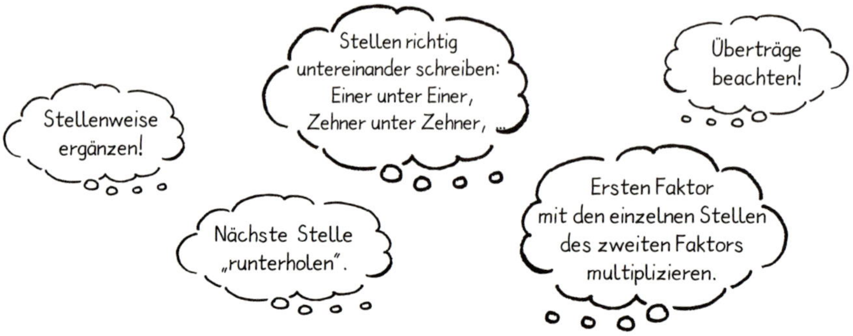

b) Berechne schriftlich.

(I)	(II)	(III)
327 + 519	15681 + 4511 + 812	189456 − 93476 − 6897 − 64376
706 − 323	5688 − 5299	345 · 461 · 25 · 40
73 · 94	123 · 24	54450 : 99
549 : 9	77322 : 7	96471 : 243

4 a) Die Summe zweier natürlicher Zahlen ist stets wieder eine natürliche Zahl. Überprüfe, ob entsprechende Aussagen auch für die anderen drei Grundrechenarten gelten. Gib gegebenenfalls ein Gegenbeispiel an.

b) Wenn eine Divisionsaufgabe „nicht aufgeht“, kann man sie als **Zerlegung mit Rest** schreiben: 743 = 38 · 19 + 21.

Beim schriftlichen Dividieren kommt nach dem „Runterholen“ der Einerstelle bei der Subtraktion null heraus, wenn die Division aufgeht. Wenn nicht null herauskommt, sondern sich ein Rest ergibt, geht die Division nicht auf.
Das Beispiel zeigt das Verfahren der **Division mit Rest.**

743 : 38 = 19 + 21 : 38
−38
363
−342
21

Probe:
19 · 38
57
152
722
+ 21
743

Berechne entsprechend:
3185 : 49; 96217 : 158; 4567 : 25; 6789 : 14; 35111 : 132; 143117 : 356.

c) Begründe in einem kleinen Text, warum „Rest 21“ bei Division durch 22 viel, aber z. B. bei Division durch 2005 wenig ist.

d) Was sagst du dazu?

351 : 22 = 15 Rest 21
↕ ? ↕ =
30096 : 2005 = 15 Rest 21

Rechengesetze

5 **Rechengesetze** kann man mit Platzhaltern sehr kurz formulieren.

Für alle natürlichen Zahlen a, b und c gilt:

für die Addition	für die Multiplikation	
$a + b = b + a$	$a \cdot b = b \cdot a$	**Kommutativgesetze**
$a + (b + c) = (a + b) + c$	$a \cdot (b \cdot c) = (a \cdot b) \cdot c$	**Assoziativgesetze**
$a \cdot (b + c) = a \cdot b + a \cdot c$		**Distributivgesetz**

Rechenvorteile

a) Oft können Kommutativ- und Assoziativgesetz für **Rechenvorteile** genutzt werden.
Berechne geschickt.
$234 + 566 + 235 + 65$; $34 + 28 + 66 + 72$;
$20 \cdot 17 \cdot 5$; $25 \cdot 9 \cdot 4$; $75 \cdot 8 \cdot 10 \cdot 25$.

$18 + 27 + 22 + 33 = (18 + 22) + (27 + 33) = 40 + 60 = 100$

$8 \cdot 9 \cdot 125 = 9 \cdot (8 \cdot 125) = 9 \cdot 1000 = 9000$

aus-klammern

b) Das Bild veranschaulicht das Distributivgesetz: $2 \cdot 6 + 3 \cdot 6 = (2 + 3) \cdot 6$.
Von links nach rechts gelesen sagt man: Der gemeinsame Faktor 6 wird **ausgeklammert.** Hierbei wird eine Summe in ein Produkt umgeformt.
Von rechts nach links liest man $(2 + 3) \cdot 6 = 2 \cdot 6 + 3 \cdot 6$.
Die Summanden in der Klammer werden einzeln mit dem gemeinsamen Faktor 6 multipliziert. Man sagt, es wird **ausmultipliziert.** Hierbei wird ein Produkt in eine Summe umgeformt.

ausmultiplizieren

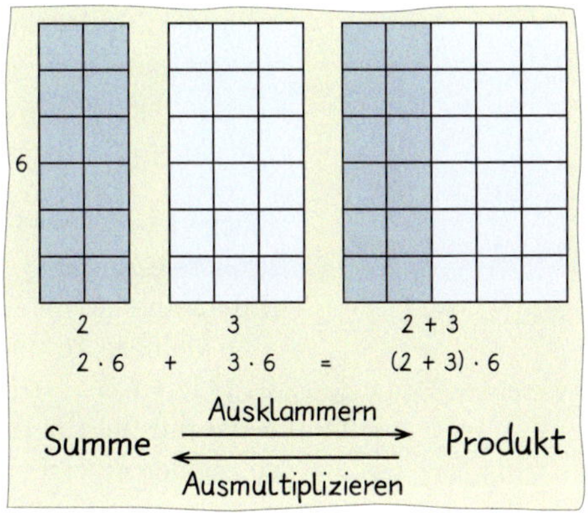

Multipliziere aus.
$8 \cdot (5 + 3)$; $(18 + 7) \cdot 5$; $14 \cdot (100 + 15)$; $(25 + 22) \cdot 4$; $(12 + 11) \cdot 12$;
$(11 + 9 + 7) \cdot 4$; $6 \cdot (23 + 19 + 17)$; $(5 + 13 + 15 + 19) \cdot 11$.

c) Klammere den gemeinsamen Faktor aus.
$7 \cdot 4 + 7 \cdot 6$; $25 \cdot 13 + 75 \cdot 13$; $8 \cdot 70 + 8 \cdot 130$; $34 \cdot 15 + 15 \cdot 66$; $37 \cdot 199 + 37 \cdot 1$;
$3 \cdot 7 + 3 \cdot 11 + 3 \cdot 19$; $11 \cdot 8 + 11 \cdot 13 + 11 \cdot 9$; $5 \cdot 9 + 17 \cdot 5 + 5 \cdot 28 + 46 \cdot 5$.

d) Klammere einen möglichst großen Faktor aus.
$25 + 5 \cdot 11 + 17 \cdot 5$; $5 \cdot 9 + 25 + 35 + 60$; $77 + 22 + 13 \cdot 11 + 11 \cdot 17 + 11$.

6

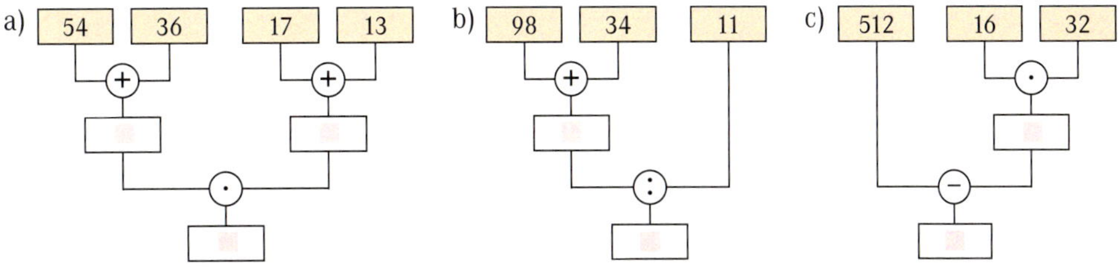

Ein **Rechenbaum** kann den Aufbau eines Rechenausdrucks veranschaulichen.

a) Zeichne ab und berechne die Zwischen- und Endergebnisse.

b) Schreibe die Rechenausdrücke mithilfe von Klammern auf. Beachte die Vorrangregeln.

c) „Im ersten Rechenbaum wird die Summe von 54 und 36 …" Setze fort und formuliere die anderen Rechenbäume ebenso in Worten.

d) Stellt euch gegenseitig Rechenaufgaben in Form von Rechenbäumen.

Term

7 Rechenausdrücke bezeichnet man in der Mathematik als **Terme.**
Die Rechenart, die zuletzt ausgeführt werden soll, bestimmt den **Typ** des Terms.

$(25 + 73) \cdot 0{,}5$	$2 \cdot a + 2 \cdot b$
↑ letzte ausgeführte Rechenart „·“	↑ letzte ausgeführte Rechenart „+“
Typ: Produkt	Typ: Summe

a) Denke dir zu jedem der beiden Beispielterme eine Rechengeschichte aus.
b) Veranschauliche die beiden Terme durch je einen Rechenbaum.
c) Schreibe als Term, veranschauliche ihn, bestimme den Typ und berechne.
Der Quotient aus der Summe und der Differenz von 605 und 495.

Überschlagsrechnung

8 a) Herr Clausen möchte gern drei Saunalaken kaufen. Er hat noch 100 Euro im Portmonee.
Durch eine **Überschlagsrechnung** stellt er fest, dass er bar zahlen kann:
$3 \cdot 26{,}90 \approx 3 \cdot 27 = 81 < 100$.
Für die Zwecke von Herrn Clausen hätte sogar eine noch gröbere Überschlagsrechnung gereicht:
$3 \cdot 26{,}90 \approx 3 \cdot 30 = 90 < 100$.

Mache jeweils zwei Überschlagsrechnungen: Ersetze beim ersten Mal beide Zahlen durch größere bzw. beide durch kleinere und beim zweiten Mal eine durch eine größere und eine durch eine kleinere. Welche Art der Ersetzung ergibt bei den verschiedenen Rechenarten eine kleinere Abweichung vom genauen Ergebnis?
(I) $1256 + 871$ (II) $9340 - 6512$ (III) $23 \cdot 10576$ (IV) $4872 : 56$ (V) $9 \cdot 23454$

Runden

b) Nicht nur bei Überschlagsrechnungen werden Zahlen durch ungenauere, aber „bequemere“ Zahlen ersetzt.
- Wenn man Daten in einem Diagramm darstellen will, muss man oft **runden,**
- Bruchteile von Cent werden auf ganze Cent gerundet,
- der Taschenrechner rundet Zahlen auf die letzte Stelle, die er anzeigen kann.

Der Unterschied zwischen der ursprünglichen und der gerundeten Zahl nennt man **Rundungsfehler.**
Wenn nichts anderes gesagt ist, gelten für das Runden feste Regeln:

Man betrachtet die *Stelle rechts von der Stelle,* auf die gerundet werden soll.

Ist die Ziffer an dieser Stelle eine
0; 1; 2; 3 oder 4, so wird *ab*gerundet,
5; 6; 7; 8 oder 9, so wird *auf*gerundet.

0	1	2	3	4	5	6	7	8	9
abrunden					aufrunden				

7,64 ▪ 3 soll auf Hundertstel gerundet werden.
- Stelle, deren Ziffer betrachtet wird.
- Stelle, auf die gerundet werden soll.

7,6403; 7,6413; 7,6423; 7,6433; 7,6443 → 76,4
7,6453; 7,6463; 7,6473; 7,6483; 7,6493 → 76,5

Runde die Zahlen auf Zehner, Einer und Zehntel und gib jeweils den Rundungsfehler an.
7,6453; 121,539; 27,3069; 10,051; 10,05; 10,049; 123,478; 18,7432; 503,31; 17,038; 1238,3; 962,87; 152,9; 80,01; 79,09; 65,3021; 10024,2; 301,111.

c) Die Zahlen sind auf die Stelle gerundet, an der die rote Ziffer steht.
In welchem Bereich kann die ursprüngliche Zahl gelegen haben?

3200;	3200;	3200;
58,7;	5,87;	0,5874;
14,0;	14;	14,03;
952,952;	952,95;	952,9520

0.3 Geometrie

1

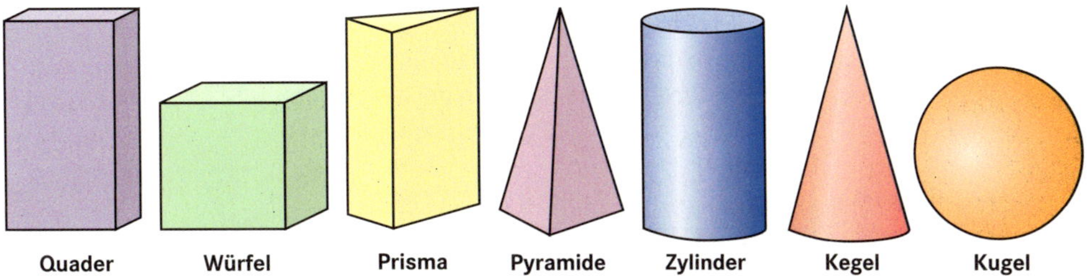

Körper

Körper sind räumliche Gebilde. Sie werden durch **Flächen** begrenzt. Wo zwei Flächen aneinander stoßen, entsteht eine **Kante.** Wo Kanten aufeinander treffen, entsteht eine **Ecke.**

Nicht alle Körper haben Kanten:	Eine Kugel hat keine, sie hat nur eine einzige Fläche.
Nicht alle Körper haben Ecken:	Ein Zylinder hat keine.
Nicht alle Kanten sind gerade:	Beim Kegel gibt es eine gekrümmte Kante.
Nicht alle Flächen sind eben:	Ein Zylinder besitzt eine gekrümmte Fläche.

a) Bei der Herstellung von Gegenständen verwenden die Menschen oft geometrische Grundkörper als Grundformen. Gib Beispiele an.

b) Wie viele Flächen, Kanten und Ecken haben die verschiedenen Körper im Bild? Schreibe deine Ergebnisse in eine Tabelle.

c) Beschreibe genau, was die Besonderheiten eines Würfels gegenüber einem beliebigen Quader sind.

2

Schrägbild

Netz

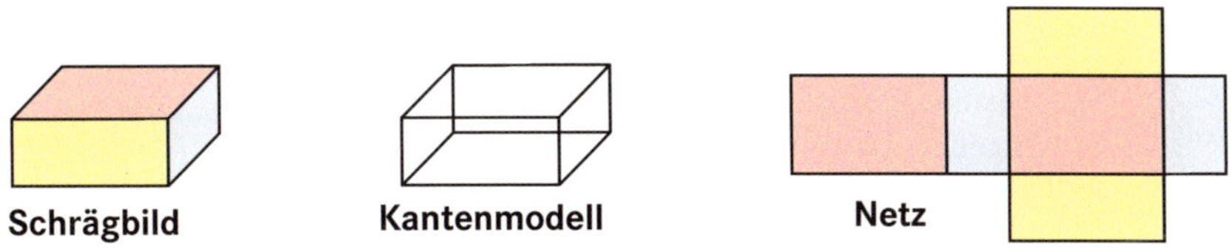

In einem Schrägbild wird ein räumlicher Gegenstand als flächige Figur auf dem Zeichenpapier dargestellt.
Ein Schrägbild eines Quaders oder Würfels kann man in drei Schritten zeichnen:

(I) Man zeichnet die vordere Fläche.

(II) Man zeichnet die gleiche Figur noch einmal etwas schräg nach oben verschoben.
Einer Körpertiefe von z. B. 13 Kästchen entspricht dabei eine Verschiebung um insgesamt 13 Kästchen, z. B. sieben nach rechts und sechs nach oben.

(III) Man verbindet entsprechende Eckpunkte der vorderen und hinteren Figur.

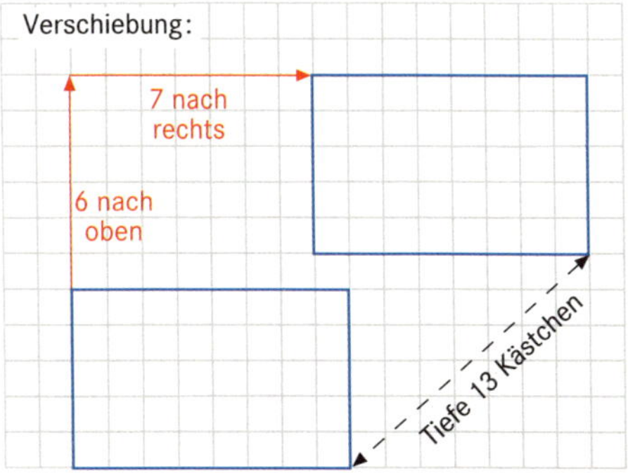

a) Zeichne auf diese Weise ein Schrägbild eines Quaders mit den Kantenlängen zehn Kästchen, vier Kästchen und sechs Kästchen.

b) Bei der Darstellung eines Quaders im Schrägbild verändert sich die Form einiger Seitenflächen. Beschreibe.
Was fällt dir an der Richtung und Länge der verschiedenen Kanten auf?

c) Bei dem beschriebenen Zeichenverfahren entsteht ein Bild, das einen durchsichtigen Körper oder ein Kantenmodell darzustellen scheint. Woran liegt das?
Oft zeichnet man unsichtbare Kanten gestrichelt. Verändere dein Schrägbild entsprechend.

3 Um ein Netz eines Körpers zu erhalten schneidet man den Körper entlang einiger Kanten so auf, dass man seine Flächen alle in eine Ebene klappen kann.

a) Zeichne ein Netz eines Quaders mit den Kantenlängen zehn Kästchen, vier Kästchen und sechs Kästchen (vgl. **2**a).

b) Beschreibe die Körper, zu denen die Netze im Bild gehören.
Gib auch ihre Namen an, wenn du sie kennst.

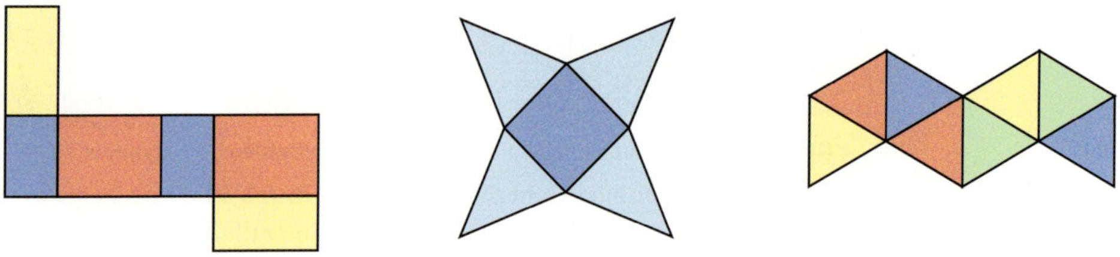

4 In der Geometrie bezeichnet man **Punkte** mit Großbuchstaben wie A, B, P, Q. **Linien** bezeichnet man mit kleinen Buchstaben wie a, b, s, g oder mithilfe von Punkten, die auf ihnen liegen:

Strecke $\overline{AB}$

$\overline{AB}$ bezeichnet die **Strecke** mit den Endpunkten A und B.

Strahl $\overset{\vdash}{AB}$

$\overset{\vdash}{AB}$ bezeichnet den **Strahl** mit dem Anfangspunkt A durch den Punkt B.

Gerade AB

AB bezeichnet die **Gerade** durch die Punkte A und B.

Wenn keine Gefahr von Missverständnissen besteht, bezeichnet man auch die **Länge der Strecke** $\overline{AB}$ mit $\overline{AB}$.

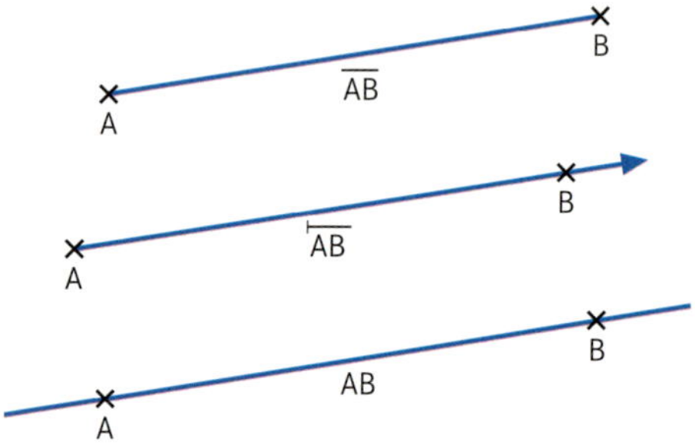

a) Nenne möglichst viele Beispiele von Strecken in der Geometrie und in der Umwelt.

b) In der Alltagssprache spricht man von einer „Fahrstrecke“. Ist damit eine Strecke im geometrischen Sinn gemeint? Was haben Fahrstrecke und geometrische Strecke gemeinsam, was unterscheidet sie?

c) Wie groß musst du dein Zeichenblatt wählen um einen Strahl oder eine Gerade vollständig zeichnen zu können?

d) Zeichne einen Punkt P auf dein Zeichenblatt. Wie viele Geraden kannst du (theoretisch) durch P zeichnen?
Zeichne einen zweiten Punkt Q. Wie viele Geraden kannst du zeichnen, die durch P und durch Q gehen?

5 Zwei verschiedene Geraden in einer Ebene haben entweder genau einen Punkt gemeinsam oder sie haben keinen gemeinsamen Punkt.

Schnittpunkt

parallel
g ‖ h

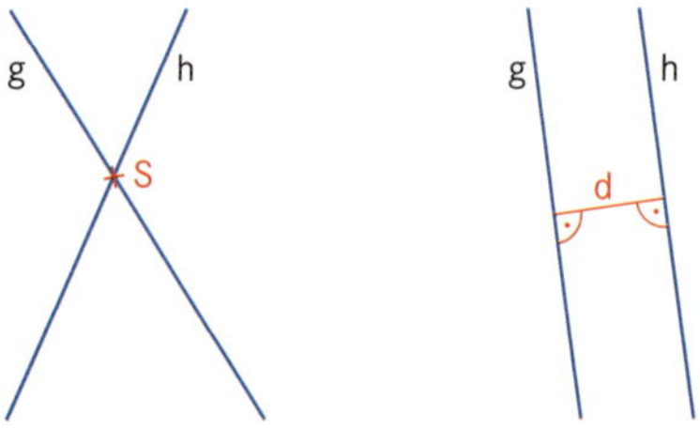

Wenn g und h den Punkt S gemeinsam haben, sagt man „g und h schneiden sich in S“ und nennt S ihren **Schnittpunkt.**
Wenn g und h keinen gemeinsamen Punkt haben, so schließen sie einen Streifen konstanter Breite ein. Man sagt, sie sind **parallel zueinander,** g ‖ h.

a) Falte ein DIN-A4-Blatt zweimal so, dass benachbarte Ecken (gegenüberliegende Ecken) aufeinander fallen. Was kannst du über die Schnittpunkte der Faltgeraden sagen?

b) Man nennt eine Gerade auch zu sich selbst parallel, g ‖ g . Finde dafür Gründe.

c) Welche Lagen können verschiedene Geraden im Raum zueinander haben?

senkrecht
g ⊥ h

6 Wenn zwei Geraden g und h so aufeinander stoßen wie die Ecken beim Karopapier, sagt man, sie sind **senkrecht zueinander,** g ⊥ h.
Die entstehenden Ecken markiert man mit einem kleinen Bogen mit Punkt.

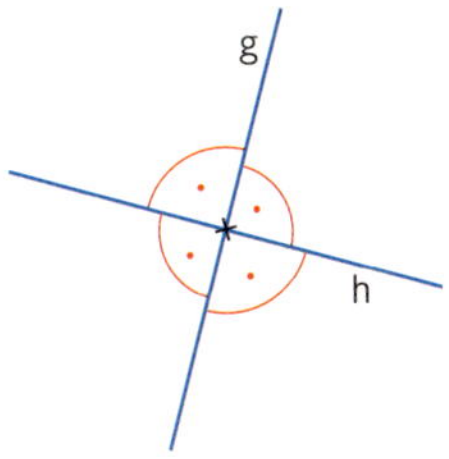

vier gleiche Ecken
g ⊥ h

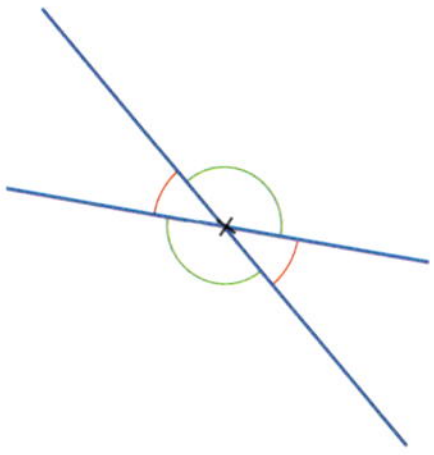
verschiedene Ecken
g und h nicht senkrecht zueinander

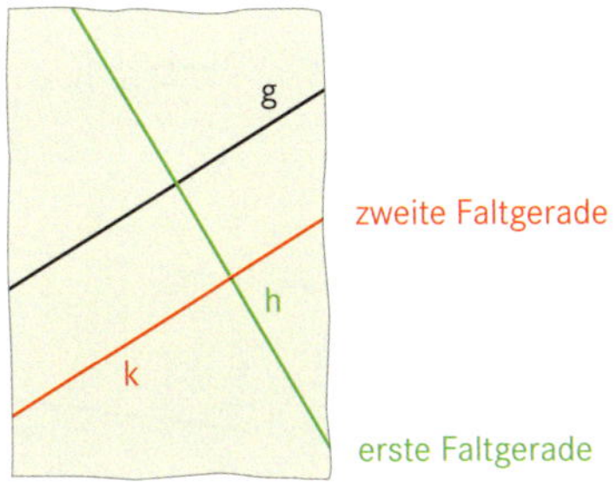

a) Zeichne eine Gerade g auf ein Blatt Papier. Falte das Blatt so, dass die Faltgerade senkrecht zu g ist. Beschreibe, wie du vorgegangen bist.

b) Stelle durch Zeichnen und zweimaliges Falten und Entfalten das Bild oben rechts her. Beschreibe dein Vorgehen.
Übertrage die Tabelle ins Heft und fülle sie aus.

	g	h	k
g	‖	⊥	
h			
k			

c) Markiere auf deinem Blatt irgendwo einen Punkt P. Erzeuge durch Falten eine Gerade, die durch P geht und (I) parallel, (II) senkrecht zu g ist. Beschreibe dein Vorgehen.
Wie viele solche Geraden gibt es jeweils?

d) Welche der folgenden Sätze stimmen? Korrigiere falsche Dann-Sätze.
(I) Wenn g ‖ k und g ‖ l, dann ist auch k ‖ l.
(II) Wenn g ⊥ h und h ⊥ m, dann ist auch g ⊥ m.
(III) Wenn g ‖ k und k ⊥ l, dann ist auch g ⊥ l.

7 Wenn man senkrechte oder parallele Geraden durch Falten erzeugt, benötigt man keine weiteren Hilfsmittel.
Oft ist es aber bequemer das **Geodreieck** als Zeichengerät zu nutzen.

a) Zeichne eine Gerade g und einen Punkt P auf g. Gesucht ist die Gerade h, die senkrecht zu g ist und durch P geht.
1. Schritt: Lege die Mittellinie des Geodreiecks auf g, und zwar so, dass die Grundlinie des Geodreiecks durch P geht.
2. Schritt: Zeichne die Gerade h entlang der Grundlinie des Geodreiecks.
h geht durch P und ist senkrecht zu g.
Zeichne nun einen weiteren Punkt Q, der nicht auf g (und auch nicht auf h) liegt. Zeichne mit dem Geodreieck eine Gerade k, die senkrecht zu g ist und durch Q geht.

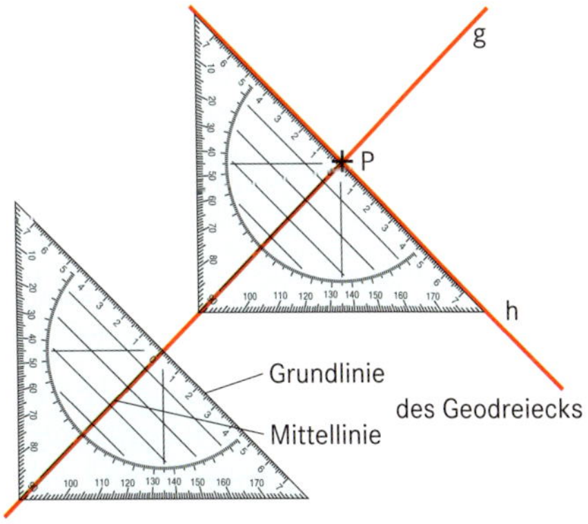

b) Zeichne eine Gerade g und einen Punkt P, der nicht auf g liegt. Gesucht ist die Gerade h, die parallel zu g ist und durch P geht.
1. Schritt: Zeichne mit dem Geodreieck wie in a) eine Senkrechte zu g durch P.
2. Schritt: Zeichne dazu wieder eine Senkrechte h durch P. h ist parallel zu g.
Zur Konstruktion von Parallelen kann man auch die parallelen Linien auf dem Geodreieck benutzen. In welchen Fällen ist dieses bequeme Verfahren ebenso genau wie das oben beschriebene, in welchen nicht?

Abstand Punkt – Gerade

Abstand Gerade – Gerade

8

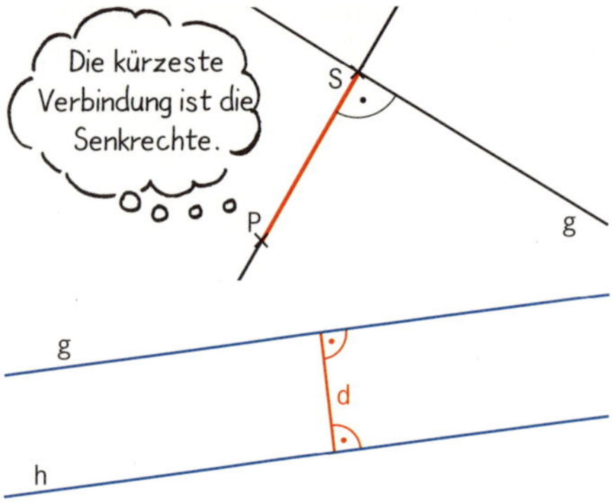

Die Länge der Strecke $\overline{PS}$ heißt der **Abstand** des **Punktes** P von der **Geraden** g.
Wenn g und h parallel sind, kann man Verbindungsstrecken zeichnen, die zu beiden Geraden senkrecht sind. Die Länge einer solchen Strecke heißt der **Abstand** d der beiden parallelen **Geraden.**
Zeichne in ein Koordinatensystem die Gerade g durch die Punkte A (0 | 0) und B (10 | 0). Bestimme die Abstände der Punkte C (6 | 1), D (13 | 2) und E (6 | 7) von g.
Welchen Abstand haben g und die Parallele h zu g durch den Punkt E voneinander?

Kreis

Mittelpunkt

Radius

9

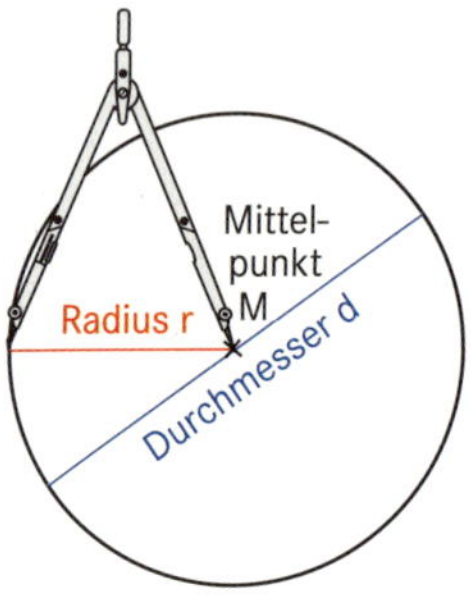

Alle Punkte auf dem **Kreis** haben vom **Mittelpunkt** M des Kreises denselben Abstand. Diesen Abstand nennt man den **Radius** r des Kreises. Der **Durchmesser** des Kreises ist doppelt so lang wie der Radius.
Zeichne mit einem runden Gegenstand einen großen Kreis. Markiere zwei Punkte P und Q auf dem Kreis und falte das Papier so, dass P und Q aufeinander fallen. Verfahre ebenso mit weiteren Paaren von Punkten auf dem Kreis. Was stellst du fest?

10

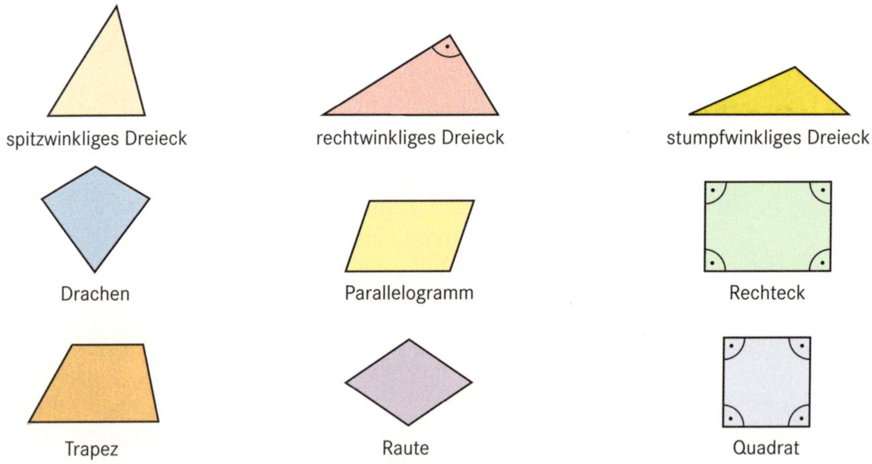

Dreieck
Viereck
Vieleck
ebene Figur

Diagonale

a) Das Bild zeigt einige besondere **Dreiecke** und **Vierecke.** Gib für jedes der Vierecke an, welche besonderen Eigenschaften es hat.
b) Dreiecke und Vierecke sind Beispiele für **Vielecke.** Als Vielecke bezeichnet man **ebene Figuren,** die durch gerade Linien begrenzt werden. Diese heißen **Seiten** des Vielecks. Zeichne ein Siebeneck, ein Dreieck mit zwei gleich langen Seiten und einen Stern mit fünf Spitzen. Wie viele Ecken hat der Stern?
c) Zeichne Vierecke wie im Bild in dein Heft und verbinde je zwei nicht benachbarte Eckpunkte. Solche Strecken heißen **Diagonalen** des Vierecks (Vielecks). Bei den meisten dieser Vierecke haben die Diagonalen besondere Eigenschaften. Beschreibe.
d) Suche dir eines der Vierecke im Bild aus und beschreibe es deinem Partner so genau, dass er seinen Namen raten kann. Wechselt die Rollen.

11

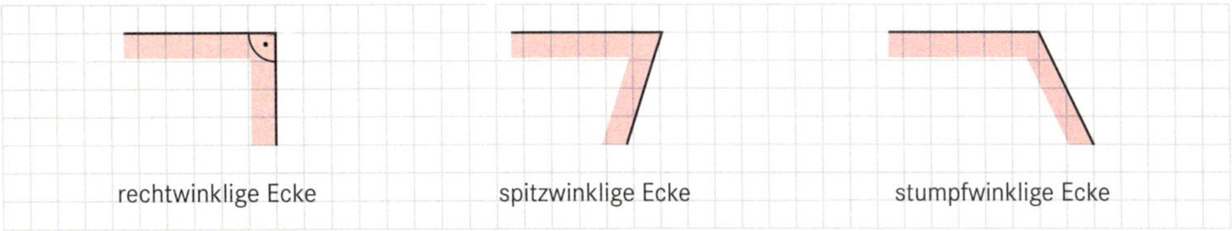

rechtwinklig

a) Zeichne eine spitzwinklige (rechtwinklige, stumpfwinklige) Ecke in dein Heft. Ergänze sie zu einem Dreieck. Kannst du das Dreieck so zeichnen, dass die beiden anderen Ecken spitzwinklig sind? Kann auch die eine Ecke spitzwinklig und die andere rechtwinklig (stumpfwinklig) sein?

b) Gibt es unter den besonderen Vierecken in Aufgabe **10** welche, die nur spitzwinklige (nur rechtwinklige; nur stumpfwinklige) Ecken haben?

12 a) Um Figuren wie im Bild zu erhalten musst du ein Blatt Papier mehrmals falten und an der Kante (halbe) Figuren ausschneiden.
Verwende farbiges Seidenpapier und stelle „schöne“ Figuren her. Beschreibe ihre Symmetrieeigenschaften.

achsen-symmetrisch

dreh-symmetrisch

b) Eine ebene Figur, deren Teile man durch einmaliges Falten genau zur Deckung bringen kann, heißt **achsensymmetrisch.** Die Faltgerade heißt **Symmetrieachse.**
Eine Figur, von der man zwei Exemplare verdreht so aufeinander legen kann, dass nirgends etwas übersteht, heißt **drehsymmetrisch.**
Der Punkt, um den man dreht, heißt **Symmetriezentrum.**

Nennt Beispiele für achsensymmetrische und drehsymmetrische Figuren in Natur, Technik und Baukunst.

c) Untersucht die besonderen Vierecke aus Aufgabe **10** auf Achsen- und Drehsymmetrie.

d) Zeichnet jeder einen Kreis und tragt mindestens drei Symmetrieachsen ein. Wie verlaufen sie? Beschreibt die Symmetrieeigenschaften des Kreises und erläutert, inwiefern der Kreis eine besonders symmetrische ebene Figur ist.

e) Wählt euch jeder einen der fünf **platonischen Körper** aus und sucht Symmetrien.

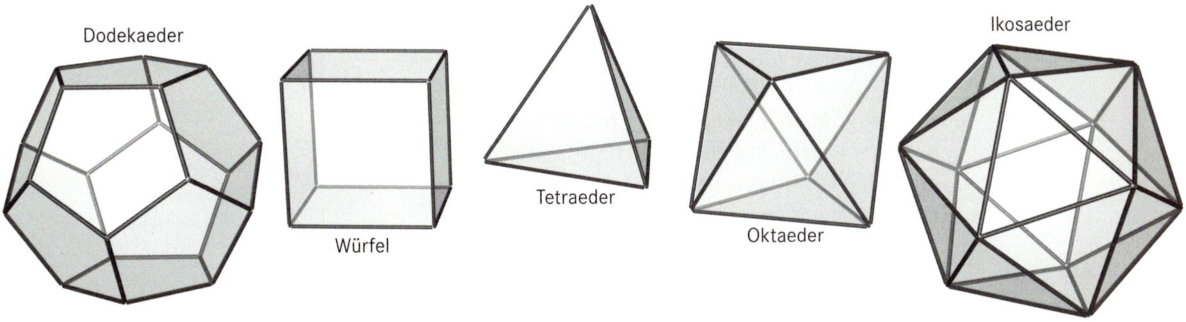

0.4 Rechnen mit Größen

Länge

1 **Größen** werden durch Zahlen zusammen mit **Maßeinheiten** angegeben.
Für die **Länge** ist als **Grundeinheit** 1 Meter festgelegt.

a) Beim 400 m-Lauf starten die Läufer auf den äußeren Bahnen gegenüber dem Läufer auf der Innenbahn nach vorne versetzt um den größeren Bogen auszugleichen. Die Länge der Laufstrecke soll eben 400 m sein und nicht 401 m, 402 m oder 403 m.
Bei den Langstrecken gibt es diesen Ausgleich zwar nicht, dennoch heißt es z. B. 5000 m-Lauf und nicht etwa 5 km-Lauf.

Wenn man von einer Streckenlänge von 5 km spricht, meint man gewöhnlich nicht auf den Meter genau 5,000 km. Auch bei anderen Größen spielt die gewünschte **Genauigkeit** eine Rolle bei der Wahl der Einheiten.
Informiere dich, in welchen Einheiten Zeiten und Längen bei verschiedenen Sportarten gemessen werden.

b) Zu den Einheiten kann man **Vorsätze** verwenden.

Vorsatz	Abkürzung	Zahlwort	Zahl
Tera	T	Billion	1 000 000 000 000 = 10^{12}
Giga	G	Milliarde	1 000 000 000 = 10^{9}
Mega	M	Million	1 000 000 = 10^{6}
Kilo	k	Tausend	1000 = 10^{3}
Hekto	h	Hundert	100 = 10^{2}
Deka	da	Zehn	10 = 10^{1}
Dezi	d	Zehntel	$\frac{1}{10}$ = 0,1
Zenti	c	Hundertstel	$\frac{1}{100}$ = 0,01
Milli	m	Tausendstel	$\frac{1}{1000}$ = 0,001
Mikro	μ	Millionstel	$\frac{1}{1\,000\,000}$ = 0,000 001
Nano	n	Milliardstel	$\frac{1}{1\,000\,000\,000}$ = 0,000 000 001
Piko	p	Billionstel	$\frac{1}{1\,000\,000\,000\,000}$ = 0,000 000 000 001

In Verbindung mit der Längeneinheit Meter kennst du die Vorsätze Kilo, Dezi, Zenti und Milli. Ein Mikrometer entspricht etwa der Dicke eines Haares.
Gib zu jeder der Längen eine Strecke an, die ungefähr so lang ist.

c) Nicht alle Vorsätze sind bei allen Einheiten üblich.
Findet zu jedem Vorsatz möglichst viele Einheiten, bei denen dieser Vorsatz verwendet wird. Versucht auch zu klären, was in diesen Einheiten gemessen wird.
(Achtung, Ausnahme! Bei Bits und Bytes bedeutet Kilo nicht den Faktor 1000, sondern 1024, entsprechend haben Mega und Giga eine andere Bedeutung. Wenn es euch Spaß macht, informiert euch über diese Abweichung und ihre Herkunft.)

2 a) Bei einer handelsüblichen Schultafel ist eine Seitenfläche ein Quadratmeter groß. Wie groß ist die gesamte Schreibfläche der Tafel?

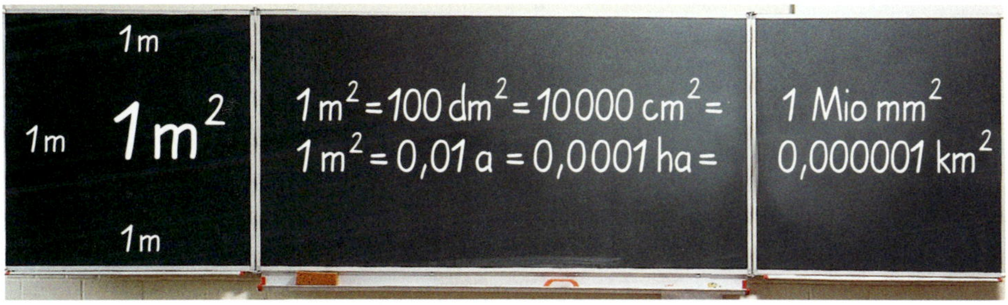

Flächeninhalt

b) $1\ m^2$ (gelesen: ein Quadratmeter) ist die Grundeinheit für den **Flächeninhalt.** Kleinere Maßeinheiten für Flächeninhalte sind $1\ dm^2$, $1\ cm^2$ und $1\ mm^2$. Gib jeweils eine Fläche an, die ungefähr diese Größe hat (z. B. Fingernagel).

$1\ a = 100\ m^2$
$1\ ha = 100\ a$
$1\ km^2 = 100\ ha$

c)

Die Flächeninhalte großer Flächen misst man in Ar, Hektar und Quadratkilometern. Gib jeweils eine Fläche an, die ungefähr diese Größe hat (z. B. Sportstadion).

d)

Wie das Bild zeigt, gilt $1\ m^2 = 10 \cdot 10\ dm^2 = 100\ dm^2$.
Begründe ebenso:
$1\ dm^2 = 100\ cm^2$ und $1\ cm^2 = 100\ mm^2$.

e) Rechne in die nächstkleinere und in die nächstgrößere Einheit um:
$35\ dm^2$; $164\ cm^2$; $0{,}25\ m^2$; 760 a; 0,5 ha.

Rauminhalt

3 Die Grundeinheit für den **Rauminhalt** ist $1\ m^3$ (gelesen: ein Kubikmeter). Kleinere Maßeinheiten für Rauminhalte sind $1\ dm^3$, $1\ cm^3$ und $1\ mm^3$.

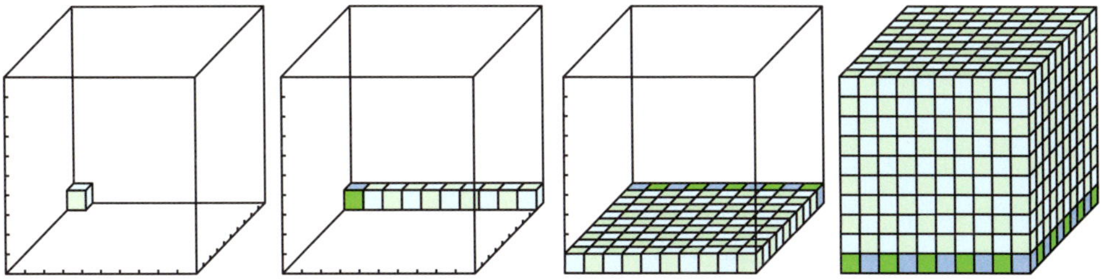

1 Dezimeterwürfel | 10 Dezimeterwürfel | 10 · 10 Dezimeterwürfel | 10 · 10 · 10 Dezimeterwürfel

In einen Kubikmeterwürfel passen zehn Schichten mit je zehn Stangen mit je zehn Kubikdezimeterwürfeln. Daher gilt:

$$1\ m^3 = 10 \cdot 10 \cdot 10\ dm^3 = 1000\ dm^3.$$

Entsprechend ist $1\ dm^3 = 1000\ cm^3$ und $1\ cm^3 = 1000\ mm^3$.

a) Gib zu den genannten Maßeinheiten jeweils einen „Raum“ an, der ungefähr diese Größe hat.

b) Rechne in die nächstkleinere und in die nächstgrößere Einheit um:
$3\ m^3$; $17\ dm^3$; $531\ cm^3$; $12{,}345\ cm^3$; $2{,}5\ dm^3$.

c) Ein Kubikkilometer ist riesig! Ergänze: $1\ km^3 = \square \cdot \square \cdot \square\ m^3 = \square\ m^3$.

umrechnen

4 Wenn man eine Größe aus einer Einheit in eine andere **umrechnen** will, so muss man die Maßzahl multiplizieren oder dividieren.

1 m = 10 dm
65,4 m = 65,4 · 10 dm = 654 dm
42,78 dm = 42,78 : 10 m = 4,278 m

Wenn die Umrechnungszahlen Zehnerpotenzen sind, bleiben die Ziffern erhalten und es werden nur Nullen angehängt oder gestrichen bzw. das Komma wird verschoben.

Achtung! Umrechnungszahl!

Länge:	1 m	=	**10** dm
Flächeninhalt:	$1\,m^2 = 10 \cdot 10\,dm^2$	=	**100** dm^2
Rauminhalt:	$1\,m^3 = 10 \cdot 10 \cdot 10\,dm^3$	=	**1000** dm^3

Bei der Umrechnung von Flächen- und Rauminhalten passieren leicht Fehler, weil die Umrechnungszahl zwischen benachbarten Einheiten nicht 10 sondern 10 · 10 bzw. 10 · 10 · 10 ist.

a) Rechne in die in Klammern stehende Einheit um.

(I)	(II)	(III)	(IV)
48 h (min)	250 g (kg)	987,43 € (ct)	85,362 km (m)
0,5 h (min)	0,75 kg (g)	571123 ct (€)	45 dm (m)
80 min (h)	1298 kg (t)	38 ct (€)	1834 m (km)
35 min (s)	2,3 t (kg)	0,26 ct (€)	7,4 dm (mm)
93 s (min)	1 t (g)	1 Mio € (ct)	1234 mm (m)

(V)	(VI)	(VII)	(VIII)
$5\,m^2$ (dm^2)	100 a (ha)	$3\,m^3$ (dm^3)	$5\,km^3$ (m^3)
$5\,m^2$ (cm^2)	100 a (m^2)	$17\,dm^3$ (cm^3)	$0{,}034\,km^3$ (m^3)
$7{,}4\,cm^2$ (mm^2)	2,3471 ha (m^2)	$531\,mm^3$ (cm^3)	$0{,}01\,km^3$ (dm^3)
$100\,mm^2$ (cm^2)	5,8 ha (a)	$1245\,cm^3$ (dm^3)	$250\,m^3$ (km^3)
$70000\,m^2$ (km^2)	$3\,km^2$ (m^2)	$2{,}5\,dm^3$ (m^3)	$5689\,m^3$ (km^3)

b) Rechne in die nächstgrößere und in die nächstkleinere Einheit um.
531 cm; 531 cm^2; 531 cm^3; 13 dm; 731 dm^2; 25 dm^3; 2351 m; 82 m^2; 759 m^3.

c) Höhenmesser in Flugzeugen geben die Flughöhe in „foot" (Plural „feet") an.
1 foot = 30,48 cm
Wie hoch fliegt das Flugzeug in Metern?
Rechne deine Körpergröße in „foot" um.
Wie rechnet man „foot" in Meter und umgekehrt um, wenn man die Zahl nur ungefähr braucht?
Welche anderen Längeneinheiten sind in England üblich?

d)

Flüssigkeitsmengen werden oft in Litern gemessen.

1 *l* entspricht 1 dm^3 oder $\frac{1}{1000}$ m^3.

Auf manchen Gefäßen findet man die Bezeichnung cl. Was bedeutet das?
Wie viel ist ein dreiviertel Liter, ein halber Liter, ein viertel Liter in dm^3 und in cm^3?
Welchen Rauminhalt haben Limonadengläser?

Größen addieren

e) **Größen** derselben Art kann man **addieren.** Dazu muss man sie in dieselbe Einheit umrechnen. Addiere entsprechend.

5 km + 375 m;	91,8 m + 67 cm;	8,7 km + 34 m + 90 cm;
75 € + 832 ct;	0,35 € + 35 ct;	8,24 € + 975 ct + 13 €;
9 t + 345 kg;	52,7 kg + 159 g;	56 mg + 56 g + 56 t;
2 d + 30 h;	1200 s + 63 min;	5 d + 25 h + 269 min.

5 Es gibt verschiedene Methoden den Flächeninhalt von ebenen Figuren oder den Rauminhalt von Körpern zu bestimmen.

	Flächeninhalt	Rauminhalt
Schätzen	durch Vergleich mit Flächeninhalten bekannter Flächen	durch Vergleich mit Rauminhalten bekannter Körper
Auszählen	von Kästchen	von Würfeln
Wiegen	von Flächenstücken im Vergleich zu bekannten Flächen	von Massivmodellen der Körper im Vergleich zu bekannten Körpern
Berechnen	aus bekannten Längen	aus bekannten Längen

Sucht zu jeder dieser Methoden ein Beispiel, bei dem das jeweilige Verfahren günstig ist. Beschreibt das Vorgehen. Vergleicht eure Beispiele mit denen anderer Teams.

6 Ein Rechteck mit den Seitenlängen 5 cm und 2 cm hat einen Flächeninhalt A von $5\text{ cm} \cdot 2\text{ cm} = 5 \cdot 2\text{ cm}^2 = 10\text{ cm}^2$.

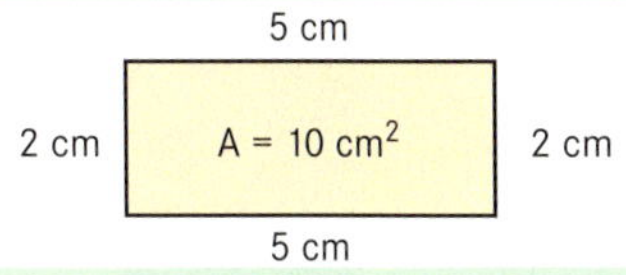

Allgemein rechnet man:

Flächeninhalt eines Rechtecks

Flächeninhalt eines Rechtecks = Länge · Breite $A = a \cdot b$

a) Zeichne das Rechteck aus dem Bild in dein Heft und lege es mit Zentimeterquadraten aus. Begründe damit die Flächeninhaltsformel.

b) Berechne den Flächeninhalt des Rechtecks. (Achte auf die Einheiten!)

Länge	4 cm	567 cm	12 m	24 mm	19 mm	54 cm	13 dm
Breite	25 cm	38 cm	8 m	15 mm	19 mm	2 m	190 dm

7 Ein Quader mit den Kantenlängen 4 cm, 3 cm und 2 cm hat einen Rauminhalt oder ein **Volumen V** von

$4\text{ cm} \cdot 3\text{ cm} \cdot 2\text{ cm} = 4 \cdot 3 \cdot 2\text{ cm}^3$
$= 24\text{ cm}^3$.

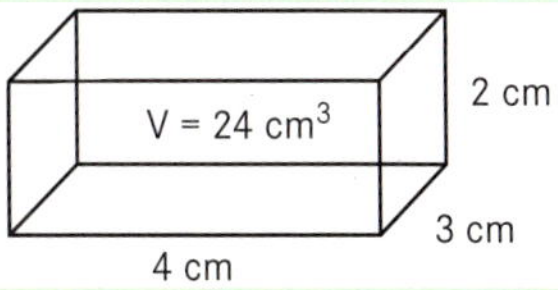

Allgemein rechnet man:

Volumen eines Quaders

Volumen eines Quaders = Länge · Breite · Höhe $V = a \cdot b \cdot c$

a) Lege den Quader aus dem Beispiel in Gedanken mit Kubikzentimeterwürfeln aus. Begründe damit die Volumenformel.

b) Berechne das Volumen des Quaders. (Achte auf die Einheiten!)

Länge	25 cm	34 dm	2 dm	3 m	3 km	543 cm	1 km
Breite	25 cm	65 dm	546 dm	4 m	5 km	18 dm	1 km
Höhe	25 cm	91 dm	18 dm	5 m	7 km	4 m	500 m

c) Vervollständige den Satz und begründe deine Lösung:
Das Quadrat verhält sich zum Rechteck wie der Würfel zum .
Wie hängt der Flächeninhalt eines Quadrats bzw. das Volumen eines Würfels mit der Kantenlänge zusammen? Was hat das mit Potenzen zu tun?
Welche Kantenlänge hat ein Würfel mit einem Volumen von 8 km^3?

1.1 Folgenreiches Zählen – systematisches Zählen und Folgen

Einstiege

E1

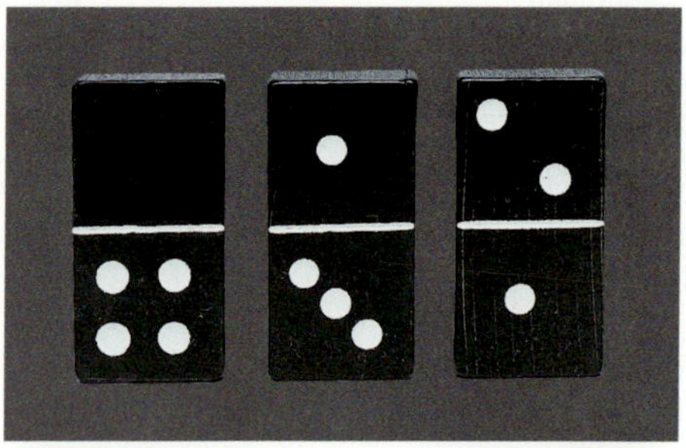

a) Wie viele Karten oder Figuren gehören jeweils zu dem Gesellschaftspiel? Erklärt euch gegenseitig eure Zählmethode.

b) Wie viele Steine hat ein Dominospiel mit den Zahlen von 0 bis 6, d.h. sieben Motiven? Wie viele sind es bei acht (neun, zehn) Motiven? Wie kann man zählen? Wie sind die Dominosteine in ihrer Verpackung gepackt?

c) Beim Legespiel kann ein Teddy auf verschiedene Arten zusammengesetzt werden. Ein freundliches und ein brummiges Gesicht kann man mit unterschiedlichen Kleidern und mehreren Schuhen kombinieren. Wie viele Kombinationsmöglichkeiten gibt es hier einen Teddy zu legen?

d) Wie viele Möglichkeiten hat man einen Teddy zu legen, wenn es sechs Köpfe, sieben Kleider und vier Schuhe gibt? Denkt euch weitere Fragen aus.

E2 Zeichne die Figurenfolgen ab oder lege sie mit Münzen oder Steinchen nach. Setze sie um drei weitere Figuren sinnvoll fort. Wie viele Steinchen benötigst du jeweils um die erste, die zweite, die dritte, ... und die zehnte Figur legen zu können? Wie weit kann man die Figurenfolge und damit auch die Zahlenfolge fortsetzen?

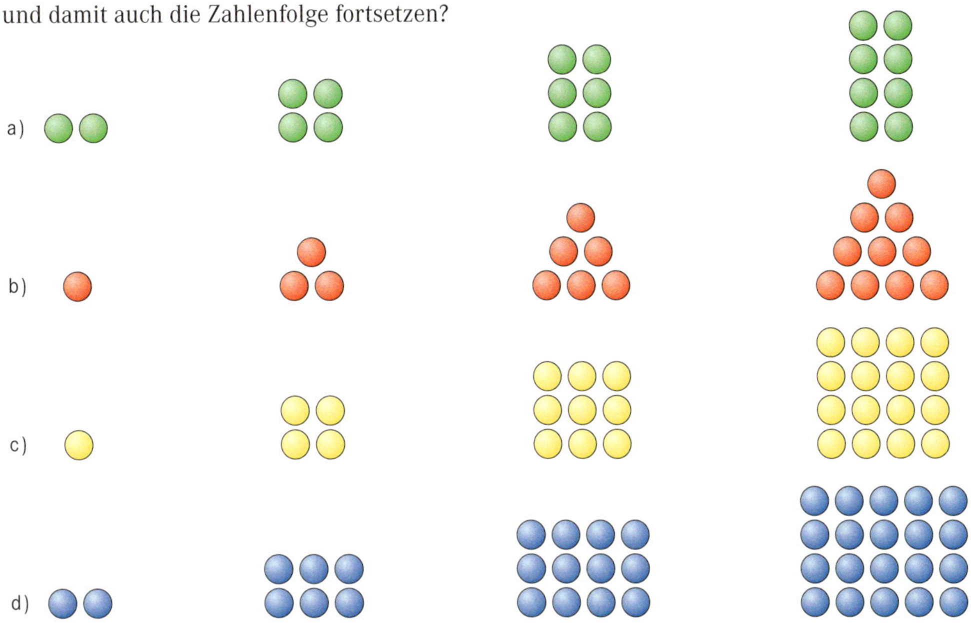

E3 a) Zeichne ein 3×3-Quadrat wie im Bild in dein Heft. Wie viele Quadrate kannst du in der Figur entdecken? (Es sind mehr als neun!) Beschreibe deinen Mitschülern, wie du zu deinem Ergebnis gekommen bist.

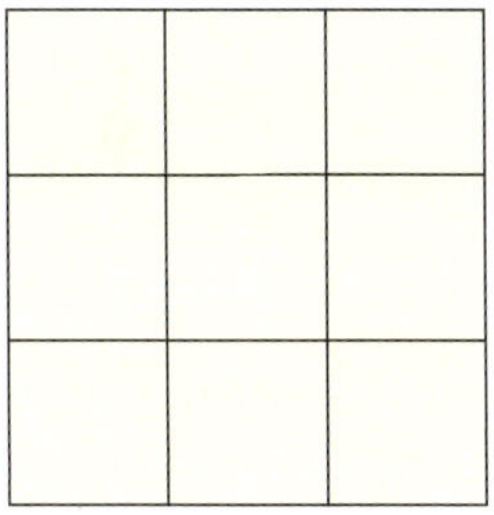

b) Verfahre entsprechend mit einem 4×4-Quadrat. Wenn du möchtest, kannst du dir die verschiedenen Quadrattypen auch basteln und dann ausprobieren, wie viele Quadrate es von jedem Typ gibt.

c) Wie viele Quadrate enthält ein 5×5-Quadrat, ein 6×6-Quadrat und ein 7×7-Quadrat?

d) Gib ein Verfahren an, mit dem man die Anzahl der Quadrate in einem 10×10-Quadrat bestimmen kann. Wie geht es weiter? Begründe.

E4

a) Besorge dir genügend viele Spielkarten und baue ein möglichst hohes Kartenhaus.

b) Wie viele Karten benötigst du für ein Haus mit drei (vier, fünf, ...) Stockwerken?

c) Kannst du mit einem Rommé-Spiel aus 58 Karten ein Haus mit neun Stockwerken bauen? Erkläre deinen Rechenweg.

Grundwissen

1 Bei größeren Anzahlen von Gegenständen ist es immer sinnvoll die Gegenstände, deren Anzahl man bestimmen möchte, in einem geeigneten Muster anzuordnen, das man abzählen kann.

Anordnen in Rechteckform

Die Anzahl von Puzzleteilen lässt sich nur mühsam bestimmen, wenn das Puzzle noch ungeordnet ist. Nachdem man das Puzzle zusammengefügt hat, liegen die Teile in **Form eines Rechtecks.** Die Gesamtanzahl kann man durch $9 \cdot 6 = 54$ berechnen.

2 Manchmal kann es sinnvoll sein die Gegenstände, die gezählt werden sollen, anders als in Rechteckform zu ordnen.

Wie viele Dominosteine benötigt man, wenn man fünf Motive benutzt?

Anordnen in Dreieckform

Bei Dominosteinen wird jedes Motiv mit jedem kombiniert.
Wenn man die Steine wie im Bild anordnet, nimmt ihre Anzahl von Reihe zu Reihe jeweils um eins ab, bis in der letzten Reihe nur noch 1 Stein liegt.
Die Dominosteine sind in einer **Dreieckform** angeordnet.

Wenn man jedes Motiv mit jedem kombiniert, erhält man eine Anordnung in Dreieckform.

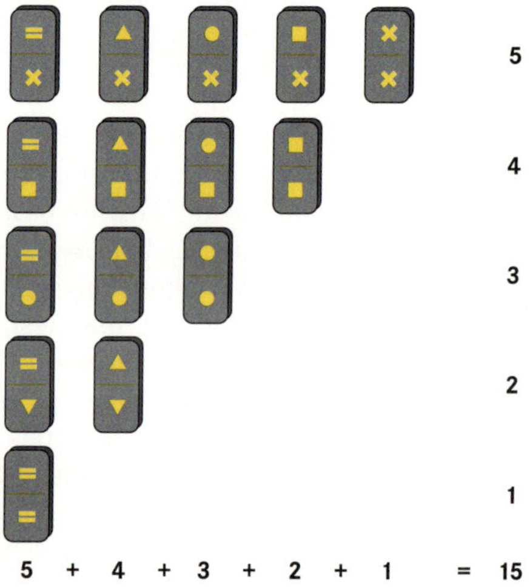

Es ergibt sich: Bei 5 Motiven benötigt man insgesamt 15 Steine.

3 In vielen Fällen ist eine Zeichnung sehr hilfreich für das Lösen einer Abzählaufgabe.

Eine Pflanze bildet jedes Jahr an jedem vorhandenen Zweig zwei neue Triebe.
Im ersten Jahr sind es zwei Triebe, im zweiten $2 \cdot 2 = 4$ Triebe und im dritten $2 \cdot 2 \cdot 2 = 2^3 = 8$ Triebe.

Baumdiagramm

Diese Art der zeichnerischen Veranschaulichung nennt man **Baumdiagramm.**
Bei diesem Beispiel gehen an jeder Verzweigung immer gleich viele Äste ab.

4 Man hat drei Plättchen mit verschiedenen Ziffern.
Wie viele verschiedene dreistellige Zahlen kann man damit legen?

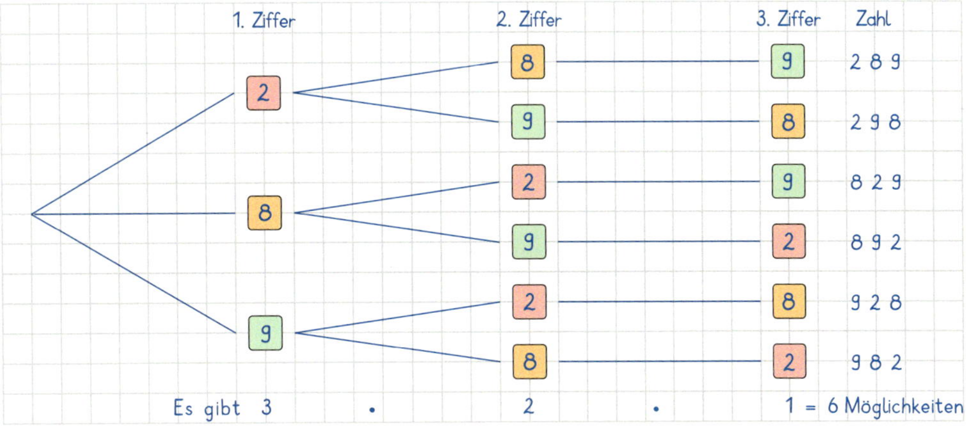

Musterfolge
Zahlenfolge

5 Es gibt interessante Zusammenhänge zwischen **Musterfolgen** und **Zahlenfolgen.**

Rechteckmuster:

Man addiert immer die gleiche Zahl.

Es entstehen die Einmaleinsreihen.

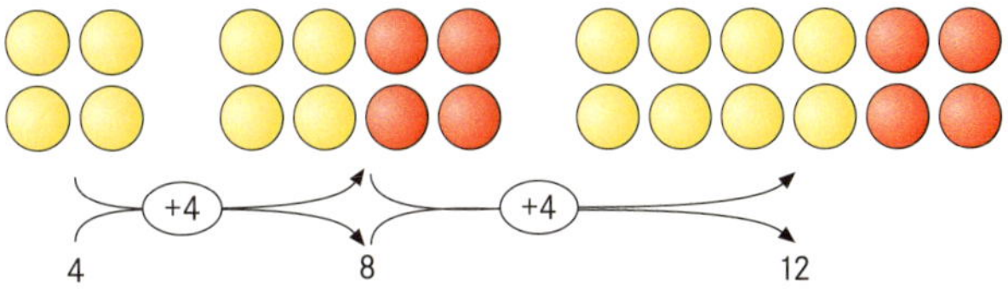

Dreiecksmuster:

Wenn man immer eine um eins größere Zahl addiert, erhält man die Zahlenfolge der **Dreieckszahlen.**

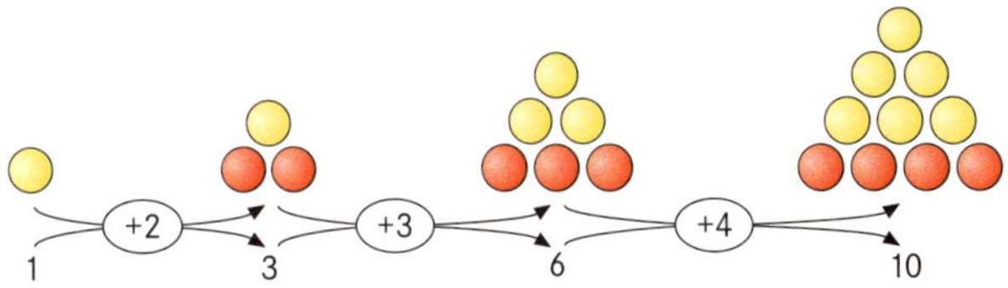

Baumdiagramm:

Wenn an jeder Verzweigung gleich viele Äste abgehen, kann man die Anzahl der Enden bestimmen, indem man immer mit der gleichen Zahl multipliziert.

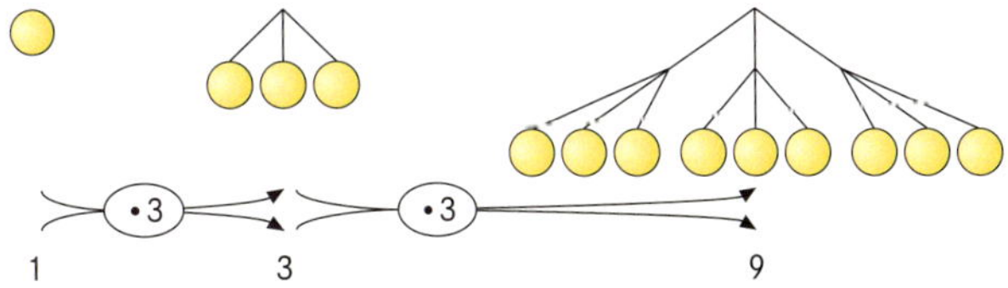

6 Oft ist es hilfreich, wenn man bestimmte Zahlenfolgen kennt.

2; 4; 6; 8; 10; 12; ...	Zweierreihe	1; 2; 4; 8; 16; 32; 64; ...	Zweierpotenzen
3; 6; 9; 12; 15; 18; ...	Dreierreihe	1; 3; 9; 27; 81; 243; 729; ...	Dreierpotenzen
4; 8; 12; 16; 20; 24; ...	Viererreihe	1; 10; 100; 1000; 10 000; ...	Zehnerpotenzen
0; 2; 4; 6; 8; 10; 12; ...	gerade Zahlen	1; 4; 9; 16; 25; 36; 49; ...	Quadratzahlen
1; 3; 5; 7; 9; 11; 13; ...	ungerade Zahlen	1; 8; 27; 64; 125; 216; ...	Kubikzahlen
		1; 3; 6; 10; 15; 21; 28; ...	Dreieckszahlen

Übungen

1 Setze die Zahlenfolge um mindestens fünf Zahlen fort.

a)

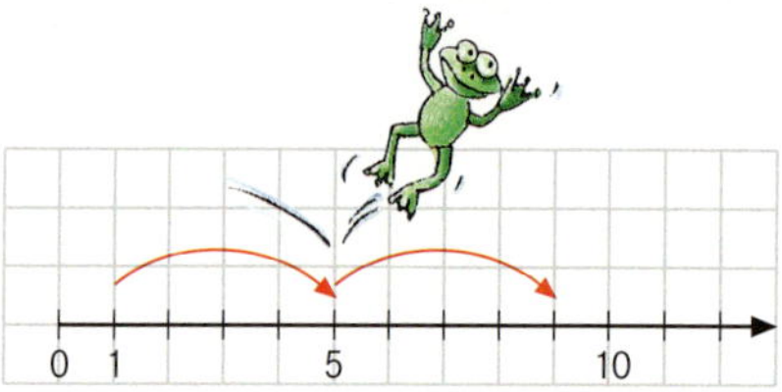

b)

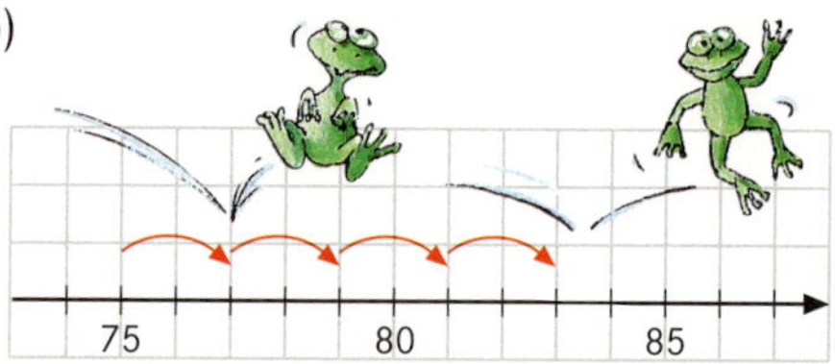

c) $5 \xrightarrow{+3} 8 \xrightarrow{+3} 11 \xrightarrow{+3} 14 \xrightarrow{+3} 17$

d) $8 \xrightarrow{+12} 20 \xrightarrow{+12} 32 \xrightarrow{+12} 44$

2 Wie kann man die Zahlenfolge fortsetzen? Versucht mehrere Lösungen zu finden.

a) 6; 10; 14; 18; ...
b) 12; 24; 36; 48; ...
c) 4; 2; 6; 4; ...
d) 4; 7; 5; 8; ...
e) 4; 12; 36; 108; ...
f) 1; 2; 3; 5; 8; ...
g) 1; 10; 100; 1000; ...
h) 24; 12; 30; 18; 36; ...
i) 1; 2; 4; 8; 16; 32; 64; ...
j) 1; 1; 2; 10; 4; 100; ...
k) 1; 2; 5; 10; 17; ...
l) 4; 16; 36; 64; ...

3 Wie könnte die fünfte Figur aussehen? Zeichne.
Wie viele Streichhölzer benötigt man um die jeweilige Figur legen zu können?
Wie viele Streichhölzer benötigt man für die zehnte Figur?

a)

b)

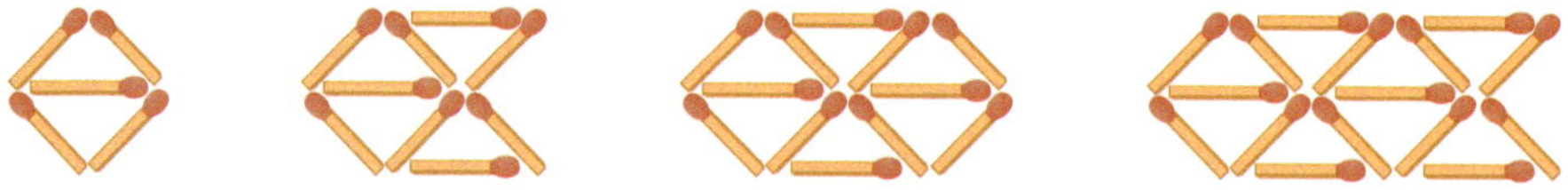

4 Denke dir eine Zahlenfolge aus und nenne die ersten Zahlen dieser Folge deinem Nachbarn. Dein Mitschüler versucht dann die Zahlenfolge sinnvoll fortzusetzen.

5 Bestimme weitere fünf Zahlen, die dazu passen. Suche mehrere sinnvolle Fortsetzungen.

a) 10; 8; 16; 14; ...
b) 1; 2; 2; 3; ...
c) 4; 16; 8; 32; ...
d) 7; 2; 5; 3; 2; ...

6

60										
24	36	48	60							
9	15	21	27	33						
3	6	9	12	15	18					

a) Zeichne die Zahlenmauer ab, ergänze sie nach oben um drei Steinreihen und berechne. Gib für jede Reihe eine Vorschrift an, nach der die Zahlenfolge fortgesetzt werden kann. Suche nach Zusammenhängen und erkläre sie. Welche Vorschrift erhält man für die zehnte Reihe von unten?

b) Bilde nach dem gleichen Muster eine eigene Zahlenmauer.

7 Eine 21 cm hohe Kerze wird angezündet und brennt pro Stunde etwa um 3 cm nieder. Stelle den Vorgang in einer Tabelle oder einem Diagramm dar. Beschreibe den Zusammenhang mit Zahlenfolgen.

8 Eine Pflanze bildet jedes Jahr an jedem vorhandenen Zweig drei neue Triebe.

a) Wie viele Triebe hat die Pflanze im vierten Jahr, wenn im ersten Jahr drei (fünf) Zweige vorhanden sind? Zeichne ein Baumdiagramm.

b) Wie lange dauert es, bis die Pflanze 1000 Triebe hat?

9 Bei der Inventur in der Tierhandlung müssen alle Waren gezählt werden.

a) Wie viele Säcke Hundefutter sind vorhanden?

b) Bettina zählt „9, 21, 33 …“.
Miriam kommt schneller zum Ergebnis.
Wie hat sie gerechnet? Erkläre.

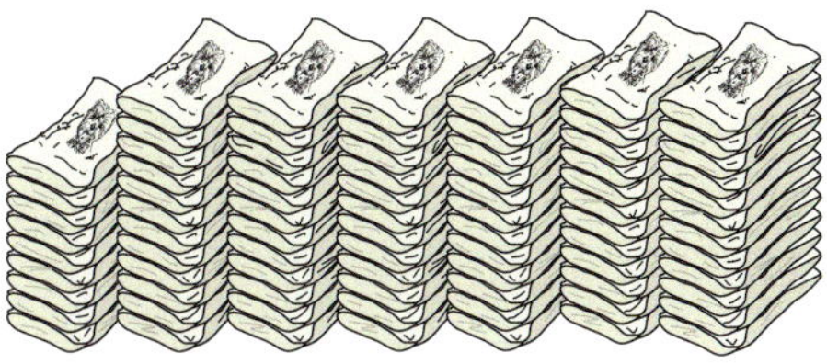

c) Der Lehrling Anton hat die Katzenfutterdosen aufgebaut.
Leider weiß er nicht mehr, wie viele Dosen er verbaut hat.
Hilf ihm und bestimme die Anzahl der Katzenfutterdosen.
Aus wie vielen Dosen müsste eine echte Pyramide bestehen?

10 a) Herr Peters hat im Gartencenter *„Grüne Oase“* eine neue Tulpenart gekauft. Statt einer Blüte bildet bei dieser Tulpenart jede Zwiebel drei Blüten.
Wie viele Blüten kann Herr Peters im Frühjahr erwarten?

b) Sein Nachbar hat sogar eine Tulpensorte gefunden, die vier Blüten pro Zwiebel treibt. Mit wie vielen Blüten kann er rechnen, wenn er zwei Tüten weniger kauft als Herr Peters und in jeder Tüte sieben Zwiebeln sind?

11 a) Wie viele „Wörter“ kannst du aus den Buchstaben a, m und o bilden, wenn jeder Buchstabe nur einmal benutzt werden darf? Welche dieser Wörter sind sinnvoll?

b) Wie viele „Wörter“ kannst du aus den vier Buchstaben a, m, o und r bilden? Welche sind sinnvoll?

12 Ein Tierdomino besteht aus 36 Karten. Wie viele verschiedene Tiere nutzt dieses Dominospiel?

13 Beim Computerspiel Solitär muss man von den Ausgangsstapeln vier Zielstapel bilden, auf denen die Karten in aufsteigender Reihenfolge vom Ass bis zum König liegen. Auf dem ersten Ausgangsstapel liegt eine Karte, auf dem zweiten liegen zwei Karten, auf dem dritten drei und auf dem vierten vier. Die Ausgangsstapel werden vom Stapel mit den verdeckten Karten aufgefüllt, bis keine verdeckten Karten mehr vorhanden sind.

a) Wie viele Karten braucht man um Solitär zu spielen?

b) Wie viele Karten sind verdeckt, wenn man fünf Ausgangsstapel hat?

c) Wie viele Ausgangsstapel kann man mit einem Solitärspiel bilden?

14 Auf wie vielen Wegen kann man von der Schlossterrasse zum Seeufer gelangen?

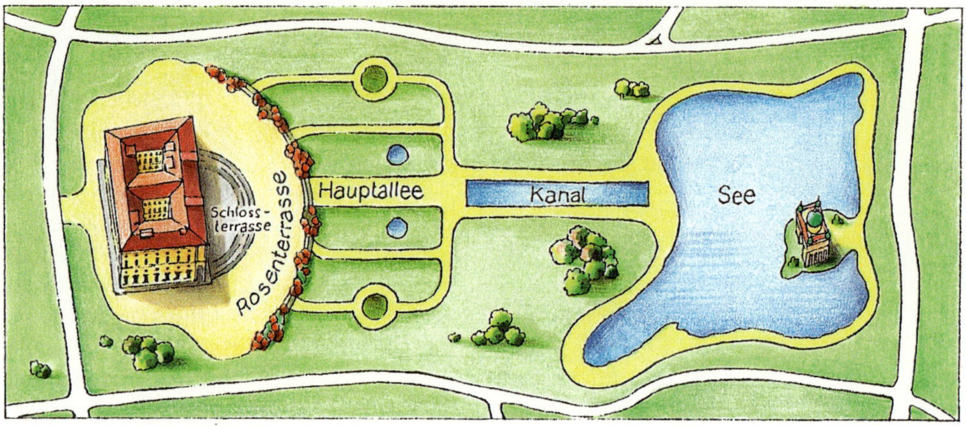

15 In einer Hockeyliga spielen sechs Mannschaften. Zur Ermittlung des Hockeymeisters muss in einer Hin- und einer Rückrunde jeweils jedes Team gegen jedes andere Team antreten.
Ihr sollt einen Spielplan und einen Raster erstellen, in den man alle Spielergebnisse übersichtlich eintragen kann.
Wie sieht euer Raster aus? Wie viele Rasterfelder müssen ausgefüllt werden?
Beschreibt, wie sich eure Überlegungen auf Ligen mit acht (zehn) Mannschaften übertragen lassen.

16 a) Vier Schülerinnen treffen sich und alle geben sich gegenseitig die Hand.
Wie viele Händedrücke gibt es?
b) Wie oft geben sich die Mädchen gegenseitig die Hand, wenn sich acht Schülerinnen treffen?
c) Bei wie vielen Personen gibt es insgesamt 55 Händedrücke?

17 Gib zu der Musterfolge eine Zahlenfolge an (mindestens sieben Folgeglieder). Beschreibe, durch welche Rechnung man von einer Zahl zur nächsten kommt. Versuche verschiedene Lösungen zu finden.

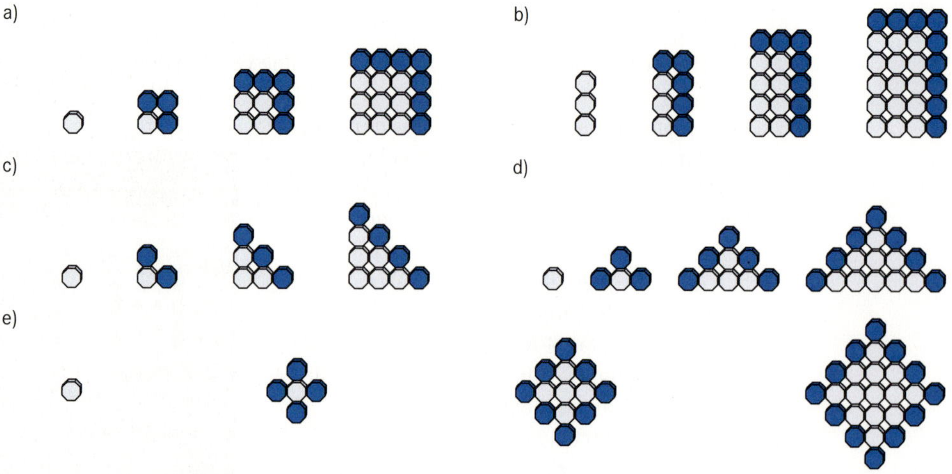

18 Die Musterfolgen in Übung **17** kann man sich auch räumlich vorstellen. Es entstehen dann Körper. Finde eine Zahlenfolge, die die Anzahlen der benutzten Kugeln angibt, und formuliere eine Regel, nach der sich diese Zahlenfolge bilden lässt.

19 a)

Aus kleinen Würfeln kann man größere Würfel bilden.

(I) Wie sehen die nächsten drei zusammengesetzten Würfel aus?
Wie viele kleine Würfel benötigt man jeweils für den großen Würfel?
Wie kann man das berechnen?

(II) Wie viele kleine Würfel haben jeweils drei, zwei, eine oder keine Fläche an der Außenseite des großen Würfels?
Wie kann man das berechnen?

b)

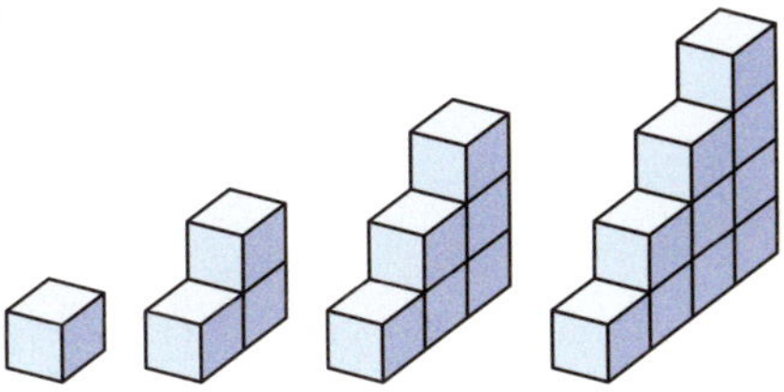

Mit Würfeln können Treppen gebaut werden.

(I) Wie sehen die nächsten drei Treppen aus?
Wie viele Würfel benötigt man jeweils dafür?
Wie viele Würfel benötigt man für die zehnte (zwanzigste) Treppe?

(II) Wie viele Seitenflächen der Würfel weisen nach außen (nicht nach außen)?

20 Notiert eigene Muster- und Zahlenfolgen und lasst sie von euren Mitschülern fortsetzen.

21 Schätzt mit einem geeigneten Verfahren die Anzahl
a) der Körner in 1 m^3 Sand; b) der Haare auf eurem Kopf.

Ausstiege

A1 In vielen Städten der USA sind die Straßen wie ein Rechteckgitter angeordnet.

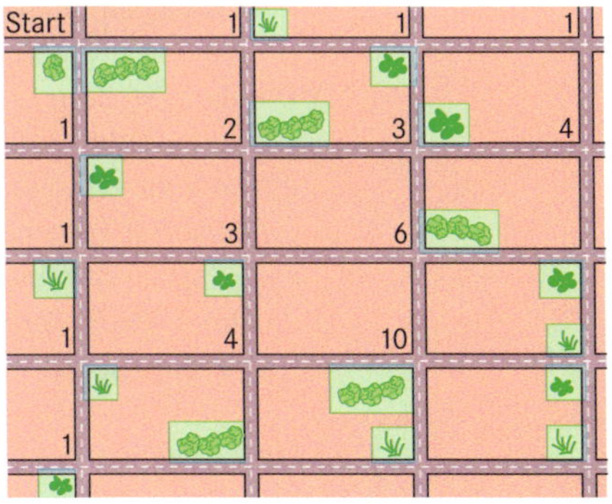

a) Vom Start (oben links) aus hat man verschiedene Möglichkeiten ohne Umweg zu einer Kreuzung zu gelangen. An einigen Kreuzungen ist die Anzahl der Möglichkeiten bereits angegeben. Zeichne die Figur ab und ergänze sie um drei weitere Zeilen und Spalten. Gib für jede Kreuzung die Anzahl der Fahrmöglichkeiten an. Wie kann man sie berechnen?

b) Bestimme in dem rechten Wegenetz die Anzahl der Fahrmöglichkeiten.
Suche nach einem Berechnungssystem.

c) Zeichne ein eigenes Wegenetz und suche nach Wegeregeln.

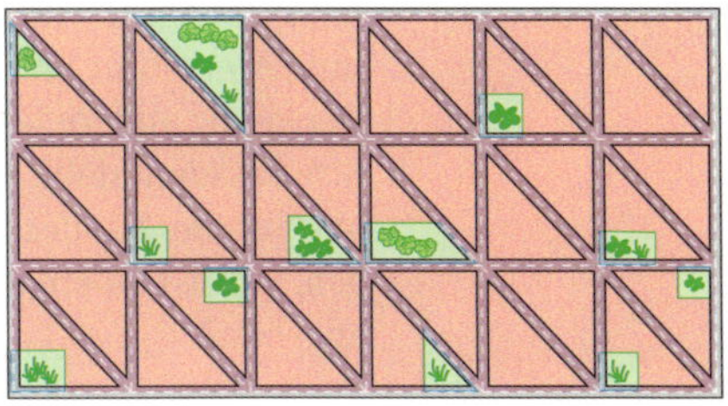

A2 Die Spiralen können durch Zahlenfolgen und die Angabe eines „Abbiegemusters“ beschrieben werden.

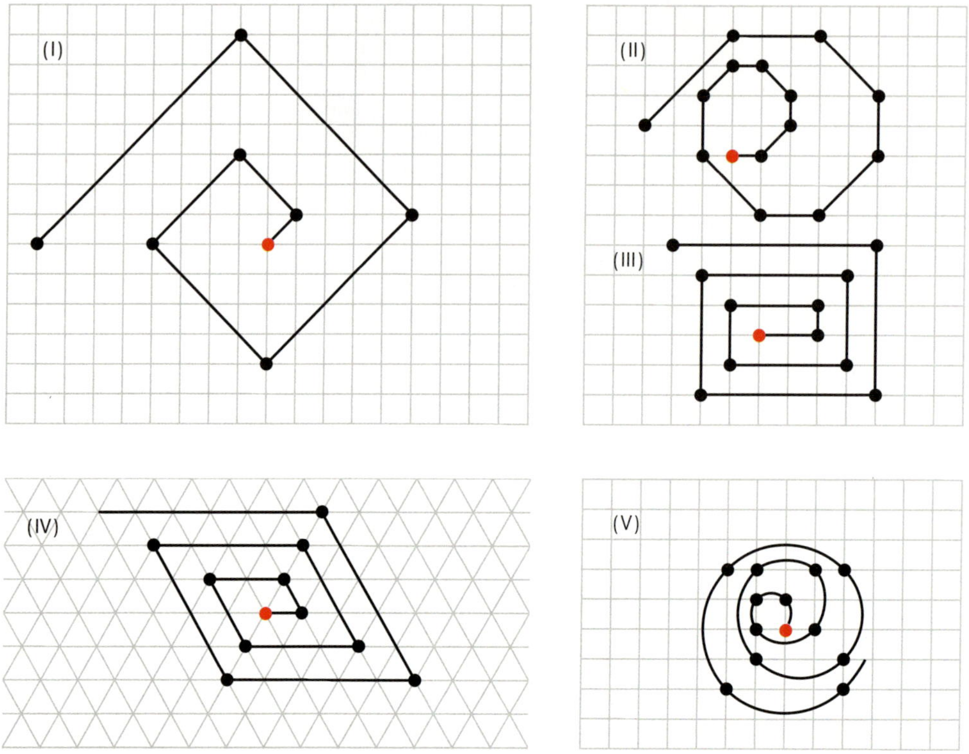

a) Welche der Spiralen kann durch 1; 1; 2; 2; 3; 3; 4; ... gekennzeichnet werden? Beschreibe das Abbiegemuster.

b) Gib zu den übrigen Spiralen Zahlenfolgen an.

c) Die dargestellten Spiralen sind nach fünf verschiedenen Abbiegemustern gezeichnet. Versuche zu jeder Zahlenfolge Spiralen nach jedem Muster zu zeichnen. In welchen Fällen erhält man keine sinnvolle Spirale?

d) Finde selbst Folgen, nach denen man Spiralen zeichnen kann. Du kannst aber auch zuerst eine Spirale zeichnen und daraus die Folge ablesen.

e) Zeichne eine Spirale zu der Folge 1; 2; 2; 1; 3; 3; 1; 4; 4; 1; 5; 5; ... Wodurch unterscheidet sich diese Spirale von den vorherigen? Zeichne mehrere verschiedene Spiralen dieser Art.

A3 a) Eine Tafel Schokolade besteht aus sechs Riegeln mit jeweils vier Stücken. Wie viele Brechungen musst du mindestens machen, um alle 24 Einzelstückchen zu erhalten? Die Riegel dürfen bei den Brechungen nicht übereinander liegen.

b) Wie viele Brechungen sind mindestens nötig, wenn die Tafel aus sieben Reihen mit jeweils fünf Stücken besteht?

c) Denke dir andere Riegeleinteilungen bei Schokoladentafeln aus. Bestimme dann jeweils die Mindestanzahl an Brechungen. Kannst du ein allgemeines Ergebnis angeben?

1.2 Prima: Teiler! – Teiler und Primzahlen

Einstiege

E1 Es war einmal ein Herrscher, der hatte ein Gefängnis mit 100 Zellen und 100 Wärtern. An hohen Feiertagen bekamen seine Gefangenen nach einer merkwürdigen Methode besondere Vergünstigungen.
Die 100 Wärter gingen an den 100 Zellentüren vorbei. Der erste machte an jeder Tür ein Kreuz, der zweite an jeder zweiten Tür, beginnend mit der zweiten, der dritte an jeder dritten, beginnend mit der dritten, und so weiter, der hundertste nur an der hundertsten Tür.

a) Welche Türen haben grüne (blaue) Kreuze, welche haben grüne *und* blaue? Wie viele Kreuze sind auf der zehnten (achtzehnten, zweiunddreißigsten, fünfundsechszigsten) Tür?
b) Der sechste und der achte Wärter machten schwarze Kreuze. Alle Gefangenen mit zwei schwarzen Kreuzen erhielten eine Sonderration Wasser und Brot. Wie viele sind das, wenn in jeder Zelle genau ein Gefangener sitzt? Beschreibe deinen Lösungsweg.
c) Am Geburtstag seiner einzigen Tochter ließ der König alle Gefangenen frei, die genau zwei Kreuze auf ihrer Zellentür hatten. Angenommen, du dürftest wählen: Welche Zelle würdest du nehmen? Aus welchen Zellen käme man frei, wenn es 200 Zellen und 200 Wärter gäbe?

E2 Nenne eine natürliche Zahl zwischen 1 und 500. Dein Spielpartner soll versuchen diese Zahl in zwei Faktoren zu zerlegen. Anschließend versuchst du eine andere Zerlegung zu finden. Danach ist wieder dein Spielpartner an der Reihe. Wer als erster keine weitere Zerlegung mehr finden kann, hat das Spiel verloren.

a) Spiele mit deinem Nachbarn. Diskutiert, ob 1 · 48, 24 · 2 oder 2 · 2 · 12 als „weitere“ Zerlegungen akzeptiert werden sollten. Begründet eure Entscheidungen.
b) Welche Zusatzregel sollte man einführen, damit das Spiel sinnvoll wird? Welche Startzahlen sollten aus Fairnessgründen ausgeschlossen werden?

Grundwissen

Vielfaches

1 Die Zahlen 4; 8; 12; 16; 20; 24; 28; 32 ... nennt man **Vielfache** von 4.
Zu jeder Zahl gibt es unendlich viele Vielfache.

Teiler
teilbar

2 Da 24 Vielfaches von 4 ist, kann man 24 ohne Rest durch 4 teilen.
4 heißt daher **Teiler** von 24.
Man sagt auch: 24 ist durch 4 **teilbar.**

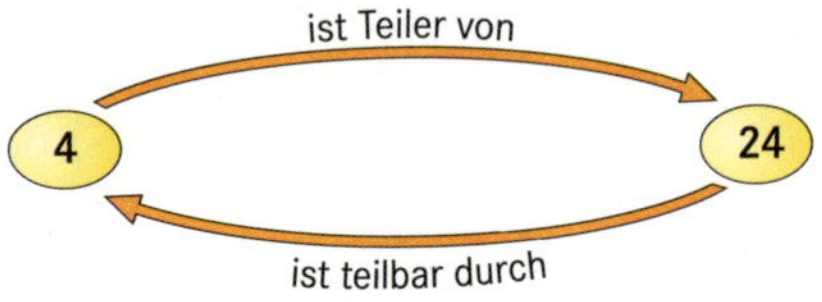

In der Tabelle stehen immer zwei Zahlen nebeneinander, die miteinander multipliziert 24 ergeben. Sie sind **Partnerteiler.** Der blaue Pfeil ist das **Teiler-U.**

Teiler von 24		
1	24	denn $1 \cdot 24 = 24$
2	12	denn $2 \cdot 12 = 24$
3	8	denn $3 \cdot 8 = 24$
4	6	denn $4 \cdot 6 = 24$

Die Teiler von 24 sind 1; 2; 3; 4; 6; 8; 12; 24.

Teilbarkeitsregeln

3 Wenn man feststellen will, ob eine natürliche Zahl durch eine andere natürliche Zahl teilbar ist, helfen **Teilbarkeitsregeln.** Eine Zahl ist teilbar

durch
- 2, wenn sie gerade ist.
- 4, wenn die letzten beiden Ziffern eine durch 4 teilbare Zahl bilden.
- 5, wenn die letzte Ziffer 0 oder 5 ist.
- 10, wenn die letzte Ziffer 0 ist.
- 3, wenn die **Quersumme** (Summe aller Ziffern der Zahl) durch 3 teilbar ist.

9216 ist durch 4 teilbar, da die Zahl 16 aus den letzen beiden Ziffern durch 4 teilbar ist.
Die Quersumme von 9216 ist $9 + 2 + 1 + 6 = 18$. Da 18 durch 3 teilbar ist, ist 9216 auch durch 3 teilbar. $9216 : 3 = 3072$.

4 Will man die Teiler einer natürlichen Zahl bestimmen, kann man die Zahl auf alle möglichen Arten in Produkte zerlegen. Zerlegt man nun die einzelnen Faktoren weiter, so erhält man schließlich Produkte, deren Faktoren sich nicht weiter zerlegen lassen, außer mit dem Faktor 1.
Im Beispiel ergibt sich $40 = 2 \cdot 2 \cdot 2 \cdot 5$.

$$
\begin{aligned}
40 &= \mathbf{1} \cdot \mathbf{40} \\
&= \mathbf{2} \cdot \mathbf{20} = 2 \cdot 2 \cdot 10 = 2 \cdot 2 \cdot 2 \cdot 5 \\
&= \mathbf{4} \cdot \mathbf{10} = 4 \cdot 2 \cdot 5 \;\;= 2 \cdot 2 \cdot 2 \cdot 5 \\
&\phantom{= \mathbf{4} \cdot \mathbf{10}} = 2 \cdot 2 \cdot 10 = 2 \cdot 2 \cdot 2 \cdot 5 \\
&= \mathbf{5} \cdot \mathbf{8} \;\;= 5 \cdot 2 \cdot 4 \;\;= 5 \cdot 2 \cdot 2 \cdot 2
\end{aligned}
$$

Die Teiler von 40 sind:
1; 2; 4; 5; 8; 10; 20; 40.

Primzahlen

Solche Zahlen, die sich nicht weiter zerlegen lassen, bilden die Grundbausteine der Zahlenwelt. Man nennt sie **Primzahlen.** Die Zahl 1 wird *nicht* zu den Primzahlen gerechnet.

Eine Primzahl ist eine natürliche Zahl, die genau zwei Teiler hat, nämlich 1 und sich selbst.

Primfaktorzerlegung

5 Man kann jede natürliche Zahl als ein Produkt schreiben, in dem alle Faktoren Primzahlen sind. Dann spricht man von einer **Primfaktorzerlegung.**
Wenn man eine Zahl in Primfaktoren zerlegen will, kann man immer den jeweils kleinsten Primfaktor abspalten.

$$
\begin{aligned}
120 &= 2 \cdot 60 \\
&= 2 \cdot 2 \cdot 30 \\
&= 2 \cdot 2 \cdot 3 \cdot 10 \\
&= 2 \cdot 2 \cdot 3 \cdot 2 \cdot 5 \\
&= 2^3 \cdot 3 \cdot 5
\end{aligned}
\qquad
\begin{aligned}
120 &= 12 \cdot 10 \\
&= 2 \cdot 6 \cdot 10 \\
&= 2 \cdot 2 \cdot 3 \cdot 2 \cdot 5 \\
&= 2^3 \cdot 3 \cdot 5
\end{aligned}
$$

Meist ist es aber günstiger die Zahl irgendwie in zwei Faktoren zu zerlegen und diese weiter zu zerlegen, bis nur noch Primfaktoren vorhanden sind.
Es ist gleichgültig, wie man vorgeht, man kommt stets zum selben Ergebnis.
Am übersichtlichsten schreibt man die Primfaktorzerlegung in Potenzschreibweise.

Sieb des Eratosthenes

ERATOSTHENES, griech. Mathematiker und Astronom (276 – 197 v. Chr.), verwaltete die Bibliothek von Alexandria.

6 Die ersten Primzahlen findet man leicht: 2; 3; 5; 7; 11; 13; 17; 19; 23; 29; 31; 37; 41; 43; …
Will man die Liste fortsetzen, so kann man ein Verfahren verwenden, das **„Sieb des Eratosthenes“** genannt wird.
Um z. B. alle Primzahlen von 1 bis 144 herausfinden, schreibt man die ersten 144 natürlichen Zahlen in eine Tabelle, z. B. eine 12 x 12-Tabelle.
Dann streicht man wie folgt:

(I) Streiche die 1.
(II) Streiche alle Vielfachen von 2 außer 2.
(III) Streiche alle Vielfachen von 3 außer 3.
(IV) 4 ist gestrichen, die Vielfachen von 4 auch.
(V) Streiche alle Vielfachen von 5 außer 5.
(VI) Fahre entsprechend fort bis 12.

Für größere Zahlen als 12 sind die Partnerteiler, bezogen auf 144, kleiner als 12, daher würden keine neuen Zahlen mehr gestrichen werden. Alle gestrichenen Zahlen fallen durch das Sieb. Alle nicht gestrichenen Zahlen sind Primzahlen.

1	2	3	4	5	6	7	8	9	10	11	12
13	14	15	16	17	18	19	20	21	22	23	24
25	26	27	28	29	30	31	32	33	34	35	36
37	38	39	40	41	42	43	44	45	46	47	48
49	50	51	52	53	54	55	56	57	58	59	60
61	62	63	64	65	66	67	68	69	70	71	72
73	74	75	76	77	78	79	80	81	82	83	84
85	86	87	88	89	90	91	92	93	94	95	96
97	98	99	100	101	102	103	104	105	106	107	108
109	110	111	112	113	114	115	116	117	118	119	120
121	122	123	124	125	126	127	128	129	130	131	132
133	134	135	136	137	138	139	140	141	142	143	144

EUKLID, eigentlich EUKLEIDES VON ALEXANDRIA (ca. 365–300 v. Chr.), griech. Mathematiker

7 Einige Zeit vor ERATOSTHENES lebte EUKLID in Alexandria.
Er hat das mathematische Wissen seiner Zeit in seinem Werk *„Elemente“* zusammengetragen, das aus dreizehn Bänden besteht.
Im neunten Band zeigt er, dass die Liste der Primzahlen nicht endet (vgl. Ausstieg **A1**).

Es gibt unendlich viele Primzahlen.

Übungen

1 Schreibe jeweils die Teiler von 16; 17; 18; 25; 32; 49; 50; 91; 100; 125 und 128 mit einem Teiler-U auf. Welche haben ein besonderes Teiler-U? Erkläre.

2 Schreibe jeweils die ersten 15 Vielfachen von 7; 11; 12; 13; 25; 27 und 50 auf.

3 Im Grundwissen stehen Regeln für die Teilbarkeit durch 2; 4; 5; 10 und 3.
a) Wann ist eine Zahl durch 6 teilbar? Begründe.
b) Wann ist eine Zahl durch 12 teilbar? Teste deine 12er-Regel an 18; 24; 30; 96; 132.

4 Begründet die Regel für die Teilbarkeit durch 4 (durch 8).

5 Untersuche die Zahlen, die durch 3 teilbar sind. Welche von ihnen sind auch durch 9 teilbar? Berechne ihre Quersumme und finde eine Regel für die Teilbarkeit durch 9.

6 a) Übertrage die Tabellen in dein Heft und kreuze die Teiler an.

(I)

... ist Teiler von ...	84	98	105	240	393
2					
3					
4					
5					
6					
7					
8					
9					
10					

(II)

... ist Teiler von ...	126	252	480	567	2400
2					
3					
4					
5					
6					
7					
8					
9					
10					

(III)

... ist Teiler von ...	230	273	323	1001	1955
2					
3					
5					
7					
11					
13					
17					
19					
23					

b) Untersuche die Zahlen, die bei 2 und bei 3 Kreuze haben.

7 Die Zahl 12 besitzt sechs Teiler: 1; 2; 3; 4; 6 und 12. Die Zahl 15 hat nur vier Teiler. Im Diagramm ist die Anzahl der Teiler für die natürlichen Zahlen von 1 bis 20 dargestellt.

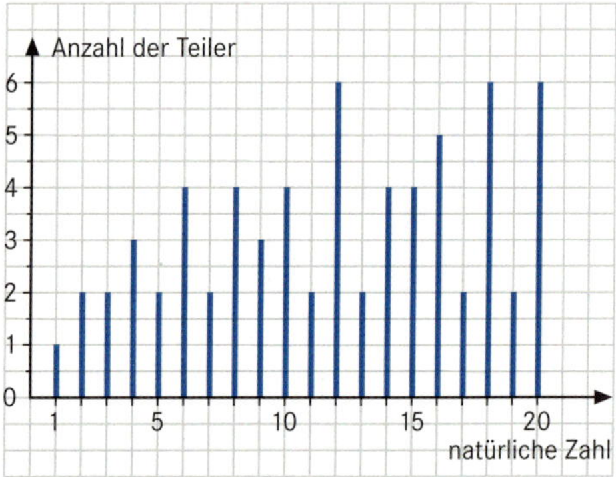

a) Zeichne ein entsprechendes Diagramm für die Zahlen von 1 bis 40 in dein Heft. Zeichne eine horizontale Gerade in Höhe der Anzahl 2. Für viele Zahlen enden die Stäbe auf dieser Höhe. Erläutere. Verfahre ebenso für die Anzahl 3.

b) Stelle weitere Untersuchungen an.

8

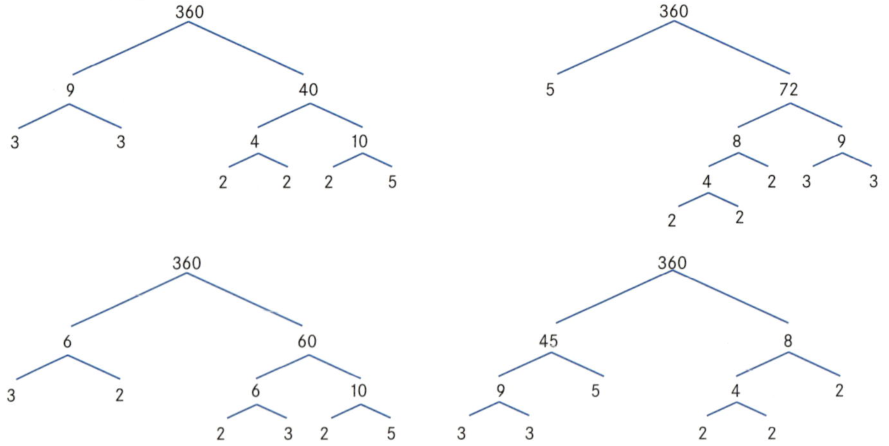

In einem Teilerbaum führen jeweils Linien von einer Zahl zu zwei Partnerteilern. Zeichne drei Teilerbäume zu 100 (144; 252; 400) und vergleiche sie. Denkt euch ähnliche Aufgaben für die Mathe-Box aus.

9 Gib die Primfaktorzerlegung an. Verwende die Potenzschreibweise.

a) 14 b) 36 c) 42 d) 56 e) 80 f) 144 g) 225
h) 252 i) 611 j) 1320 k) 4500 l) 6000 m) 100 000 n) 509

10 a) Bestimme alle Primzahlzwillinge bis 300.
b) 3; 5; 7 ist ein Drilling aus Primzahlen. Findest du weitere? Begründe.

11 Welche Zahlen sind keine Primzahlen? Begründe.
7; 12; 27; 43; 98; 121; 205; 209; 289; 537

12 Schreibt alle Zahlen von 1 bis 300 wie beim Sieb des Eratosthenes auf. „Siebt“ dann alle Primzahlen aus. Probiert verschiedene Tabellen (z.B. 10 x 30; 12 x 25; ...). Gibt es „Straßen von Primzahlen“? Wieso kann man nach dem Streichen aller Vielfachen von 17 aufhören?

13 Wenn man wissen will, ob eine bestimmte Zahl eine Primzahl ist oder nicht, so kann man das Sieb des Eratosthenes benutzen. Das ist aber bei größeren Zahlen sehr aufwändig. Schneller geht es, wenn man die Zahl direkt auf Teilbarkeit prüft.
Bei einem solchen **Primzahltest** muss man nur auf Teilbarkeit durch Primzahlen prüfen, denn wenn eine Zahl z.B. durch 6 teilbar ist, dann ist sie auch durch die Primzahlen 2 und 3 teilbar.
Man kann den Test abbrechen, wenn der Partnerteiler der nächsten Test-Primzahl kleiner wäre als diese Primzahl.

Ist 2011 eine Primzahl?
2011 ist ungerade, also nicht durch 2 teilbar.
2011 hat die Quersumme 4, ist also auch nicht durch 3 teilbar.
2011 ist auch nicht durch 5; 7; 11; 13; 17; 19; 23; 29; 31; 37; 41 und 43 teilbar.
2011 : 47 < 47, also müssen größere Primzahlen nicht getestet werden.
2011 ist also eine Primzahl.

Teste.
a) 2017 b) 1123 c) 989
d) 1237 e) 3577 f) 3571

14 Betrachte die Tabelle der Teiler und Partnerteiler von $84 = 2^2 \cdot 3 \cdot 7$.

Teiler	1	2	3	7	2^2	$2 \cdot 3$	$2 \cdot 7$	$3 \cdot 7$	$2^2 \cdot 3$	$2^2 \cdot 7$	$2 \cdot 3 \cdot 7$	$2^2 \cdot 3 \cdot 7$
Partnerteiler	$2^2 \cdot 3 \cdot 7$	$2 \cdot 3 \cdot 7$	$2^2 \cdot 7$	$2^2 \cdot 3$	$3 \cdot 7$	$2 \cdot 7$	$2 \cdot 3$	2^2	7	3	2	1

Fertige für (I) 120; (II) 16; (III) 550 und (IV) 1000 eine entsprechende Tabelle an.

15 a) Zerlege die Zahl 30 in ihre Primfaktoren und bestimme alle Teiler von 30.
b) Wie viele Teiler hat eine Zahl, deren Primfaktorzerlegung aus genau drei verschiedenen Primfaktoren besteht? Was ergibt sich, wenn die drei Primzahlen nicht verschieden sein müssen? (Beispiel: $12 = 2 \cdot 2 \cdot 3$)

Ausstiege

A1 Schon vor mehr als 2000 Jahren hat EUKLID bewiesen: „Es gibt mehr Primzahlen als jede vorgelegte Anzahl von Primzahlen.“ Seine Idee:

Nimm zwei beliebige Primzahlen a und b, multipliziere sie und addiere 1. Die Zahl, die man so erhält, ist auf jeden Fall nicht durch a oder b teilbar. Also ist sie entweder eine „neue“ Primzahl, oder sie hat eine Primzahl c als Teiler, die von a und b verschieden ist.

a) Probiere das Verfahren mit einigen Primzahlen aus.
b) Mithilfe des obigen Verfahrens hat man nun mindestens drei verschiedene Primzahlen. Multipliziere diese Primzahlen und addiere 1. Mit derselben Begründung wie eben ergibt sich: Die Zahl, die man so erhält, ist entweder selbst eine vierte Primzahl oder sie hat eine vierte Primzahl als Teiler. Wie oft kann das Verfahren fortgesetzt werden?

A2 Zu einer Zeit schwankender Börsenkurse wollten die Bürger von Zahlenstadt ihren Reichtum in Gold und Silber anlegen. Die Zuteilung erfolgte nach strengen Regeln.

Graf Primzahl von Gottes Gnaden ordnet an:

(1) Jede natürliche Zahl erhält so viele Silberbarren, wie sie echte Teiler hat. Echte Teiler sind diejenigen Teiler der Zahl, die kleiner als die Zahl selbst sind.

(2) Jede natürliche Zahl erhält so viele Goldbarren, wie die Summe der echten Teiler angibt.

(3) Eine Zahl gilt als *reich,* wenn die Anzahl ihrer Goldbarren größer ist als die Zahl selbst.

(4) Ist die Anzahl der Goldbarren kleiner als die Zahl, so ist die Zahl *arm.*

(5) Eine Zahl ist *vollkommen,* wenn die Anzahl der Goldbarren genauso groß ist wie die Zahl selbst.

(6) Vollkommene Zahlen werden in das Stadtparlament berufen.

Zahl	1	2	3	4	5	6
Teiler		1	1	1	1	1
		2	3	2	5	2
				4		3
						6

Das Vermögen der einzelnen Bürger soll ins Grundbuch eingetragen werden.

Zahl	Teiler	echte Teiler	Silberbarren	Goldbarren	reich, arm
1	1	–	0	0	arm
2	1; 2	1	1	1	arm
3	1; 3	1	1	1	arm
4	1; 2; 4	1; 2	2	3	arm
5	1; 5	1	1	1	arm
6	1; 2; 3; 6	1; 2; 3	3	6	vollkommen

a) Bestimmt für jede Zahl von 1 bis 144 die Anzahl der Silberbarren und die Anzahl der Goldbarren. Tragt beides ins Grundbuch ein und kennzeichnet, ob die Zahlen arm, reich oder vollkommen sind. Teilt die Arbeit unter euch auf. Welche Zahl unter 100 ist die reichste Zahl? Wie viele Zahlen von 1 bis 144 werden in das Parlament berufen?

b) Erstellt euch z.B. ein 12 x 12-Feld um den Stadtteil der Zahlen von 1 bis 144 aufzuzeichnen. Markiert alle reichen Zahlen in einer Farbe und alle geraden armen Zahlen in einer anderen Farbe. In welchen „Straßen" wohnen die reichen Zahlen? Welche Straßeneigenschaften gibt es sonst noch?

c) Die Behörden der Zahlenstadt wollen ihre Arbeit vereinfachen. Sucht nach Regeln, wie man reiche Zahlen ohne die exakte Berechnung des Reichtums finden kann. Können auch arme Zahlen vorherbestimmt werden? Versucht eure Regeln zu begründen.

d) Auch die Berechnung des Reichtums soll vereinfacht werden. Sucht Regeln, wie man z.B. den Reichtum von Potenzen von 2 (3; 5) sofort berechnen kann.

e) Gibt es eine reichste natürliche Zahl?

1.3 Schrittweise zu Gemeinsamkeiten – gemeinsame Teiler und Vielfache

Einstiege

E1

a) Führt die Gedanken aus dem Gespräch weiter aus. Sucht einen möglichst geschickten Weg um die beiden Brüche zu vergleichen.

b) Was haben die Überlegungen aus a) mit Teilern und Vielfachen zu tun?
Wie kann man möglichst kurze Verfeinerungslisten aufstellen?

c) Schreibt ein „Rezept“ zum geschickten Vergleich beliebiger Brüche und erprobt es an mindestens zehn selbst gewählten Beispielen.

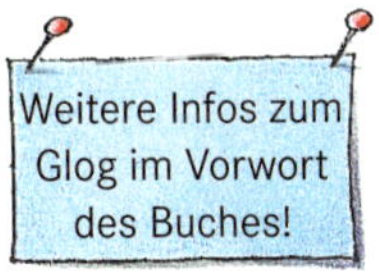

d) Hat eine Gruppenmitglied einen besonderen Gedankenblitz gehabt?
Welche wichtigen Ideen und Gedanken haben euch weiter gebracht?
Habt ihr interessante Zusammenhänge entdeckt?
Notiert wichtige Dinge im **Glog,** dem Gruppen-Logbuch.

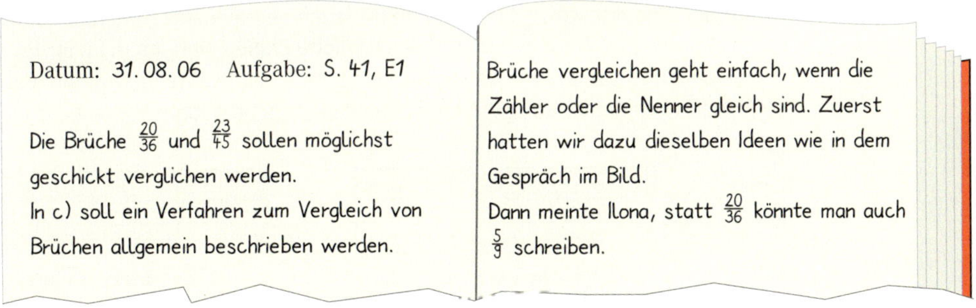

Datum: 31. 08. 06 Aufgabe: S. 41, E1

Die Brüche $\frac{20}{36}$ und $\frac{23}{45}$ sollen möglichst geschickt verglichen werden.
In c) soll ein Verfahren zum Vergleich von Brüchen allgemein beschrieben werden.

Brüche vergleichen geht einfach, wenn die Zähler oder die Nenner gleich sind. Zuerst hatten wir dazu dieselben Ideen wie in dem Gespräch im Bild.
Dann meinte Ilona, statt $\frac{20}{36}$ könnte man auch $\frac{5}{9}$ schreiben.

E2

a) Wähle dir ein Zahnradpaar und vergleiche die beiden Zahlräder.
Gib das Übersetzungsverhältnis möglichst einfach an.

a) Wie oft dreht sich das rechte (linke) Zahnrad, wenn sich das linke (rechte) einmal dreht?
Nach wie vielen Umdrehungen ist bei beiden der Strich wieder oben?

c) Was für Zahlen haben bei deinen Überlegungen eine Rolle gespielt? Wie hängen sie mit den Zahnanzahlen der Zahnräder zusammen?
Überprüfe deine Vermutungen an den anderen Zahnradpaaren.

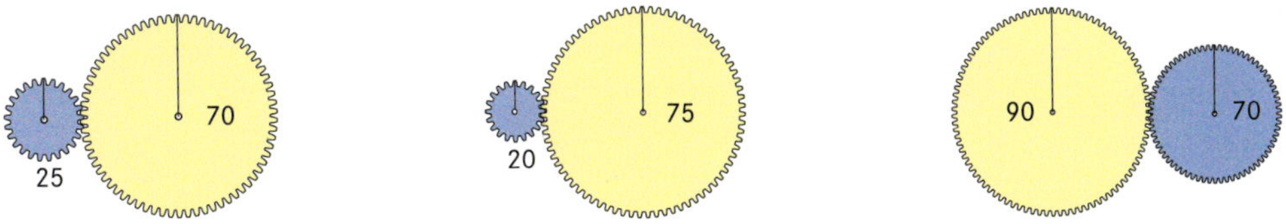

Grundwissen

1

Teiler von 36:	1	2	3	4		6	9	12		18	36	
Teiler von 45:	1		3		5		9		15			45

Wir sind die gemeinsamen Teiler!

Ich bin der Größte!

Der größte gemeinsame Teiler von 36 und 45 ist 9.
kurz: ggT (36; 45) = 9,
lies: ggT von 36 und 45 ist 9.

gemeinsamer Teiler
ggT
teilerfremd

Notiert man die Teiler von zwei Zahlen, so kommen einige Zahlen in beiden Listen vor, die **gemeinsamen Teiler.** Die *größte* dieser Zahlen ist der **größte gemeinsame Teiler (ggT).**

Wenn 1 der einzige gemeinsame Teiler zweier Zahlen ist, heißen die Zahlen **teilerfremd.**

gemeinsames Vielfaches
kgV

2 Notiert man die Vielfachen von zwei Zahlen, so kommen **gemeinsamen Vielfache** in beiden Listen vor. Die *kleinste* dieser Zahlen ist das **kleinste gemeinsame Vielfache (kgV).**

Das kleinste gemeinsame Vielfache von 36 und 45 ist 180.
kurz: kgV (36; 45) = 180,
lies: kgV von 36 und 45 ist 180.

Ich bin das Kleinste!

Wir sind gemeinsame Vielfache!

Vielfache von 36:	36		72		108		144	180	216		252		288		326	360	396	...
Vielfache von 45:		45		90		135		180		215		260		305		360		...

3 Es gelten folgende Aussagen (zu weiteren Begründungen vgl. Übung **27**):

(I) Zwei Zahlen haben immer 1 als gemeinsamen Teiler.

(II) Alle Teiler des ggT zweier Zahlen sind gemeinsame Teiler dieser Zahlen.

(III) Das Produkt zweier Zahlen ist immer auch gemeinsames Vielfaches dieser Zahlen.
Begründung: Wenn a und b zwei natürliche Zahlen sind, dann ist ihr Produkt a · b das b-fache von a und das a-fache von b, also ein gemeinsames Vielfaches von a und b.

(IV) Alle Vielfachen des kgV zweier Zahlen sind gemeinsame Vielfache dieser Zahlen.

4

8	2	2	2	2
6	2	2	2	8 - 6

2 ist auch Teiler von 8 - 6

25	5	5	5	5	5
15	5	5	5	25 - 15	

5 ist auch Teiler von 25 - 15

Der ggT zweier Zahlen a und b ist auch Teiler der Differenz dieser Zahlen.

Das kann man nutzen um den ggT zu bestimmen. Ist die Differenz selbst ein Teiler der beiden Zahlen, ist der ggT gefunden. Andernfalls prüft man die anderen Teiler der Differenz, vom größten bis zum kleinsten. Man kann auch die Differenzbildung wiederholen (vgl. Übung **24**).

ggT (729; 702): 729 - 702 = 27	Differenzbildung	ggT (858; 806): 858 - 806 = 52
27; 9; 3 und 1	Teiler der Differenz	52; 26; 13; 2 und 1
27 ist Teiler von 702 und 729	Prüfung	52 ist kein Teiler von 806 (und 858) 26 ist Teiler von 806 und 858
also ggT (729; 702) = 27	Ergebnis	also ggT (858; 806) = 26

5 Mithilfe der Primfaktorzerlegung kann man sowohl den ggT als auch das kgV bestimmen.

Wenn man den ggT und das kgV von 1848 und 2940 bestimmen will, so kann man zunächst beide Zahlen in ihre Primfaktoren zerlegen. Diese schreibt man nun so hin, dass gleiche Primzahlen untereinander stehen.

Gleiche Primzahlen untereinander.

ggT-Bestimmung

$1848 = 2 \cdot 2 \cdot 2 \cdot 3 \cdot 7 \cdot 11$

$2940 = 2 \cdot 2 \cdot 3 \cdot 5 \cdot 7 \cdot 7$

$\text{ggT} = 2 \cdot 2 \cdot 3 \cdot 7 = 84$

Nimm nur die, die in *beiden* vorkommen.

kgV-Bestimmung

$1848 = 2 \cdot 2 \cdot 2 \cdot 3 \cdot 7 \cdot 11$

$2940 = 2 \cdot 2 \cdot 3 \cdot 5 \cdot 7 \cdot 7$

$\text{kgV} = 2 \cdot 2 \cdot 2 \cdot 3 \cdot 5 \cdot 7 \cdot 7 \cdot 11 = 64680$

Wo irgendwas steht, ziehe es runter.

6 Gemeinsame Teiler sind wichtig beim *Kürzen* von Brüchen.
Kürzen bedeutet Vergröbern der Einteilung.
Halbiert man z. B. die Anzahl der Teile, in die das Ganze eingeteilt wird, so muss man auch halb so viele von den Teilen auswählen um denselben Anteil zu erhalten.
Man muss also Zähler *und* Nenner des Bruches durch 2 dividieren.
Man sagt z. B., der Bruch $\frac{8}{10}$ wird *mit 2 gekürzt,* und schreibt kurz: $\frac{8}{10} \underset{2}{=} \frac{4}{5}$. (Kürzungszahl)

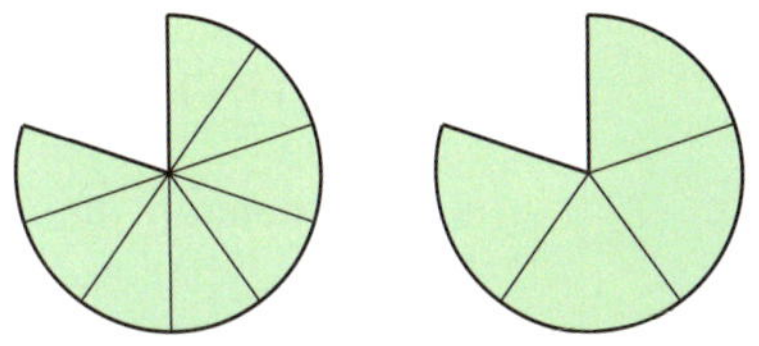

$\frac{8}{10} = \frac{8:2}{10:2} = \frac{4}{5}$

> Kürzen bedeutet, Zähler *und* Nenner durch die gleiche Zahl dividieren. Diese Zahl muss ein *gemeinsamer Teiler* von Zähler und Nenner sein.
> Ein Bruch, bei dem Zähler und Nenner teilerfremd sind, der also nicht weiter gekürzt werden kann, heißt **vollständig gekürzt.**

vollständig gekürzter Bruch

Um einen Bruch vollständig zu kürzen kann man schrittweise vorgehen oder gleich mit dem ggT von Zähler und Nenner kürzen.

$\frac{72}{84} \underset{2}{=} \frac{36}{42} \underset{2}{=} \frac{18}{21} \underset{3}{=} \frac{6}{7}$ oder $\frac{72}{84} \underset{12}{=} \frac{6}{7}$

$2 \cdot 2 \cdot 3 = 12$

7 *Erweitern* ist die Umkehrung des Kürzens und bedeutet Verfeinerung der Einteilung.
Verdreifacht man z. B. die Anzahl der Teile, in die das Ganze eingeteilt wird, so muss man auch dreimal so viele von den Teilen auswählen um denselben Anteil zu erhalten.
Man muss also Zähler *und* Nenner des Bruches mit 3 multiplizieren.

Man sagt z. B., der Bruch $\frac{6}{7}$ wird *mit 3 erweitert,* und schreibt kurz: $\frac{6}{7} \overset{3}{=} \frac{18}{21}$. (Erweiterungszahl)

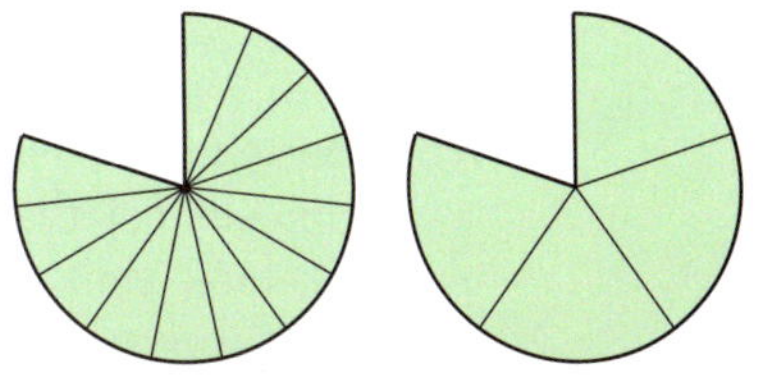

$\frac{4}{5} = \frac{4 \cdot 3}{5 \cdot 3} = \frac{12}{15}$

> Erweitern bedeutet, Zähler und Nenner mit der gleichen Zahl multiplizieren.

Übungen

1 a) Suche den größten gemeinsamen Teiler:

(I) 15; 12 (II) 18; 24 (III) 36; 42 (IV) 21; 35 (V) 81; 108
(VI) 144; 51 (VII) 126; 117 (VIII) 169; 65 (IX) 99; 121 (X) 84; 42

b) Nutze die Teilerlisten aus Übung **1** in Unterkapitel **1.2** und finde mit ihrer Hilfe die gemeinsamen Teiler und den größten gemeinsamen Teiler von je zwei der Zahlen.

2 a) Suche das kleinste gemeinsame Vielfache:

(I) 15; 12 (II) 18; 24 (III) 36; 42 (IV) 21; 35 (V) 81; 108
(VI) 144; 51 (VII) 126; 117 (VIII) 169; 65 (IX) 99; 121 (X) 84; 42

b) Verwende die Vielfachenlisten aus Übung **2** in Unterkapitel **1.2** und bestimme die gemeinsamen Vielfachen und das kleinste gemeinsame Vielfache von je zwei der Zahlen.

3 Bestimme durch genaues Hinsehen.

a) ggT (17; 23) b) ggT (9; 6) c) ggT (15; 35) d) ggT (20; 100)

4 a) Bestimme im Kopf den ggT.

(I) 28; 42 (II) 24; 72 (III) 68; 102 (IV) 72; 56 (V) 20; 33

b) Bestimme im Kopf das kgV.

(I) 14; 21 (II) 16; 20 (III) 18; 36 (IV) 6; 13 (V) 2^2; 3^2

5 Kommentiere die Aussage.

6 Schreibe ab und ergänze.
Finde verschiedene Lösungen.

a) ggT (...; 275) = 25
b) kgV (66; ...) = 528
c) kgV (103; ...) = 103

7 Bestimme den ggT und das kgV.

a) $2 \cdot 3 \cdot 7$ und $5 \cdot 7 \cdot 3$ b) $2 \cdot 2 \cdot 5 \cdot 11$ und $2 \cdot 3 \cdot 5 \cdot 5$ c) $3 \cdot 3 \cdot 17 \cdot 23$ und $2 \cdot 5 \cdot 19$

8 Bestimme mithilfe der Primfaktorzerlegung den ggT und das kgV.

a) 900 und 960 b) 264 und 352 c) 416 und 468
d) 392 und 225 e) 2100 und 2475 f) 1716 und 3872

9 Bestimme mit dem Differenzverfahren wie in **4** den ggT.

a) 56 und 42 b) 51 und 85 c) 104 und 156 d) 105 und 42 e) 72 und 132

10 Bestimme ggT (76; 342) und ggT (440; 275) mit Primfaktorzerlegung und Differenzverfahren. Welches Verfahren findest du jeweils besser? Begründe.

11 Sieben Kinder stehen im Kreis und zählen beginnend bei Clara ab: „Ele mele mink mank pink pank dink dank ose pose aka deia eia weia weg."

a) In welcher Reihenfolge „fliegen die Kinder heraus"?
b) Bei welchen Anzahlen von Kindern fliegt dasjenige als Erstes heraus, bei dem angefangen wird?
c) Beantworte die Fragen auch für deinen liebsten Abzählreim.

12 Bestimmt das kgV und den ggT. Vergleicht verschiedene Methoden.

a) 273 und 294 b) 75 und 45 c) 392 und 735
d) 1485 und 1755 e) 216 und 264 f) 1568 und 1470

13 a) Bei einer Maschine greifen zwei Zahnräder ineinander. Das erste Zahnrad hat 144 Zähne und das zweite Zahnrad hat 188 Zähne. Wie oft muss sich das erste (zweite) Zahnrad drehen, bis wieder die gleichen Zähne ineinander greifen? Bestimme auch das Übersetzungsverhältnis.

b) Untersuche entsprechend drei Zahnräder mit 24; 36 und 42 Zähnen.

14 Bestimme die gemeinsamen Teiler von Zähler und Nenner und kürze die Brüche mit ihnen.

a) $\frac{8}{64}$; $\frac{24}{56}$; $\frac{72}{88}$; $\frac{144}{152}$; $\frac{128}{232}$ b) $\frac{18}{24}$; $\frac{24}{80}$; $\frac{72}{96}$; $\frac{120}{144}$; $\frac{138}{306}$

c) $\frac{15}{90}$; $\frac{60}{150}$; $\frac{45}{240}$; $\frac{120}{135}$; $\frac{105}{255}$ d) $\frac{42}{252}$; $\frac{21}{84}$; $\frac{49}{210}$; $\frac{165}{462}$; $\frac{273}{819}$

15 Kürze den Bruch vollständig. Probiere es schrittweise und mithilfe des ggT von Zähler und Nenner. Was stellst du fest?

a) $\frac{14}{28}$ b) $\frac{15}{90}$ c) $\frac{52}{60}$ d) $\frac{49}{98}$ e) $\frac{134}{286}$ f) $\frac{52}{123}$

16 Kürze soweit wie möglich. Wie geht es am schnellsten? Vergleicht eure Lösungswege.

a) $\frac{36}{72}$; $\frac{12}{48}$; $\frac{8}{24}$; $\frac{20}{100}$; $\frac{7}{42}$; $\frac{4}{32}$ b) $\frac{12}{30}$; $\frac{18}{24}$; $\frac{20}{32}$; $\frac{30}{36}$; $\frac{30}{45}$; $\frac{25}{60}$

c) $\frac{90}{225}$; $\frac{75}{195}$; $\frac{36}{108}$; $\frac{35}{180}$; $\frac{80}{200}$; $\frac{72}{120}$ d) $\frac{100}{1000}$; $\frac{125}{1000}$; $\frac{500}{1000}$; $\frac{375}{1000}$; $\frac{400}{1000}$; $\frac{750}{1000}$

17 Erweitere mit 2; 3; 4; 5; 6; 7; 8; 9 und 10.

a) $\frac{1}{2}$ b) $\frac{2}{3}$ c) $\frac{3}{7}$ d) $\frac{5}{11}$ e) $\frac{3}{4}$ f) $\frac{2}{5}$ g) $\frac{3}{8}$ h) $\frac{5}{14}$

18 Erweitere auf den angegebenen Nenner.

a) $\frac{\square}{12}$: $\frac{3}{4}$, $\frac{1}{3}$, $\frac{5}{6}$, $\frac{1}{2}$

b) $\frac{\square}{20}$: $\frac{2}{5}$, $\frac{1}{4}$, $\frac{1}{2}$, $\frac{3}{10}$

c) $\frac{\square}{24}$: $\frac{5}{8}$, $\frac{3}{4}$, $\frac{1}{6}$, $\frac{2}{3}$

d) $\frac{\square}{100}$: $\frac{4}{5}$, $\frac{1}{2}$, $\frac{3}{4}$, $\frac{9}{10}$

In Sitzungsräumen gibt es oft Tische in Trapez- und Rechteckformen wie im Bild. An den kurzen Seiten kann je eine Person sitzen, an den langen zwei. Zeichne Vorschläge für Gruppentische verschiedener Größe.

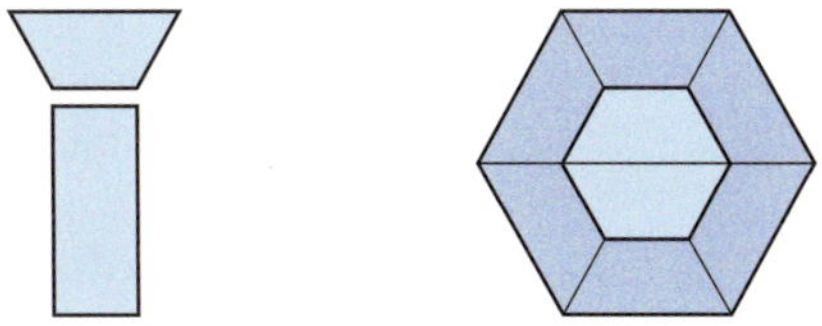

19 Wurde hier richtig gekürzt oder erweitert? Korrigiere die Fehler und gib die von dir verwendeten Kürzungs- und Erweiterungszahlen an.

a) $\frac{40}{100} = \frac{6}{15}$	b) $\frac{192}{360} = \frac{8}{15}$	c) $\frac{2}{3} = \frac{144}{216}$	d) $\frac{5}{14} = \frac{450}{1260}$
e) $\frac{5}{7} = \frac{25}{49}$	f) $\frac{400}{424} = \frac{50}{53}$	g) $\frac{101}{909} = \frac{10}{90}$	h) $\frac{26}{1200} = \frac{312}{1200}$
i) $\frac{25}{425} = \frac{5}{17}$	j) $\frac{36}{120} = \frac{3}{10}$	k) $\frac{14}{27} = \frac{144}{297}$	l) $\frac{63}{187} = \frac{7}{19}$

20 Bei einer Modelleisenbahn sind zwei ineinander liegende Schienen-Ovale aufgebaut. Am Bahnhof starten gleichzeitig zwei Züge. Im inneren Oval benötigt ein Zug 48 s für eine Runde. Der Zug im äußeren Oval benötigt 64 Sekunden. Wann treffen die beiden Züge wieder gleichzeitig im Bahnhof ein?

21 In welche Richtung dreht sich das blaue Zahnrad, wenn sich das gelbe im Uhrzeigersinn dreht? Wie oft dreht sich das blaue Zahnrad, wenn sich das gelbe einmal dreht?
Bestimme auch das Übersetzungsverhältnis. Vergleiche die Übersetzungsverhältnisse miteinander.

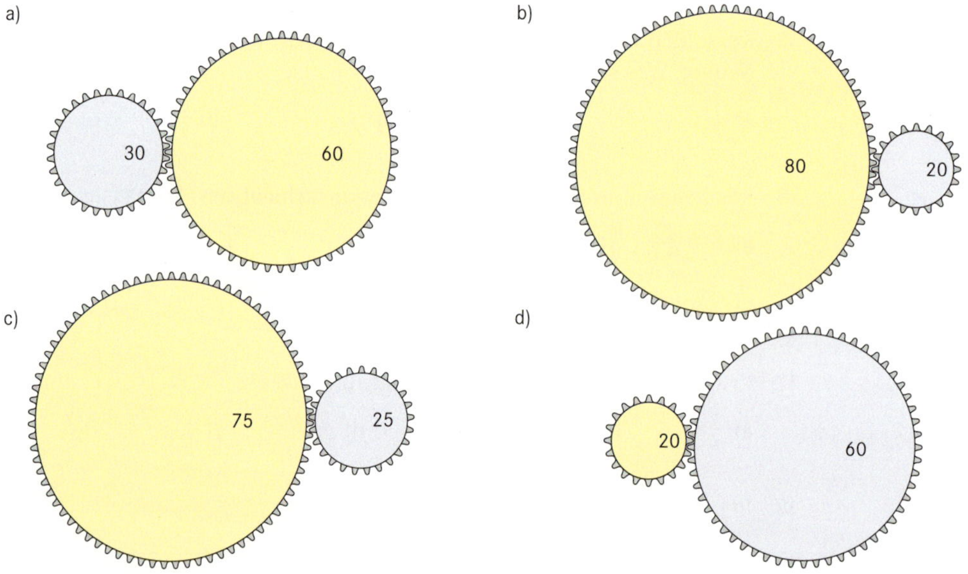

22 Verfahre mit folgendem Zahnradpaar wie in Übung **21**:
a) gelb 100 und blau 75 Zähne
b) gelb 90 und blau 20 Zähne
c) gelb 20 und blau 90 Zähne
d) gelb 15 und blau 105 Zähne

23 Um 6.15 Uhr starten an der Haltestelle Neumarkt gleichzeitig die Buslinien 825, 831 und 837.
Linie 825 verkehrt alle 36 Minuten, Linie 831 alle 48 Minuten und 837 alle 32 Minuten.
Wann starten wieder alle drei Busse gleichzeitig vom Neumarkt?

24 Bei großen Zahlen kann es schwierig sein den ggT zu bestimmen. Wenn man das Differenzverfahren mehrfach hintereinander anwendet, kommt man zum Ziel.
Dieses Verfahren wird **euklidischer Algorithmus** genannt.

ggT (455; 637) = ?

$$\begin{array}{ll} \text{ggT}(455; 637) & 637 - 455 = 182 \\ \text{ggT}(455; 182) & 455 - 182 = 273 \\ \text{ggT}(273; 182) & 273 - 182 = 91 \\ \text{ggT}(182; 91) & 182 - 91 = 91 \end{array}$$

ggT (91; 91) = 91 = ggT (455; 637)

Bei gleichen Zahlen ist Schluss.

Nimm immer die beiden kleinsten Zahlen.

ggT (539; 359) = ?

$$\begin{array}{ll} \text{ggT}(539; 359) & 539 - 359 = 180 \\ \text{ggT}(359; 180) & 359 - 180 = 179 \\ \text{ggT}(180; 179) & 180 - 179 = 1 \end{array}$$

ggT (179; 1) = 1 = ggT (539; 359)

Bei 1 ist Schluss.

Bestimme den ggT mithilfe des euklidischen Algorithmus.
a) 153 und 85 b) 273 und 294 c) 1440 und 2594
d) 1512 und 2184 e) 1024 und 2187 f) 1225 und 1600

25 Das Verfahren mithilfe der Primfaktorzerlegung eignet sich besonders, wenn das kgV oder der ggT von mehreren Zahlen bestimmt werden soll.

kgV(1440; 1008; 1600)

$$\begin{array}{llllll} 1440 & = 2^5 & \cdot 3^2 & \cdot 5 & & \\ 1008 & = 2^4 & \cdot 3^2 & & \cdot 7 & \\ 1600 & = 2^6 & & \cdot 5^2 & & \\ \hline \text{kgV} & = 2^6 & \cdot 3^2 & \cdot 5^2 & \cdot 7 & = 100800 \end{array}$$

ggT(1440; 1008; 1600)

$$\begin{array}{llllll} 1440 & = 2^5 & \cdot 3^2 & \cdot 5 & & \\ 1008 & = 2^4 & \cdot 3^2 & & \cdot 7 & \\ 1600 & = 2^6 & & \cdot 5^2 & & \\ \hline \text{ggT} & = 2^4 & & & & = 16 \end{array}$$

Wie groß sind kgV und ggT?
a) 16; 24 und 15 b) 144; 120 und 315 c) 525; 630 und 294
d) 440; 825 und 1320 e) 24; 30; 72 und 84 f) 60; 135; 162; 420 und 252

Tipp: Primfaktorzerlegung!

26 a) Bestimmt das Produkt, den ggT und das kgV von
(I) 6 und 8 (II) 10 und 15 (III) 21 und 28 (IV) 14 und 11 (V) 9 und 36.
b) Vergleicht die Ergebnisse, vermutet Zusammenhänge und begründet diese.
c) Kann man eure Ergebnisse auch auf drei und mehr Zahlen übertragen?

27 a) Begründe die Aussagen (I), (II) und (IV) aus Grundwissen **3**.
b) Überprüfe die Aussage zunächst an Beispielen und begründe sie dann:

Wenn zwei Zahlen teilerfremd sind, dann ist ihr kgV gleich ihrem Produkt.

c) Welcher Zusammenhang besteht zwischen der Aussage in b) und Übung **26** b)?

Wie viel wiegt der Schneemann?
Pulverschnee ist der leichteste Schneetyp, ein Kubikmeter wiegt nur ungefähr 60 Kilogramm. Am schwersten ist Nass- oder Pappschnee. Ein Kubikmeter davon kann bis zu 800 kg wiegen.

28

ggT (455, 637, 539) =
ggT (455, 637 − 539, 539) = ggT (455, 98, 539) =
ggT (455, 98, 539 − 455) = ggT (455, 98, 84) = ...

Bilde immer die Differenz der beiden größeren Zahlen!

Setze die Rechnung fort. Probiere es auch mit den Zahlen aus Übung **25**.
Kann man so mit dem Verfahren des euklidischen Algorithmus auch den ggT von mehreren natürlichen Zahlen bestimmen?
Vergleiche den euklidischen Algorithmus mit dem Verfahren der Primfaktorzerlegung.

Ausstiege

A1 Das Verfahren des euklidischen Algorithmus kann man auch geometrisch deuten.

Bestimme ggT (637; 455).
Betrachte dazu ein Rechteck mit den Seitenlängen 455 cm und 637 cm.
Zuerst kann man ein großes Quadrat von 455 cm Seitenlänge in das Rechteck legen. Es bleibt ein Rechteck mit 455 cm und 182 cm übrig. Das größte Quadrat, das in dieses Rechteck passt, hat eine Seitenlänge von 182 cm. In das verbleibende Rechteck passt das Quadrat mit 182 cm Seitenlänge nochmal hinein.
Es bleibt das rot umrandete Rechteck mit den Seitenlängen 182 cm und 91 cm übrig. Hier passt ein Quadrat von 91 cm Seitenlänge zweimal hinein.
91 ist der ggT von 455 und 637.

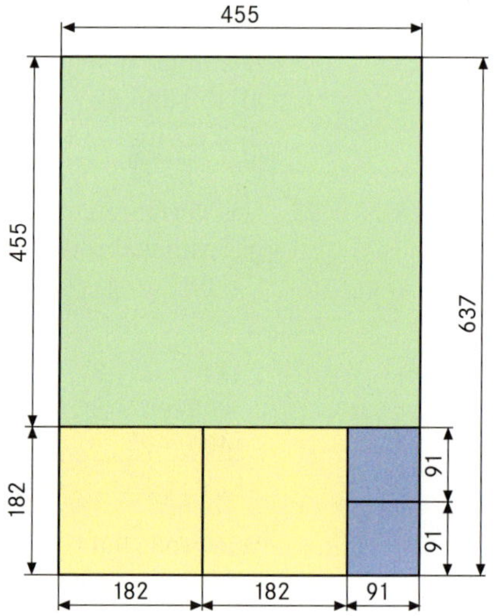

a) Übertragt dieses Verfahren auf die Zahlen 585 und 780.
b) Stellt den Zusammenhang zwischen dieser zeichnerischen Lösung und dem euklidischen Algorithmus her.
c) Wieso ist 91 der gesuchte größte gemeinsame Teiler?
d) Kann man das Verfahren auch auf drei (vier; fünf; ...) Zahlen erweitern?

A2 a) Wie kannst du 2 kg abwiegen, wenn dir eine Balkenwaage und beliebig viele Gewichtsstücke von 3 kg und 8 kg zur Verfügung stehen?
b) Du hast Gewichtsstücke in zwei verschiedene Größen in beliebiger Menge zur Verfügung.
Welche Gewichte kannst du mit ihnen abwiegen?
c) Du hast Gefäße, die 8 Liter bzw. 12 Liter fassen.
Versuche mit diesen Gefäßen 2 Liter abzumessen.

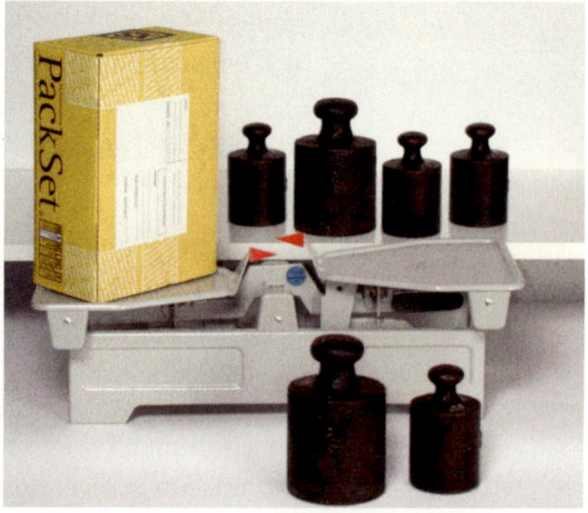

d) Denkt euch weitere Problemstellungen aus, die mit ähnlichen Überlegungen zu lösen sind, und stellt sie euch gegenseitig.

Vermischte Übungen

L1 Zeichne zu der Figurenfolge zwei (bei c) nur eine) weitere Figuren. Gib eine Zahlenfolge für die Anzahl der Punkte an. Wie viele Punkte enthält deine achte Figur?

a)

b)

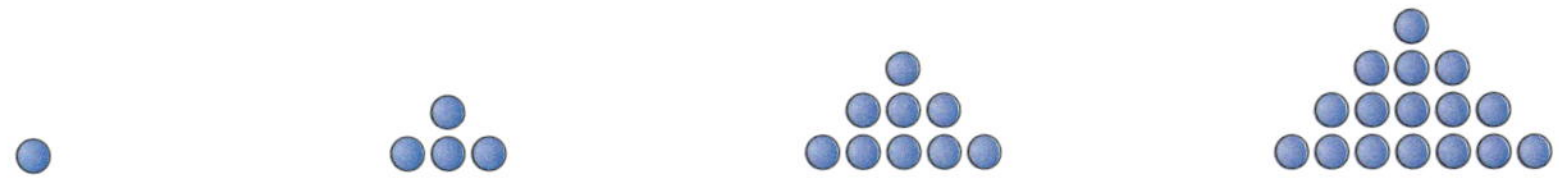

c)

L2 Suche zu der Zahlenfolge sinnvolle Fortsetzungen. Begründe.

a) 5; 8; 11; 14; 17; ...
b) 4; 5; 8; 13; 20; ...
c) 3; 6; 8; 16; 18; 36; ...
d) 7; 8; 10; 11; 13; 14; ...

L3 a) Wähle als Startzahlen 1 und 5. Es entsteht die Zahlenfolge: 1; 5; 6; 1; 7; 6; 13; ... Suche ein Bildungsgesetz und führe die Zahlenfolge fort.

b) Wähle zwei andere Startzahlen zwischen 1 und 10, die voneinander verschieden sind. Wie sieht nun die Zahlenfolge mit dem gleichen Bildungsgesetz wie in a) aus? Wie viele solcher Zahlenfolgen gibt es?

c) Wähle wieder zwei Startzahlen, die kleiner als 10 sind und bilde mit ihnen Zahlenfolgen nach anderen Bildungsgesetzen. Lass deinen Nachbarn dazu Bildungsgesetze finden.

L4 In einem Weinregal werden die Weinflaschen nach dem abgebildeten Muster gelagert.

a) Wie viele Flaschen sind gelagert, wenn sich in der obersten Schicht zwei Flaschen und in der untersten Schicht acht Flaschen befinden?

b) In wie vielen Reihen liegen die Weinflaschen mindestens, wenn 15 Flaschen gelagert sind und sich in der untersten Reihe sechs Flaschen befinden?

L5 a) Herr Sanchez will einen Zaun um sein Grundstück ziehen. Es hat die Form eines Rechtecks, ist 3549 m lang und 1083 m breit. Herr Sanchez möchte, dass alle Zaunpfähle denselben Abstand haben. Wie weit voneinander entfernt können die Pfähle höchstens sein?

b) An der einen Schmalseite des Grundstücks soll zwischen dem Zaun und einer viel befahrenen Landstraße ein Streifen von 2 m Breite frei bleiben. Wie wirkt sich das auf die Abstände der Zaunpfähle aus? Untersuche auch andere Streifenbreiten.

L6 Es ist zwölf Uhr. (I) Wie spät ist es in 1000 Stunden? (II) Wie spät ist es in 144 000 Stunden? (III) Wie spät ist es in 100 000 Stunden?

L7 Suche passende Zahlen für den Platzhalter.

a) ggT (12; ♠) = 1
b) ggT (35; ♥) = 7
c) kgV (15; ♣) = 60
d) kgV (27; ♦) = 216

L8 Wie weit und in welche Richtung dreht sich das blaue Zahnrad, wenn sich das gelbe einmal im Uhrzeigersinn dreht?

a)

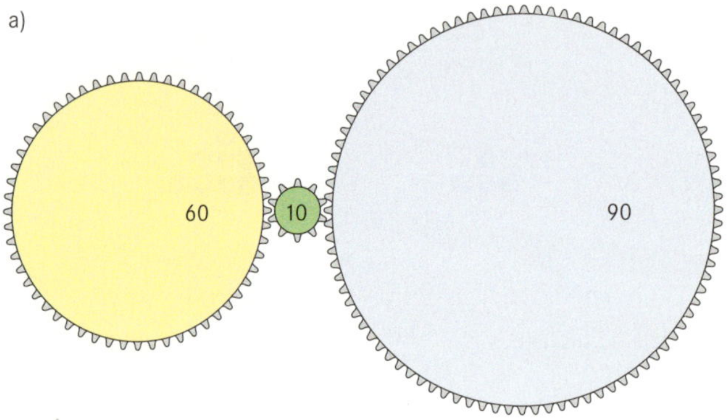

b)

c)

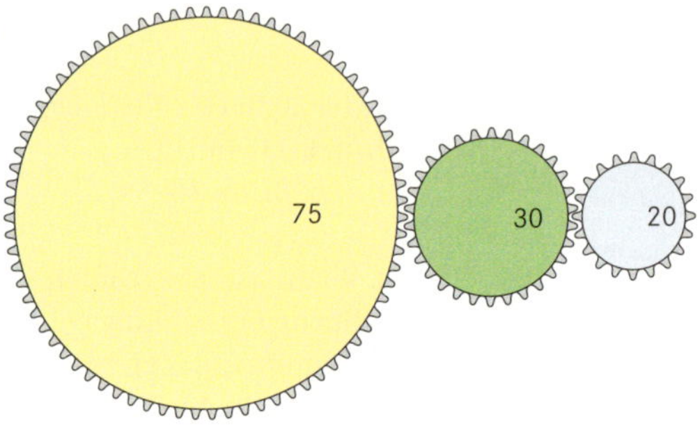

L9 Kürze die folgenden Brüche vollständig.

a) $\frac{80}{112}$; $\frac{210}{315}$; $\frac{1620}{4590}$; $\frac{168}{392}$ b) $\frac{154}{231}$; $\frac{180}{245}$; $\frac{192}{216}$; $\frac{0}{90}$ c) $\frac{868}{1116}$; $\frac{1144}{1232}$; $\frac{736}{1104}$; $\frac{1950}{2340}$

L10 Die Astronomen aus Mathemania haben ein neues Sonnensystem entdeckt. Um die Sonne Solaria kreisen die Planeten Una, Dos, Tres, Cuatro und Cinco. Die Umlaufzeiten der Planeten betragen: Una 48 Tage, Dos 120 Tage, Tres 315 Tage, Cuatro 756 Tage und Cinco 1750 Tage.

Im Jahr 2006 haben die Astronomen eine seltene Planetenkonstellation beobachtet: Alle fünf Planeten waren von Solaria aus gesehen genau hintereinander aufgereiht.

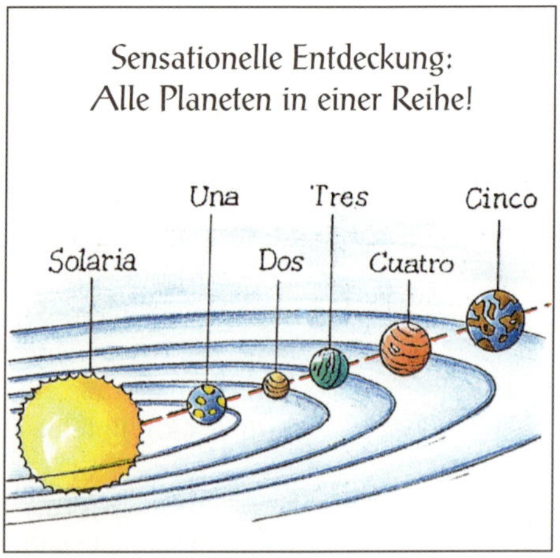

a) Wann wird es eine solche Planetenkonstellation wieder geben?
b) Nach welcher Zeit stehen zum ersten Mal wieder vier Planeten hintereinander?
c) Welche drei Planeten stehen nach 7560 Tagen genau auf einer Linie?
d) Bei der seltenen Planetenkonstellation haben die Astronomen außerhalb der Umlaufbahn von Cinco noch einen weiteren Planeten entdeckt. Sie nannten ihn Transcinco.
Ihre Beobachtungen und Berechnungen ergeben, dass Transcinco alle 1320 Tage mit Dos und alle 16632 Tage mit Cuatro in einer Reihe zu sehen ist. Welche kleinste Umlaufzeit ergibt sich daraus für Transcinco? Wann stehen alle sechs Planeten in einer Reihe, wenn sie 2006 in einer Reihe standen?

L11 Primzahlen, die rückwärts gelesen wieder eine Primzahl ergeben, nennt man Mirpzahlen.
a) Erkläre den Namen. Begründe, dass 79 eine Mirpzahl ist.
b) Gib mindestens fünf weitere Mirpzahlen an.
c) Zeige, dass 727 eine Mirpzahl ist. Welche zusätzliche Besonderheit liegt hier noch vor?

L12 Aus einem Styroporquader mit den Kantenlängen 80 cm, 1 m und 1,2 m sollen möglichst große gleich große Würfel geschnitten werden. Welche Kantenlänge haben die Würfel und wie viele dieser Würfel erhält man?

L13 Maikes Mutter wartet an einer roten Ampel. Vor ihr blinken zwei Fahrzeuge mit unterschiedlichem Takt. Der Sportwagen blinkt alle 54 Hundertstelsekunden und der Blinker des grünen Vans leuchtet alle 81 Hundertstelsekunden auf. Gerade blinken beide Fahrzeuge gleichzeitig. Wann wird das wieder der Fall sein?

14 Gib für das Dreieck-Zahlenmuster eine Regel an, nach der man die nächste Zeile bilden kann. Setze es dann um weitere drei Zeilen fort. Bilde selbst ähnliche Dreiecke.

a)
```
        1
      1   1
    1   2   1
  1   3   3   1
1   4   6   4   1
```

b)
```
        1
      1   1
    1   3   1
  1   5   5   1
1   7  13   7   1
```

c)
```
         1
       2    2
     3    4    3
   4    7    7    4
5   11   14   11    5
```

15 Bestimme alle Primzahlen zwischen 300 und 350.
Wie oft kommen die verschiedenen Ziffern als Endziffern vor? Wie groß ist die größte Lücke zwischen zwei Primzahlen?
Denke dir selbst Fragen aus.

16

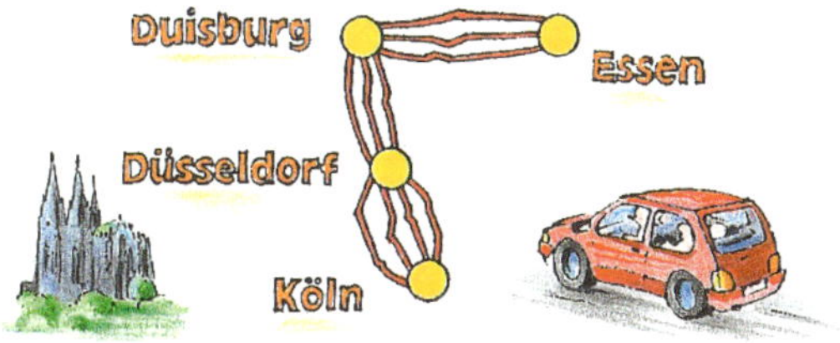

Familie Breuer will von Köln über Düsseldorf und Duisburg nach Essen fahren.
Wie viele verschiedene Fahrstrecken sind möglich, wenn sie nur die eingezeichneten Hauptverbindungsstraßen benutzen möchte?

17 Färbe in der ersten Zeile eines 5×5-Quadrates irgendwelche Flächen schwarz und weiß. Gib dann eine Regel an, wie du, ausgehend von der ersten Zeile, die zweite Zeile färbst.
Verwende die gleiche Regel um die dritte Zeile zu färben.
Wie sieht die fünfte Zeile aus?
Wähle andere Muster und Regeln. Lass deinen Nachbarn die Färbung durchführen.

18 Denke dir zwei möglichst große teilerfremde Zahlen aus.
Wer findet das größte Zahlenpaar mit dem größten gemeinsamen Teiler 1?

19

a) Aus den vier Startzahlen 8; 14; 3 und 10 entwickelt sich ein Zahlenmuster. Wie könnte es nach rechts und nach unten weitergehen?
b) Verwende vier andere Zahlen als Startzahlen.

20 Begründe oder widerlege.
a) Jede Zahl, die durch 21 teilbar ist, ist auch durch 7 und durch 3 teilbar.
b) Eine Zahl, die durch 24 teilbar ist, ist auch durch 12 und durch 18 teilbar.
c) $2^3 \cdot 3^2 \cdot 7$ ist Vielfaches von $2^2 \cdot 7$.
d) Wenn eine Zahl durch 9 teilbar ist, so kann sie nicht durch 4 teilbar sein.
e) Jede Zahl, die den Teiler 250 hat, kann auch durch 125 und 10 geteilt werden.
f) 66 ist ein Teiler von $2 \cdot 3 \cdot 5^2 \cdot 11$.

21

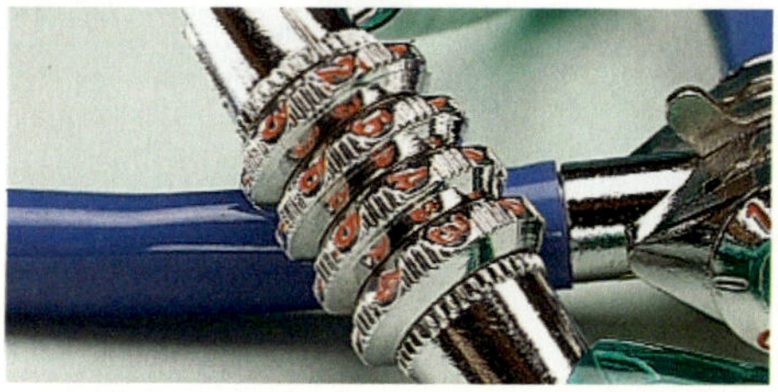

Ein Fahrradschloss besteht aus vier Ringen. Bei jedem Ring kann eine der Zahlen von 1 bis 5 eingestellt werden.
Wie viele Zahlenkombinationen muss man im ungünstigsten Fall ausprobieren, bis man das Schloss öffnen kann?

22 Damit der neue Lehrer die Namen schneller lernen kann, bittet er die Schülerinnen und Schüler Namensschilder vor sich aufzustellen.
In der ersten Reihe sitzen vier Mädchen mit unterschiedlichen Vornamen. Sie haben ihre Namensschilder vertauscht. Auf wie viele Arten ist das möglich?
Bei wie vielen Vertauschungen hat kein (ein, zwei, drei) Mädchen noch den richtigen Namen vor sich stehen?
Vergleicht eure Lösungswege. Sucht ähnliche Aufgaben.

23 Übertrage das Kreuzworträtsel in dein Heft und löse es.
Erstelle ein eigenes Kreuzzahlrätsel für die Mathe-Box.

Waagerecht:
1 45 : 3
3 12^2
6 kleinste Primzahl über 100
8 Teiler von 576
9 MCCLXXXIV
11 Quadratzahl
12 gerade Primzahl
13 3^5
15 Vielfaches von 3
16 das Produkt der ersten vier Primzahlen
17 kgV (72; 81)
18 82296 : 127

Senkrecht:
1 $11^2 - 10$
2 4817 + 2913 − 1708
4 Zahl, die durch 3 teilbar ist
5 Zahl mit Quersumme 20
7 ggT (126; 450)
10 Die Hunderterziffer ist doppelt so groß wie die Zehnerziffer und die Zehnerziffer ist doppelt so groß wie die Einerziffer
14 Palindromische Zahl
15 Zahl, die durch 11 teilbar ist

Kreuzzahlrätsel

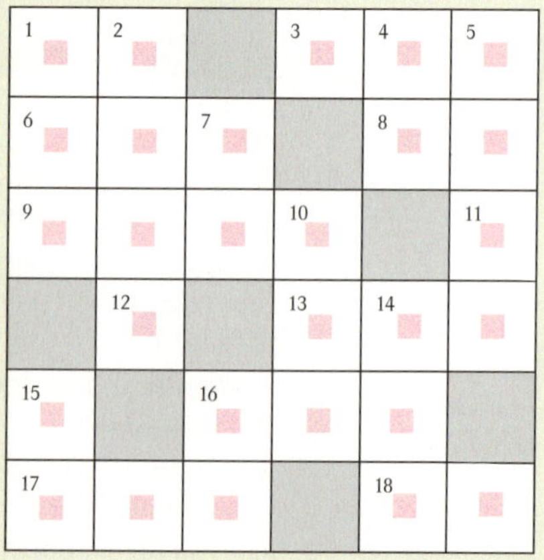

24 a) Zeichnet die Spirale mit den natürlichen Zahlen ab. Erweitert sie um einige Zahlen. Markiert die geraden und ungeraden Zahlen mit verschiedenen Farben. Wo liegen die Quadratzahlen?
Wo die Primzahlen? Sucht weitere besondere Zahlen.
b) Ihr könnt die natürlichen Zahlen auch in ganz anderer Reihenfolge aufschreiben. Welche Zahlen stehen am oberen Rand und welche Zahlen bilden den unteren Rand? Wie kann man die waagerechten Zeilen jeweils fortsetzen? Sucht nach weiteren Eigenschaften.

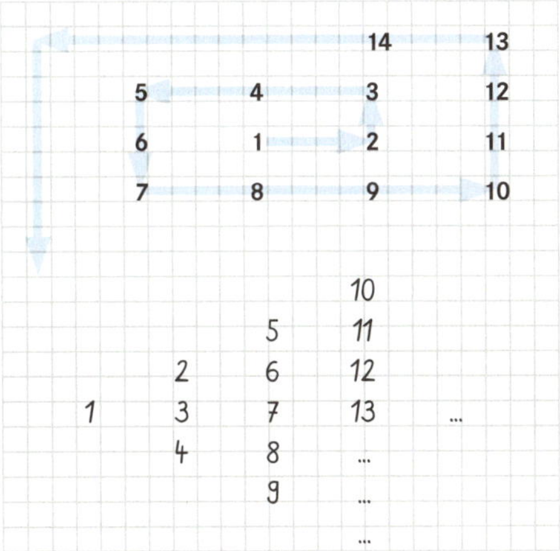

25 a) Berechne 91 · 11 und 91 · 33.
b) „Mensch, das ist ja ganz einfach“, freut sich Sophie. „Dann kann ich sofort 91 · 55 und 91 · 77 im Kopf ausrechnen.“ Welche Entdeckungen hat Sophie gemacht?
c) Berechne auch 91 · 132. Wieso passt auch dieses Ergebnis zu Sophies Entdeckungen? Wähle mindestens zwei weitere Beispiele, bei denen dasselbe Prinzip zum Ergebnis führt.
d) Gibt es außer 91 auch noch andere Zahlen, bei denen das gleiche Prinzip funktioniert? Versucht weitere Möglichkeiten mit einigen Beispielen anzugeben.

26 Verfahre wie in Übung **21** in **1.3** mit folgendem Zahnradpaar:

a) 15 und 25 Zähne	b) 24 und 36 Zähne	c) 39 und 91 Zähne	d) 8 und 12 Zähne
e) 9 und 12 Zähne	f) 18 und 27 Zähne	g) 11 und 121 Zähne	h) 42 und 49 Zähne

27 a) Ein Rechteck mit den Seitenlängen 14 cm und 18 cm soll mit möglichst wenigen Quadraten ausgelegt werden. Zeichne, beschreibe und begründe.
b) Wie ändert sich die Lösung, wenn beide Seitenlängen verdoppelt werden?

28 Sieben ehemalige Klassenkameradinnen treffen sich nach Jahren in einem Fitnessstudio wieder. Alle sieben besuchen das Fitnessstudio regelmäßig. Sie reden über alte Tage und fragen sich am Ende, wann sie wohl das nächste Mal alle zusammen treffen werden. Liegt dieser Zeitpunkt innerhalb des nächsten Jahres?

29 Bei den Figuren ist jeder Punkt mit jedem Punkt verbunden. Zeichne die nächsten beiden Figuren in dein Heft. Wie viele Verbindungslinien gibt es jeweils? Wie viele Verbindungslinien kann es bei 20 oder bei 50 Punkten höchstens geben?

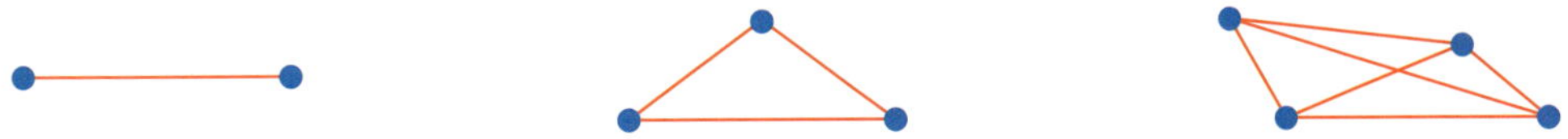

30 a) Setze die Zahlenfolgen sinnvoll fort und begründe.

(I) 1; 3; 5; 7; 9; ... (II) 1; 4; 9; 16; 25; ... (III) 1; 3; 6; 10; 15; ...

(IV) 2; 4; 6; 8; 10; ... (V) 2; 4; 8; 16; 32; ... (VI) 2; 3; 5; 7; 11; ...

b)

Welcher Zahlenfolge entspricht die Figurenfolge? Zeichne zu den anderen Zahlenfolgen aus a) entsprechende Figurenfolgen.

31 Frau Curie hat Geburtstag. Insgesamt sind 15 Personen eingeladen. Es ist jedoch noch nicht ganz sicher, ob ihr Bruder mit seiner Frau und seinen beiden Kindern auch kommt. Frau Curie möchte in beiden Fällen, dass die Kuchenstücke so verteilt werden können, dass jeder gleich viele Stücke erhält. Wie viele Kuchenstücke muss sie mindestens haben?

32 Das kgV kannst du auch mit folgendem Verfahren errechnen:

Teiler	24	50	60
2	12	25	30
2	6	25	15
2	3	25	15
3	1	25	5
5	1	5	1
5	1	1	1

kgV(24; 50; 60) = $2^3 \cdot 3 \cdot 5^2 = 600$

a) Schau dir das Verfahren in Ruhe an, bis du es verstanden hast.
Erkläre es deinem Nachbarn.
Überlegt, wie man mit diesem Schema auch den ggT bestimmen kann.

b) Bestimmt mit dieser Methode das kgV und den ggT von
(I) 24 und 84;
(II) 70; 105 und 315;
(III) 1320; 924 und 550.

33 Finde heraus, ob die Aussage richtig oder falsch ist. Begründe deine Antwort.

a) 1 ist eine Primzahl.
b) Es gibt keine Primzahl, die durch 2 teilbar ist.
c) Es gibt keine Primzahl, die durch 9 teilbar ist.
d) Jede Zahl, die ein Vielfaches von 1 und sich selbst ist, ist eine Primzahl.
e) Es gibt nur eine Primzahl, deren letzte Ziffer eine 5 ist.

34

4 = 2 + 2   6 = 3 + 3
8 = 3 + 5   10 = 3 + 7
12 = 5 + 7   14 = 3 + 11
16 = 3 + 13   18 = 7 + 11
20 = 7 + 13   ...

CHRISTIAN GOLDBACH (1690–1764) fiel auf, dass sich viele gerade natürliche Zahlen, die größer als 2 sind, als Summe zweier Primzahlen schreiben lassen. Häufig gibt es sogar mehr als eine Möglichkeit. Daraufhin stellte GOLDBACH die Vermutung auf, dass sich *jede* gerade natürliche Zahl als Summe zweier Primzahlen schreiben lässt. Diese sehr einfache und leicht zu verstehende Behauptung ist allerdings bis heute noch nicht bewiesen worden.

a) Überprüft die Goldbach-Vermutung für alle geraden Zahlen bis 150.
b) Testet eine entsprechende Aussage für ungerade natürliche Zahlen außer 1.
c) Versucht ungerade Zahlen größer als 5 als Summe von drei Primzahlen zu schreiben.

Zusammenfassung

1 Bei der Bestimmung großer Anzahlen ist es ratsam **systematisch** zu **zählen**. Dazu versucht man die zu zählenden Gegenstände oder Möglichkeiten in einem geeigneten Muster anzuordnen. Häufig gelingt es sie in eine **Rechteckform** oder eine **Dreieckform** zu bringen. Oft ist auch eine Zeichnung in Form eines **Baumdiagrammes** sinnvoll.

Vier Vereine tragen in einer Hin- und einer Rückrunde eine Meisterschaft aus.

Lösungsweg mit der Rechteckform:
Man legt eine Tabelle für die Spielergebnisse an. Sie hat 4 · 4 = 16 Felder. Da ein Verein nicht gegen sich selbst spielen kann, fallen vier Möglichkeiten weg.
Es sind also 16 – 4 = 12 Spiele.

	A	B	C	D
A	x			
B		x		
C			x	
D				x

Lösungsweg mit der Dreieckform:
Für die Hinrunde gilt:
Verein A hat drei Gegner,
Verein B hat dann noch zwei Gegner,
Verein C hat noch einen Gegner.

A – B; A – C; A – D
B – C; B – D
C – D

Das sind insgesamt 3 + 2 + 1 = 6 Spiele. Das gleiche gilt für die Rückrunde. Es sind also 12 Spiele.

Lösungsweg mithilfe eines Baumdiagramms:

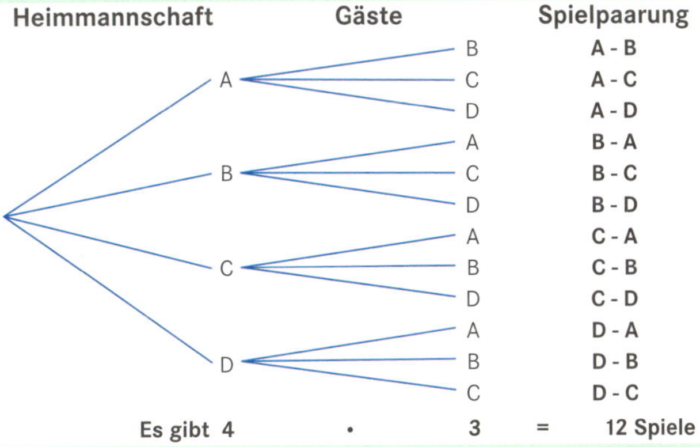

Ein Baumdiagramm hilft oft weiter, wenn nach Kombinationsmöglichkeiten gefragt wird.

2 Oft ist es hilfreich, wenn man bestimmte **Zahlenfolgen** kennt.

Einmaleinsreihen:			
2; 4; 6; 8; 10; 12; ...	Zweierreihe	0; 2; 4; 6; 8; 10; 12; ...	gerade Zahlen
3; 6; 9; 12; 15; 18; ...	Dreierreihe	1; 3; 5; 7; 9; 11; 13; ...	ungerade Zahlen
4; 8; 12; 16; 20; 24; ...	Viererreihe		
		2; 3; 5; 7; 11; 13; 17; ...	Primzahlen
Potenzen:			
1; 2; 4; 8; 16; 32; 64; ...	Zweierpotenzen	1; 4; 9; 16; 25; 36; 49; ...	Quadratzahlen
1; 3; 9; 27; 81; 243; 729; ...	Dreierpotenzen	1; 8; 27; 64; 125; 216; ...	Kubikzahlen
...			
1; 10; 100; 1000; 10 000; ...	Zehnerpotenzen	1; 3; 6; 10; 15; 21; 28; ...	Dreieckszahlen

Viele Zahlenfolgen sind nach einem der beiden folgenden Muster gebaut:

3 5; 10; 15; 20; ... sind **Vielfache** von 5.
Jede Zahl hat unendlich viele Vielfache.
Da 360 Vielfaches von 5 ist, kann man 360 durch 5 ohne Rest teilen.
5 heißt daher **Teiler** von 360.
Man sagt auch: 360 ist durch 5 **teilbar.**

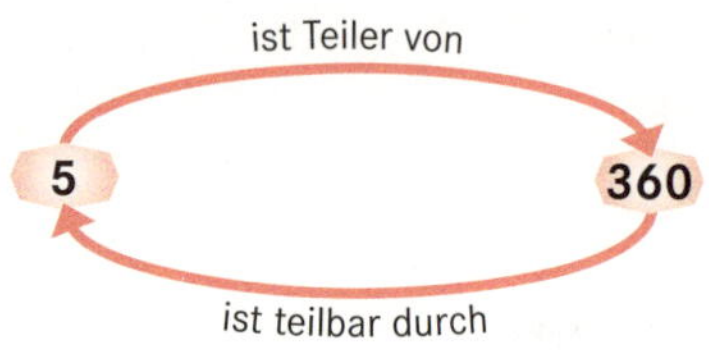

Teilbarkeitsregeln helfen bei der Untersuchung, ob eine Zahl durch eine andere Zahl teilbar ist.

> Eine Zahl ist teilbar
> durch
> - 2, wenn sie gerade ist.
> - 4, wenn die Zahl aus den letzten beiden Ziffern durch 4 teilbar ist.
> - 5, wenn die letzte Ziffer 0 oder 5 ist.
> - 10, wenn die letzte Ziffer 0 ist.
> - 3, wenn die **Quersumme** (Summe aller Ziffern der Zahl) durch 3 teilbar ist.

4 **Primzahlen** sind von 1 verschiedene natürliche Zahlen, die nur durch 1 und sich selbst teilbar sind, d.h. die genau zwei Teiler besitzen. Es gibt unendlich viele Primzahlen.

$$84 = 2 \cdot 42 = 2 \cdot 2 \cdot 21 = 2^2 \cdot 3 \cdot 7$$

Jede natürliche Zahl ist in **Primfaktoren** zerlegbar. Die Faktoren der letzten Darstellung können nicht weiter zerlegt werden, weil dort nur noch Primzahlen vorkommen.

5 Zwei verschiedene Zahlen haben immer 1 als gemeinsamen Teiler. Zahlen, die nur 1 als gemeinsamen Teiler haben, nennt man **teilerfremd.**
Den **größten gemeinsamen Teiler** von zwei Zahlen a und b bezeichnet man kurz als **ggT** (a; b).

ggT (90; 36) = 18.

Zwei verschiedene Zahlen haben immer ihr Produkt als gemeinsames Vielfaches.
Das **kleinste gemeinsame Vielfache** von zwei Zahlen a und b bezeichnet man kurz als **kgV** (a; b).

kgV (90; 36) = 180.

6 Mithilfe der **Primfaktorzerlegung** kann man immer das kleinste gemeinsame Vielfache kgV und den größten gemeinsamen Teiler ggT zweier Zahlen bestimmen.

$$\begin{aligned} 2376 &= 2^3 \cdot 3^3 \cdot 11 \\ 2520 &= 2^3 \cdot 3^2 \cdot 5 \cdot 7 \\ \hline \text{kgV} &= 2^3 \cdot 3^3 \cdot 5 \cdot 7 \cdot 11 = 83\,160 \end{aligned}$$

$$\begin{aligned} 2376 &= 2^3 \cdot 3^3 \cdot 11 \\ 2520 &= 2^3 \cdot 3^2 \cdot 5 \cdot 7 \\ \hline \text{ggT} &= 2^3 \cdot 3^2 = 72 \end{aligned}$$

Bei der Suche nach dem ggT können die folgenden Überlegungen helfen.

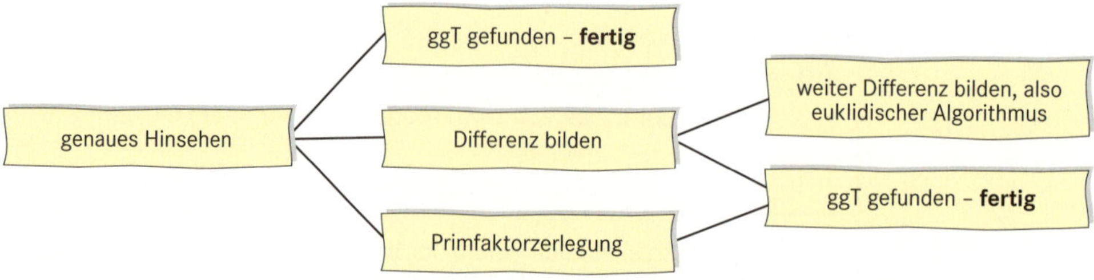

7 Beim **Kürzen von Brüchen** benutzt man gemeinsame Teiler von Zähler und Nenner. Wenn man mit dem ggT von Zähler und Nenner kürzt, erhält man den **vollständig gekürzten Bruch.**

1.6 Historisches zu Primzahlen

1

ɪɪɴ Mersenne
588–1648)
ınzösischer
lönch und
ıthematiker

Im Vorwort zu seinem Werk „Cogitata Physica-Mathematica" behauptete Marin Mersenne, der Term $2^p - 1$ ergebe eine Primzahl, wenn man für p eine der Primzahlen 2; 3; 5; 7; 13; 17; 19; 31; 67; 127 und 257 einsetzt. Primzahlen, die sich mit diesem Term berechnen lassen, werden Mersennesche Primzahlen genannt.

Mersennesche Primzahlen			
Nummer	p	$2^p - 1$	Dezimalstellen
1	2	3	1
2	3	7	1
3	5	31	2
4	7	127	3
5	13	8191	4
6	17	131 071	6

Über 250 Jahre später, im Oktober 1903, gab es auf einem Treffen der American Mathematical Society einen der merkwürdigsten Vorträge, die je auf einer wissenschaftlichen Tagung gehalten wurden: Der Zahlentheoretiker Frank Nelson Cole ging wortlos an die Tafel, rechnete erst sorgfältig mit der Hand $2^{67} - 1 = 147573952589676412927$ aus und dann, weiterhin wortlos und mit der Hand, 193707721 x 761838257287 = 147573952589676412927. Dann ging er unter dem Beifall der Zuhörer schweigend zu seinem Platz zurück. Auf die Frage, wie lange er für diese Lösung gebraucht habe, antwortete Cole „It took me three years of Sundays to solve this problem".

2 Trotzdem ist der Term $2^p - 1$ sehr hilfreich beim Auffinden immer neuer, größerer Primzahlen. Noch ohne Computer werden die Exponenten von 1 bis 258 vollständig überprüft, 1947 kennt man zwölf Mersennesche Primzahlen für p = 2; 3; 5; 7; 13; 17; 19; 31; 61; 89; 107 und 127. 1968 lässt die Universität von Illinois anlässlich der Entdeckung der 23. Mersenneschen Primzahl einen Poststempel erstellen. $2^{11213} - 1$ ist übrigens eine Zahl mit 3376 Dezimalstellen. Seit Ende des 20. Jahrhunderts sind durch GIMPS (**G**reat **I**nternet **M**ersenne **P**rime **S**earch) weltweit viele Computer an der Suche beteiligt. Seitdem werden in schneller Folge immer riesigere Primzahlen gefunden, 1997 die erste mit mehr als einer Million Stellen.

Dezember 2005
43. Mersennesche Primzahl gefunden:
$2^{30402457} - 1$ mit 9.152.052 Stellen.

3 Schreibt einen Kommentar zu dem Vortrag von Cole. Setzt die Tabelle der Mersenneschen Primzahlen möglichst weit fort.

Probiert, für welche natürlichen Zahlen n die Terme $4^n + 1$ bzw. $2^n + 1$ Primzahlen liefern. Zeigt, dass $2^{30} + 1$ keine Primzahl ist.

Wie kann man die Stellenanzahl einer Mersenneschen Primzahl mithilfe des Exponenten p abschätzen? Wie sehen solche Primzahlen im Dualsystem aus?

2.1 B.-rechnung – Addieren und Subtrahieren

Einstiege

E1

a) Sammelt vergleichbare Angaben für Uhrzeiten und Zeiträume. Erfindet möglichst viele „neue“ Zeitangaben.

b) Habt ihr noch eure Bruchscheiben aus der Mathe-Box der Klasse 5? Wenn nein, baut euch aus zwei Kreisschablonen eine neue wie in der Abbildung beschrieben. Denkt euch Additions- und Subtraktionsaufgaben mit Brüchen aus und löst sie mit eurer Bruchscheibe.

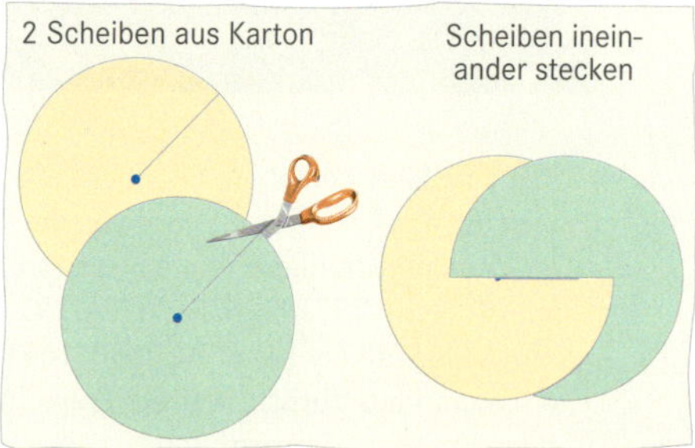

c) Schreibt einige eurer Aufgaben auf Karteikarten und deren Lösungen auf die Rückseite. Tauscht eure Karten aus und bearbeitet sie.

E2 a) Zeichne dir das „Bruchtangram“-Spiel auf dünne Pappe ab und schneide die Teile sauber aus. Schreibe auf jedes Puzzleteil seinen Anteil an der Gesamtfläche.

b) Lege aus zwei, drei oder mehr Puzzleteilen eine neue Figur und bestimme die Summe der darauf stehenden Brüche. Wie groß ist jeweils die Summe der Brüche auf den übrig gebliebenen Puzzleteilen? Beschreibe deinen Rechenweg.

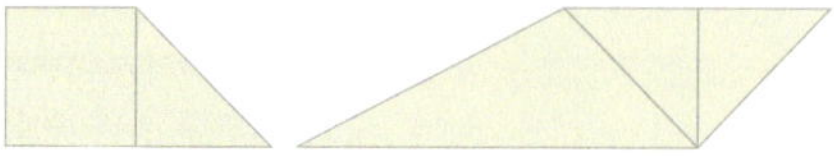

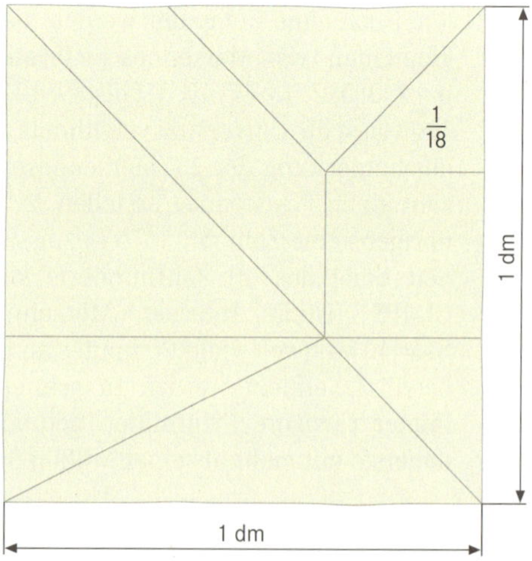

c) Legt nun eure Puzzleteile zu größeren Figuren zusammen. Wie groß ist jetzt die Summe der Brüche auf den verwendeten Puzzleteilen, wie groß die Summe auf den übrig gebliebenen Puzzleteilen? Beschreibt eure Lösungswege.

d) Bestimmt die Summe und die Differenz der Brüche rechnerisch.

E3 Mit der „Meterkonvention" wurde 1875 in einigen europäischen Ländern das Meter als Grundeinheit der Längenmessung eingeführt. Davor orientierten sich die Längenmaße am menschlichen Körper:
Elle, Klafter, Fuß, Schritt, Spanne, Finger-, Hand- und Fußbreite waren als Maßangaben üblich.

Das „Urmeter", ein Platin-Iridium-Stab, wird in Sèvres bei Paris aufbewahrt.

a) Bestimmt gegenseitig eure Körpermaße und haltet sie in einer Tabelle fest:

	Peter	Thea	Kira
Elle	32 cm	... cm	... cm
Spanne	14 cm	... cm	... cm
...	...	...	...

Sucht jetzt gemeinsam anhand eurer Messdaten nach Zusammenhängen zwischen euren Körpermaßen,
z.B.: 1 Elle = $\frac{1}{3}$ Klafter oder 1 Fuß = ... Elle.

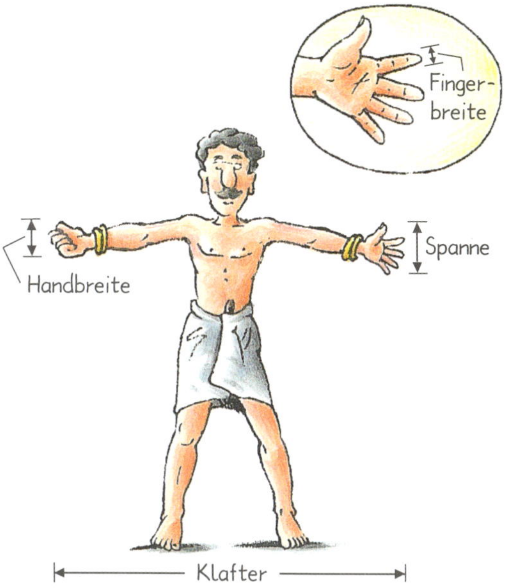

b) Einigt euch in der Gruppe auf *eine* „Elle" und schneidet euch mehrere Papp-Ellen zu. Unterteilt eine eurer Papp-Ellen in Drittel, eine andere in Viertel, eine weitere in Fünftel, eine in Sechstel und die letzte in Zehntel.

Basteltipp!!!
Verwende zum Teilen der Papp-Ellen ein breites Gummiband (siehe Foto).

c) Bestimmt nun mithilfe eurer Papp-Ellen den Umfang eures Tisches, der Tafel und anderer Gegenstände. Gebt eure Messergebnisse mit möglichst einfachen Brüchen an.

E4

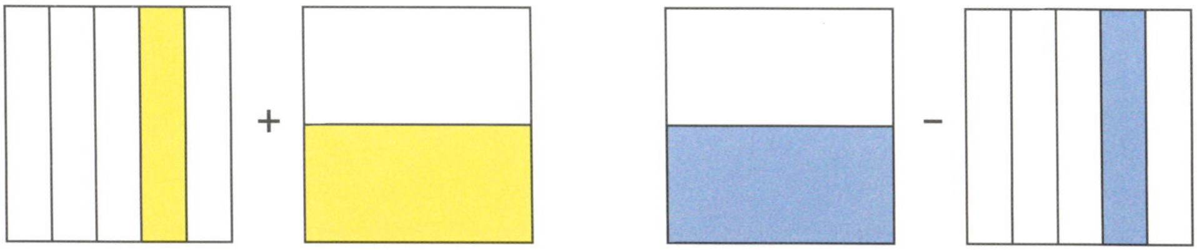

a) Zeichne die beiden Bilder ab. Übersetze die Bilder in Bruchrechenaufgaben und löse sie durch passende Verfeinerungen.
b) Denke dir ähnliche Bruchrechenaufgaben aus. Löse sie bildhaft und mit Zahlen.
Suche nach allgemein gültigen Regeln für das Addieren und das Subtrahieren von Brüchen.

Grundwissen

1 5 Äpfel plus 2 Äpfel sind 7 Äpfel, und 5 Äpfel minus 2 Äpfel sind 3 Äpfel - das ist klar. Genauso verhält es sich bei Bruchteilen: 5 Achtel (Pizza, Torte ...) plus 2 Achtel (Pizza, Torte ...) sind 7 Achtel (Pizza, Torte ...), und 5 Achtel minus 2 Achtel sind 3 Achtel.

Das Addieren bzw. Subtrahieren *nennergleicher* (oder: *gleichnamiger*) Brüche stellt kein Problem dar:

Addieren und Subtrahieren von Brüchen

Nennergleiche Brüche addiert man, indem man die **Zähler addiert** und den Nenner beibehält.

Zähler + Zähler / Nenner

Nennergleiche Brüche subtrahiert man, indem man die **Zähler subtrahiert** und den Nenner beibehält.

Zähler − Zähler / Nenner

$\frac{5}{8} + \frac{2}{8} = \frac{5+2}{8} = \frac{7}{8}$ $\qquad$ $\frac{5}{8} - \frac{2}{8} = \frac{5-2}{8} = \frac{3}{8}$

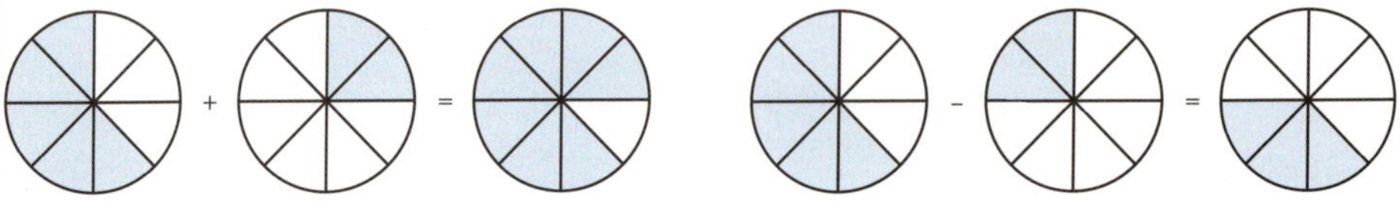

Nicht nennergleiche Brüche muss man zunächst durch gleichwertige Brüche ersetzen, die nennergleich sind. Erst dann kann man addieren.

nennergleich machen

2 Durch Erweitern lassen sich Brüche *immer* **nennergleich machen.**

Addieren von $\frac{1}{6}$ und $\frac{3}{4}$

6 Teile, jedes in 4 Teile verfeinert, ergibt 6 · 4 = 24 Teile

Produkt der Nenner funktioniert immer

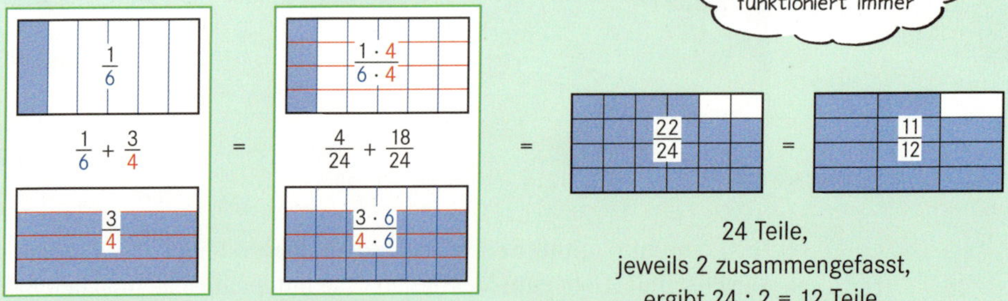

24 Teile, jeweils 2 zusammengefasst, ergibt 24 : 2 = 12 Teile.

4 Teile, jedes in 6 Teile verfeinert, ergibt 4 · 6 = 24 Teile.

Der erste Summand wird mit 4 erweitert, der zweite mit 6, am Ende wird mit 2 gekürzt.

Addieren wie in **1**

$$\frac{1}{6} + \frac{3}{4} = \frac{1 \cdot 4}{6 \cdot 4} + \frac{3 \cdot 6}{4 \cdot 6} = \frac{4}{24} + \frac{18}{24} = \frac{22}{24} = \frac{22:2}{24:2} = \frac{11}{12}$$

gemeinsamer Nenner

Erweitert man zwei Brüche jeweils mit dem Nenner des anderen, so entstehen nennergleiche Brüche. Der **gemeinsame Nenner** ist dann das Produkt der einzelnen Nenner.

Das Beispiel zeigt, dass man mit dieser Methode nicht immer den *kleinsten* gemeinsamen Nenner findet – mit dem kann man aber am einfachsten rechnen: $\frac{1}{6} + \frac{3}{4} = \frac{2}{12} + \frac{9}{12} = \frac{11}{12}$

Hauptnenner

3 Der kleinste gemeinsame Nenner von Brüchen wird als deren **Hauptnenner** bezeichnet. Er ist das kleinste gemeinsame Vielfache der einzelnen Nenner.

Lässig ist stressig!

$$\frac{12}{72} + \frac{72}{96} = ?$$

Lässig: Produktnenner $\frac{12}{72} + \frac{72}{96} = \frac{12 \cdot 96}{72 \cdot 96} + \frac{72 \cdot 72}{96 \cdot 72} = \frac{1152}{6912} + \frac{5184}{6912} = \frac{1152 + 5184}{6912} = \frac{6336}{6912} \underset{528}{=} \frac{11}{12}$

kgV ist schlau!

Schlau: Hauptnenner

Der Hauptnenner von $\frac{12}{72}$ und $\frac{72}{96}$ ist 288, denn 288 = kgV (72; 96).

Man erhält $\frac{12}{72} + \frac{72}{96} = \frac{12 \cdot 4}{72 \cdot 4} + \frac{72 \cdot 3}{96 \cdot 3} = \frac{48}{288} + \frac{216}{288} = \frac{48 + 216}{288} = \frac{264}{288} \underset{24}{=} \frac{11}{12}$

Cool: Erst kürzen, dann Hauptnenner

Vollständiges Kürzen der Brüche: $\frac{12}{72} = \frac{6}{36} = \frac{3}{18} = \frac{1}{6}$; $\frac{72}{96} = \frac{36}{48} = \frac{18}{24} = \frac{9}{12} = \frac{3}{4}$.

Der Hauptnenner von $\frac{1}{6}$ und $\frac{3}{4}$ ist 12 = kgV (6; 4).

Kürzen ist cool!

Man erhält $\frac{12}{72} + \frac{72}{96} = \frac{1}{6} + \frac{3}{4} = \frac{1 \cdot 2}{6 \cdot 2} + \frac{3 \cdot 3}{4 \cdot 3} = \frac{2}{12} + \frac{9}{12} = \frac{2 + 9}{12} = \frac{11}{12}$

4

Addieren		**Subtrahieren**
$\frac{14}{40} + \frac{9}{12}$	Beim Addieren und Subtrahieren von zwei oder mehr Brüchen geht man schrittweise vor:	$\frac{5}{6} - \frac{5}{16}$
$= \frac{7}{20} + \frac{3}{4}$	**Schritt 1:** kürzen, falls möglich	$= \frac{5}{6} - \frac{3}{8}$
$= \frac{7}{20} + \frac{15}{20}$	**Schritt 2:** nennergleich machen	$= \frac{20}{24} - \frac{9}{24}$
$= \frac{7 + 15}{20}$	**Schritt 3:** Zähler addieren/subtrahieren, Nenner beibehalten	$= \frac{20 - 9}{24}$
$= \frac{22}{20}$		$= \frac{11}{24}$
$= \frac{11}{10}$	**Schritt 4:** kürzen, falls möglich	

Schätzen

5 Bei der Angabe von Brüchen in *gemischter Schreibweise* kann man die Größenordnung einer Summe (Differenz) leicht **abschätzen.** Die gemischte Schreibweise ist eine Kurzschreibweise für die Summe aus einer natürlichen Zahl und einem Bruch „kleiner 1“,

zum Beispiel: $\frac{5}{4} = \frac{4}{4} + \frac{1}{4} = 1 + \frac{1}{4} = 1\frac{1}{4}$.

$\frac{11}{4} + \frac{11}{5} \approx ?$

$\frac{11}{4} = 2\frac{3}{4} \approx 3$ ($\frac{3}{4}$ ist näher bei 1 als bei 0)

$\frac{11}{5} = 2\frac{1}{5} \approx 2$ ($\frac{1}{5}$ ist näher bei 0 als bei 1)

Also: $\frac{11}{4} + \frac{11}{5} = 2\frac{3}{4} + 2\frac{1}{5} \approx 3 + 2 = 5$

Zur Angabe eines Bruchs (größer 1) in gemischter Schreibweise dividiert man seinen Zähler durch seinen Nenner (Division mit Rest), dann weiß man, wie oft der Nenner in den Zähler hineinpasst und welcher Rest noch dividiert werden muss:

$\frac{29}{5} = \frac{25}{5} + \frac{4}{5} = 5\frac{4}{5}$

29 : 5 = 5 + 4 : 5

$\frac{360}{7} = 51 + \frac{3}{7} = 51\frac{3}{7}$

360 : 7 = 51 + 3 : 7

Übungen

1 Zeichne zur Additions- oder Subtraktionsaufgabe ein passendes Bild. Nenne das Ergebnis.

a) $\frac{2}{5} + \frac{3}{5}$ b) $1 - \frac{7}{8}$ c) $\frac{6}{6} + \frac{1}{6}$ d) $\frac{3}{2} - \frac{2}{2}$ e) $2 + \frac{5}{6}$ f) $2 - \frac{5}{6}$

2 Berechne im Kopf und notiere danach Aufgabe und Ergebnis mit Brüchen.
a) 4 Siebtel plus 2 Siebtel b) 11 Neuntel minus 6 Neuntel c) 2 Elftel plus 6 Elftel
d) 7 Drittel minus 2 Drittel plus 1 Drittel e) 2 Achtel plus 5 Achtel minus 3 Achtel
f) 3 Viertel plus 2 Viertel plus 5 Viertel minus 1 Viertel minus 7 Viertel.

3 Berechne im Kopf.

a) $\frac{3}{4} + \frac{3}{4}$ b) $\frac{7}{8} - \frac{5}{8}$ c) $\frac{4}{9} + \frac{8}{9}$ d) $\frac{11}{12} - \frac{5}{12}$ e) $\frac{5}{6} + \frac{1}{6}$ f) $\frac{9}{10} - \frac{7}{10}$

g) $\frac{7}{18} + \frac{5}{18} + \frac{3}{18}$ h) $\frac{9}{21} + \frac{6}{21} - \frac{1}{21}$ i) $\frac{27}{45} - \frac{19}{45} - \frac{5}{45}$ j) $\frac{5}{12} + \frac{7}{12} + \frac{10}{12} - \frac{4}{12}$ k) $\frac{4}{30} + \frac{11}{30} - \frac{5}{30} - \frac{7}{30}$

4 Überlege im Kopf, wie die Lücken zu füllen sind.

a) $\frac{5}{8} + \frac{5}{8} = \frac{\square}{4}$ b) $\frac{0}{3} + \frac{\square}{3} = 1$ c) $\frac{5}{4} - \frac{3}{\square} = \frac{1}{\square}$ d) $\frac{\square}{5} + \frac{1}{\square} = 1$ e) $\frac{\square}{\square} + \frac{3}{4} = \frac{5}{2}$

f) $\frac{2}{3} = \frac{\square}{4} + \frac{11}{12}$ g) $\frac{3}{2} - \frac{1}{4} = \frac{5}{\square}$ h) $\frac{1}{3} + \frac{2}{5} = \frac{\square}{15}$ i) $\frac{1}{\square} + \frac{1}{\square} = \frac{\square}{2}$ j) $\frac{1}{\square} - \frac{1}{\square} = \frac{1}{6}$

5 Mit welcher Zahl wurde erweitert beziehungsweise gekürzt? Schreibe die Aufgabe in dein Heft.

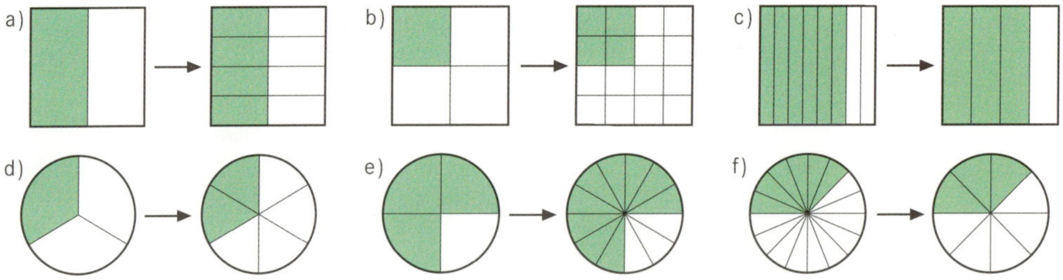

6 Denke dir zur Abbildung mindestens drei passende Aufgaben aus und löse sie. Kürze die Ergebnisse soweit wie möglich.

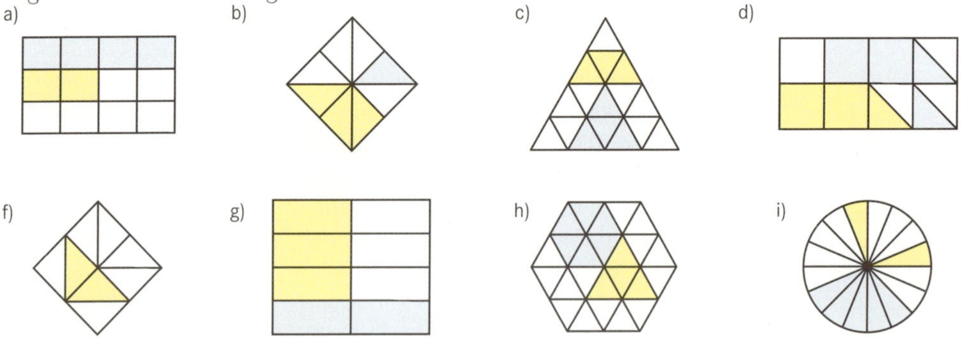

$$4\frac{2}{5} = \frac{4 \cdot 5 + 2}{5} = \frac{22}{5}$$

7 Schreibe als Bruch ohne ganzzahligen Anteil.

a) $2\frac{3}{4}$; $1\frac{4}{5}$; $6\frac{5}{6}$; $3\frac{2}{3}$; $9\frac{1}{3}$; $4\frac{3}{9}$ b) $12\frac{4}{7}$; $20\frac{2}{3}$; $10\frac{2}{9}$; $11\frac{3}{6}$; $15\frac{7}{10}$; $16\frac{5}{8}$

8 Gib die Brüche in gemischter Schreibweise an.

a) $\frac{9}{4}$; $\frac{7}{3}$; $\frac{10}{3}$; $\frac{20}{4}$; $\frac{12}{5}$; $\frac{14}{3}$ b) $\frac{22}{3}$; $\frac{21}{2}$; $\frac{50}{4}$; $\frac{80}{3}$; $\frac{73}{9}$; $\frac{84}{11}$

9 Addiere oder subtrahiere im Kopf.

$2\frac{1}{5} + 3\frac{2}{5} = 2 + 3 + \frac{1}{5} + \frac{2}{5} = 5 + \frac{3}{5} = 5\frac{3}{5}$

a) $1\frac{1}{4} + 1\frac{1}{4}$ b) $2\frac{3}{8} + 4\frac{1}{8}$ c) $5\frac{3}{4} - 3\frac{1}{4}$ d) $3\frac{5}{6} - 1\frac{1}{6}$ e) $5 + 3\frac{2}{3}$ f) $1\frac{1}{5} - \frac{3}{5}$

10 Schreibe zum Bild eine passende Subtraktionsaufgabe auf und löse sie. Erfinde auch eine passende Geschichte dazu.

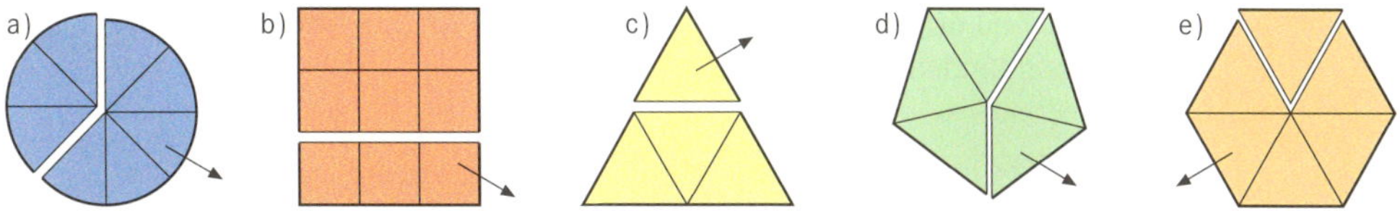

11 a) Schreibe zum Bild eine passende Rechenaufgabe und löse sie.

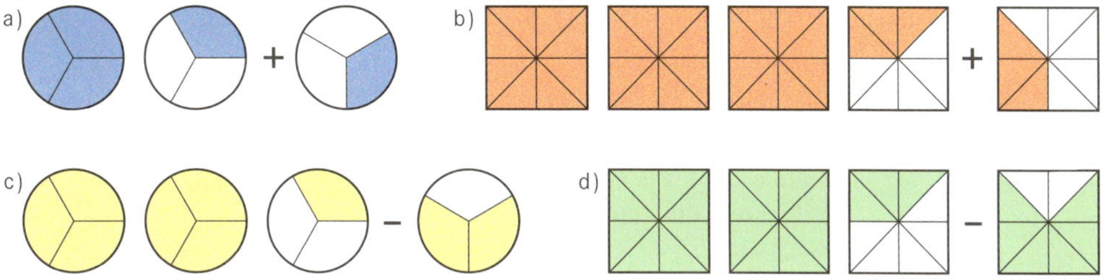

b) Erfindet für die Mathe-Box selbst solche Bilder zu Bruchrechenaufgaben.

12 Ordne jedem Bild eine passende Aufgabe zu und löse sie.

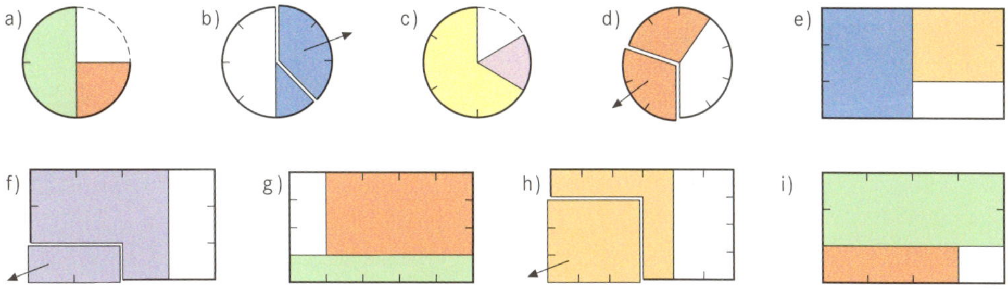

Aufgaben:

(I) $\frac{2}{3} + \frac{1}{6}$ (II) $\frac{3}{5} - \frac{3}{10}$ (III) $\frac{1}{2} + \frac{1}{4}$ (IV) $\frac{3}{5} + \frac{1}{4}$ (V) $\frac{2}{3} - \frac{1}{4}$

(VI) $\frac{2}{3} - \frac{3}{8}$ (VII) $\frac{1}{2} + \frac{1}{3}$ (VIII) $\frac{3}{4} - \frac{1}{6}$ (IX) $\frac{2}{3} + \frac{1}{4}$ (X) $\frac{1}{2} - \frac{3}{8}$

$\frac{19}{24}$; $\frac{1}{20}$; $\frac{1}{20}$; $\frac{1}{15}$; $\frac{1}{12}$; $\frac{1}{6}$; $\frac{1}{6}$; $\frac{1}{2}$; $\frac{1}{2}$; $\frac{3}{4}$; $\frac{3}{5}$; $\frac{4}{9}$; $\frac{5}{12}$; $\frac{5}{8}$; $\frac{5}{6}$; $\frac{5}{6}$; $\frac{7}{8}$; $\frac{7}{8}$; $\frac{9}{10}$; $\frac{11}{12}$; $\frac{11}{12}$; $\frac{11}{20}$; $\frac{11}{24}$; $\frac{17}{24}$; $\frac{29}{40}$

13 Mache die Brüche zuerst nennergleich, addiere oder subtrahiere dann. Kürze deine Ergebnisse.

a) $\frac{1}{4} + \frac{1}{2}$; $\frac{3}{5} + \frac{3}{10}$ b) $\frac{1}{6} + \frac{2}{3}$; $\frac{3}{8} + \frac{1}{2}$ c) $\frac{3}{4} - \frac{1}{8}$; $\frac{4}{5} - \frac{3}{10}$ d) $\frac{5}{6} - \frac{1}{3}$; $\frac{11}{12} - \frac{3}{4}$ e) $\frac{1}{4} + \frac{5}{8}$; $\frac{2}{3} - \frac{2}{9}$ f) $\frac{1}{6} - \frac{1}{12}$; $\frac{1}{10} + \frac{1}{2}$

14 Berechne. Kürze, wenn möglich.

a) $\frac{1}{3} + \frac{1}{2}$ b) $\frac{3}{4} + \frac{1}{6}$ c) $\frac{3}{4} - \frac{1}{3}$ d) $\frac{5}{6} - \frac{3}{8}$ e) $\frac{1}{10} + \frac{5}{8}$ f) $\frac{7}{8} - \frac{1}{12}$

15 Ermittle den Hauptnenner der Brüche und berechne dann ihre Summe.

a) $\frac{4}{6}$; $\frac{3}{9}$; $\frac{5}{12}$ b) $\frac{2}{5}$; $\frac{3}{10}$; $\frac{3}{15}$ c) $\frac{2}{3}$; $\frac{2}{5}$; $\frac{2}{7}$ d) $\frac{2}{6}$; $\frac{4}{9}$; $\frac{6}{18}$ e) $\frac{2}{4}$; $\frac{3}{5}$; $\frac{4}{6}$; $\frac{5}{7}$; $\frac{6}{8}$

16 Berechne. Kürze, wenn möglich.

a) $\frac{6}{8} - \frac{1}{6} + \frac{2}{3}$ b) $\frac{5}{6} - \frac{5}{9} + \frac{5}{18}$ c) $\frac{2}{3} - \frac{2}{4} - \frac{2}{12}$ d) $\frac{10}{4} - \frac{4}{10} - \frac{6}{10}$ e) $\frac{7}{8} - \frac{6}{7} + \frac{3}{28}$

17 Zeichne die Figur ab, zerlege sie in drei Teile und finde passende Additionsaufgaben mit drei Summanden.

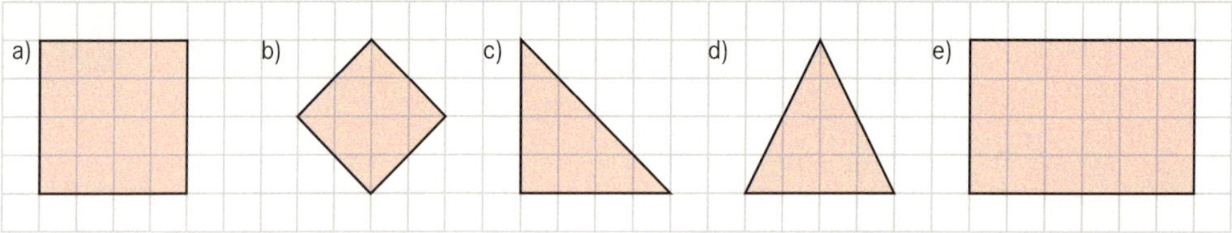

18 a) Schreibe zu dem Bild eine passende Geschichte.
b) Denke dir noch eine weitere „Bruchgeschichte“ aus und erzähle sie deinem Nachbarn. Löst sie gemeinsam.

19 Berechne und kürze, wenn möglich.

a) $\frac{1}{3} + \frac{1}{4}$ b) $\frac{1}{6} + \frac{3}{4}$ c) $\frac{4}{5} - \frac{4}{10}$

d) $1\frac{1}{2} + \frac{1}{4}$ e) $2\frac{3}{4} - \frac{1}{12}$ f) $1\frac{3}{4} + 2\frac{1}{2}$

$3\frac{3}{4} - 2\frac{1}{2} = \frac{15}{4} - \frac{5}{2} = \frac{15}{4} - \frac{10}{4} = \frac{5}{4} = 1\frac{1}{4}$

oder

$3\frac{3}{4} - 2\frac{1}{2} = (3 - 2) + \left(\frac{3}{4} - \frac{1}{2}\right) = 1 + \frac{1}{4}$

20 Wie kannst du $6\frac{1}{2} - 3\frac{3}{4}$ oder $2\frac{1}{3} - 1\frac{4}{5}$ berechnen? Finde verschiedene Lösungswege.

21 a) Gib die Flüssigkeitsmenge in gemischter Schreibweise und als Bruch an.
b) Wie viel musst du abgießen, damit $\frac{1}{2}$ Liter übrig bleibt?

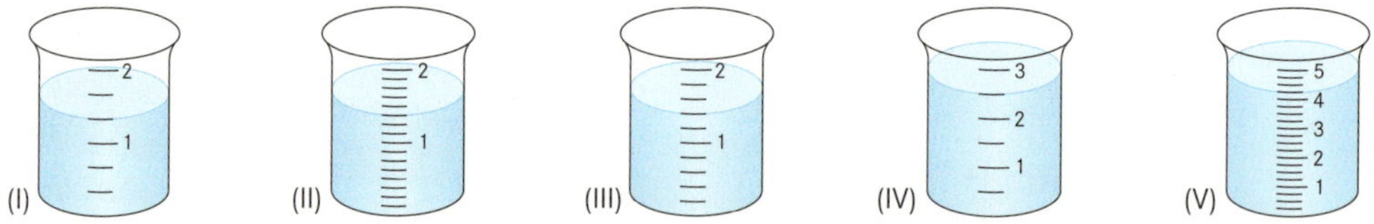

22 Eine Mutter schimpft: „Die Hälfte des Tages gammelst du rum, ein Drittel verpennst du und nur ein Viertel des Tages tust du was Vernünftiges und lernst!“ Was sagst du dazu?

---

a) Lies die folgenden großen Zahlen:
3 456 123; 52 931 002; 4 004 004 004;
73 337 416 856 900; 204 000 867 000 000 001; 100 100 100 100 100,001.

b) Schreibe in Ziffern:
zwei Millionen dreitausendvierhundertneunzehn;
vier Trilliarden sieben Milliarden dreizehn;
siebenhundertfünfundvierzig Quadrillionen sechsundneunzig Billiarden.

23 Die Schüler der 6. Klassen wurden zu unterschiedlichen mathematischen Themen befragt. Sie konnten zwischen drei verschiedenen Antworten auswählen:
großes Interesse (☺), weniger Interesse (😐), kein Interesse (☹).
Bestimme die fehlenden Bruchteile in der Abbildung.

24 a) Schätze mithilfe der gemischten Schreibweise ab, zwischen welchen natürlichen Zahlen das Ergebnis liegt: $\frac{29}{4} + \frac{13}{4}$; $\frac{65}{6} - \frac{54}{5}$; $\frac{31}{12} + \frac{21}{2}$; $13\frac{9}{11} - 11\frac{9}{13}$; $4\frac{17}{28} + 9\frac{17}{28}$; $5\frac{3}{7} - 1\frac{5}{6}$.

b) Erfinde Aufgaben, deren Ergebnisse zwischen 0 und 1; 12 und 13; 27 und 28; 110 und 111 liegen. Stelle sie deiner Partnerin oder deinem Partner vor.

c) Gebt euch selbst vor, wo die Ergebnisse liegen sollen, und erfindet dazu Aufgaben.

d) Überschlage zuerst, berechne danach genau:

(I) $1\frac{3}{4} + 2\frac{1}{2} + 3\frac{1}{3}$ (II) $\frac{13}{5} - 1\frac{1}{5} + 2\frac{3}{5}$ (III) $3\frac{1}{2} - 2\frac{1}{3} - 1\frac{1}{6}$

$3\frac{3}{4} - 2\frac{1}{2} \approx 4 - 3 = 1$

25

Bruchrechnung im Namen des Volkes

Ein Anwalt traute seinen Augen nicht: Am 19. Juni verkündete das Landgericht Köln im Verfahren 19S 485/84 ein Urteil mit dieser Kostenentscheidung: „Die Kosten des Rechtsstreits erster Instanz tragen die Klägerin zu $\frac{5}{7}$, die Beklagten als Gesamtschuldner zu $\frac{3}{7}$." Die also zu acht Siebteln verpflichteten Prozeßparteien wiesen das Gericht auf die mathematische Bedenklichkeit seines Urteils hin und baten um Berichtigung. Der neue Bescheid erging am 15. August. An diesem Tag wurde beschlossen: „Wird der Tenor des am 19. Juni verkündeten Urteils wegen einer offenbaren Unrichtigkeit dahin berichtigt, daß von den Kosten des Rechtsstreits erster Instanz die Klägerin $\frac{5}{7}$, die Beklagten als Gesamtschuldner $\frac{2}{5}$ tragen (§ 319 ZPO)."
Nun, ließ der Anwalt wissen, fragen die durchaus zahlungswilligen Prozessparteien sich, was geschieht, falls sie es noch einmal wagen, das Gericht auf die Problematik seiner Bruchrechnung hinzuweisen.

aus: Kölner Stadtanzeiger, 4. 10. 1985

Was meinst du dazu?

26 Gib das Ergebnis als Bruch und in gemischter Schreibweise an.

a) $\frac{1}{2} + \frac{3}{4} + \frac{5}{8}$; $\frac{5}{6} + \frac{1}{2} + \frac{1}{3}$

b) $\frac{1}{2} + \frac{1}{3} + \frac{1}{4}$; $\frac{1}{5} + \frac{1}{10} + \frac{1}{4}$

c) $\frac{1}{3} + \frac{4}{9} - \frac{5}{18}$; $\frac{7}{10} + \frac{3}{4} - \frac{5}{6}$

d) $\frac{2}{3} - \frac{3}{8} + \frac{4}{5}$; $\frac{1}{2} - \frac{7}{18} + \frac{2}{9}$

27 a) Konstantin ist $11\frac{3}{4}$ Jahre alt, seine Schwester Josefine ist $2\frac{1}{2}$ Jahre jünger. Die Mutter der beiden ist doppelt so alt wie die Summe der Lebensalter ihrer Kinder. Der Vater ist wiederum $4\frac{1}{4}$ Jahre älter als seine Frau. Wie alt sind Mutter und Vater?

b) Erfinde eine ähnliche Aufgabe, zu deren Lösung man die Rechnung $\left(6\frac{2}{3} + \frac{1}{3}\right) \cdot 5 - \frac{1}{3} = 34\frac{2}{3}$ ausführen könnte.

28 Finde Fehler (durch Rechnung, Überschlag, ...) und korrigiere sie in deinem Heft.

$\frac{4}{5} + 2\frac{2}{5} = 3$ $\quad \frac{3}{4} - \frac{4}{3} = 0$ $\quad \frac{5}{6} + \frac{2}{3} = \frac{3}{2}$ $\quad \frac{10}{3} - \frac{5}{9} = \frac{5}{3}$

$1\frac{1}{2} - \frac{5}{8} = \frac{4}{16}$ $\quad \frac{1}{2} + \frac{1}{4} + \frac{1}{8} = \frac{7}{8}$ $\quad \frac{25}{3} - 6\frac{1}{3} = 2\frac{0}{3}$

$\frac{7}{9} - \frac{1}{3} = \frac{4}{3}$ $\quad \frac{26}{4} - 6 = \frac{1}{4}$ $\quad \frac{0}{3} + \frac{0}{7} = \frac{0}{10}$ $\quad \frac{5}{7} + \frac{3}{11} + \frac{1}{2} = \frac{9}{20}$

29 Das Fundament eines Leuchtturms liegt unter dem Meeresboden. Dann folgt ein im Wasser liegender Teil und der Rest des Leuchtturms ragt über die Wasseroberfläche hinaus.
Berechne die fehlenden Höhenangaben. Stimmt es, dass man nur etwa die Hälfte des Turmes sieht?

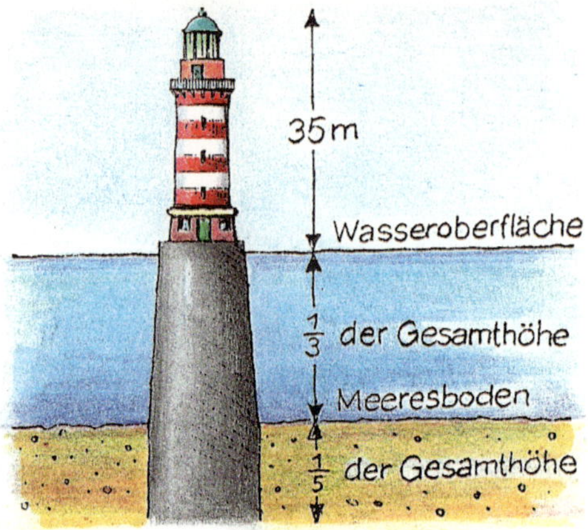

30 Sebastian ist $15\frac{3}{4}$ Jahre alt, seine Schwester Lisa ist $1\frac{3}{4}$ Jahre jünger, sein Bruder Fabian $2\frac{1}{4}$ Jahre jünger. Stelle dazu drei sinnvolle Fragen und beantworte sie.

31 Rechenrundlauf: Anfangaufgabe wählen.
Das Ergebnis zeigt, wo's weiter geht. War alles richtig, kommst du wieder am Anfang an.

$\frac{9}{2} + \frac{1}{3}$	$\frac{25}{12} + \frac{7}{6}$	$\frac{53}{12} - \frac{5}{4}$	$\frac{13}{10} + \frac{16}{5}$	$\frac{29}{6} - \frac{11}{4}$
$\frac{11}{2} - \frac{31}{10}$	$\frac{11}{4} - \frac{29}{20}$	$\frac{19}{6} + \frac{7}{3}$	$\frac{13}{4} + \frac{7}{6}$	$\frac{12}{5} + \frac{7}{20}$

32

a) $\frac{3}{4} - \left(\frac{1}{8} + \frac{1}{2}\right)$ $\quad \frac{5}{6} - \left(\frac{2}{3} - \frac{4}{9}\right)$

b) $\frac{5}{8} + \left(\frac{2}{3} - \frac{1}{4}\right)$ $\quad \frac{3}{4} + \left(\frac{5}{6} - \frac{1}{3}\right)$

c) $18\frac{1}{2} - \left(7\frac{7}{10} + 2\frac{4}{5}\right)$ $\quad 12\frac{1}{3} - \left(9\frac{1}{2} - 2\frac{1}{6}\right)$

d) $8\frac{1}{5} + \left(4 - 1\frac{9}{10}\right)$ $\quad 2\frac{1}{12} + \left(8\frac{1}{6} - 3\frac{1}{4}\right)$

33

Beispiel: Der Bruch $\frac{6}{3}$ hat den Wert 2

Findest du die zwei Brüche, deren Differenz $\frac{2}{3}$ ist? Die Summe der zwei Brüche ist 1.

Suche den Bruch! Wird sein Zähler um 9 vermehrt, so hat der Bruch den Wert 2.

Wird der Zähler um 5 vermehrt und der Nenner um 6 vermindert, so hat der Bruch den Wert 2.

Ein Bruch wird gesucht! Wird sein Zähler um 5 vermindert, und sein Nenner um 2, so hat der Bruch den Wert $\frac{1}{5}$.

Mögliche Lösungen:

$\frac{1}{4}$	$\frac{1}{6}$	$\frac{11}{12}$	$\frac{3}{4}$	$\frac{7}{8}$
$\frac{1}{3}$	$\frac{7}{12}$	$\frac{5}{6}$	$\frac{1}{2}$	$\frac{5}{8}$

Subtrahierst du vom Zähler die Zahl 1, so hat der Bruch den Wert $\frac{3}{4}$.

34

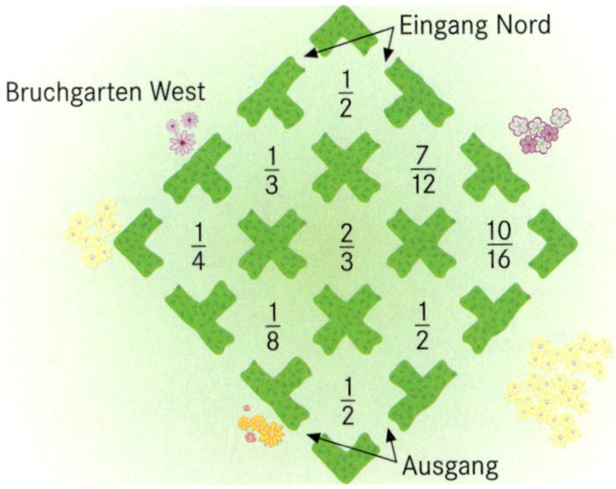

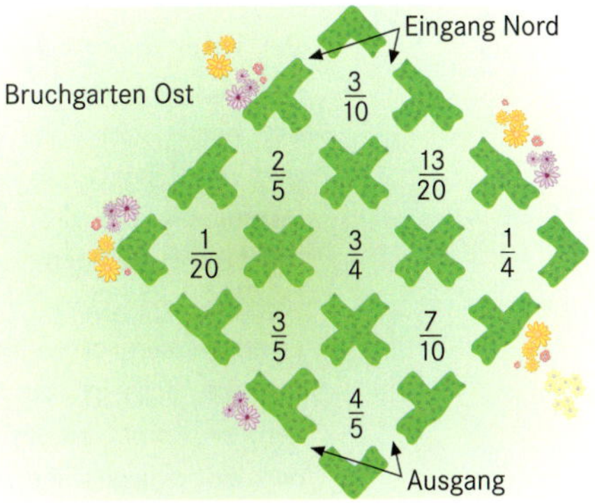

a) Geht von Norden nach Süden durch den Bruchgarten. Untersucht möglichst viele verschiedene Wege und bildet jeweils die Summe der Brüche entlang des Weges. Welches ist die kleinste Summe, die ihr finden könnt, welches die größte?

b) Wandert nun kreuz und quer durch den Bruchgarten, aber immer von Norden zu einem Ausgang. Findet ihr einen Weg, bei dem die Summe der Brüche 3 ist?

35 Zur Darstellung der Zahlen benutzten die Ägypter Bildzeichen (Hieroglyphen). Schon vor 4000 Jahren rechneten sie mit Brüchen.

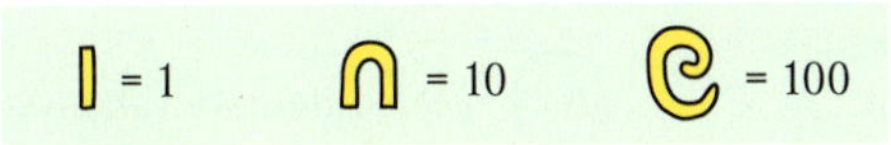

Sie schrieben Brüche mithilfe des „Mund“-Zeichens: . Die Zahl unter dem „Mund“-Zeichen wurde zum Nenner, der Zähler hatte immer den Wert „1“.
Sie konnten also nur Stammbrüche mit dem Zähler „1“ schreiben; für andere Brüche kannten die Ägypter keine Bezeichnung. Sie mussten sie als Summe von Stammbrüchen ausdrücken.
Welche Brüche sind hier dargestellt?

a)

b) Zerlege wie die Ägypter, z. B.: $\frac{2}{5} = \frac{1}{3} + \frac{1}{15}$

(I) $\frac{2}{3}$ (II) $\frac{2}{7}$ (III) $\frac{2}{15}$ (IV) $\frac{2}{11}$ (V) $\frac{2}{25}$ (VI) $\frac{5}{8}$ (VII) $\frac{7}{12}$ (VIII) $\frac{4}{9}$

c) Kann man jeden Bruch als Summe von Stammbrüchen darstellen? Probiere es aus.

36 Bei einem magischen Quadrat ergibt die Summe der Zahlen in einer Zeile oder in einer Spalte oder in einer Diagonalen immer dieselbe magische Zahl. Zeichne ab und fülle die Lücken aus.

a)

9		
2	5	

magische Zahl 15

b)

		$\frac{15}{7}$
$1\frac{5}{7}$		
$\frac{26}{14}$		

magische Zahl 6

c)

4	$\frac{1}{2}$		
	$2\frac{3}{4}$		
$2\frac{1}{4}$			$\frac{6}{2}$
			$\frac{1}{4}$

magische Zahl $8\frac{1}{2}$

Ausstiege

A1

Der Vater dreier Söhne vererbte siebzehn Kamele. Der Älteste sollte die Hälfte der Herde, der Zweitälteste ein Drittel und der Jüngste ein Neuntel der Kamele bekommen. Die drei Söhne konnten sich nicht über die Aufteilung der Kamele einig werden und gaben die Entscheidung an einen weisen, alten Araber ab: „Wie ich es sehe, habt ihr, um gut teilen zu können, ein Kamel zu wenig. Ich habe selbst nur ein einziges Kamel, aber es steht euch zur Verfügung. Nehmt es und teilt dann, und bringt mir nur, was übrigbleibt." Die drei Söhne bedankten sich.

Wie teilen die drei Söhne die Kamelherde auf? Wieso klappt das Verfahren?
Denkt euch eine ähnliche Geschichte aus, schreibt sie auf und lasst sie von einem anderen Team lösen.

A2 *„Das Addieren von zwei Brüchen"* (Melodie: Eine Seefahrt, die ist lustig; Text: A. Paulitsch)

2. Dann addiert man nur die Zähler,
ändert nichts am Nenner mehr;
kürzt vielleicht noch, falls es möglich.
Nein, Addieren ist nicht schwer!

3. Aber auch das Subtrahieren
ist ganz einfach und gelingt,
wenn man erst einmal die beiden
auf den gleichen Nenner bringt.

4. Subtrahiert dann nur die Zähler,
ändert nichts am Nenner mehr;
kürzt vielleicht noch, falls es möglich.
Subtrahieren ist nicht schwer!

a) Dichtet eine eigene Strophe hinzu, die beschreibt, wie man beim Addieren und Subtrahieren von Brüchen den kleinsten gemeinsamen Nenner findet (Reimidee: „schlau" – „kgV").
b) Setzt eure eigene Strophe an die richtige Stelle und übt das Lied ein.

2.2 Ganz viele Teile – Vervielfachen und Teilen

Einstiege

E1

Eisschokolade

Rezept für vier Personen

Zutaten:
100 g Schokolade, $\frac{1}{8}$ Liter Wasser, $\frac{1}{2}$ Liter Milch, $\frac{1}{4}$ Liter süße Sahne, $\frac{1}{8}$ Liter Schlagsahne, 250 ml Vanilleeis, $\frac{1}{3}$ Vanillestange

Anleitung:
1. Schokolade im Wasserbad schmelzen und abkühlen lassen.
2. Flüssige Schokolade mit Wasser, Milch, süßer Sahne und Vanilleeis verrühren. Das Mark des Vanillestangenstückchens untermischen.
3. Eisschokolade auf vier Gläser gleichmäßig verteilen.
4. Schlagsahne schlagen und auf die Gläser verteilen.

a) Tim möchte die Eisschokolade erst mal mit seinem Freund Niko ausprobieren. Da das Rezept für vier Personen ist, muss es geändert werden. Schreibt es um.
b) Schreibt das Rezept so um, dass es für sechs oder zehn Personen ausreicht.

E2 Wenn der Euro gegenüber der Währung eines anderen Landes an Wert gewinnt, können Reisende aus Euroland dort Geld sparen. In der letzten Woche vor dem 14-tägigen USA-Urlaub der Familie Hilbert hat sich der Euro gegenüber dem Dollar verbessert: Man zahlt für einen Dollar $3\frac{3}{4}$ Eurocent weniger als in der Vorwoche.

Hotelzimmer (pro Nacht)	\$ 170
Inlandsflüge	\$ 1350
Mietwagen (pro Tag)	\$ 65

Wie viel spart Familie Hilbert dadurch allein bei Übernachtungs- und Transportkosten? Diskutiert in der Klasse, welche anderen Kosten noch berücksichtigt werden müssen. Wie hoch schätzt ihr die Gesamtersparnis ein?

E3 In Fantasien lebten vor etwa 400 Jahren nur wenige Menschen. Sie besaßen viel Land und hatten auch viele Kinder.
Großzügig wurde das Land nach dem Tode beider Elternteile an die Kinder vererbt:

> Ein Einzelkind erbt das gesamte Land.
> Bei mehr als einem Kind bekommt das älteste Kind die Hälfte aller Ländereien. Gibt es nur zwei Kinder, bekommt das zweite die andere Hälfte.
> Gibt es aber mehr Kinder, bekommt das zweite die Hälfte der Hälfte und den übrigen Teil erbt das dritte Kind, es sei denn, es gibt noch mehr Kinder. Dann erbt das dritte Kind die Hälfte der halben Hälfte und der Rest wird nach dem gleichen Prinzip weiter verteilt.

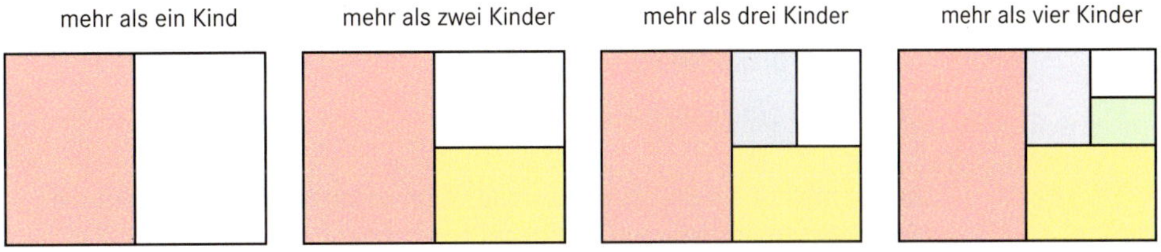

a) Erklärt, warum nach fünf Generationen Unruhe im Land Fantasien aufkam.
b) Eine Familie hatte vor 400 Jahren 100 ha Land und jede nachfolgende Generation hatte immer vier Kinder. Wie viel Land erbten die Kinder in der dritten Generation?
c) Denkt euch einen anderen Familienstammbaum aus und berechnet alle Erbteile.

Grundwissen

1 Der Nenner eines Bruches gibt an, in wie viele gleiche Teile ein Ganzes zerlegt wird, und der Zähler des Bruchs gibt an, wie viele dieser Teile man nehmen muss – das ist altbekannt. Zum Verdoppeln (Verdreifachen, Vervierfachen, ...) eines Bruches muss man dann offenbar 2-mal so viele (3-mal so viele, 4-mal so viele, ...) Teile des Ganzen nehmen.

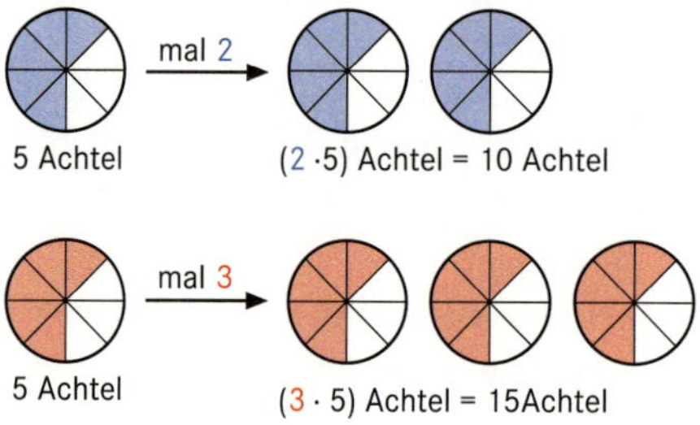

$\frac{5}{8}$ = 5 Achtel

mal 2: $2 \cdot \frac{5}{8} = 2 \cdot 5$ Achtel $= (2 \cdot 5)$ Achtel $= \frac{2 \cdot 5}{8}$

mal 3: $3 \cdot \frac{5}{8} = 3 \cdot 5$ Achtel $= (3 \cdot 5)$ Achtel $= \frac{3 \cdot 5}{8}$

Vervielfachen eines Bruches

Man multipliziert (vervielfacht) einen Bruch mit einer natürlichen Zahl, indem man den Zähler des Bruchs mit der Zahl multipliziert und den Nenner beibehält.

$$5 \cdot \frac{2}{3} = \frac{5 \cdot 2}{3} = \frac{10}{3}$$

2 Das Multiplizieren eines Bruches mit einer natürlichen Zahl kann man auch verstehen, indem man das *Vervielfachen als mehrfache Addition* deutet.

$$6 \cdot 2 = 2 + 2 + 2 + 2 + 2 + 2$$

Entsprechend: $6 \cdot \frac{3}{4} = \frac{3}{4} + \frac{3}{4} + \frac{3}{4} + \frac{3}{4} + \frac{3}{4} + \frac{3}{4} = \frac{3+3+3+3+3+3}{4} = \frac{6 \cdot 3}{4}$

3 Das Dividieren eines Bruches durch eine natürliche Zahl (ungleich 0) ist besonders leicht, wenn sich der Zähler durch die natürliche Zahl teilen lässt. Dann kann man ohne Rest verteilen.

Drei Kinder teilen sich 9 Sechzehntel einer Torte.

Jeder bekommt dann (9 : 3) Sechzehntel, also 3 Sechzehntel Torte.

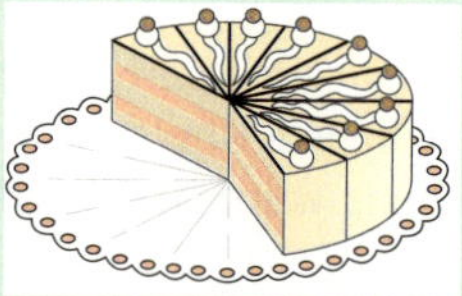

$$\frac{9}{16} : 3 = \frac{9 : 3}{16} = \frac{3}{16}$$

Zähler dividieren – geht manchmal

Wenn der Zähler des zu teilenden Bruchs *nicht* durch den Divisor teilbar ist, kann man die Teile nicht ohne Rest verteilen und muss die Einteilung so lange verfeinern, bis es geht. Dazu erweitert man einfach den Bruch mit dem Divisor, danach kann man wie oben verfahren.

Will man eine Viertel-Pizza an 3 Kinder verteilen, so muss man die Einteilung des Pizza-Viertels 3-mal so fein wählen und es dazu in 3 Zwölftel Pizza zerschneiden.

Jedes Kind erhält dann 1 Zwölftel Pizza.

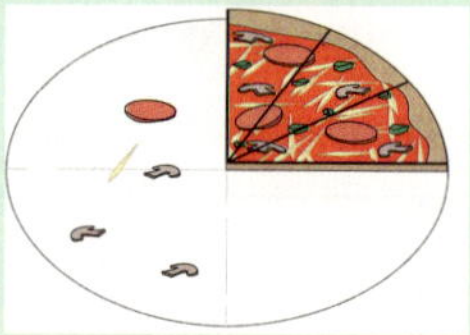

Nenner multiplizieren – geht immer

$$\frac{1}{4} : 3 = \frac{1 \cdot 3}{4 \cdot 3} : 3 = \frac{1}{4 \cdot 3} = \frac{1}{12}$$

Dabei entsteht ein Bruch, der sich aus dem ursprünglichen Bruch durch Multiplizieren des Nenners mit dem Divisor ergibt.

Erweitern und Zähler dividieren = Nenner multiplizieren

Teilen eines Bruches

Man dividiert (teilt) einen Bruch durch eine natürliche Zahl (ungleich 0), indem man den Nenner des Bruchs mit der natürlichen Zahl multipliziert und den Zähler beibehält.

$$\frac{9}{4} : 7 = \frac{9}{4 \cdot 7} = \frac{9}{28}$$

4 Vorsicht: Zwischen dem *Erweitern* und dem *Vervielfachen* eines Bruchs mit einer natürlichen Zahl besteht ein wesentlicher Unterschied!

Beim Erweitern werden *Zähler und Nenner* mit der natürlichen Zahl multipliziert – der Wert des Bruches ändert sich dabei nicht.

$\frac{3}{4} = \frac{6 \cdot 3}{6 \cdot 4} = \frac{18}{24}$, kurz: $\frac{3}{4} \stackrel{6}{=} \frac{18}{24}$.

!

Beim Vervielfachen wird *nur der Zähler* mit der natürlichen Zahl multipliziert – der Wert des Bruches ändert sich fast immer.

$6 \cdot \frac{3}{4} = \frac{6 \cdot 3}{4} = \frac{18}{4} \neq \frac{3}{4}$

Ein entsprechender Unterschied besteht zwischen dem *Kürzen* und dem *Teilen* eines Bruches mit einer bzw. durch eine von 0 verschiedene natürliche Zahl; vgl. Übung **16**.

Übungen

1 Erkläre deinem Nachbarn mithilfe des Bildes das Vervielfachen eines Bruches mit einer natürlichen Zahl. Schreibt die Rechnung ausführlich auf. Wechselt anschließend die Rollen.

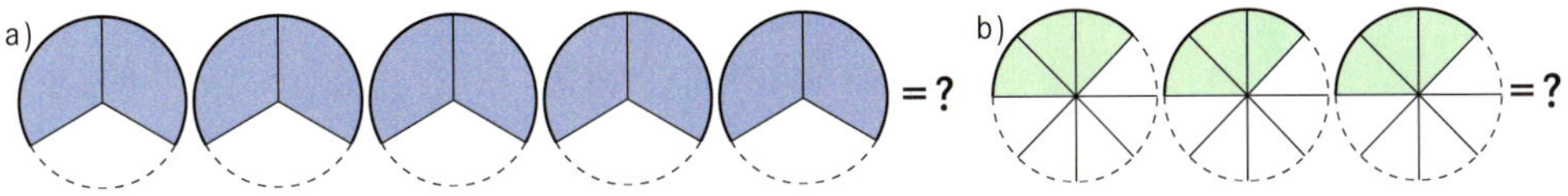

2 Berechne im Kopf. Überprüfe dein Ergebnis durch Addition (vgl. **2**).

a) $5 \cdot \frac{3}{4}$ b) $4 \cdot \frac{2}{3}$ c) $3 \cdot \frac{5}{6}$ d) $10 \cdot \frac{2}{5}$ e) $5 \cdot \frac{7}{10}$ f) $6 \cdot \frac{2}{9}$

3 Berechne.

a) das Fünffache von $\frac{7}{10}$ b) das Zwölffache von $\frac{3}{8}$ c) das Hundertfache von $\frac{12}{15}$

4 Wie viel Liter oder Kilogramm sind das insgesamt?
Gib das Ergebnis in gemischter Schreibweise an.

a) 12 mal $\frac{3}{4}$-Liter Orangensaft
b) 10 mal $\frac{1}{3}$-Liter Sportgetränk
c) 6 mal $1\frac{1}{2}$-Liter Eistee
d) 6 mal 250 g (= $\frac{1}{4}$ kg) Butter
e) 5 mal ein Pfund (= $\frac{1}{2}$ kg) Möhren
f) 9 mal 125 g (= $\frac{1}{8}$ kg) Jogurt

5 Schreibe die Aufgaben ab und ersetze die Platzhalter.

a) $4 \cdot \frac{1}{240} = ■$ (rosa)
$3 \cdot ■ = ■$ (rosa → blau)
$5 \cdot ■ = ■$ (blau → orange)
$6 \cdot ■ = ■$ (orange → grün)
$8 \cdot ■ = 12$ (grün)

b) $5 \cdot \frac{1}{420} = ■$ (rosa)
$7 \cdot ■ = ■$ (rosa → blau)
$3 \cdot ■ = ■$ (blau → orange)
$7 \cdot ■ = ■$ (orange → grün)
$8 \cdot ■ = 14$ (grün)

6 Kurz vor Marktschluss hat der Obsthändler noch 5 Schälchen Himbeeren mit je $\frac{1}{8}$ kg und 3 Schälchen Himbeeren mit je $\frac{1}{4}$ kg Früchten. Wie viele Kilogramm Himbeeren sind insgesamt noch übrig? Überschlage, welchen Wert die restlichen Himbeeren haben, wenn 100 g Beeren 1,50 € kosten.

7 Eine 6. Klasse hat wöchentlich zwischen 29 und 32 Unterrichtsstunden; jede Unterrichtsstunde dauert 45 Minuten, also eine $\frac{3}{4}$ Zeitstunde.
Wie viele Zeitstunden Unterricht hat die Klasse demnach mindestens, wie viele höchstens
a) in einer Woche b) in einem Monat (4 Wochen) c) in einem Jahr (40 Unterrichtswochen)?
Vergleiche mit der Situation an eurer Schule. Überlege dir geeignete grafische Darstellungen.

8 Wolfgang hat in den letzten Unterrichtsstunden nicht richtig aufgepasst und rechnet wie im Bild rechts.
Erkläre, welchen Fehler Wolfgang jedes Mal macht.

$5 \cdot \frac{3}{4} = \frac{5 \cdot 3}{5 \cdot 4} = \frac{15}{20}$; $7 \cdot \frac{4}{9} = \frac{7 \cdot 4}{7 \cdot 9} = \frac{28}{63}$;

$3 \cdot \frac{7}{8} = \frac{3 \cdot 7}{3 \cdot 8} = \frac{21}{24}$

9 Überlege dir, wie die Lücken zu füllen sind. Kürze, wenn möglich.
Gib das Ergebnis, sofern möglich, in gemischter Schreibweise an.

a) $5 \cdot \frac{3}{\square} = \frac{3}{2} = \ldots$ b) $3 \cdot \frac{1}{3} = \frac{\square}{1} = \ldots$ c) $\ldots \cdot \frac{5}{6} = \frac{5}{3} = \ldots$ d) $8 \cdot \frac{1}{\square} = \frac{\square}{3} = \ldots$ e) $\ldots \cdot 3 = \ldots = 1$

f) $2 \cdot \frac{\square}{4} = \frac{5}{2} = \ldots$ g) $4 \cdot \frac{8}{6} = \frac{16}{\square} = \ldots$ h) $10 \cdot \frac{2}{5} = \frac{4}{\square} = \ldots$ i) $7 \cdot \frac{2}{\square} = \frac{\square}{1} = \ldots$ j) $12 \cdot \frac{\square}{4} = \frac{9}{\square} = \ldots$

10 a) Welchen Anteil der Schokoladentafel erhält man, wenn man
(I) die halbe Tafel;
(II) ein Drittel der Tafel;
(III) zwei Drittel der Tafel
halbiert (viertelt)?
b) Wandle alle Aufgaben aus a) in Divisionsaufgaben um und löse sie.
c) Denke dir weitere Divisionsaufgaben mit der Schokoladentafel aus.

11 Nenne eine passende Divisionsaufgabe.

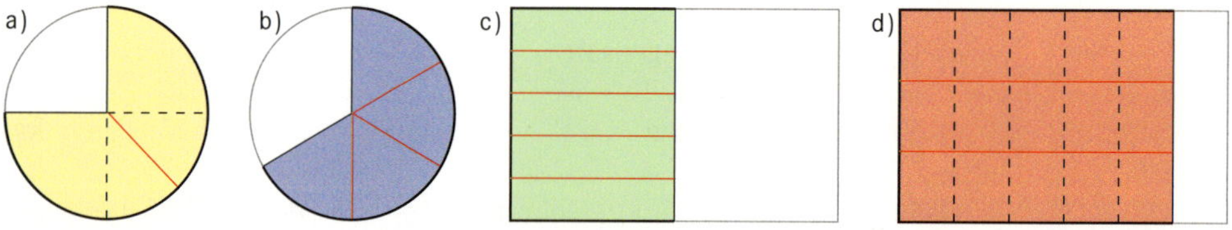

12 Zeichne zur Divisionsaufgabe ein passendes Bild.

a) $\frac{1}{2} : 4$ b) $\frac{3}{4} : 2$ c) $\frac{5}{8} : 3$ d) $\frac{1}{3} : 5$ e) $\frac{4}{6} : 6$ f) $\frac{3}{5} : 6$

Division ist die Umkehrung der Multiplikation.

13 Das Vervielfachen eines Bruchs mit einer von 0 verschiedenen natürlichen Zahl wird dadurch rückgängig gemacht, dass man das Produkt wieder durch die natürliche Zahl teilt, mit der vorher multipliziert wurde.

$\frac{2}{11} \xrightarrow{\cdot 4} \frac{4 \cdot 2}{11} = \frac{8}{11}$

$\frac{2}{11} = \frac{8 : 4}{11} \xleftarrow{: 4} \frac{8}{11}$

a) Formuliere eine entsprechende Regel, wie man das Teilen eines Bruches durch eine von 0 verschiedene natürliche Zahl rückgängig machen kann. Erkläre die Regel an zwei Beispielen.
b) Berechne im Kopf. Überprüfe dann durch Vervielfachen. $\frac{12}{3} : 4$; $\frac{5}{3} : 4$; $\frac{6}{5} : 12$; $\frac{5}{5} : 10$.

14 Dividiere $\frac{6}{7}$ $\left(\frac{8}{9}; \frac{4}{3}\right)$ der Reihe nach durch 2; 3; 4; 5; 6; 7 und 8.

15 Wandle die gemischten Zahlen zunächst in Brüche um. Berechne dann. Kürze, wenn möglich.

a) $1\frac{3}{4}\,l : 2$ b) $2\frac{1}{2}$ kg : 5 c) $2\frac{1}{4}$ h : 6 d) $6\frac{3}{8}$ km : 17 e) $3\frac{4}{5}$ m : 19

f) $2\frac{1}{2}$ h : 10 g) $4\frac{1}{4}$ cm : 8 h) $3\frac{2}{3}$ kg : 11 i) $2\frac{1}{8}\,l : 3$ j) $3\frac{1}{2}$ m : 7

16 Erklärt entsprechend zu **4** den wesentlichen Unterschied zwischen dem *Kürzen* eines Bruchs mit einer von 0 verschiedenen natürlichen Zahl und der *Division* eines Bruchs durch eine von 0 verschiedene natürliche Zahl. Stellt eure Erklärungen in der Klasse vor.

Beim Kürzen werden Zähler und Nenner durch dieselbe natürliche Zahl dividiert – der Wert des Bruches ändert sich dabei nicht.

$\frac{18}{24} = \frac{18:6}{24:6} = \frac{3}{4}$, kurz: $\frac{18}{24} \underset{6}{=} \frac{3}{4}$.

!

Beim Teilen (Dividieren) ...

17 Überlege dir, wie die Lücken zu füllen sind.

a) $\frac{1}{5} : \square = \frac{1}{15}$ b) $\frac{5}{6} : \square = \frac{5}{24}$ c) $\frac{3}{\square} : 5 = \frac{3}{20}$ d) $\frac{\square}{7} : 5 = \frac{4}{35}$

e) $3\frac{1}{4} : 4 = \square$ f) $5\frac{1}{4} : \square = \frac{3}{4}$ g) $\frac{4}{5} : \square = \frac{4}{15}$ h) $1\frac{1}{2} : \square = \frac{1}{4}$

18 Übertrage die Tabelle in dein Heft und fülle die Lücken.

a)

·	$\frac{3}{4}$	$\frac{5}{7}$	$\frac{6}{4}$	$\frac{14}{2}$
3	$\square$	$\square$	$\square$	$\square$
5	$\square$	$\square$	$\square$	$\square$
6	$\square$	$\square$	$\square$	$\square$
42	$\square$	$\square$	$\square$	$\square$

b)

:	2	3	5	10
$\frac{5}{6}$	$\square$	$\square$	$\square$	$\square$
$\frac{6}{5}$	$\square$	$\square$	$\square$	$\square$
$\frac{10}{3}$	$\square$	$\square$	$\square$	$\square$
$1\frac{1}{2}$	$\square$	$\square$	$\square$	$\square$

19 Die *Nordische Kombination* ist ein Wintersportwettbewerb, bei dem die Teilnehmer zuerst ein Skispringen und danach einen 15 km-Skilanglauf absolvieren müssen. Punkte beim Springen bekommt man für Sprungweite und Haltung; Punktunterschiede vom Sprungwettbewerb werden dann in Zeitabstände für den Langlauf umgerechnet.

a) Nach dem Springen hat Sportler A einen Zeitvorsprung von $28\frac{3}{4}$ Sekunden auf Sportler B. Beim Langlauf holt B durchschnittlich $1\frac{7}{8}$ Sekunden pro Kilometer auf. Wer von beiden ist eher im Ziel?

b) Den Wettbewerb gewinnt Sportler C mit einem Vorsprung von $1\frac{1}{4}$ Sekunden auf den Sieger des Duells A gegen B, obwohl er nach dem Springen noch einen Rückstand von $32\frac{1}{2}$ Sekunden auf ihn hatte. Wie viele Sekunden pro Kilometer hat Sportler C durchschnittlich aufgeholt?

20 Vervollständige dein Bruchalbum mit Regeln und Aufgaben rund um das Vervielfachen und Teilen von Brüchen.

21 Stephanie meint: „Wie man eine natürliche Zahl mit einem Bruch multipliziert, ist doch klar! Wir verwenden einfach das Kommutativgesetz für die Multiplikation und multiplizieren stattdessen den Bruch mit der natürlichen Zahl."
Was meint ihr dazu? Führt ein Fachgespräch in der Klasse.

$\frac{3}{4} \cdot 5 = ?$

Kommutativgesetz: $\frac{3}{4} \cdot 5 = 5 \cdot \frac{3}{4}$!

Also: $\frac{3}{4} \cdot 5 = 5 \cdot \frac{3}{4} = \frac{5 \cdot 3}{4} = \frac{3 \cdot 5}{4} = \frac{15}{4}$.

1 Meile entspricht 1,609 km

22 Beim jährlichen Staffel-Wettlauf der Mathematischen Institute der benachbarten Universitäten Princeton und Rutgers im amerikanischen Bundesstaat New Jersey, der seit 1976 regelmäßig im Mai veranstaltet wird, ist eine Strecke von $25\frac{2}{3}$ Meilen zurückzulegen. Jede Universität startet mit Studentenmannschaften und auch mit Professorenstaffeln. Jeder Läufer einer jeden Mannschaft muss mindestens 2 Meilen weit laufen.

Princeton University – Nassau Hall

Die Princeton University ist eine der amerikanischen Elite-Universitäten und gehört im Fach Mathematik zu den besten Universitäten der Welt.

Unter anderem hat ALBERT EINSTEIN in Princeton gelehrt und geforscht.

ALBERT EINSTEIN, (1879–1955) Begründer der Relativitätstheorie

a) Wie viele Meilen muss jeder Staffelläufer einer Mannschaft zurücklegen, wenn alle Einzelstrecken gleich lang sind und die Mannschaft aus 11 (aus 7; aus 12) Läufern besteht?
b) Vor einigen Jahren gehörte der Professoren-Mannschaft der Princeton University ein Marathonläufer an, der die Strecke problemlos allein hätte laufen können. In welcher Zeit hätte er die Strecke mit einer Durchschnittsgeschwindigkeit von $\frac{1}{6}$ Meile pro Minute bewältigt?
c) Aufgrund der Trainingsleistungen der einzelnen Teammitglieder schien es aber für die Professoren der *„Princeton Tigers"* ratsam, das Rennen mit 4 Läufern zu bestreiten und dabei die Laufstrecke zwischen den einzelnen Läufern im Verhältnis 6 : 3 : 2 : 1 aufzuteilen. Welche Strecke hat jeder der 4 Staffelläufer des Teams zurückgelegt?

Ausstiege **A1**

a) Das erste Quadrat in der Mathemütze hat den Flächeninhalt „1".
Bestimme die Flächeninhalte der anderen Quadrate.
b) Könnte das Dreieck zwischen den Quadraten auch anders gezeichnet werden? Probiere und beschreibe.
c) Zeichne selbst eine „Mathemütze" beliebiger Größe für dein Bruchalbum.
Erfinde ähnliche Bilder, in denen „Bruchflächen" vorkommen, und stelle Rechnungen dazu auf.

2.3 Nun mach' endlich „mal" – Multiplizieren

Einstiege

E1 „Warum soll man eigentlich Brüche miteinander multiplizieren können?", fragt Johannes. „Das braucht man doch nicht, oder!?" Nicole protestiert: „Klar können wir das brauchen! Wenn ein Kilogramm Tomaten 3,80 € kostet und ich $3\frac{1}{2}$ kg kaufen will, dann muss ich doch ausrechnen können, wie viel $3\frac{1}{2}$ mal 3,80 ist, und das ist dasselbe wie $\frac{7}{2}$ mal $3\frac{4}{5}$ oder auch $\frac{7}{2}$ mal $\frac{19}{5}$. Aber wie rechnet man das?"

a) Finde weitere Sachsituationen, die dem Multiplizieren von Brüchen einen Sinn geben.
b) Wie viel muss Nicole für ihre Tomaten bezahlen? Was ist also das Ergebnis der Multiplikationsaufgabe „$\frac{7}{2} \cdot \frac{19}{5}$" (Angabe als Bruch)?
c) Verändert das Beispiel um durch Umrechnung von Größen verschiedene Produkte von Brüchen ausrechnen zu können.
Könnt ihr ein Muster erkennen? Formuliert eine Regel.
Wie könnt ihr eure Regel überprüfen? Führt ein Fachgespräch in der Klasse.

E2 Die „Gleichungsleiter" im Bild rechts wird von oben nach unten gelesen.
a) Übertragt das Rechenschema in euer Heft.
Wie ist die Gleichungsleiter aufgebaut?
Welches wären die beiden nächsten Aufgaben der Liste? Ergänzt diese beiden Aufgaben in eurem Heft.
b) Wenn ihr den Aufbau der Gleichungsleiter erkannt habt, könnt ihr das Produkt $\frac{2}{5} \cdot \frac{3}{7}$ berechnen. Löst auch die nächsten beiden Aufgaben der Liste.
c) Formuliert eine Regel, wie man zwei Brüche miteinander multipliziert.
d) Stellt selbst solche Gleichungsleitern auf und testet eure Regel daran.

$$50 \cdot \frac{3}{7} = \frac{50 \cdot 3}{7} = \frac{150}{7}$$
$:5 \downarrow \qquad \downarrow :5$
$$10 \cdot \frac{3}{7} = \frac{10 \cdot 3}{7} = \frac{30}{7}$$
$:5 \downarrow \qquad \downarrow :5$
$$2 \cdot \frac{3}{7} = \frac{2 \cdot 3}{7} = \frac{6}{7}$$
$:5 \downarrow \qquad \downarrow :5$
$$\frac{2}{5} \cdot \frac{3}{7} = \; ...? \; = \; ?$$

E3 Das Bild rechts zeigt:
„$\frac{4}{5}$ von $\frac{2}{3}$" und „$\frac{2 \cdot 4}{3 \cdot 5}$" haben dieselbe Bedeutung.
Wenn ihr an die Flächeninhaltsformel für Rechtecke denkt, könnt ihr auch sehen, dass „$\frac{4}{5}$ von $\frac{2}{3}$" und „$\frac{2}{3} \cdot \frac{4}{5}$" dasselbe bedeuten.

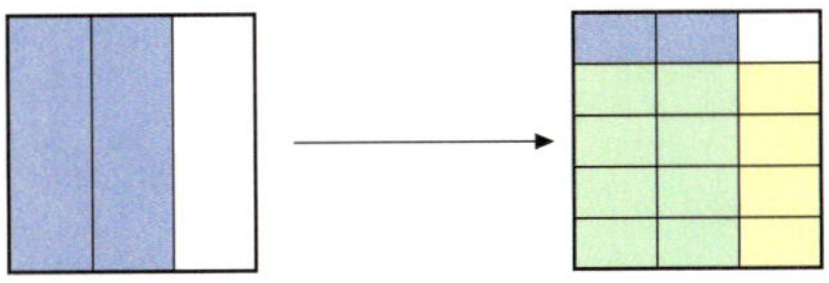

a) Erklärt euch diese Sachverhalte. Wie berechnet man also das Produkt „$\frac{2}{3} \cdot \frac{4}{5}$"?
Löst die Aufgabe und formuliert eine allgemeine Regel, wie man zwei Brüche miteinander multipliziert.
b) Erfindet ähnliche Aufgaben, zeichnet und löst sie gemeinsam. Überprüft eure Regel.

–	567		981	1000
1234		703		
				749

:	12		24	36
144		72		
				15

Grundwissen

1 Das Multiplizieren zweier Brüche kann mithilfe der *Flächeninhaltsformel für Rechtecke* geometrisch gedeutet werden.

Ein Bauer hat auf einem Acker Mais gesät. Nur $\frac{3}{4}$ der Saat ist aufgegangen.
Leider hat es auch noch einen großen Sturm gegeben, sodass nur $\frac{3}{5}$ der Maispflanzen geerntet werden können.
Insgesamt kann der Bauer also nur $\frac{3}{5}$ *von* $\frac{3}{4}$ der erhofften Ernte tatsächlich einbringen.

$\frac{3}{5}$ **von** $\frac{3}{4} = \frac{3}{4} \cdot \frac{3}{5} = \frac{3 \cdot 3}{4 \cdot 5} = \frac{9}{20}$

Zähler mal Zähler durch Nenner mal Nenner

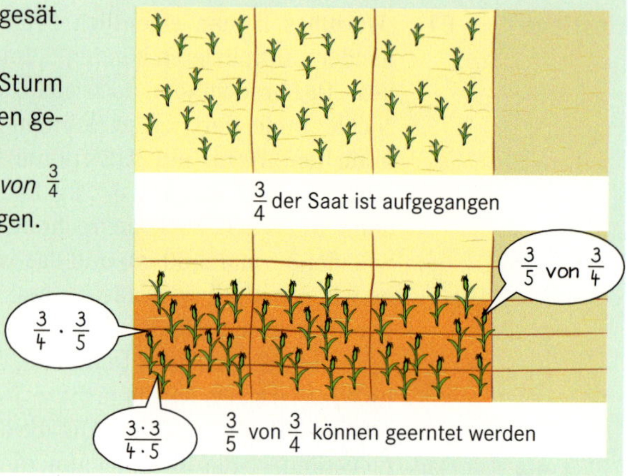

Bruch mal Bruch

Man multipliziert zwei Brüche miteinander, indem man Zähler mit Zähler und Nenner mit Nenner multipliziert.

$\frac{7}{5} \cdot \frac{2}{3} = \frac{7 \cdot 2}{5 \cdot 3} = \frac{14}{15}$

2 Wie man das Produkt zweier Brüche berechnet, kann man auch verstehen, indem man eine Bruchmaschine mit einem Bruch füttert.

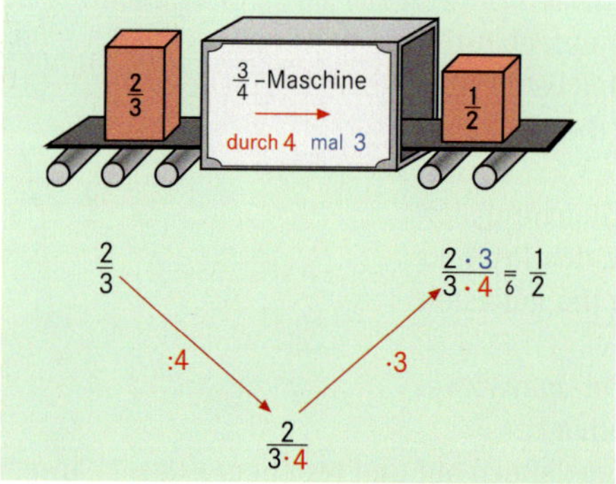

Will man zum Beispiel $\frac{2}{3} \cdot \frac{3}{4}$ berechnen, so muss man das $\frac{3}{4}$fache von $\frac{2}{3}$ bestimmen und dazu die $\frac{3}{4}$-Maschine mit dem Bruch $\frac{2}{3}$ füttern.

Bruch mal Bruch heißt Anteil von Anteil

3 Auch beim Multiplizieren von Brüchen empfiehlt sich rechtzeitiges Kürzen.

Kürzen nach dem Multiplizieren

$\frac{4}{8} \cdot \frac{21}{3} = \frac{4 \cdot 21}{8 \cdot 3} = \frac{84}{24} \underset{12}{=} \frac{7}{2}$

$\frac{3}{13} \cdot \frac{26}{9} = \frac{3 \cdot 26}{13 \cdot 9} = \frac{78}{117} \underset{39}{=} \frac{2}{3}$

Frühes Kürzen ist extrem cool!

Kürzen vor dem Multiplizieren

$\frac{4}{8} \cdot \frac{21}{3} = \frac{4 \cdot 21}{8 \cdot 3} = \frac{1}{2} \cdot \frac{7}{1} = \frac{7}{2}$

$\frac{3}{13} \cdot \frac{26}{9} = \frac{3 \cdot 26}{13 \cdot 9} = \frac{3 \cdot 2}{1 \cdot 9} = \frac{1 \cdot 2}{1 \cdot 3} = \frac{2}{3}$

4 Folgende Rechengesetze für natürliche Zahlen übertragen sich auf alle Bruchzahlen a, b und c:

für die Addition	für die Multiplikation	
$a + b = b + a$	$a \cdot b = b \cdot a$	**Kommutativgesetze**
$a + (b + c) = (a + b) + c$	$(a \cdot b) \cdot c = a \cdot (b \cdot c)$	**Assoziativgesetze**
$a \cdot (b + c) = a \cdot b + a \cdot c$		**Distributivgesetz**

Von-Aspekt

5 Beim Multiplizieren von Brüchen wird „von" mit „mal" übersetzt:
„Bruch *mal* Bruch" bedeutet immer „Anteil *von* Anteil" **(Von-Aspekt).**
Das ist durchaus etwas Besonderes, denn nicht immer hat das Wort „von" die Bedeutung „mal".

28 von 30 Personen ist das sofort klar ...

$\frac{3}{4}$ von bedeutet „mal $\frac{3}{4}$"

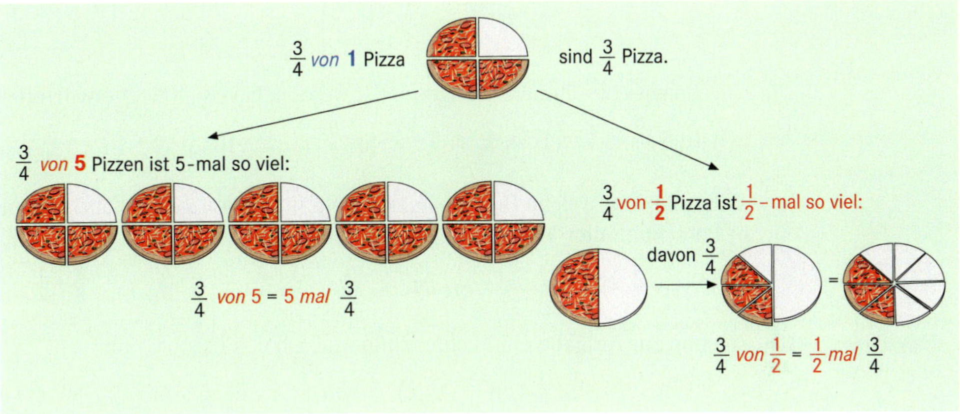

Übungen

1 $\frac{2}{3}$ von der 12er-Mannschaft haben gut trainiert, $\frac{1}{3}$ von der 12er-Mannschaft ist nur sehr unregelmäßig zum Training gekommen. Gib die Anzahl der gut trainierten und die Anzahl der weniger trainierten Mannschaftsmitglieder an.

2
a) $\frac{5}{6} \cdot 21$; $\frac{3}{8} \cdot 30$
b) $\frac{9}{10} \cdot 8$; $\frac{3}{4} \cdot 18$
c) $\frac{5}{8} \cdot 100$; $\frac{8}{15} \cdot 35$
d) $\frac{4}{9} \cdot 9$; $\frac{7}{10} \cdot 15$
e) $\frac{5}{12} \cdot 6$; $\frac{2}{3} \cdot 12$

3 Berechne. Gib das Ergebnis in gemischter Schreibweise an.
a) $\frac{2}{3}$ von 16 cm; $\frac{3}{8}$ von 5 cm
b) $\frac{2}{5}$ von 8 km; $\frac{3}{4}$ von 15 km
c) $\frac{4}{5}$ von 12 kg; $\frac{5}{6}$ von 35 kg
d) $\frac{5}{8}$ von 25 *l*; $\frac{7}{10}$ von 9 *l*

4 Füttere die $\frac{5}{6}$-Bruchmaschine nacheinander mit den Zahlen 6; 2; $\frac{3}{4}$; $\frac{6}{7}$; $\frac{6}{5}$; $2\frac{2}{3}$; $4\frac{4}{5}$ und berechne die Ergebnisse. Kürze, wenn möglich. Gib die Resultate auch in gemischter Schreibweise an, wenn dies möglich ist.

5 Welche Multiplikationsaufgabe wird in dem Bild dargestellt? Nenne sie und gib die Lösung an.

a) 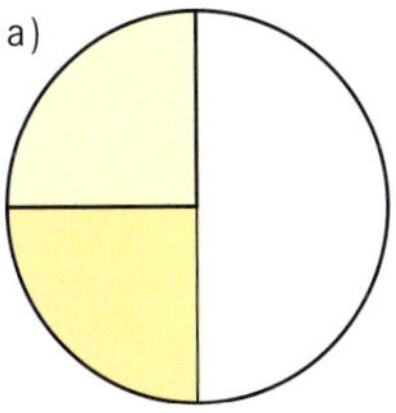
b) 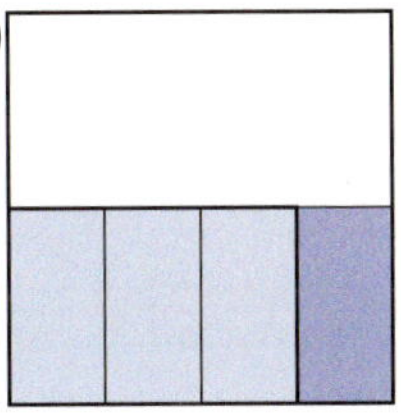
c) 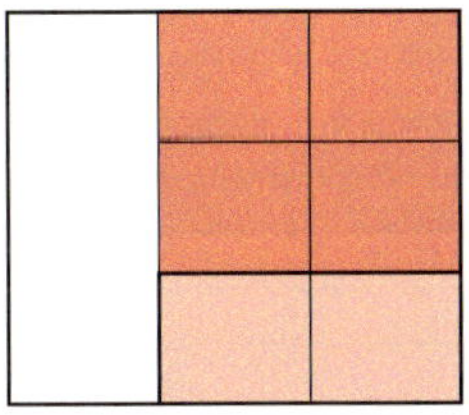
d) 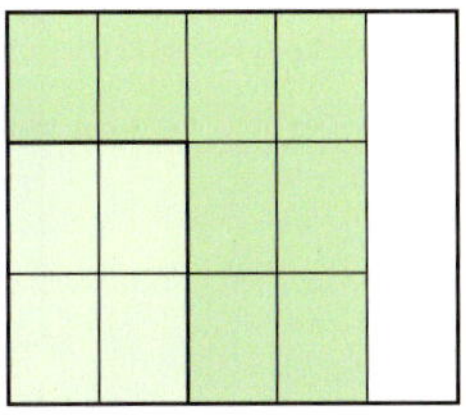

Zeichne und rechne ähnliche Aufgaben zum Multiplizieren von Brüchen für die Mathe-Box.

6 Berechne. Kürze wie im Beispiel.

$\frac{14}{15}\cdot\frac{20}{21}=\frac{{}^{2}\cancel{14}\cdot\cancel{20}^{4}}{{}_{3}\cancel{15}\cdot\cancel{21}_{3}}=\frac{8}{9}$

a) $\frac{8}{9}\cdot\frac{7}{12}$ b) $\frac{5}{18}\cdot\frac{12}{25}$ c) $\frac{21}{100}\cdot\frac{5}{14}$ d) $\frac{14}{15}\cdot\frac{5}{8}$ e) $\frac{9}{20}\cdot\frac{5}{9}$ f) $\frac{7}{15}\cdot 6$

g) $\frac{6}{7}\cdot\frac{2}{9}$ h) $\frac{24}{25}\cdot\frac{15}{32}$ i) $\frac{20}{81}\cdot\frac{18}{25}$ j) $\frac{3}{10}\cdot\frac{5}{12}$ k) $\frac{2}{3}\cdot\frac{3}{2}$ l) $8\cdot\frac{5}{12}$

7 Rechengesetze können so angewendet werden, dass sich **Rechenvorteile** ergeben.

(I) $\frac{2}{9}\cdot 5\cdot\frac{9}{7}=\left(\frac{2}{9}\cdot\frac{9}{7}\right)\cdot 5=\frac{2\cdot 9}{9\cdot 7}\cdot 5=\frac{2}{7}\cdot 5=\frac{10}{7}$ (II) $\frac{1}{4}\cdot\frac{1}{5}+\frac{1}{4}\cdot\frac{3}{5}=\frac{1}{4}\cdot\left(\frac{1}{5}+\frac{3}{5}\right)=\frac{1}{4}\cdot\frac{4}{5}=\frac{1}{5}$

a) Beschreibe, welche Gesetze oder Regeln in den einzelnen Schritten angewendet wurden.
b) Berechne unter Verwendung von Rechenvorteilen.

$10\cdot\frac{3}{11}\cdot\frac{4}{5}$ $\frac{3}{7}\cdot\frac{13}{10}\cdot\frac{7}{3}$ $\frac{1}{9}\cdot\frac{19}{17}\cdot\frac{9}{7}\cdot\frac{6}{19}$ $\frac{1}{2}\cdot\frac{3}{4}\cdot\frac{5}{6}\cdot\frac{2}{3}\cdot\frac{6}{5}$ $\frac{1}{2}\cdot\frac{3}{8}+\frac{1}{2}\cdot\frac{13}{8}$ $\frac{5}{7}+\frac{5}{7}\cdot\frac{6}{11}+\frac{5}{14}\cdot 2$

8 Zeichne zur Aufgabe ein Rechteckbild und gib das Ergebnis an.

a) $\frac{2}{3}$ von $\frac{4}{5}$ b) $\frac{1}{4}$ von $\frac{2}{3}$ c) $\frac{3}{4}$ von $\frac{2}{5}$ d) $\frac{1}{6}$ von $\frac{3}{8}$ e) $\frac{5}{6}$ von $\frac{1}{3}$ f) $\frac{3}{10}$ von $\frac{3}{4}$

9 Wie groß ist die Hälfte von einem halben Dezimeter?

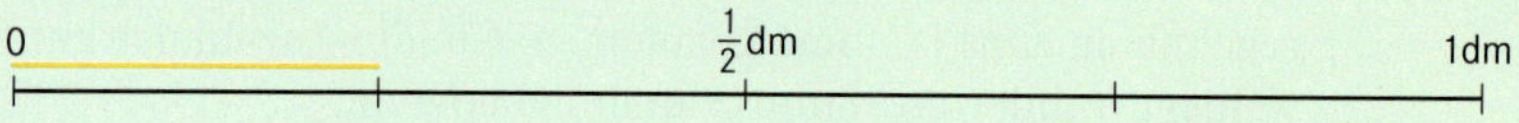

$\frac{1}{2}$ von $\frac{1}{2}$ dm ist $\frac{1}{4}$ dm oder $\frac{1}{2}\cdot\frac{1}{2}$ dm $=\frac{1}{4}$ dm

a) $\frac{1}{2}$ von $\frac{1}{5}$ dm b) $\frac{1}{4}$ von $\frac{1}{2}$ dm c) $\frac{1}{3}$ von $\frac{3}{5}$ dm d) $\frac{3}{4}$ von $\frac{4}{5}$ dm

e) $\frac{1}{2}$ von $\frac{1}{4}$ dm f) $\frac{1}{5}$ von $\frac{1}{2}$ dm g) $\frac{1}{2}$ von $\frac{3}{5}$ dm h) $\frac{2}{3}$ von $\frac{3}{4}$ dm

10 Wie viel ist das?

a) ein Drittel von einer halben Torte
b) ein Viertel von einem halben Kilometer
c) die Hälfte von einem viertel Liter
d) zwei Drittel von einer dreiviertel Stunde
e) die Hälfte von einem drittel Monat
f) ein Zehntel von einer zehntel Sekunde

11 Schreibe ab und berechne.

a	b	c	(a + b) · c	a · c + b	a · (c + b)	a · c + b · a
$\frac{1}{2}$	$\frac{3}{8}$	$\frac{7}{4}$				
5	$\frac{3}{10}$	$\frac{9}{2}$				
$\frac{3}{2}$	$1\frac{3}{4}$	4				

12

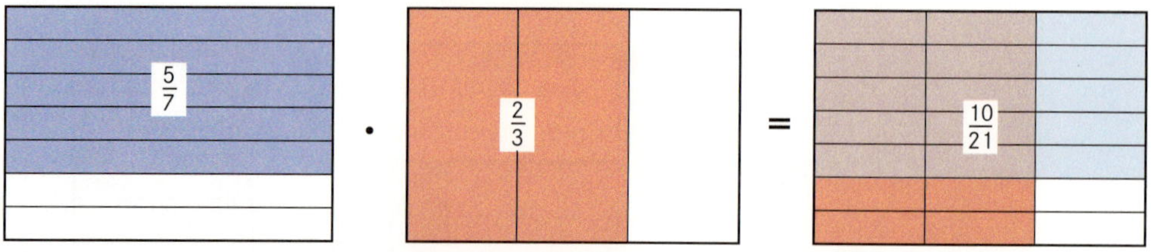

Kann es sein, dass eine Zahl durch Multiplizieren verkleinert wird?
Untersuche verschiedene Beispiele. Was stellst du fest? Formuliere eine Regel.

13 Berechne. Gib das Ergebnis, wenn möglich, in gemischter Schreibweise an.

a) $\frac{3}{4} \cdot \frac{1}{2}$	b) $\frac{5}{6} \cdot \frac{1}{4}$	c) $\frac{5}{2} \cdot \frac{7}{3}$	d) $\frac{4}{3} \cdot \frac{7}{3}$	e) $7 \cdot \frac{5}{8}$	f) $\frac{3}{7} \cdot 12$
$\frac{1}{3} \cdot \frac{4}{5}$	$\frac{3}{10} \cdot \frac{7}{10}$	$\frac{9}{5} \cdot \frac{7}{2}$	$\frac{7}{8} \cdot \frac{3}{2}$	$10 \cdot \frac{2}{3}$	$\frac{3}{5} \cdot 3$
$\frac{1}{5} \cdot \frac{1}{2}$	$\frac{7}{10} \cdot \frac{3}{8}$	$\frac{5}{2} \cdot \frac{5}{2}$	$\frac{5}{6} \cdot \frac{7}{4}$	$4 \cdot \frac{7}{9}$	$\frac{4}{9} \cdot 5$

14 Schreibe die Aufgaben ab und ersetze die Platzhalter.

a)
$\frac{3}{4} \cdot \frac{\square}{5} = \frac{9}{20}$
$\frac{2}{3} \cdot \frac{\square}{7} = \frac{10}{21}$
$\frac{\square}{2} \cdot \frac{1}{9} = \frac{1}{18}$

b)
$\frac{4}{5} \cdot \frac{4}{\square} = \frac{16}{25}$
$\frac{7}{\square} \cdot \frac{7}{8} = \frac{49}{72}$
$\frac{3}{10} \cdot \frac{3}{\square} = \frac{9}{40}$

c)
$\frac{9}{9} \cdot \square = \frac{16}{45}$
$\frac{5}{12} \cdot \square = \frac{5}{36}$
$\frac{1}{2} \cdot \square = \frac{1}{4}$

d)
$\square \cdot \frac{5}{6} = \frac{35}{54}$
$\square \cdot \frac{9}{20} = \frac{27}{100}$
$\square \cdot \frac{7}{10} = \frac{28}{50}$

15 Ein Waldschadensbericht hat ergeben, dass die Hälfte aller Nadelbäume erkrankt ist. $\frac{3}{10}$ davon sind Lärchen. Veranschauliche den Sachverhalt mit einem 10 x 10-Quadrat, dessen einzelne Felder jeweils 10 Nadelbäume darstellen. Denke dir Fragen aus, die du mithilfe der Information beantworten kannst.

16 1200 m^2 Ladenfläche eines Supermarkts werden zu $\frac{3}{5}$ als Stellfläche für die einzelnen Waren genutzt. Das Warenangebot verteilt sich auf Nahrungsmittel ($\frac{5}{8}$), Waschmittel ($\frac{1}{6}$), Kosmetika ($\frac{1}{12}$) und Haushaltswaren.
a) Berechne die Stellfläche für die einzelnen Warensorten.
b) Den wievielten Teil der Stellfläche für Nahrungsmittel muss man einsparen, wenn man die Stellfläche für Haushaltswaren verdoppeln will?
c) Der Marktleiter möchte 100 m^2 Stellfläche gewinnen. Was kann er tun?

17 Bei Schmuck aus Silber oder Gold ist meistens eine Zahl eingestanzt, die den Silber- oder Goldanteil angibt. Trägt eine goldene Kette ein Schild mit der Zahl 333, so bedeutet es, dass der Goldanteil $\frac{333}{1000}$ beträgt.
a) Berechne, wie viel Gramm Silber oder Gold in dem Schmuckstück enthalten sind.
(I) 25 g schwere 585er Silberkette
(II) $30\frac{1}{2}$ g schwere 333er Goldkette
(III) $3\frac{3}{4}$ g schwerer 925er Ohrstecker in Silber
(IV) $10\frac{3}{10}$ g schwerer 750er Goldring
b) Untersucht eigene Schmuckstücke.

18 Ist auf einer Karte der Maßstab 1 : 50000 angegeben, so sind alle Längen auf der Karte $\frac{1}{50000}$-mal so groß wie in Wirklichkeit. Wie lang wird die Strecke auf der Karte dargestellt?

a) 5 km b) 2 km c) $\frac{1}{2}$ km d) $1\frac{1}{2}$ km e) $\frac{4}{5}$ km f) $\frac{3}{4}$ km g) $\frac{3}{20}$ km h) $\frac{1}{10}$ km

19 Für eine kleine Wanderung hat Familie Schuster den Rundweg über Winterberg gewählt.
Die Kinder benötigen nur $\frac{13}{15}$ der angegebenen Zeit, obwohl sie am Getränkekiosk in Winterberg eine Erfrischung zu sich genommen haben.
Die Eltern sind ohne Pause gewandert und haben den Weg in $\frac{5}{6}$ der angegebenen Zeit geschafft.
Wer war schneller?

20 Übertrage die Multiplikationstürme in dein Heft. Schreibe das Produkt zweier nebeneinander stehender Brüche in den darüber liegenden Stein.

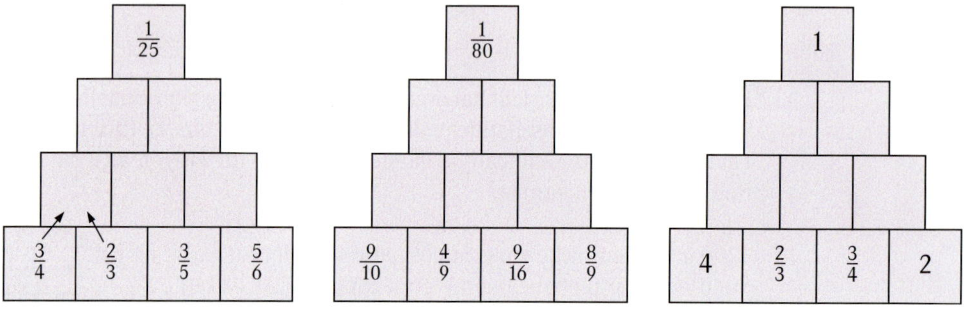

21 Kommen in einem Produkt Faktoren in gemischter Schreibweise vor, gibt es zwei mögliche Rechenwege:

Anwendung des Distributivgesetzes

$3\frac{3}{4} \cdot 4 = \left(3 + \frac{3}{4}\right) \cdot 4 = 3 \cdot 4 + \frac{3}{4} \cdot 4 = 12 + 3 = 15$

Umwandlung in Bruchschreibweise

$3\frac{3}{4} \cdot 4 = \frac{15}{4} \cdot 4 = 15$

Rechne nach beiden Verfahren. Welche Methode ist wann praktischer? Begründe.

a) $2\frac{2}{3} \cdot 5$ b) $6 \cdot 1\frac{5}{6}$ c) $12\frac{1}{2} \cdot 9$ d) $\frac{1}{3} \cdot 5\frac{4}{9}$ e) $4\frac{1}{4} \cdot 2\frac{2}{3}$

22 Rechne ähnlich wie in Übung **21**.

a) $\frac{1}{4}$ von $4\frac{1}{2}$ kg   b) $\frac{2}{3}$ von $1\frac{1}{2}$ Std   c) $\frac{3}{4}$ von $2\frac{1}{2}$ *l*   d) $\frac{1}{10}$ von $3\frac{1}{2}$ s   e) $\frac{1}{8}$ von $12\frac{1}{2}$ km

---

a) Ein Automodell wird als Kabrio und als Limousine mit je drei verschiedenen Motorleistungen und in fünf verschiedenen Farben angeboten. Wie viele verschiedene Bestellmöglichkeiten gibt es?

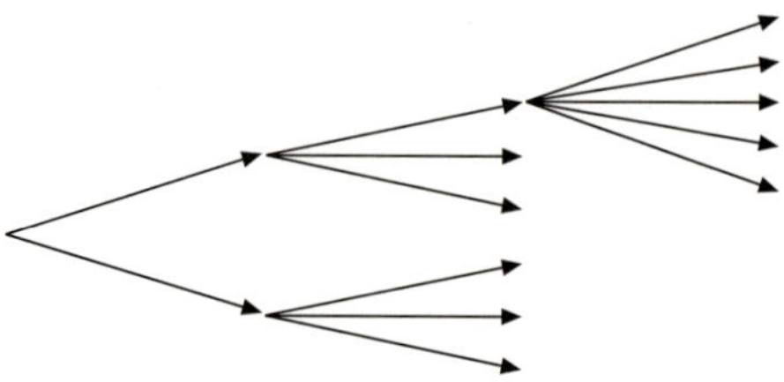

b) Aus den drei Buchstaben E, I und S kann man dreibuchstabige Wörter zusammensetzen, z. B. EIS, SIE und SEI.
Wie viele sinnvolle oder sinnlose „Wörter" sind möglich? Zeichne ein entsprechendes Baumdiagramm.

23 a)

$\cdot$	$\frac{1}{2}$	$\frac{14}{1}$	$\frac{7}{10}$	$1\frac{1}{2}$	$\frac{56}{3}$
$\frac{2}{3}$	■	■	■	■	■
6	■	■	■	■	■
$\frac{4}{7}$	■	■	■	■	■
$\frac{3}{8}$	■	■	■	■	■

b)

$\cdot$	■	$\frac{25}{24}$	$6\frac{1}{4}$	$\frac{27}{16}$
$\frac{8}{9}$	1	■	■	■
$\frac{24}{25}$	■	■	■	■
$\frac{4}{25}$	■	■	■	■
■	■	■	■	$\frac{8}{8}$

24 Die Erdoberfläche ist insgesamt etwa 510 Millionen Quadratkilometer groß. Sie ist zu $\frac{7}{10}$ mit Wasser bedeckt. Knapp die Hälfte, genauer $\frac{9}{20}$ der Wasserfläche auf der Erde, entfallen auf den Pazifischen Ozean, ein Viertel auf den Indischen Ozean und drei Zehntel auf den Atlantischen Ozean. Der Rest der Erdoberfläche ist Festland. Auf die Kontinente verteilt sich die Landfläche etwa so:

Afrika	Mittel- u. Nordamerika	Süd- amerika	Antarktis	Asien	Ozeanien (Australien u. Inseln)	Europa
$\frac{1}{5}$	$\frac{4}{25}$	$\frac{3}{25}$	$\frac{7}{75}$	$\frac{3}{10}$	$\frac{3}{50}$	$\frac{1}{15}$

a) Welchen Anteil der Erdoberfläche nimmt jeder Ozean (jeder Kontinent) ein?
b) Wie viele Quadratkilometer entfallen ungefähr auf die einzelnen Ozeane und Kontinente?

25 1999 ging durch die Presse:
„Der sechsmilliardste Mensch wurde geboren".
$\frac{3}{5}$ der Weltbevölkerung war 1999 in Asien zu Hause, $\frac{3}{25}$ der Menschen lebten in Afrika und ebenso viele in Europa. In Mittel- und Südamerika waren $\frac{2}{25}$ aller Menschen ansässig und in Nordamerika nur $\frac{1}{20}$.

a) Wie viele Menschen lebten auf den einzelnen Erdteilen?
b) Finde heraus, wie viele Menschen heute auf der Erde leben und wie sie sich ungefähr auf die Kontinente verteilen.
Finde eine geeignete Darstellung, in der du die aktuellen Zahlen mit denen von 1999 vergleichen kannst.
c) Was wird langfristig geschehen, wenn diese Entwicklung sich so fortsetzt?

26 Frauen sind die Hälfte der Menschheit, leisten zwei Drittel aller Arbeitsstunden, erhalten ein Zehntel des Welteinkommens und besitzen weniger als ein Hundertstel des Eigentums. (Frankfurter Rundschau, 29.12.90)

Die Angaben stammen aus einem Bericht der Vereinten Nationen aus dem Jahr 1990.
Finde heraus, ob sich an diesen Verhältnissen heute etwas geändert hat.

27 Vervollständige dein Bruchalbum mit Regeln und Aufgaben rund um das Addieren, Subtrahieren und Multiplizieren von Brüchen.

DIN ist eine Abkürzung für Deutsches Institut für Normung e.V.

28 a) DIN-A4-Papier und DIN-A5-Hefte sind dir sicher bekannt. Zeichenblöcke haben üblicherweise DIN-A3-Format. Das Ausgangsformat DIN A0 ist ein Quadratmeter groß.
Wie hängen die DIN-Formate zusammen? Übertrage die Tabelle ins Heft und fülle sie aus.

Flächeninhalt \ Format	DIN A0	DIN A1	DIN A2	DIN A3	DIN A4	DIN A5	DIN A6
in m^2	1	...	...	...	$\frac{1}{16}$	...	...
in dm^2	100	...	...	$12\frac{1}{2}$	...	...	...
in cm^2	10000	...	2500	...	...	...	...
in mm^2	1000000	...	...	...	...	...	15625

b) Miss verschiedene Hefte und Blöcke und rechne nach, ob das angegebene DIN-Format auch wirklich stimmt. Wie lang und wie breit ist wohl ein DIN-A0-Plakat?

29 Berechne möglichst einfach. Ordne um und setze sinnvoll Klammern. Kürze, wenn möglich.

a) $\frac{2}{3} \cdot \frac{7}{3} \cdot \frac{5}{3}$ b) $\frac{7}{10} \cdot \frac{3}{4} \cdot \frac{20}{21}$ c) $\frac{8}{5} \cdot \frac{20}{21} \cdot \frac{45}{32}$ d) $\frac{2}{21} \cdot \frac{3}{5} \cdot \frac{7}{5} \cdot \frac{15}{8}$

e) $\frac{3}{8} \cdot \frac{9}{10} \cdot \frac{7}{11} \cdot \frac{16}{27}$ f) $\frac{4}{15} \cdot \frac{2}{9} \cdot \frac{45}{16} \cdot \frac{4}{3}$ g) $\frac{2}{3} \cdot \frac{24}{7} \cdot \frac{5}{7} \cdot \frac{5}{8}$ h) $\frac{5}{9} \cdot \frac{5}{3} \cdot \frac{5}{4} \cdot \frac{81}{75}$

30 Berechne möglichst einfach. Verschiebe Klammern und ordne um. Kürze, wenn möglich.

a) $\frac{4}{5} + \left(\frac{3}{7} + \frac{2}{3}\right) + \left(\frac{1}{5} + \frac{4}{7}\right)$ b) $\left(\frac{3}{13} + \frac{1}{2}\right) + \left(\frac{4}{9} + \frac{10}{13}\right) + \frac{5}{9}$ c) $3\frac{1}{11} + \left(2\frac{1}{4} + 5\frac{10}{11}\right)$

d) $\frac{6}{7} \cdot \frac{19}{29} \cdot \left(\frac{7}{9} \cdot \frac{29}{19}\right)$ e) $\left(\frac{2}{3} \cdot \frac{11}{17}\right) \cdot \frac{5}{91} \cdot \left(\frac{7}{12} \cdot \frac{91}{50}\right)$ f) $\frac{20}{81} \cdot \left(\frac{33}{14} \cdot \frac{81}{100}\right) \cdot \frac{28}{99}$

g) $\frac{17}{38} + \left(\frac{5}{17} + \frac{21}{38}\right)$ h) $\frac{4}{9} + \left(1\frac{7}{8} + \frac{3}{51}\right) + \left(\frac{5}{9} + 1\frac{1}{8}\right)$ i) $\left(4 \cdot 1\frac{3}{47}\right) \cdot \left(\frac{1}{8} \cdot \frac{47}{50}\right)$

31 Berechne. Vergleiche die Aufgaben und Ergebnisse. Erkennst du Regeln?

(I) $\frac{5}{12} \cdot \left(\frac{4}{3} + \frac{2}{15}\right)$ (II) $\frac{5}{12} \cdot \frac{4}{3} + \frac{2}{15}$ (III) $\frac{5}{12} \cdot \frac{4}{3} + \frac{5}{12} \cdot \frac{2}{15}$ (IV) $\frac{5}{12} + \frac{4}{3} \cdot \frac{2}{15}$ (V) $\left(\frac{2}{15} + \frac{4}{3}\right) \cdot \frac{5}{12}$

32 Rechne die Potenzen wie im Beispiel aus: $\left(\frac{3}{2}\right)^3 = \frac{3}{2} \cdot \frac{3}{2} \cdot \frac{3}{2} = \frac{27}{8}$

a) $\left(\frac{4}{8}\right)^{10}$ b) $\left(\frac{2}{5}\right)^4$ c) $\left(\frac{1}{10}\right)^6$ d) $\left(\frac{4}{3}\right)^3$ e) $\left(\frac{10}{4}\right)^4$ f) $\left(\frac{11}{9}\right)^2$

Ausstiege **A1**

GUISEPPE PEANO (1858–1932) italienischer Mathematiker

erste Figur   zweite Figur   dritte Figur

Zeichne die ersten drei Figuren der Peano-Schneeflocke ab und überlege, wie die Figurenfolge weitergehen könnte. Berechne den Umfang der ersten (zweiten; dritten; ...) Figur.
Denke dir ähnliche Figurenfolgen aus, zeichne sie und berechne deren Umfang.

2.4 Teile durch Teile teilen – Dividieren

Einstiege

E1 Wie viele Flaschen können mit der Fassbrause aus dem Fass gefüllt werden?

20 Liter : 2 Liter = 10

20 Liter : 1 Liter = 20

20 Liter : $\frac{1}{2}$ Liter = ...

20 Liter : $\frac{1}{4}$ Liter = ...

Nicht nur ganze Liter lassen sich gleichmäßig aufteilen, das geht auch mit dem Inhalt einer $1\frac{1}{2}$-Liter-Flasche oder einer $\frac{3}{4}$-Liter-Flasche. Probiert es aus! Ihr könnt auch einen Messbecher zu Hilfe nehmen. Betrachtet viele Beispiele und versucht eine Rechenvorschrift für das Dividieren von Brüchen zu erkennen und zu formulieren.

E2 Aufgaben zum Multiplizieren von Brüchen kannst du inzwischen lösen. Daraus kannst du dir herleiten, wie man Brüche dividiert.

$\frac{2}{3} \cdot \frac{4}{3} = ?$	$\frac{2}{3} \cdot ? = \frac{8}{9}$	$\frac{8}{9} : \frac{2}{3} = ?$	$\frac{8}{9} : \frac{4}{3} = ?$
$\frac{3}{8} \cdot \frac{3}{4} = ?$	$\frac{3}{8} \cdot ? = \frac{9}{32}$	$\frac{5}{7} \cdot \frac{3}{2} = ?$	$\frac{15}{14} : \frac{3}{2} = ?$

Wie findet man einen fehlenden zweiten Faktor? Wie löst man die Divisionsaufgabe?
Kehrt man eine Multiplikationsaufgabe um, erhält man eine Divisionsaufgabe. Erkläre den Zusammenhang. Formuliere eine Regel zur Division von Brüchen.
Löse mit deiner Regel folgende Aufgaben; kontrolliere deine Lösungen mit der Probe.

$\frac{1}{2} : \frac{1}{2}$ $\quad$ $\frac{1}{2} : \frac{2}{1}$ $\quad$ $\frac{3}{8} : 3$ $\quad$ $\frac{5}{4} : \frac{1}{2}$ $\quad$ $\frac{2}{3} : \frac{3}{2}$

Was ist dir noch aufgefallen? Formuliere deine Beobachtungen schriftlich.

E3 Man dividiert ...

Wie könnte eine Regel für das Dividieren von Brüchen aussehen?
Diskutiert eure Vermutungen und einigt euch auf eine Formulierung. Überprüft dann eure Regel an mehreren Beispielen, indem ihr die Divisionsaufgaben umkehrt und die Probe durch Multiplizieren macht.
Versucht auch Aufteilsituationen zu erfinden, an denen ihr eure Regel testen und bestätigen könnt.

Grundwissen

1 Das Dividieren durch Brüche tritt im Alltag z. B. beim Aufteilen und Messen auf.

Wie oft kann man aus einem $\frac{3}{4}$-*l*-Krug ein $\frac{1}{8}$-*l*-Glas füllen?

$\frac{3}{4} : \frac{1}{8} = \square$ oder $\frac{3}{4} = \square \cdot \frac{1}{8}$

$\frac{3}{4} = \frac{6}{8} = 6 \cdot \frac{1}{8}$

also $\square = 6$

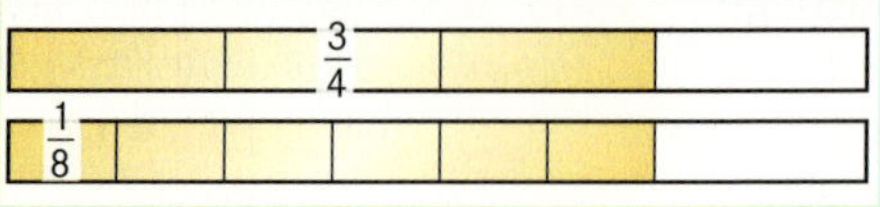

Mit $\frac{3}{4}$ *l* kann man sechs $\frac{1}{8}$-*l*-Gläser füllen.

2 Das Dividieren ist die Umkehrung des Multiplizierens.
Weil man zwei Brüche miteinander *multipliziert,* indem man Zähler mit Zähler und Nenner mit Nenner *multipliziert,* ist sofort klar:
Man *dividiert* einen Bruch durch einen Bruch ungleich 0, indem man Zähler durch Zähler und Nenner durch Nenner *dividiert.*
Wenn diese beiden Divisionen nicht ohne Rest möglich sind, kann man durch geschicktes *Erweitern* dafür sorgen, dass es geht:

Geht manchmal

Zähler mal Zähler / Nenner mal Nenner

$\frac{4}{5} \cdot \frac{2}{3} = \frac{4 \cdot 2}{5 \cdot 3} = \frac{8}{15}$, also $\frac{8}{15} : \frac{2}{3} = \frac{8:2}{15:3} = \frac{4}{5}$

Zähler durch Zähler / Nenner durch Nenner

$\frac{5}{8}$ **durch** $\frac{2}{3}$ — $\frac{5}{8}$ **mal** $\frac{3}{2}$

Erweitern von $\frac{5}{8}$ mit $3 \cdot 2 = 2 \cdot 3$

Zähler durch Zähler / Nenner durch Nenner

$$\frac{5}{8} : \frac{2}{3} = \frac{5 \cdot (3 \cdot 2)}{8 \cdot (2 \cdot 3)} : \frac{2}{3} = \frac{(5 \cdot 3) \cdot 2}{(8 \cdot 2) \cdot 3} : \frac{2}{3} = \frac{(5 \cdot 3) \cdot 2 : 2}{(8 \cdot 2) \cdot 3 : 3} = \frac{5 \cdot 3}{8 \cdot 2} = \frac{5}{8} \cdot \frac{3}{2}$$

3 Auch mit Bruchmaschinen kann man sich das Dividieren durch einen Bruch erklären: Wenn man durch einen Bruch *dividieren* will, muss man die *Bruchmaschine rückwärts* laufen lassen!

Maschine rückwärts laufen lassen heißt Zähler und Nenner vertauschen!

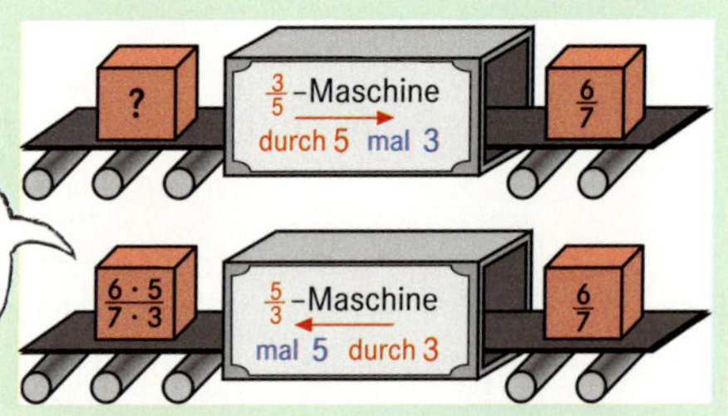

Aus „durch" wird „mal", aus „mal" wird „durch".

Aus der $\frac{3}{5}$-Maschine (durch 5 mal 3) wird dabei eine durch-3-mal-5-Maschine, also eine $\frac{5}{3}$-Maschine.

Kehrbruch

4 Vertauscht man bei einem Bruch Zähler und Nenner, so entsteht sein **Kehrbruch**.
In **2** und **3** wird klar: Das Dividieren durch einen Bruch ist dasselbe wie das Multiplizieren mit seinem Kehrbruch.
Als Standardverfahren ergibt sich:

Bruch	Kehrbruch	Bruch	Kehrbruch
$\frac{2}{3}$	$\frac{3}{2}$	$\frac{5}{7}$	$\frac{7}{5}$
Kehrbruch	Bruch	Kehrbruch	Bruch

Geht immer

Bruch durch Bruch

Man dividiert durch einen Bruch ungleich 0, indem man mit seinem Kehrbruch multipliziert.

$$\frac{6}{7} : \frac{3}{5} = \frac{6}{7} \cdot \frac{5}{3} = \frac{6 \cdot 5}{7 \cdot 3} = \frac{2 \cdot 5}{7 \cdot 1} = \frac{10}{7}$$

Doppelbruch

5 Den Quotienten zweier natürlicher Zahlen kann man als Bruch schreiben, wobei der Bruchstrich das Divisionszeichen ersetzt.
Diese Schreibweise überträgt man auf den *Quotienten zweier Brüche;* dabei entstehen so genannte **Doppelbrüche.**

$\frac{6}{7} : \frac{3}{5} = \dfrac{\frac{6}{7}}{\frac{3}{5}}$ ← Zähler des Doppelbruchs / ← Nenner des Doppelbruchs

Übungen

1 Nenne eine passende Divisionsaufgabe. Versuche auch eine Divisionsaufgabe für die umgekehrte Pfeilrichtung anzugeben.

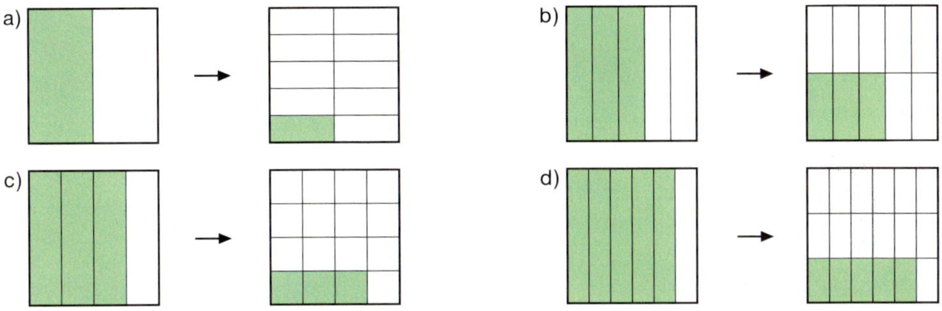

2 a) Wie viele Tassen ergibt die volle Teekanne?
b) Wie viele Tassen ergibt die halb gefüllte Teekanne?
c) Wie viele Tassen ergibt die $\frac{3}{4}$ gefüllte Teekanne?

3

a) $\frac{8}{9} : \frac{7}{12}$; $\frac{11}{12} : \frac{7}{18}$; $\frac{3}{4} : \frac{5}{8}$

b) $\frac{3}{20} : \frac{9}{25}$; $\frac{14}{15} : \frac{7}{18}$; $\frac{4}{5} : \frac{2}{10}$

c) $9 : \frac{3}{5}$; $10 : \frac{5}{6}$; $35 : \frac{7}{12}$

d) $\frac{5}{12} : \frac{5}{6}$; $\frac{9}{20} : \frac{3}{20}$; $\frac{3}{20} : \frac{9}{20}$

e) $12 : \frac{9}{10}$; $20 : \frac{8}{9}$; $\frac{8}{9} : 6$

$\frac{3}{20}$; $\frac{1}{30}$; 30; 6; $\frac{3}{10}$; $\frac{1}{4}$; $\frac{1}{4}$; 4; 4; 16; $\frac{1}{8}$; $\frac{10}{3}$

4 Schätze vorher ab, ob das Ergebnis größer oder kleiner als der Dividend wird.

a) $\frac{9}{10} : 3$ b) $9 : \frac{3}{10}$ c) $\frac{9}{2} : \frac{3}{4}$ d) $\frac{8}{1} : \frac{2}{1}$ e) $\frac{8}{1} : \frac{1}{2}$ f) $\frac{1}{8} : \frac{1}{2}$

g) $\frac{3}{10} : 9$ h) $3 : \frac{9}{10}$ i) $\frac{6}{8} : 3$ j) $3 : \frac{6}{8}$ k) $\frac{3}{8} : \frac{6}{2}$ l) $\frac{2}{8} : \frac{10}{6}$

5 Zeige an einem Beispiel, wie man die Division Bruch durch natürliche Zahl auf die Division Bruch durch Bruch zurückführen kann.

$7 = \frac{7}{1}$

Bruch mal Kehrbruch = ?

6 Was ist der Kehrbruch des Kehrbruchs von $\frac{5}{7}$?
Was ist der Kehrbruch eines Stammbruchs?
Was passiert, wenn man einen Bruch mit seinem Kehrbruch multipliziert?
Probiere es an Beispielen aus, bis du ein Muster erkennst. Formuliere deine Beobachtung als Regel.
Versuche unterschiedliche Begründungen für die Regel zu finden.

7 Übertrage den Multiplikationsturm in dein Heft.
Im darüber liegenden Stein steht jeweils das Produkt.

a)

$\frac{1}{200}$			
$\frac{3}{4}$	$\frac{2}{3}$	$\frac{3}{10}$	$\frac{5}{6}$

b)

$\frac{3}{32}$			
$\frac{2}{5}$		$\frac{15}{4}$	
$\frac{9}{10}$		$\frac{9}{16}$	

c)

1			
$\frac{4}{1}$			
	$2\frac{1}{2}$		
$\frac{2}{5}$			

8 a) Zeichne die „Bruchuhr" in dein Heft ab und bestimme die fehlenden Zahlen.
b) Wie oft kommt die Zahl „2", wie oft die Zahl „3" vor?
c) Wo liegen die Kehrbrüche der einzelnen Zahlen?
d) Erfinde eine neue Bruchuhr und untersuche ihre Eigenschaften.

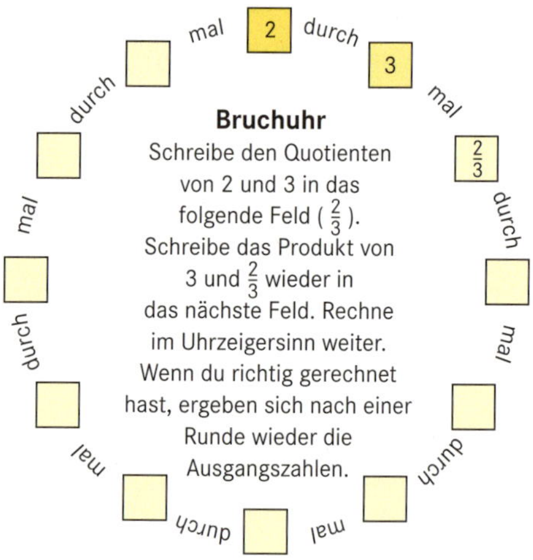

9 Singt in der Klasse die Regel als Rap:
„Bruch / durch / Bruch / di / vi / die / ren / mit / dem / Kehr / bruch / mul /ti / pli / zie / ren!"

10 Ein Auto fährt in $2\frac{1}{2}$ Stunden 175 km; ein Radfahrer schafft in $1\frac{1}{2}$ Stunden 30 km.
Denke dir passende Fragen aus und beantworte sie.

11 Um ein Schwimmbecken zu reinigen wurde das Wasser abgelassen. Nun wird es wieder gefüllt. Das Wasser steht bereits $1\frac{1}{3}$ m hoch, dies entspricht einem Füllstand von $\frac{2}{3}$. Wie tief ist das Schwimmbecken?

12 Ergänze die fehlende Einheit.

a) $7 \;\blacksquare : \frac{3}{2} = \frac{7}{15}$ m b) $5 \;\blacksquare \cdot \frac{2}{5} = \frac{1}{500}$ kg c) $3 \;\blacksquare : \frac{2}{3} = \frac{1}{800}$ h

13 Wo stecken Fehler? Mache einen Überschlag.
Schreibe die fehlerhaften Aufgaben richtig in dein Heft.

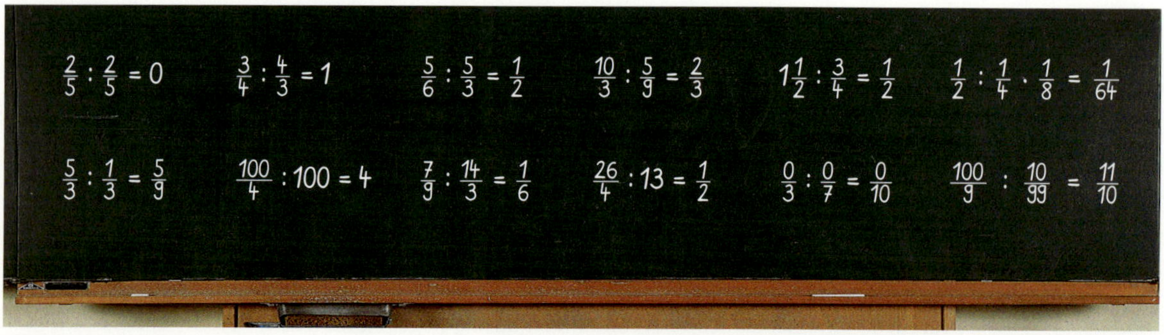

14 Übertrage die Tabelle in dein Heft und fülle die Lücken.

a)

$:$	$\frac{3}{4}$	$\frac{5}{7}$	$\frac{6}{4}$	$\frac{14}{2}$
3	$\square$	$\square$	$\square$	$\square$
5	$\square$	$\square$	$\square$	$\square$
$\frac{1}{2}$	$\square$	$\square$	$\square$	$\square$
$\frac{3}{2}$	$\square$	$\square$	$\square$	$\square$

b)

$:$	$\frac{2}{3}$	$\frac{8}{9}$	$\frac{5}{8}$	$\frac{7}{5}$
$\frac{5}{6}$	$\square$	$\square$	$\square$	$\square$
$\frac{6}{5}$	$\square$	$\square$	$\square$	$\square$
$\frac{10}{3}$	$\square$	$\square$	$\square$	$\square$
$1\frac{1}{2}$	$\square$	$\square$	$\square$	$\square$

15 a) $\frac{1}{5} : \square = \frac{1}{15}$ b) $\frac{5}{6} : \square = \frac{5}{24}$ c) $\frac{3}{\square} : 5 = \frac{3}{20}$ d) $\frac{\square}{7} : 5 = \frac{4}{35}$

e) $3 : \frac{\square}{5} = 5$ f) $4 : \frac{8}{\square} = \frac{12}{8}$ g) $\frac{4}{5} : \square = \frac{4}{15}$ h) $1\frac{1}{2} : \square = \frac{1}{4}$

16 a) $\frac{3}{4} \cdot \frac{2}{9} + \frac{3}{8}$ b) $\frac{1}{2} + \frac{3}{4} \cdot 2$ c) $\frac{2}{3} \cdot \frac{5}{8} + \frac{3}{4} : \frac{2}{3}$ d) $\frac{7}{10} + \frac{4}{5} \cdot \frac{3}{4} - \frac{2}{5}$

e) $\frac{9}{10} : \frac{3}{5} - \frac{1}{2}$ f) $\frac{3}{10} - \frac{3}{5} : 4$ g) $\frac{2}{3} : \frac{5}{9} - \frac{4}{9} \cdot \frac{3}{4}$ h) $3 - \frac{3}{20} - \frac{7}{8} : \frac{7}{12}$

17 Gib das Ergebnis als Bruch und in gemischter Schreibweise an.

a) $2 \cdot \left(\frac{3}{8} + \frac{1}{4}\right)$
$\left(\frac{3}{4} - \frac{5}{12}\right) \cdot 3$

b) $\frac{4}{5} \cdot \left(1\frac{1}{3} + \frac{3}{4}\right)$
$\left(3\frac{1}{6} - \frac{1}{2}\right) \cdot \frac{9}{10}$

c) $\left(1\frac{1}{2} + \frac{3}{8}\right) : 9$
$\left(1\frac{1}{5} + 2\frac{3}{10}\right) : \frac{1}{2}$

d) $7 : \left(\frac{3}{5} + \frac{1}{4}\right)$
$1\frac{1}{10} : \left(7\frac{4}{5} - 2\frac{2}{3}\right)$

18 Die chinesischen Schüler lernen das Dividieren von Brüchen anders. Versucht ihre Rechenwege zu verstehen und euch gegenseitig zu erklären.

a) $\frac{7}{4} : \frac{1}{2} = \frac{7}{4} : (1 : 2) = \frac{7}{4} : 1 \cdot 2 = \frac{7}{4} \cdot 2 : 1 = \frac{7}{4} \cdot (2 : 1) = \frac{7}{4} \cdot \frac{2}{1} = \frac{7}{2} = 3\frac{1}{2}$

b) $\frac{7}{4} : \frac{1}{2} = \left(\frac{7}{4} \cdot \frac{2}{1}\right) : \left(\frac{1}{2} \cdot \frac{2}{1}\right) = \left(\frac{7}{4} \cdot \frac{2}{1}\right) : 1 = \frac{7}{4} \cdot \frac{2}{1} = \frac{7}{2} = 3\frac{1}{2}$

19 Das Bild rechts zeigt, wie man in den Vereinigten Staaten von Amerika mithilfe von Doppelbrüchen die Regel für das Dividieren von Brüchen erarbeitet.
Erklärt euch das Verfahren.

$$\frac{6}{7} : \frac{3}{5} = \frac{\frac{6}{7}}{\frac{3}{5}} = \frac{\frac{6}{7} \cdot \frac{5}{3}}{\frac{3}{5} \cdot \frac{5}{3}} = \frac{\frac{6}{7} \cdot \frac{5}{3}}{1} = \frac{6}{7} \cdot \frac{5}{3}$$

20 Schreibe als Doppelbruch und berechne.

a) $(11 : 17) : \frac{19}{34}$ b) $\frac{15}{16} : (10 : 16)$ c) $(165 : 43) : (15 : 129)$ d) $\left(50 : \frac{3}{5}\right) \cdot \left(\frac{1}{9} : \frac{2}{75}\right)$

21 Der Wert eines Doppelbruches ist $\frac{5}{17}$, sein Nenner ist $\frac{34}{15}$. Wie lautet der Zähler?

22 Ergänze dein Bruchalbum mit Regeln und Aufgaben rund um das Dividieren von Brüchen.

23 Berechne und vergleiche. Begründe deine Beobachtungen.

(I) $\left(\frac{1}{4} : \frac{2}{3}\right) : \frac{1}{8}$ (II) $\frac{1}{4} : \left(\frac{2}{3} : \frac{1}{8}\right)$ (III) $\left(\frac{1}{4} \cdot \frac{2}{3}\right) : \frac{1}{8}$

(IV) $\frac{1}{4} : \left(\frac{2}{3} \cdot \frac{1}{8}\right)$ (V) $\left(\frac{1}{4} \cdot \frac{2}{3}\right) \cdot \frac{1}{8}$ (VI) $\frac{1}{4} \cdot \left(\frac{2}{3} \cdot \frac{1}{8}\right)$

Ausstiege

C. HUYGENS, (1629–1695) Holländischer Mathematiker, Physiker und Astronom

A1 Ende des 17. Jahrhunderts konstruierte CHRISTIAN HUYGENS ein mechanisches Modell für die Bewegungen der damals bekannten Planeten. Das Orginal befindet sich im Museum Boerhaave in Leiden (NL). Bei diesem Vorläufer moderner Planetarien werden die verschiedenen Umlaufzeiten der Planeten um die Sonne wie in einem Uhrwerk durch Zahnräder erzeugt. Die Zahnräder, die die Planeten Saturn und Erde antreiben, müssten dabei ein Übersetzungsverhältnis von 77708431 : 2640858 haben um die Umlaufzeiten richtig nachzubilden.

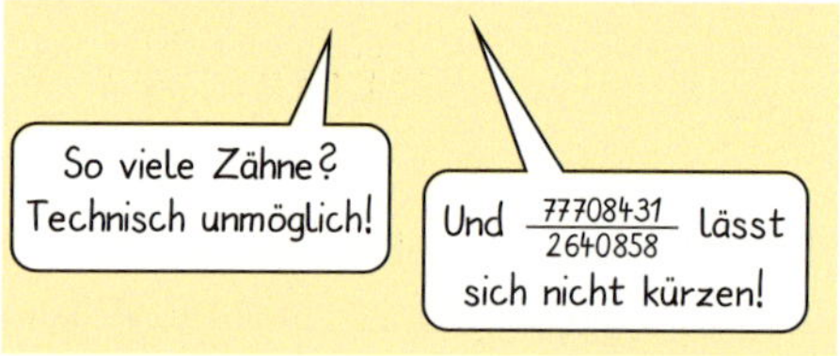

HUYGENS suchte nach einer Möglichkeit das Verhältnis 77708431 : 2640858 durch einen Bruch mit wesentlich kleinerem Zähler und Nenner möglichst gut anzunähern. Schon 1680 löste er das Problem durch geschickte Bruchrechnung. Seine Idee war die Folgende:

Durch wiederholtes Abspalten ganzzahliger Anteile (Division mit Rest) kann man jeden Bruch in einen so genannten *Kettenbruch* verwandeln.

$$\frac{291}{47} = 6 + \frac{9}{47} = 6 + \frac{1}{\frac{47}{9}} = 6 + \frac{1}{5 + \frac{2}{9}} = 6 + \frac{1}{5 + \frac{1}{\frac{9}{2}}} = 6 + \frac{1}{5 + \frac{1}{4 + \frac{1}{2}}}, \text{ kurz: } \frac{291}{47} = [6, 5, 4, 2].$$

Kettenbruch (ausführliche Schreibweise) Kettenbruch (Kurzschreibweise)

Wenn man in der Kurzschreibweise eines Kettenbruchs eine oder mehrere der hinteren Ziffern weglässt, so erhält man unterschiedlich gute Näherungsbrüche für den ursprünglichen Bruch.

a) Stelle die Näherungsbrüche als Brüche dar und bestimme ihre Abweichung vom Zielbruch.
b) Verwandle $\frac{47}{291}$ in einem Kettenbruch und notiere ihn in Kurzschreibweise. Was erkennst du?
c) Für sein Modell verwendete HUYGENS den Näherungsbruch [29, 2, 2, 1] – der Fehler dieser Näherung ist kleiner als $\frac{5}{1000}$! Bestätige duch Nachrechnen, dass die Kettenbruchdarstellung von $\frac{77708431}{2640858}$ so beginnt, und notiere [29, 2, 2, 1] als vollständig gekürzten Bruch. Wie viele Zähne hatten die Zahnräder in HUYGENS' Modell?

Vermischte Übungen

1 Übertrage den Additionsturm in dein Heft. Über zwei Kästen soll jeweils die Summe stehen.

a)

$\frac{4}{5}$			
	$\frac{1}{10}$		
$\frac{5}{12}$	$\frac{1}{12}$		$\frac{1}{12}$

b)

$5\frac{1}{2}$			
$1\frac{1}{2}$		2	
$\frac{9}{10}$		$\frac{6}{15}$	

c)

$4\frac{5}{18}$			
$\frac{5}{6}$		1	
	$\frac{2}{3}$	$\frac{5}{9}$	

L2 a) Zeichne die magischen Quadrate ab. Die magische Zahl ist bei allen drei Quadraten „1“. Fülle die Lücken.

(I)

■	$\frac{1}{6}$	■
■	■	■
■	$\frac{1}{2}$	$\frac{1}{8}$

(II)

■	■	$\frac{2}{9}$
$\frac{1}{6}$	■	■
$\frac{4}{9}$	■	■

(III)

$\frac{1}{15}$	■	■
■	$\frac{1}{3}$	$\frac{1}{30}$
■	■	■

b) Denke dir selbst weitere magische Quadrate mit Brüchen aus. Wähle dazu die magische Zahl „2“ oder „3“. Schreibe deine schönste Aufgabe für die Mathe-Box auf eine Karteikarte. Löse dann die Aufgabe eines Mitschülers oder einer Mitschülerin.

3 Ein Viertel aller Schüler einer Schule ist dafür, das Schulfest noch vor den Sommerferien stattfinden zu lassen. Ein Drittel möchte lieber direkt nach den Sommerferien feiern und ein Sechstel der Schüler wünscht sich ein Fest in der Weihnachtszeit. Was nun?

L4 Leylas Stundenplan

Montag	Dienstag	Mittwoch	Donnerstag	Freitag
Deutsch	-----	Mathematik	-----	-----
Biologie	Englisch	Englisch	Deutsch	Englisch
Englisch	Deutsch	Geschichte	Musik	Mathematik
Mathematik	Biologie	Physik	Politik	Physik
Politik	Sport	Musik	Religion	Deutsch
Geschichte	Sport	Kunst	Mathematik	
		Kunst		

Wie üblich dauert eine Unterrichtsstunde eine Dreiviertelstunde, die großen Pausen (nach der zweiten und vierten Stunde) dauern eine drittel Stunde und die übrigen kleinen Pausen eine zwölftel Stunde.
Momentan ist die Sportlehrerin auf einer Klassenreise, daher fällt die Doppelstunde Sport am Dienstag leider ersatzlos aus. Berechne Leylas Schulzeiten (Unterrichts- plus Pausenzeiten) an den einzelnen Tagen dieser Woche und für die Woche insgesamt.

L5 Felicia trainiert fünfmal in der Woche eine dreiviertel Stunde, Seven trainiert dreimal 1 h 15 min pro Woche. Wer trainiert wöchentlich mehr?

L6 Bei Erdarbeiten müssen 40 Tonnen Erde abtransportiert werden. Der Kipper kann $3\frac{3}{4}$ Tonnen je Fahrt zuladen. Wie oft muss er fahren?

L7 Auf einer Geburtstagsfeier stehen acht $1\frac{1}{2}$-Liter-Flaschen Getränke bereit. Wie viel könnte jeder der 18 Gäste trinken?

L8 Übertrage den Multiplikationsturm in dein Heft. Über zwei Kästen soll jeweils das Produkt der Einträge stehen.

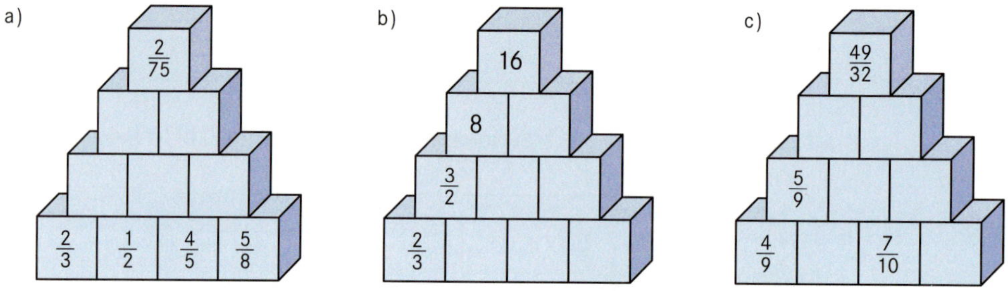

9 Ein Bruch, dessen Nenner eine Potenz von 10 ist, wird als *Zehnerbruch* bezeichnet. Zehnerbrüche lassen sich leicht als Dezimalzahlen schreiben. Sie sind beim Rechnen im Dezimalsystem und bei der Umrechnung von Größen in einem dezimalen Größensystem besonders praktisch.

$\frac{15}{100}$ m = 0,15 m = 15 cm

$\frac{17}{100} = 0{,}17$

$\frac{143}{1000}$ kg = 0,143 kg = 143 g

Zehnerbrüchen mit dem Nenner 100 werdet ihr bei der *Prozentrechnung* begegnen.

a) Schreibe die vollständig gekürzten Brüche als Zehnerbrüche, indem du geeignet erweiterst.
$\frac{2}{5}$; $\frac{7}{20}$; $\frac{3}{25}$; $\frac{11}{125}$; $\frac{3}{4}$; $\frac{5}{16}$; $\frac{7}{80}$; $\frac{11}{40}$; $\frac{13}{400}$.

b) Brüche wie $\frac{1}{3}$; $\frac{1}{75}$; $\frac{7}{60}$; $\frac{2}{35}$; ... kann man *nicht* in Zehnerbrüche verwandeln.
Was unterscheidet die Nenner dieser Brüche von den Nennern der Brüche aus a)? (Betrachte die Primfaktorzerlegungen der Nenner um den Unterschied zu finden.)

c) Formuliere eine Regel, mit der man entscheiden kann, ob sich ein vollständig gekürzter Bruch in einen Zehnerbruch verwandeln lässt.

L10 Gib in der nächstkleineren Einheit an:

a) die Hälfte von einem $\frac{3}{4}$ kg;
b) ein Drittel von einer $\frac{1}{4}$ Stunde;
c) ein Achtel von einem Viertel Liter;
d) ein Viertel von einem halben Jahr;
e) ein Fünftel von einem halben Euro;
f) die Hälfte von $\frac{1}{5}$ dm;
g) ein Zehntel von einem viertel Kubikmeter;
h) ein Fünftel von $\frac{1}{4}$ cm^2.

11 Weißgold besteht nur zu $\frac{3}{4}$ aus Gold, die restlichen Anteile sind Kupfer ($\frac{1}{10}$) und Silber.

a) Wie hoch ist der Silber-Anteil im Weißgold?
b) Wie viel Gold, Kupfer und Silber enthält ein 8 Gramm schwerer Weißgoldring? Gib das Ergebnis in Milligramm an (1 mg = $\frac{1}{1000}$ g).

12 Familie Meyer besitzt einen landwirtschaftlichen Betrieb und züchtet Vieh. $\frac{1}{4}$ der Gesamtfläche ist Weideland, $\frac{1}{8}$ ist Wald. Der Hof und das Gebäude bedecken 5000 m^2 und nehmen damit $\frac{1}{200}$ der Gesamtfläche ein. Die restliche Fläche wird als Ackerland genutzt.

a) Wie viel Hektar besitzt die Familie Meyer insgesamt?
b) Wie viel Hektar entfallen auf die Ackerfläche, das Weideland und den Wald?

L 13

Lest euch den Comic durch und „übersetzt" die Zahlangaben.

14

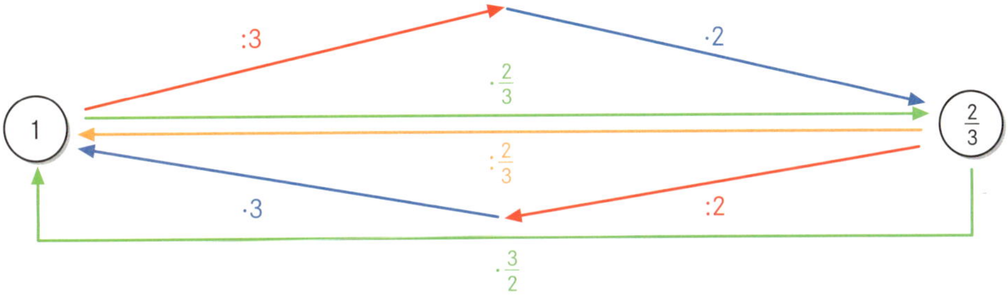

Welche mathematischen Zusammenhänge kannst du der Abbildung entnehmen? Formuliere.

15 Das Wörtchen „von" hat nicht immer die gleiche Bedeutung.
Schreibt zu dem Sachverhalt passende Fragen auf und beantwortet sie.
Achtet dabei genau auf die sprachlichen Unterschiede.

(I) $\frac{2}{3}$ *von* den Kosten für ein neues Fahrrad (399 Euro) hat Jonas schon verdient.

(II) *Von* einer $\frac{3}{4}$ Torte legt Frau Brenner $\frac{1}{4}$-Stück für morgen zur Seite.

(III) Die Klasse 6e hat für das Schulfest 900 Lose vorbereitet, da*von* $\frac{2}{3}$ Nieten. *Von* den 450 Losen, die er verkaufen soll, hat Anton nach einer Stunde schon 270 abgesetzt.

16 Bei den Römern war die Münze 1 As ein wichtiges Zahlungsmittel. Den zwölften Teil eines As nannten die Römer Unze.
Es gab außerdem Münzen für $\frac{1}{3}$ As, $\frac{1}{4}$ As (Quadrans) und für $\frac{1}{6}$ As.
Nenne möglichst verschiedene Möglichkeiten, wie die Römer damals den Preis von

a) 4 Unzen b) 6 Unzen c) 8 Unzen
d) 10 Unzen e) 14 Unzen f) 15 Unzen

bezahlen konnten.

Zeichne zwei Strecken $\overline{AC}$ und $\overline{BD}$, die sich im rechten Winkel schneiden. Verbinde ihre Endpunkte zu einem Viereck ABCD. Verändere die Lage des Schnittpunkts. Was für Vierecke erhältst du?

17 Die Vier-Korn-Getreide-Mischung im Bioladen bei Frau Richter besteht zu $\frac{1}{4}$ aus Haferkörnern, $\frac{1}{5}$ aus Gerstenkörnern, $\frac{1}{6}$ aus Roggenkörnern und zum Rest aus Weizenkörnern. Wie viel Gramm des jeweiligen Getreides sind in einer $1\frac{1}{2}$ kg-Packung ($2\frac{1}{2}$ kg-Packung) Vier-Korn-Getreide-Mischung enthalten?

18 Beginne die Rechenrallye mit irgendeiner Aufgabe. Das Ergebnis zeigt dir, wo es weitergeht. Wenn du alles richtig gerechnet hast, kommst du wieder bei deiner ersten Aufgabe an.

$\frac{2}{3} : \left(1\frac{1}{4} - \frac{1}{2}\right)$	$\left(\frac{5}{8} + \frac{5}{6}\right) \cdot \frac{2}{7}$	$\left(\frac{1}{6} + \frac{1}{4}\right) : \frac{15}{16}$	$\frac{5}{12} \cdot \left(1\frac{1}{2} - \frac{3}{5}\right)$
$\frac{8}{9} - 1\frac{1}{6} \cdot \frac{1}{3}$	$\frac{3}{8} - \left(\frac{7}{8} - \frac{2}{3}\right)$	$\frac{4}{9} \cdot \left(\frac{5}{6} + \frac{2}{3}\right)$	$\frac{1}{2} \cdot \frac{1}{4} + \frac{1}{2}$

19 a) $2 \cdot \left(\frac{3}{8} + \frac{1}{4}\right)$; $\left(\frac{3}{4} - \frac{5}{12}\right) \cdot 3$

b) $\frac{4}{5} \cdot \left(1\frac{1}{3} + \frac{3}{4}\right)$; $\left(3\frac{1}{6} - \frac{1}{2}\right) \cdot \frac{9}{10}$

c) $\left(1\frac{1}{2} + \frac{3}{8}\right) : 9$; $\left(1\frac{1}{5} + 2\frac{3}{10}\right) : \frac{1}{2}$

d) $7 : \left(\frac{3}{5} + \frac{1}{4}\right)$; $1\frac{1}{10} : \left(7\frac{4}{5} - 2\frac{2}{3}\right)$

20 Berechne. Achte dabei auf die Rechenregeln.

a) $\left(\frac{1}{4} + \frac{2}{3}\right) \cdot \left(\frac{3}{4} + \frac{2}{3}\right)$ b) $\frac{1}{4} + \frac{2}{3} \cdot \frac{3}{4} + \frac{2}{3}$ c) $\frac{1}{4} + \frac{2}{3} \cdot \left(\frac{3}{4} + \frac{2}{3}\right)$

d) $\left(\frac{2}{3} + \frac{1}{6}\right) : \frac{2}{3} - \frac{1}{6}$ e) $\frac{2}{3} + \frac{1}{6} : \frac{2}{3} - \frac{1}{6}$ f) $\left(\frac{2}{3} + \frac{1}{6}\right) : \left(\frac{2}{3} - \frac{1}{6}\right)$

21 Berechne folgende Doppelbrüche.

a) $\dfrac{\frac{3}{4}}{\frac{6}{5}}$ b) $\dfrac{\frac{5}{12}}{\frac{10}{9}}$ c) $\dfrac{\frac{6}{8} + \frac{9}{4}}{\frac{2}{3}}$ d) $\dfrac{\frac{7}{20} \cdot \frac{10}{28}}{4}$ e) $\dfrac{5 - \frac{3}{2}}{7}$ f) $\dfrac{1\frac{3}{4} + 3\frac{1}{2}}{\frac{1}{4}}$ g) $\dfrac{\frac{16}{30} - \frac{1}{4}}{\frac{4}{60}}$

22 Berechne möglichst geschickt.

a) $\dfrac{\frac{5}{7} \cdot 3}{2 \cdot \frac{1}{3}}$ b) $\dfrac{\frac{9}{5} - \frac{3}{2}}{\frac{5}{3} + \frac{8}{7}}$ c) $\dfrac{\left(\frac{1}{2} + \frac{7}{10}\right) \cdot \frac{3}{4} - \frac{7}{8}}{\frac{3}{4} : \frac{5}{7} + \frac{8}{15} - \frac{5}{6}}$ d) $\dfrac{\left(\frac{3}{10} \cdot \frac{5}{8}\right) : \frac{3}{8} + \left(\frac{5}{6} \cdot \frac{3}{4}\right) : \frac{5}{4}}{\left(\frac{3}{4} \cdot \frac{8}{9}\right) : \frac{5}{6} + \left(\frac{9}{10} \cdot \frac{8}{15}\right) : \frac{4}{5}}$

23 a) Untersuche den Term $\frac{1}{n} - \frac{1}{n+1}$. Setze nacheinander 1, 2, 3 und 4 für n ein und berechne. Kannst du ein Muster erkennen und eine mögliche Fortsetzung der Zahlenfolge angeben? Beschreibe, wie du mit deiner Regel von einer Zahl der Folge zur nächsten Zahl der Folge kommst. Teste deine Regel durch Einsetzen der nächsten natürlichen Zahlen für n.

b) Untersuche entsprechend den Term $\frac{2}{n} - \frac{2}{n+1}$.
Kannst du einen Zusammenhang mit der Folge der *Dreieckszahlen* (vgl. Kap. 1.1) erkennen? Wenn ja, formuliere diesen Zusammenhang.

25

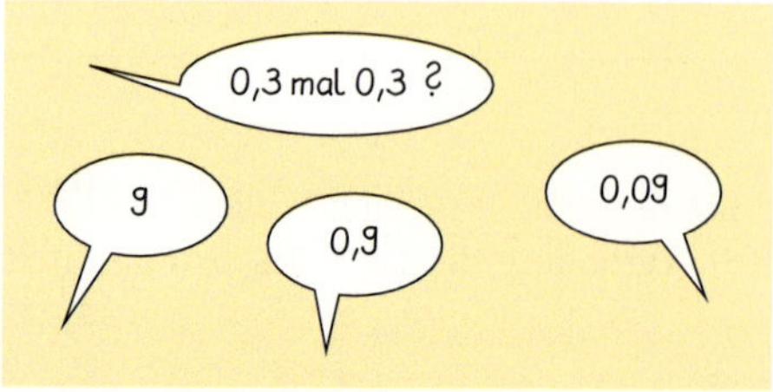

Zwar habt ihr das Multiplizieren von Dezimalzahlen im Unterricht noch nicht besprochen, aber ihr könnt trotzdem entscheiden, welches der drei Ergebnisse richtig ist. Überlegt euch verschiedene Strategien um das richtige Ergebnis zu finden.

Zusammenfassung

1 Man addiert bzw. subtrahiert **nennergleiche** Brüche, indem man die Zähler addiert bzw. subtrahiert und den Nenner beibehält.

> $\frac{\text{Zähler} + \text{Zähler}}{\text{Nenner}}$

$\frac{2}{7} + \frac{3}{7} = \frac{2+3}{7} = \frac{5}{7}$ $\frac{7}{11} - \frac{4}{11} = \frac{7-4}{11} = \frac{3}{11}$

> $\frac{\text{Zähler} - \text{Zähler}}{\text{Nenner}}$

Sollen Brüche mit *verschiedenen* Nennern addiert oder subtrahiert werden, so muss man sie zunächst **nennergleich** (oder: gleichnamig) **machen.** Das ist durch Erweitern stets möglich. Der *kleinste* gemeinsame Nenner von Brüchen wird als deren **Hauptnenner** bezeichnet; man erhält ihn als kleinstes gemeinsames Vielfaches (kgV) der einzelnen Nenner.

2 Beim Addieren und Subtrahieren von zwei oder mehr Brüchen geht man schrittweise vor. Dabei kann man sich durch frühzeitiges Kürzen Rechenarbeit ersparen.

> Kürzen ist cool!

Addieren

$\frac{14}{40} + \frac{9}{12} = \frac{7}{20} + \frac{3}{4} = \frac{7}{20} + \frac{15}{20} = \frac{7+15}{20} = \frac{22}{20} = \frac{11}{10}$

Schritt 1: kürzen, falls möglich

Schritt 2: nennergleich machen

Schritt 3: Zähler addieren/subtrahieren, Nenner beibehalten

Schritt 4: kürzen, falls möglich

Subtrahieren

$\frac{5}{6} - \frac{5}{16} = \frac{5}{6} - \frac{3}{8} = \frac{20}{24} - \frac{9}{24} = \frac{20-9}{24} = \frac{11}{24}$

3

Multiplizieren von Brüchen

Man multipliziert Brüche miteinander, indem man Zähler mit Zähler und Nenner mit Nenner multipliziert.

> $\frac{\text{Zähler} \cdot \text{Zähler}}{\text{Nenner} \cdot \text{Nenner}}$

$\frac{5}{7} \cdot \frac{2}{3} = \frac{5 \cdot 2}{7 \cdot 3} = \frac{10}{21}$

Dividieren von Brüchen

Man dividiert durch einen Bruch, indem man mit seinem Kehrbruch multipliziert.

> mit dem **Kehrbruch** multiplizieren!

$\frac{8}{3} : \frac{7}{5} = \frac{8}{3} \cdot \frac{5}{7} = \frac{8 \cdot 5}{3 \cdot 7} = \frac{40}{21}$

4 Kürzen vor dem Ausmultiplizieren kann Rechenarbeit ersparen.

> Alles auf einen Bruchstrich und kürzen!

$\frac{13}{21} \cdot \frac{9}{11} \cdot \frac{7}{4} \cdot \frac{121}{39} = \frac{\cancel{13} \cdot \cancel{9} \cdot 7 \cdot \cancel{121}}{\cancel{21} \cdot \cancel{11} \cdot 4 \cdot \cancel{39}} = \frac{1 \cdot \cancel{3} \cdot \cancel{7} \cdot 11}{\cancel{7} \cdot 1 \cdot 4 \cdot \cancel{3}} = \frac{1 \cdot 1 \cdot 1 \cdot 11}{1 \cdot 1 \cdot 4 \cdot 1} = \frac{11}{4}$

5 Folgende Rechengesetze für natürliche Zahlen übertragen sich auf alle Bruchzahlen a, b und c:

für die Addition	für die Multiplikation	
a + b = b + a	a · b = b · a	**Kommutativgesetze**
a + (b + c) = (a + b) + c	(a · b) · c = a · (b · c)	**Assoziativgesetze**
a · (b + c) = a · b + a · c		**Distributivgesetz**

2.7 Rund ums Jahr – Der Kalender

1 Was ist eigentlich ein Jahr?
Allgemein ist damit eine *Zeitspanne* gemeint, in der sich bestimmte kosmische Ereignisse wiederholen.

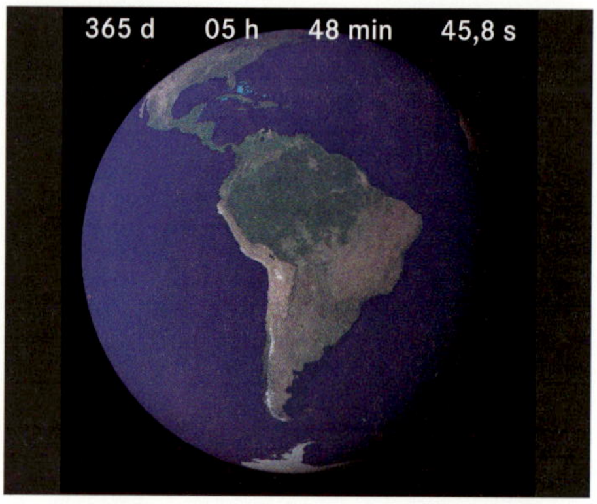

Mondjahre
Was ist ein Mondjahr?
Wie lange braucht der Mond für einen Erdumlauf?
Könnt ihr euch vorstellen, weshalb die ersten und einfachsten Kalender Mondkalender waren?

In der westlichen Welt orientiert man sich heute am *Sonnenjahr;* das ist der Zeitraum, den die Erde für einen Umlauf um die Sonne braucht. Das Sonnenjahr ist von großer Bedeutung für das Kalenderwesen. Oben rechts ist ziemlich genau angegeben, wie lange ein Sonnenjahr dauert.

2

Ägyptischer Kalender

ca. 3000 v. Chr.:	Sommeranfang am Neujahrstag
ca. 2250 v. Chr.:	Sommeranfang in der Mitte des Kalenderjahres
ca. 1600 v. Chr.:	Sommeranfang im letzten Monat des Kalenderjahres
ca. 20 v. Chr.:	Sommeranfang im ersten Monat des Kalenderjahres

Der *julianische* Kalender wurde in Ägypten um 20 v. Chr. eingeführt.

Julius Caesar befiehlt 46 v. Chr. für das Römische Reich:
1. Das Jahr 46 v. Chr. hat 445 Tage.
2. Das Jahr 45 v. Chr. hat 366 Tage.
3. Von nun an hat jedes vierte Jahr 366 Tage.

Julianischer Kalender
Wo steckt der Sinn?
Wie lang ist nun im Mittel ein Kalenderjahr?

Der *gregorianische* Kalender wurde 1610 in Preußen eingeführt.

3 Papst Gregor XIII (1582):
1. Auf den 4.10.1582 folgt der 15.10.1582.
2. Die mittlere Dauer eines Kalenderjahres ist $\left(365 + \frac{1}{4} - \frac{1}{100} + \frac{1}{400}\right) = 365\frac{97}{400}$ Tage.

In 400 Jahren müssen also 3 Schaltjahre ausfallen!

Gregorianischer Kalender
Welche Bestimmung für Schaltjahre steckt dahinter?
Wie lang ist ein tropisches Sonnenjahr in Tagen?
Wann wird der gregorianische Kalender der Jahreszeit um einen Tag vorauseilen?

Jetzt verstehe ich ...

Dauer eines Sonnenjahres in Tagen als Kettenbruch (vgl. **2.4, A1**): [365, 4, 7, 1, 3, 6, 2, 1, 170].
Näherungsbruch [365, 4, 7, 1, 3, 6] = !?

Wo steht das denn?

4

Mondkalender, Islamischer Kalender, Maya-Kalender, Französischer Revolutionskalender, Jüdischer Kalender, ...

Andere Kulturen, andere Kalender. Sucht in Büchern oder im Internet nach Informationen. Fragt auch euren Geschichts- oder Religionslehrer. Macht eine Ausstellung.

3.1 Jetzt geht's rund – Kreise und Winkel

Einstiege

E1 Wie sind die Muster entstanden? Zeichne die Muster ab. Erfinde eigene Bilder.

a)

b)

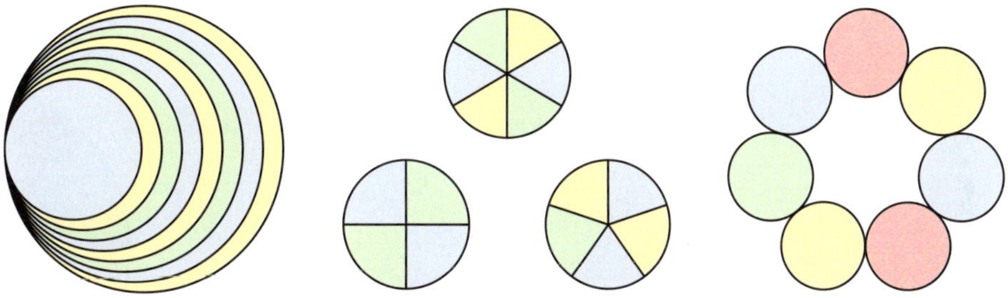

c)

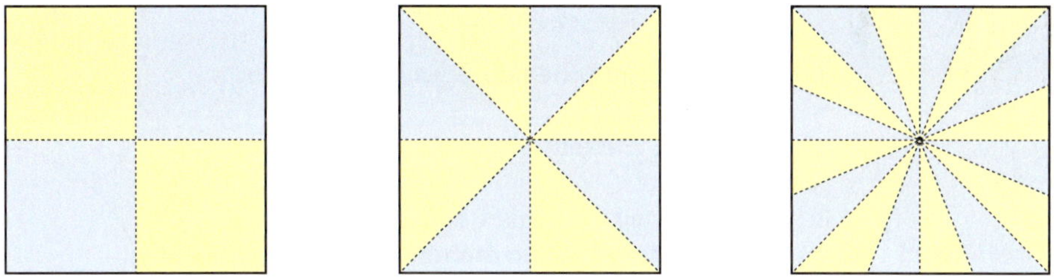

E2 Wie sind die Mandalas entstanden? Zeichne sie in dein Heft.
Wähle dabei ruhig andere Farben. Denke dir eigene Mandalas aus und zeichne sie.

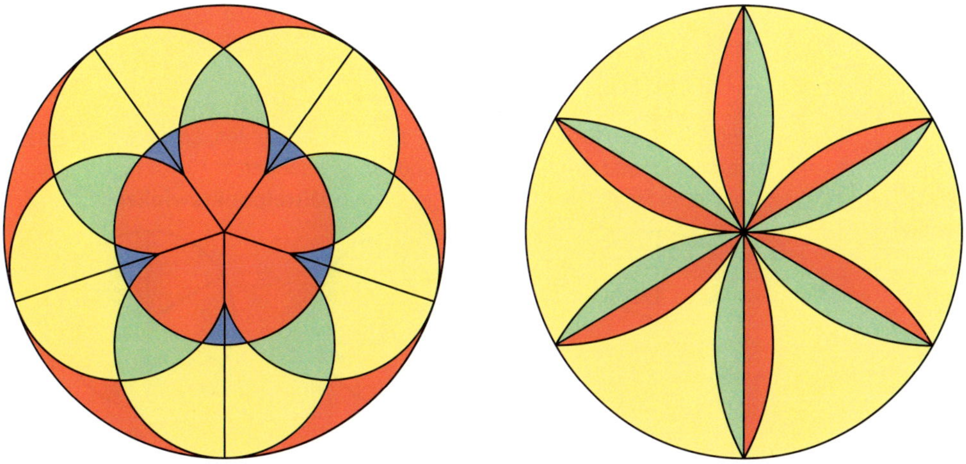

Grundwissen

1

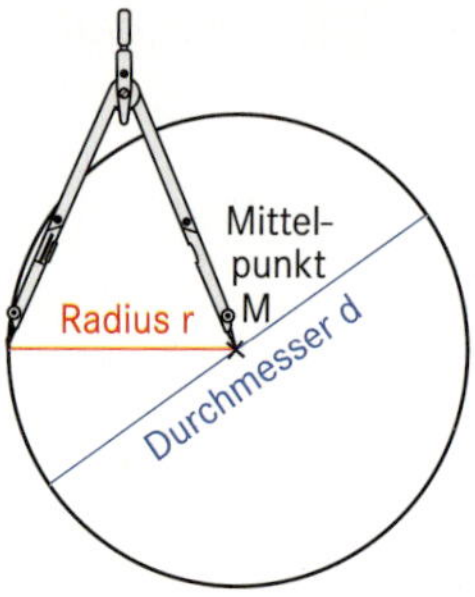

Einen **Kreis** kann man mithilfe eines Zirkels zeichnen. Der Zirkel wird im **Mittelpunkt** des Kreises eingestochen. Der Abstand des Mittelpunktes vom Rand heißt **Radius** des Kreises.
Der **Durchmesser** ist doppelt so lang wie der Kreisradius.

Winkel

2 Mit **Winkeln** und Kreisen lassen sich viele schöne Kreismuster herstellen.

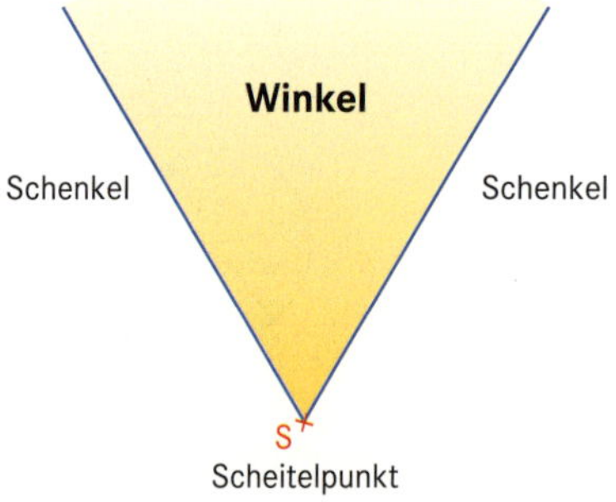

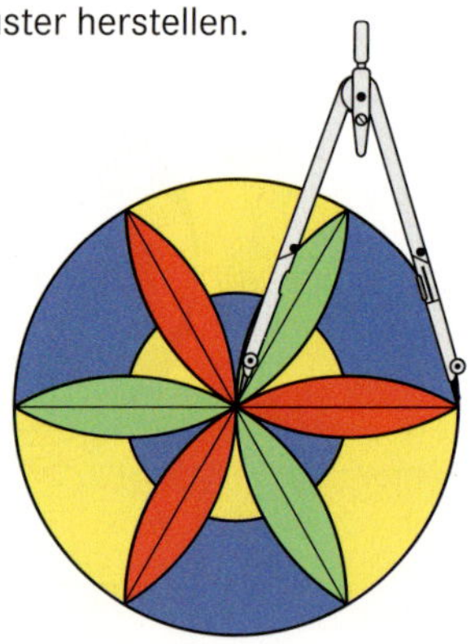

Scheitelpunkt und **Schenkel** legen den Winkel fest.

rechter Winkel

3 Die **Größe von Winkeln** wird in **Grad** angegeben.
Bei einem Viertelkreis bilden die Schenkel eine rechtwinklige Ecke. Ein **rechter Winkel** hat das Winkelmaß 90° (90 Grad).
Zu einem Vollkreis gehört daher ein 360°-Winkel, zu einem Halbkreis ein 180°-Winkel.
Winkel werden oft mit kleinen griechischen Buchstaben bezeichnet:

α (alpha)	β (beta)	γ (gamma)
δ (delta)	ε (epsilon)	φ (phi)

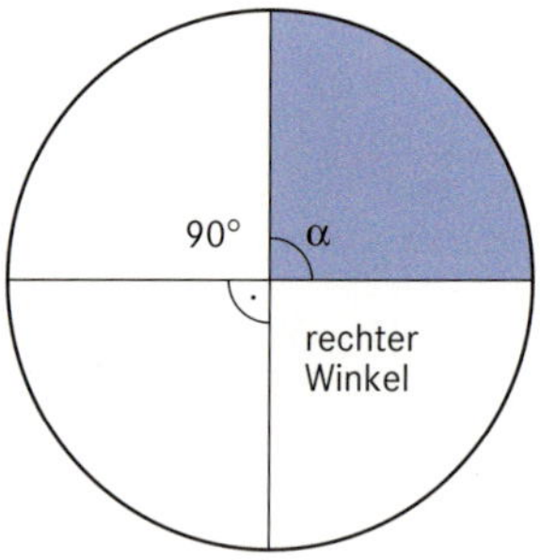

Mittelpunktswinkel

4 Will man einen Kreis in mehrere gleiche Teile einteilen, so kann man erst den Winkel in der Mitte berechnen und dann mit dem Geodreieck zeichnen.
Zu einem Fünftel eines Kreises gehört ein **Mittelpunktswinkel** mit 360° : 5 = 72°.

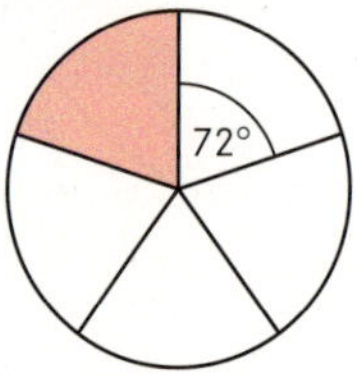

Fünftelkreis

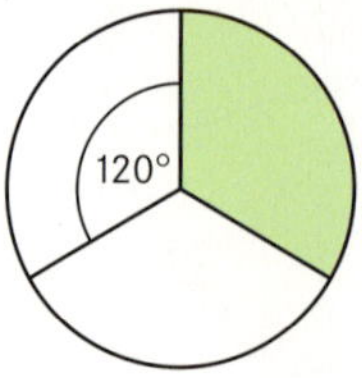

Drittelkreis

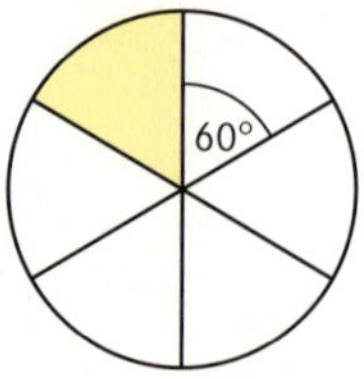

Sechstelkreis

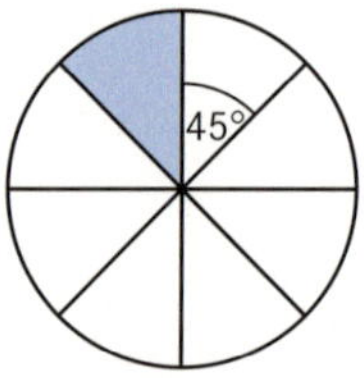

Achtelkreis

Geodreieck

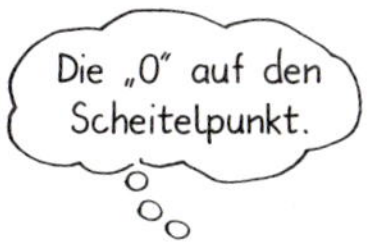

5 Zum Messen von Winkeln kann man ein **Geodreieck** benutzen.
Lege das Geodreieck mit der „0" auf den Scheitelpunkt und mit der Grundlinie auf einen Schenkel.

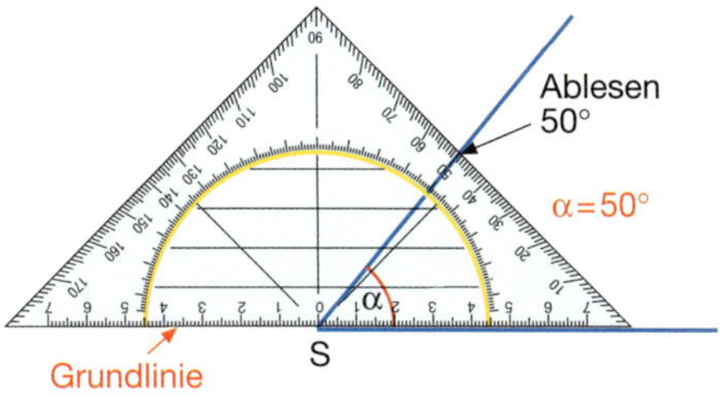

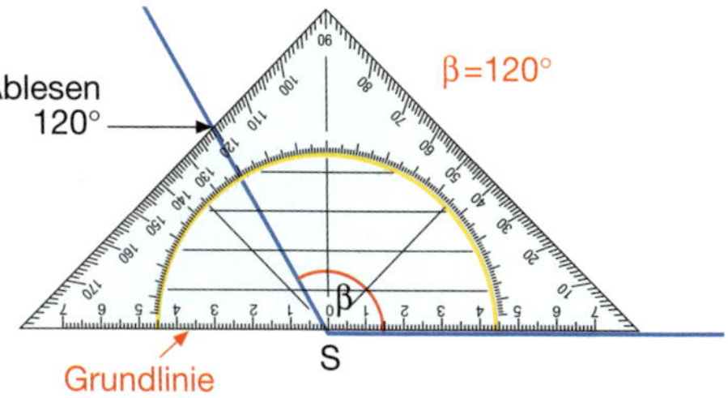

Viele Geodreiecke haben zwei Skalen. Man muss immer die Skala verwenden, deren Nullwert auf dem ersten Schenkel liegt.

6 Ein Winkel von 110° soll mit dem Geodreieck gezeichnet werden.
(1) Grundlinie an den ersten Schenkel, „0" auf den Scheitelpunkt;
(2) 110° markieren;
(3) zweiten Schenkel zeichnen.

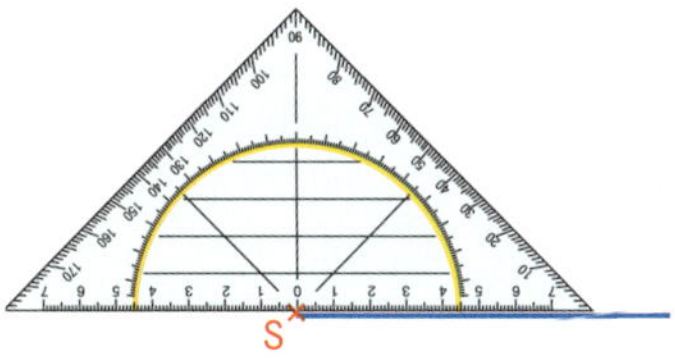

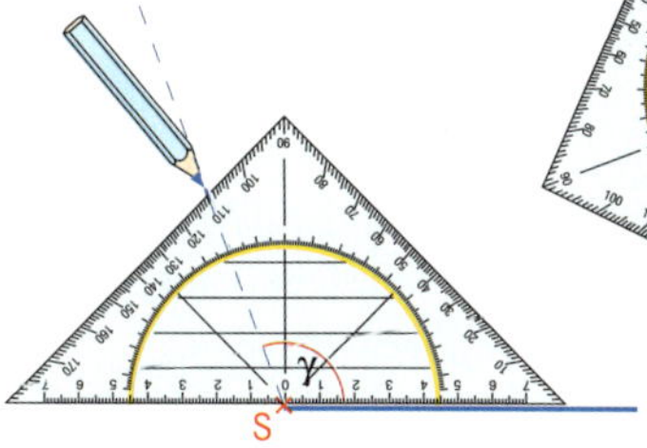

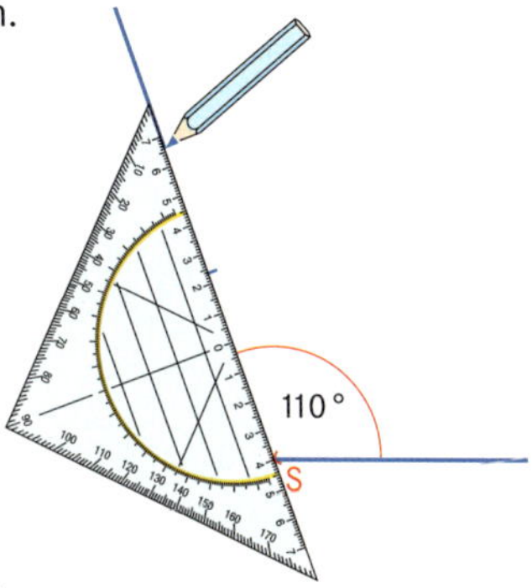

7

spitzer Winkel

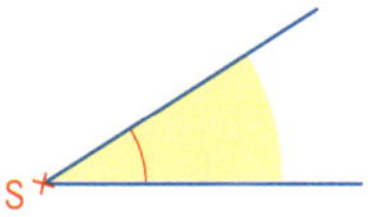

Winkelmaß
zwischen 0° und 90°

rechter Winkel

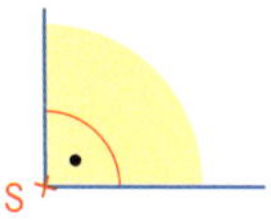

Winkelmaß
90°

stumpfer Winkel

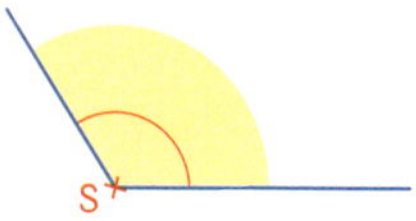

Winkelmaß
zwischen 90° und 180°

gestreckter Winkel

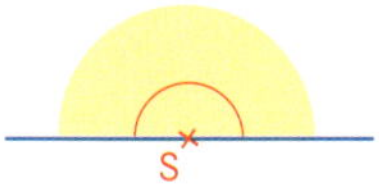

Winkelmaß
180°

überstumpfer Winkel

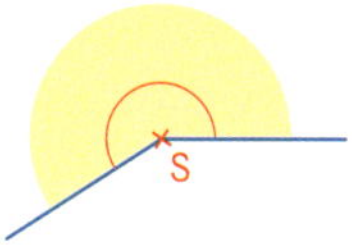

Winkelmaß
zwischen 180° und 360°

Vollwinkel

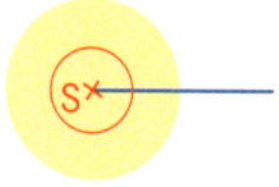

Winkelmaß
360°

Statt „ein Winkel mit dem Winkelmaß 45°" sagt man auch kurz „ein Winkel von 45°" und schreibt $\alpha = 45°$.

Können die Angaben stimmen? Korrigiere, falls nötig.
(I) Ein Fingernagel ist ungefähr 100 mm^2 groß.
(II) Manche Klassenräume haben eine Fläche von einem ha.
(III) Ein Sportstadion hat eine Fläche von einem hundertstel Quadratkilometer.

Übungen

1 Wo treten in den abgebildeten Gegenständen Kreise auf? Besorge dir diese und andere Gegenstände und bestimme zu den Kreisen jeweils Radius und Durchmesser.

2 a) Übertrage die Kreisbilder auf unliniertes Papier und male sie farbig aus. Welche Regelmäßigkeiten erkennst du?

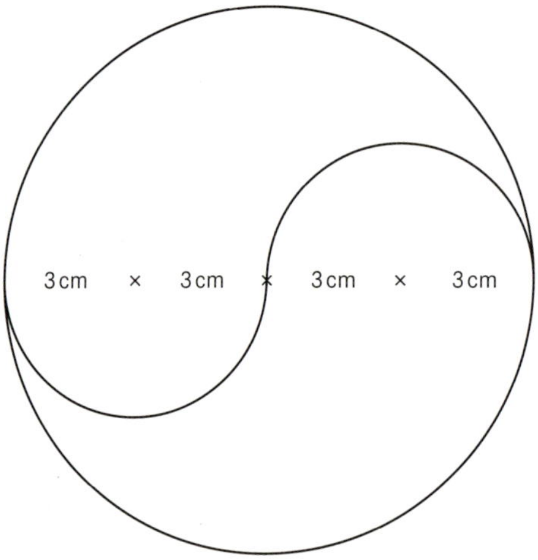

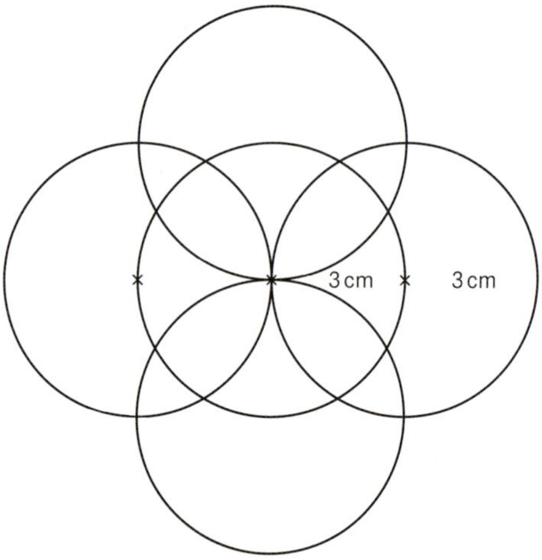

b) Zeichne eigene farbige Kreisbilder. Fertige eine Skizze an, die deinen Mitschülern deutlich macht, wie sie die Kreisbilder nachzeichnen können.

3 a) Zeichnet mit Straßenkreide einige Kreisfiguren auf euren Schulhof.

b) Beschreibt andere Möglichkeiten, wie ihr Kreise zeichnen könnt, wenn ihr keinen Zirkel zur Verfügung habt oder wenn der Zirkel zu klein ist für die Kreise, die ihr zeichnen wollt.

4 Übertrage das Kreismuster in dein Heft. Überlege zunächst, wo die Kreismittelpunkte liegen.

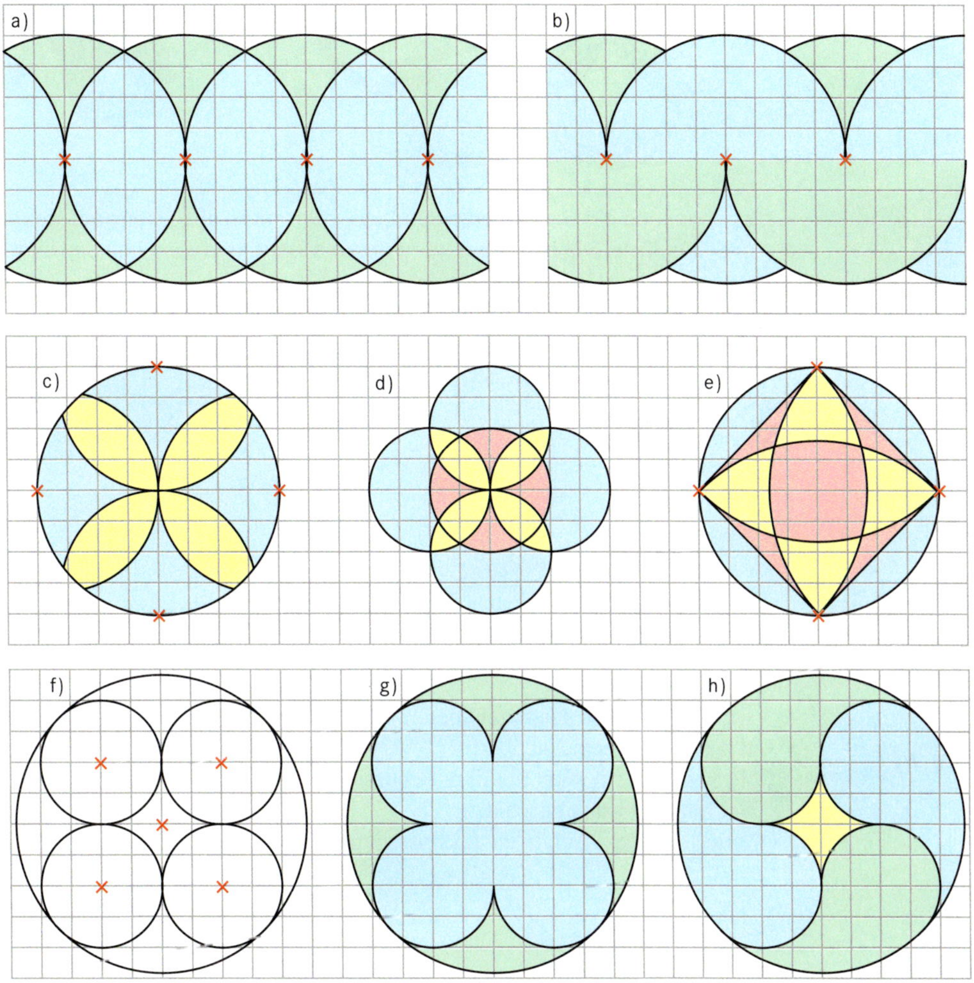

5 Zeichne die Spirale aus Halbkreisen in dein Heft und setze sie bis zu einem Radius von 0,5 cm fort. Beschreibe, wie du vorgehst.
Zeichne auch Spiralen, die aus Viertelkreisen entstehen. Wo liegen die Mittelpunkte?

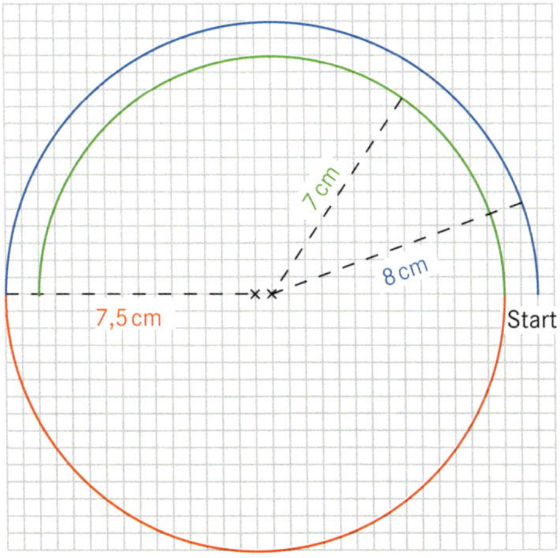

6

a) Kennst du die abgebildeten Symbole? Informiere dich, welche Bedeutung sie haben.
b) Schau dich in deiner Umgebung um und finde weitere Symbole, die Kreisbilder sind.

7 Übertrage die Winkel in dein Heft und miss sie. Verlängere die Schenkel, wenn nötig.

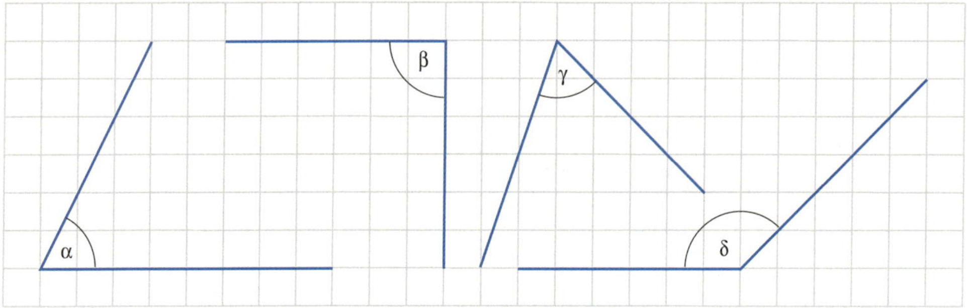

8 Schätze die Größe der abgebildeten Winkel. Schreibe die geschätzten Werte auf ein Blatt Papier und gib es deinem Nachbarn.
Messt nun die Winkel mit dem Geodreieck. Vergleicht geschätzte und gemessene Werte. Wer hat am besten geschätzt?
Notiert ähnliche Aufgaben auf Karteikarten für die Mathe-Box.

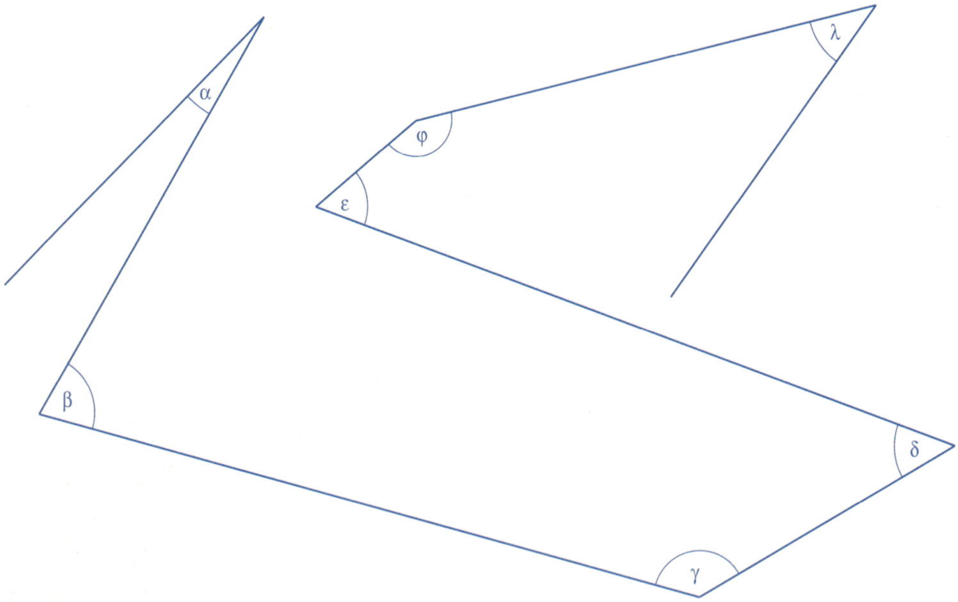

9 Zeichne je einen Winkel mit dem Winkelmaß 10°; 20°; 45°; 1°; 2°; 5°; 85°; 95° und 135° in dein Heft.

10

Winkel treten im Alltag an vielen Stellen auf. Miss Winkel in den Abbildungen.
Suche weitere Beispiele aus dem Alltag, bei denen Winkel vorkommen.

MATHE-BOX

11 Baut euch eine Winkelscheibe aus dünnem Karton.

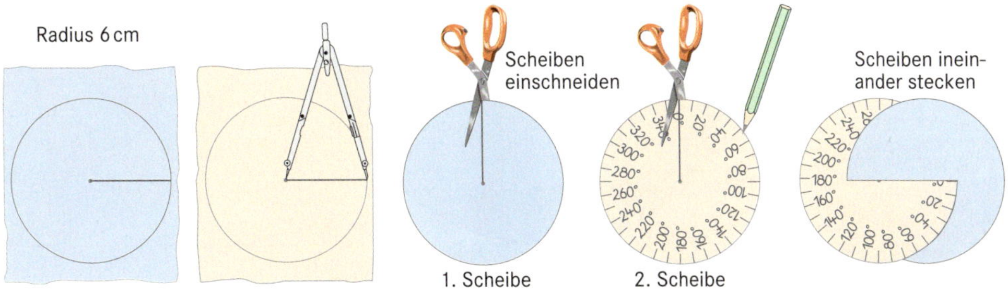

Tragt auf dem Rand einer Scheibe die Winkelmaße von 0° bis 360° in Zehnerschritten ein.
Einer von euch stellt einen Winkel ein, der andere schätzt zunächst die Winkelgröße. Messt dann den Winkel genau und vergleicht mit der Schätzung.

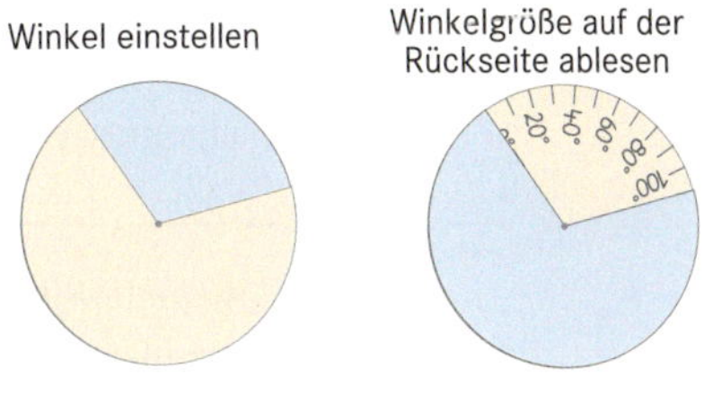

12

a) Welcher Winkel besteht in den einzelnen Abschnitten beim Stabhochsprung zwischen dem Stab und dem Oberkörper der Sportlerin?
Verwende zur Beschreibung die Begriffe spitzer, rechter und stumpfer Winkel.

b) Welcher Winkel besteht jeweils zwischen den Oberschenkeln und dem Oberkörper der Sportlerin?

13 Welchen Winkel überstreicht der Minutenzeiger einer Uhr von 15. 45 Uhr bis

a) 16.00 Uhr; b) 16.15 Uhr;
c) 16.30 Uhr; d) 16.45 Uhr;
e) 15.55 Uhr; f) 16.10 Uhr;
g) 16.35 Uhr; h) 15.50 Uhr;
i) 15.46 Uhr; j) 15.53 Uhr;
k) 16.22 Uhr; l) 16.44 Uhr?

14

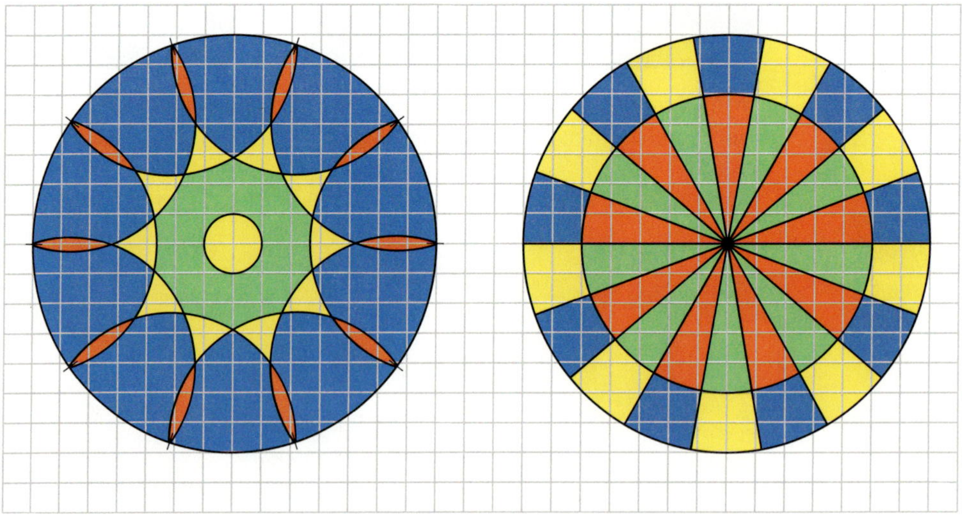

a) Übertrage die Kreisfigur in dein Heft. Beschreibe, welche Regelmäßigkeiten du erkennst.

b) Stelle eigene regelmäßige Kreisfiguren her.

Wird ein Bruch größer oder kleiner oder bleibt er gleich, wenn man
(I) in Zähler und Nenner 1 addiert; (II) Zähler und Nenner vertauscht?

15

a) Welchen Winkel kannst du bei ausgestrecktem Arm mit deinem Daumen, deiner Hand oder deiner gespreizten Hand abdecken?
Was geschieht, wenn du deinen Arm nicht vollständig ausstreckst?

b) Erkundige dich, was man unter einem „Daumensprung“ versteht.

16 Beschreibe, wie das Geodreieck benutzt wird. Vergleiche mit dem Verfahren im Grundwissen. Nenne Vor- und Nachteile dieses Verfahrens.

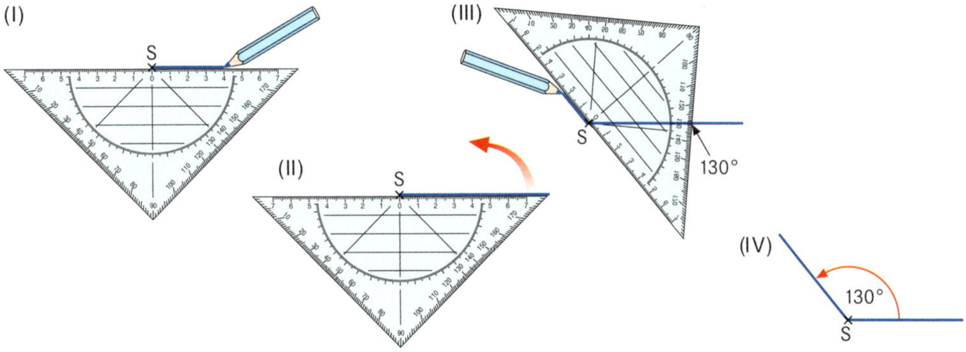

17 Übertrage die Winkel in dein Heft. Beschreibe deine Vorgehensweise. Bestimme auch die Größe der Winkel.

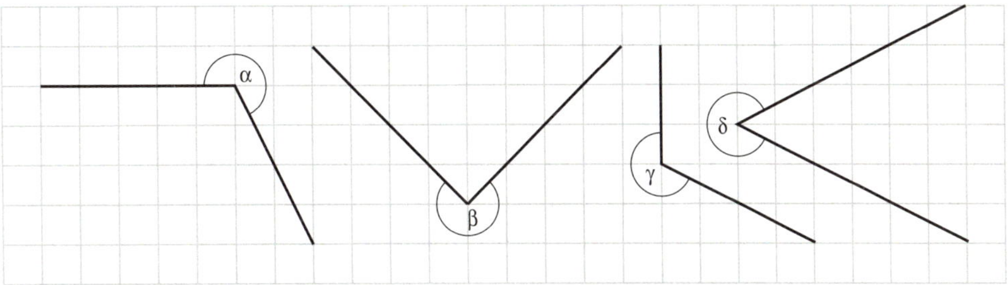

18 Winkeldaumenkino

Materialliste!!!
73 Notizblätter (7 cm x 9 cm)
Flüssigkleber

1. Scheitelpunkt und ersten Schenkel auf allen Blättern immer an der gleichen Stelle zeichnen;
2. auf jedes Blatt einen der Winkel 0°; 5°; 10°; ...; 360° zeichnen, Winkelmaß oben rechts notieren;
3. alle Blätter sortiert nach der Winkelgröße aufeinander legen, links mit einem Flüssigkleber zusammenkleben;
4. nach dem Trocknen Film starten.

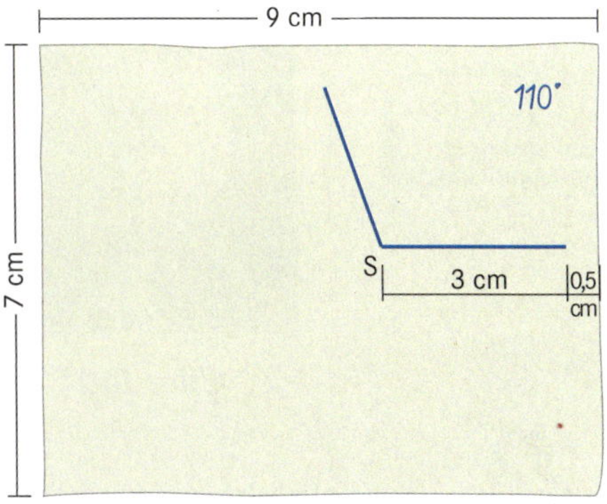

19 Wie groß ist jeweils der Mittelpunktswinkel?

20 Zeichne eine 4 cm lange Strecke. Hänge ans Ende eine 4 cm lange Strecke im Winkel von 90° an. Wiederhole das Anhängen mehrfach immer zur selben Seite hin. Was entsteht?
Was passiert, wenn du statt 90° einen anderen Winkel verwendest?
Versuche es mit 60°; 70°; ...; 108°; 120°; 135°; 140°. Bei welchen Winkeln schließt sich die Figur?

21 Zeichne einen Kreis mit dem Radius 5 cm. Stich nun mit dem unveränderten Zirkel auf dem Rand des Kreises ein und markiere kurze Striche mit dem Zirkel auf dem Kreis. Stich bei den Markierungen ein und zeichne weitere Markierungen. Führe dies immer wieder aus.
Was stellst du fest?
Was geschieht, wenn der Radius nicht 5 cm beträgt?

22 a) Zeichne die verschiedenen Gesichtsfelder in dein Heft.
Nenne Vor- und Nachteile der unterschiedlichen Gesichtsfelder.

Gesichtsfeld: Bereich, der wahrgenommen wird ohne Augen, Kopf und Körper zu bewegen.

Eule 160°

Mensch 190°

Hund 250°

Frosch 330°

b) Welches Gesichtsfeld hat ein Pferd? Warum tragen Pferde manchmal Scheuklappen?

23 Ein Fußballtor ist 7,32 m breit. In welchem Winkelbereich muss ein Elfmeterschütze auf das Tor schießen um es zu treffen? Wie ändert sich der Winkelbereich, wenn sich ein Stürmer näher am Tor befindet? Zeichne.
Wieso sagt man manchmal „Der Winkel war zu spitz"?

24 Gestern war Klassensprecherwahl in der Klasse 6c. Heute Morgen siehst du an der Tafel noch das abgebildete **Kreisdiagramm.**
a) Erläutere, was du dem Diagramm alles entnehmen kannst.
b) Du weißt, dass in der 6c zurzeit 32 Schülerinnen und Schüler sind. Welche zusätzlichen Aussagen kannst du jetzt machen?

25 In einem Kreisdiagramm (siehe Übung **24**) oder Tortendiagramm hat man einen besonders guten Überblick darüber, wie sich ein Ganzes, z.B. eine Tüte Schokolinsen, in verschiedene Anteile, z.B. die verschiedenen Farben, aufteilt. Dabei entspricht der Mittelpunktswinkel des Tortenstücks der Größe des Anteils:
Ist ein Achtel der Linsen rot, wird Rot durch einen Achtelkreis mit einem Mittelpunktswinkel von 360° : 8 = 45° dargestellt.

In einem Beutel Schokolinsen ist ein Fünftel der Linsen braun, ein Viertel ist rot, ein Drittel grün, ein Sechstel blau. Der Rest ist gelb.
Berechne die zugehörigen Mittelpunktswinkel.
Stelle die Verteilung der Farben in einem Kreisdiagramm dar.
Wie groß ist der Anteil der gelben Schokolinsen?

26 Im Diagramm ist die Farbverteilung für eine 400 g-Tüte mit 180 Gummibärchen dargestellt.
a) Sortiere die Farben der Gummibärchen nach ihrer Häufigkeit. Beginne mit der Seltensten.
b) Erkläre, wie man die Anzahl der roten Gummibärchen bestimmen kann (siehe Abbildung).
c) Bestimme aus dem Kreisdiagramm die Anteile der anderen Farben.
d) Addiere alle Anteile. Begründe das Ergebnis.
e) Berechne die Anzahlen der Gummibärchen für die anderen Farben.

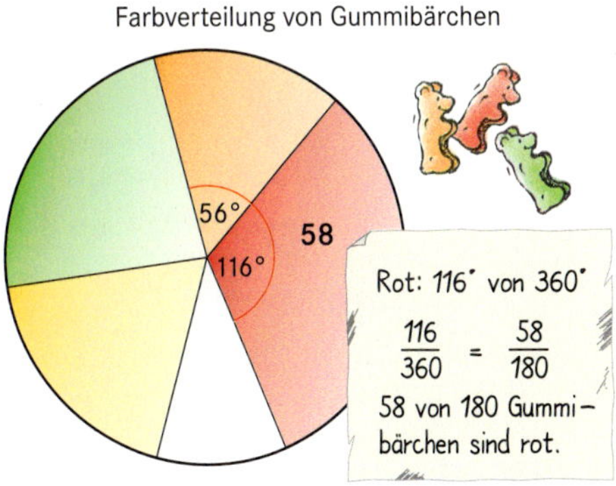

27 a) Entnehmt ohne hinzusehen aus einer Tüte 90 Gummibärchen. Bestimmt die Anteile der verschiedenen Farben.
b) Stellt die Ergebnisse der Ziehung in einem Stab- und in einem Kreisdiagramm dar. Vergleicht.
Was könnt ihr in dem einen Diagramm, was in dem anderen besser sehen?
c) Wiederholt die Ziehung mehrfach. Geht jeweils vor wie in a).
Stellt alle Ziehungen in einer Tabelle dar. Was könnt ihr beobachten?

Anteil von Rot: 17 von 90 = $\frac{17}{90} = \frac{68}{360}$

$\frac{68}{360}$ eines Vollwinkels sind 68°,

der zugehörige Mittelpunktswinkel ist deshalb 68°.

28 a) Was bedeuten die Bezeichnungen WNW oder SSW?
Wie groß ist der Winkel zwischen Süden und Osten? Bestimmt auch den Winkel zwischen OSO und NNO.
Denkt euch andere Paare von Himmelsrichtungen aus und lasst euren Nachbarn die zugehörigen Winkel bestimmen.

b) Um wie viel Grad hat sich der Wind gedreht?
(I) Der Wind weht zunächst aus SW; später dreht er auf Süden.
(II) Der Wind weht zunächst aus SSO; später dreht er auf Westen.

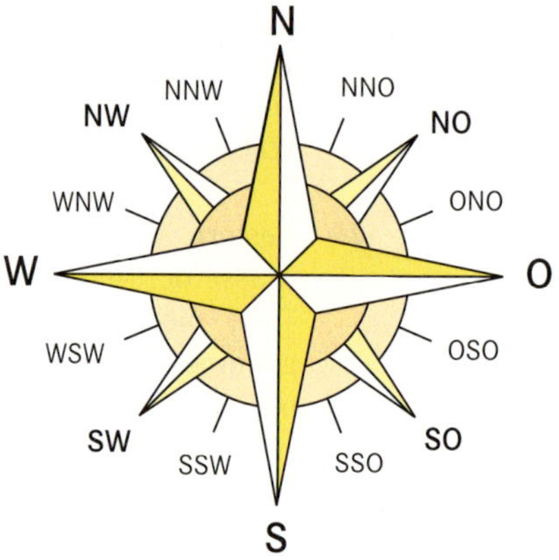

Nimm 4 Kästchen für 1 km!

29 Zeichne in dein Heft: Jonas wandert 3 km nach Osten und dann 2 km nach NNO. Dann geht er 1 km nach NW und anschließend 2 km nach Westen.
Wie weit ist er nach dieser Wanderung von seinem Startpunkt entfernt?

30

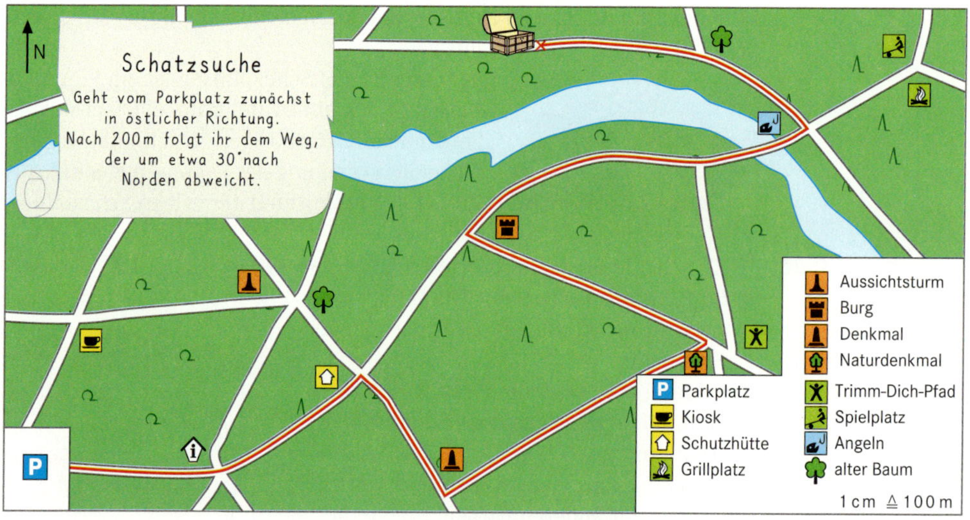

a) Vervollständige die Wegbeschreibung bis zum Versteck.
b) Welchen Weg würdest du als möglichst kurzen Rückweg vorschlagen? Wie lang ist der gesamte Weg? Wie viel Zeit würdest du für die Schatzsuche einplanen?
c) Denke dir selbst eine Schatzsuche aus. Beschreibe den Weg und lass deinen Nachbarn den Weg zeichnen.

Ergänze die fehlenden Angaben in der Tabelle.

Maßstab	1 : 10	1 : 50	1 : 10 000	1 : 200 000	2 : 1		
Größe in der Natur	1 m			1 km	0,5 mm	30 m	0,004 mm
Größe im Bild		50 cm	3,5 cm			30 mm	1 cm

Bei welchen Maßstäben handelt es sich um eine Vergrößerung, bei welchen um eine Verkleinerung? Überlege dir zu einigen der Maßstäbe Situationen, in denen dieser Maßstab geeignet ist.

31 Zeichne ein regelmäßiges Zehneck. Beschreibe deinen Lösungsweg. Erkläre, wie dir Winkelangaben bei der Lösung helfen.

32 a) Zeichne drei regelmäßige Vielecke mit unterschiedlichen Eckenanzahlen. Die Eckpunkte sollen aber bei allen Vielecken gleichweit vom Mittelpunkt entfernt sein.
b) Zeichne drei regelmäßige Fünfecke, sodass alle verschieden groß sind.
c) Beschreibe, worauf du bei a) und b) achten musst.

33 Zeichne die folgende Irrfahrt im Maßstab 1:1000000 in dein Heft. Beginne in der Mitte einer leeren DIN-A4-Seite.

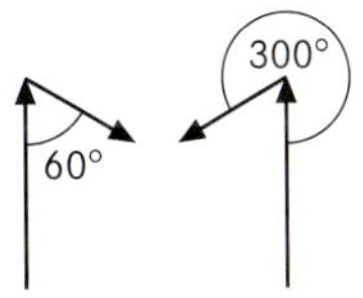

Odysseus startet auf seiner Heimatinsel und fährt auf dem Meer zunächst 120 km nach Norden. Dann biegt er im rechten Winkel nach rechts ab. Nach 80 km biegt er wieder rechts ab, sodass seine neue und seine alte Route einen Winkel von 60° einschließen, und er fährt 250 km weit. Die nächste Route biegt im Winkel von 50° ab. So fährt er 150 km. Jetzt geht es im Winkel von 20° ab etwa Richtung Südosten 210 km weit. Danach fährt er im Winkel von 330° zur alten Fahrtrichtung weiter 220 km weit. Nun biegt er im Winkel von 300° ab und segelt 120 km weit.

Wie weit ist Odysseus jetzt von seiner Heimatinsel entfernt und wie muss er abbiegen, damit er nach Hause kommt?

Ausstiege

A1 Kirchenfenster sind häufig aus Kreisen und Teilen von Kreisen aufgebaut. Besonders im gotischen Baustil (1135–1550 n. Chr.) wurde dies häufig verwendet. Auch bei den Grundrissen der Kirchen und bei den Säulenformen spielen Kreise eine große Rolle.

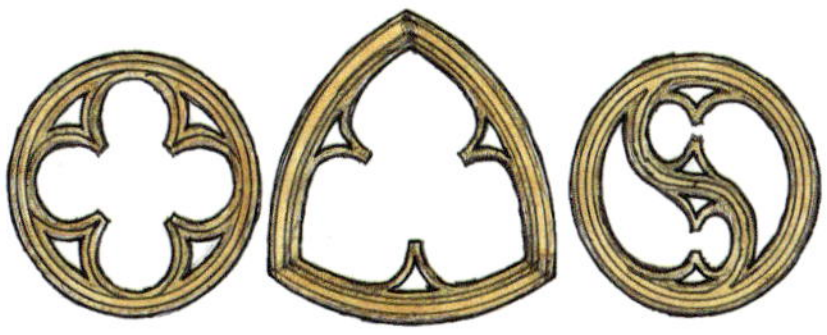

Vierpass *Dreipass* *Fischblase*

a) Suche in deiner Umgebung oder in Büchern Kirchenfenster, die aus Kreisen aufgebaut sind, und zeichne sie nach.
b) Suche auch an anderen Gebäuden nach Kreismustern und Bögen.
c) Suche nach Abbildungen von Gebäuden mit Kreismustern aus fernen Ländern.

Großes Rosenfenster der Kathedrale von Reims (Frankreich)

3.2 Passgerecht – Parkette und Winkel

Einstiege

E1

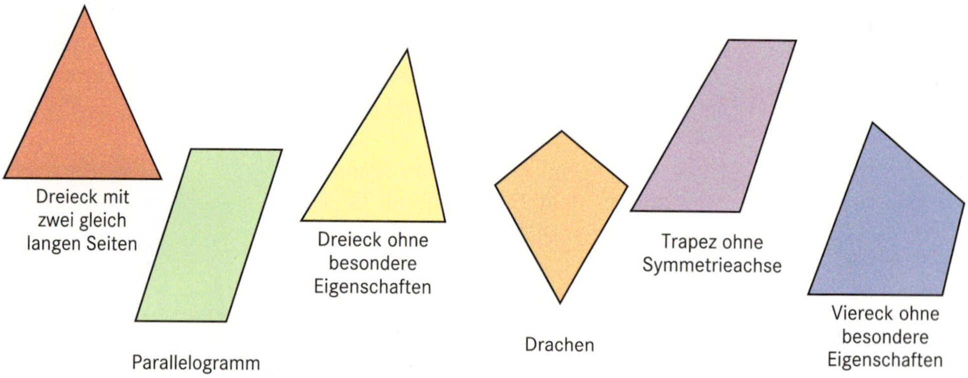

Jede Gruppe stellt aus Pappe eine der Figuren 20-mal her und bearbeitet damit die Aufgaben. Tauscht danach die Figuren und bearbeitet die Aufgaben noch einmal.

a) Legt aus den Bausteinen ein lückenloses Muster so, dass immer dieselbe Seite oben liegt. Übertragt dieses Parkett auf ein Blatt Papier.
b) Versucht entsprechend ein Parkett herzustellen, bei dem sich Vorder- und Rückseite des Bausteins ständig abwechseln.
c) Messt in euren Parketten auftretende Winkel, markiert gleich große Winkel in derselben Farbe. Sucht nach Zusammenhängen.
d) Schreibt auf, was euch außerdem an den Parketten auffällt. Sucht nach parallelen Linien und nach Symmetriezentren und -achsen.

E2

Legt auf dem Schulhof lange Stäbe so aus, dass sie sich überschneiden und sich mehrere Vielecke bilden.

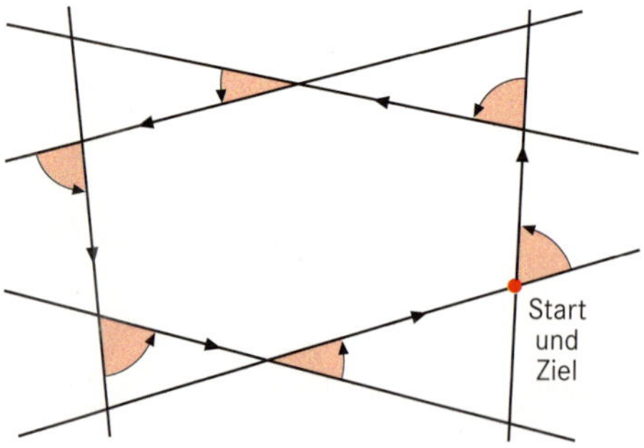

Arbeitsauftrag

Rand des Vielecks ablaufen,
immer in Stabrichtung schauen,
Drehwinkel in den Ecken messen,
Drehwinkel einer Runde addieren.

Achtung: Letzte Ecke nicht vergessen!

a) Bearbeitet den Arbeitsauftrag für jedes Vieleck. Sucht nach Erklärungen für eure Ergebnisse. Addiert auch die Größen der Winkel im Innern der Vielecke.
b) Versucht möglichst viele verschiedene Fünfecke (Sechsecke; ...) zu finden, bei denen Drehwinkel übereinstimmen.
Was fällt euch an den auftretenden Drehwinkeln auf?
c) Legt Trapeze und vergleicht die Drehwinkel mit Winkel im Innern.
d) Untersucht auf die gleiche Art auch geschlossene Streckenzüge mit einspringenden Ecken. Beschreibt die zusätzlich auftretenden Schwierigkeiten.

E3 a) Zeichne zwei sich schneidende Geraden. Untersuche die Geradenkreuzung auf Symmetrien, miss die Winkel. Was fällt dir auf?

b) Lege einen Bleistift so auf die Geradenkreuzung, dass er beide Geraden schneidet. Miss die auftretenden Winkel. Drehe den Bleistift und beobachte, wie sich die Winkel verändern. Mache dasselbe mit zwei parallelen Geraden.
Notiere deine Beobachtungen, suche nach Regeln und versuche diese zu begründen.

c) Bei technischen Geräten findest du solche Geradenkreuzungen. Suche nach Beispielen und zeichne sie in dein Heft.
Wo spielen in den Fotos und deinen Beispielen deine Regeln eine Rolle? Was passiert mit den Winkeln, wenn z.B. an der Lampe im Foto oben rechts gezogen wird?

d) Bei Fliesenböden, Mosaiken oder gepflasterten Plätzen zerlegen mehrere sich kreuzende Geraden die Fläche in Vielecke. Untersuche die Winkel innerhalb und außerhalb jedes Vielecks anhand eigener Zeichnungen. Was fällt dir auf? Suche nach Regeln für Dreiecke, Vierecke, ...

Bei der Planung einer Feier muss die Summe von 179,90; 8,90; 21,30; 3,20; 17,60; 223; 32,50 und 9,90 berechnet werden. Petra ruft stolz: „295,60“.
Überzeuge sie ohne große Rechnung, dass das nicht stimmen kann.

Grundwissen

Parkett

1 Mehrere sich schneidende Geraden zerlegen ein Zeichenblatt in ein lückenloses Vieleckmuster. In der Mathematik nennt man so etwas ein **Parkett.**
An Parketten kann man viele geometrische Zusammenhänge erkennen.

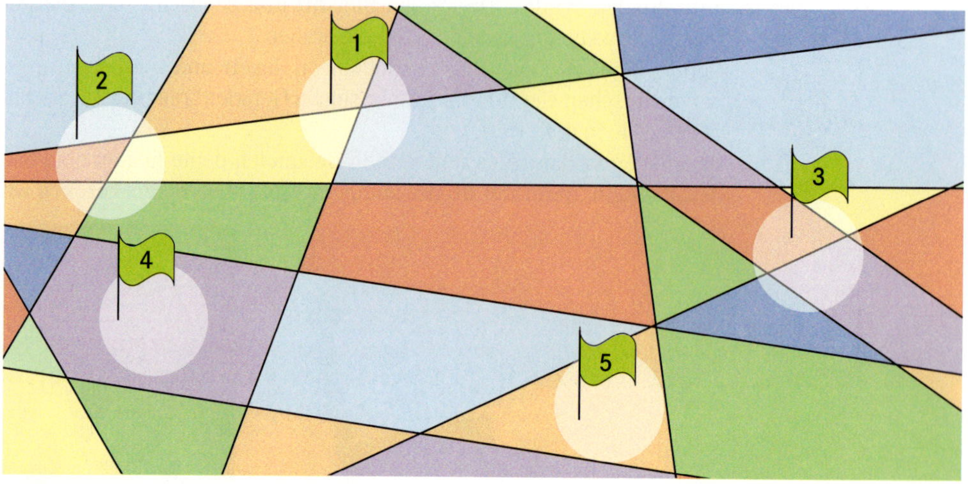

Scheitelwinkel Nebenwinkel

2

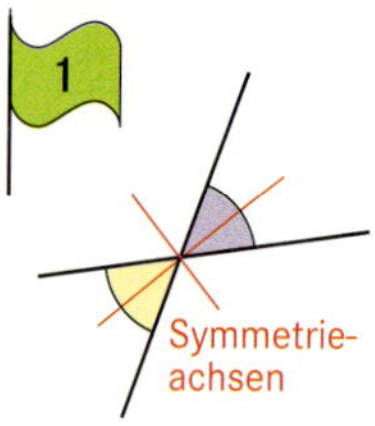

Winkel an einer Kreuzung von zwei Geraden

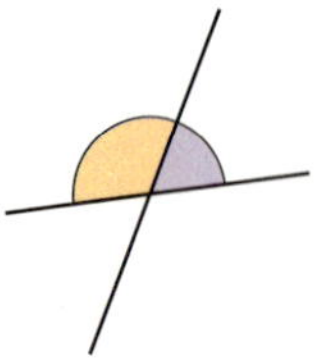

Scheitelwinkel sind gleich groß.
Nebenwinkel ergänzen sich zu 180°.

Zur Begründung:
Jede solche Geradenkreuzung ist eine symmetrische Figur mit zwei Symmetrieachsen. Deshalb sind Scheitelwinkel gleich groß.
Jede Gerade teilt den Vollwinkel in zwei 180°-Winkel. Daher ergänzen sich Nebenwinkel zu 180°.

Stufenwinkel Wechselwinkel

3

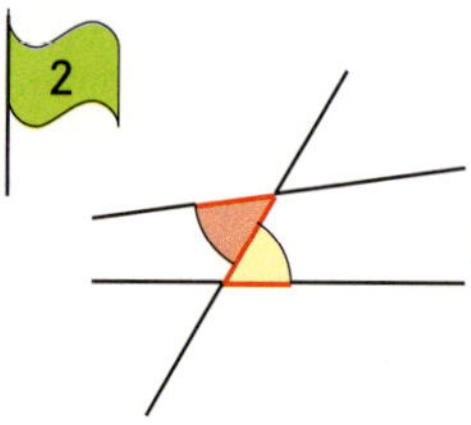

Winkel an einer Doppelkreuzung

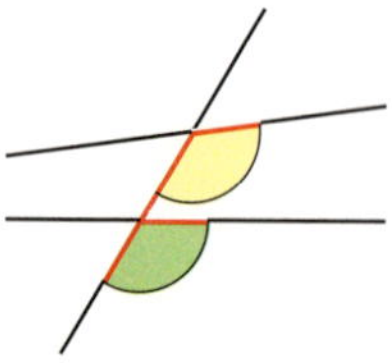

Wechselwinkelsatz:
Wenn zwei Geraden, die von einer dritten geschnitten werden, parallel sind, dann sind Wechselwinkel gleich groß.

Stufenwinkelsatz:
Wenn zwei Geraden, die von einer dritten geschnitten werden, parallel sind, dann sind Stufenwinkel gleich groß.

4 *Zur Begründung des Wechselwinkelsatzes*

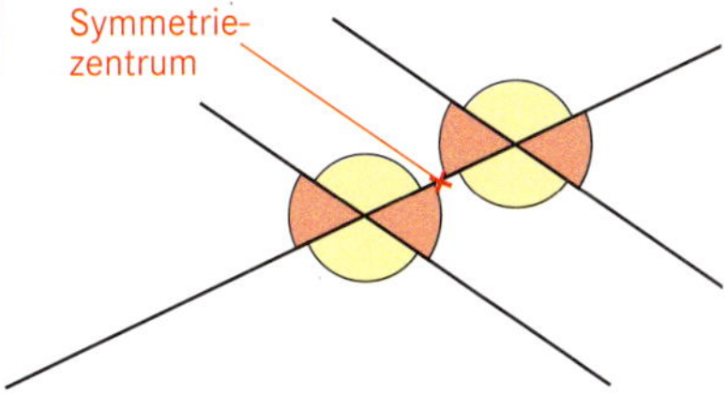

Die Gesamtfigur aus den zwei parallelen und der dritten sie schneidenden Geraden ist drehsymmetrisch für halbe Umdrehungen. Die Wechselwinkel sind dabei einander entsprechende Winkel, also gleich groß.

Zur Begründung des Stufenwinkelsatzes siehe Übung **24**.

5

Innenwinkel
Außenwinkel

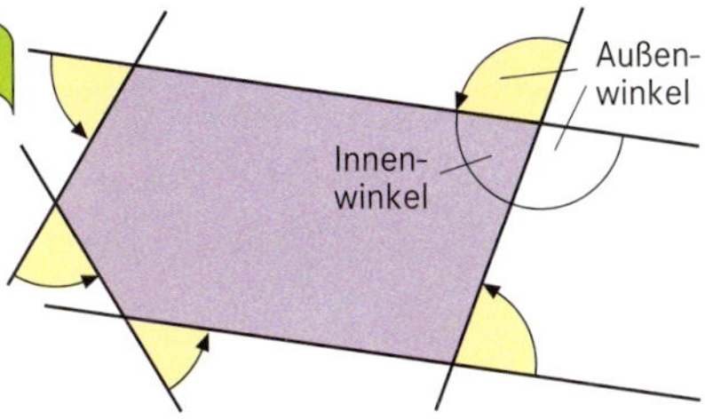

Ein **Außenwinkel** ist ein Nebenwinkel eines Innenwinkels.

Innenwinkel sind die Winkel innerhalb eines Vielecks.

Umfährt man ein Vieleck, muss man an jeder Ecke die Richtung ändern. Die erforderlichen Drehwinkel sind die (verschiedenen) Außenwinkel. Addiert man alle Drehwinkel einer Umrundung, ergibt sich 360°.

Die Summe aller Außenwinkel eines Vielecks beträgt 2 · 360°.

6

Standardbezeichnungen am Dreieck

Eckpunkte: A, B, C
gegen den Uhrzeigersinn

Innenwinkel: α, β, γ
an den Eckpunkten

Seiten: a, b, c
gegenüber den Eckpunkten

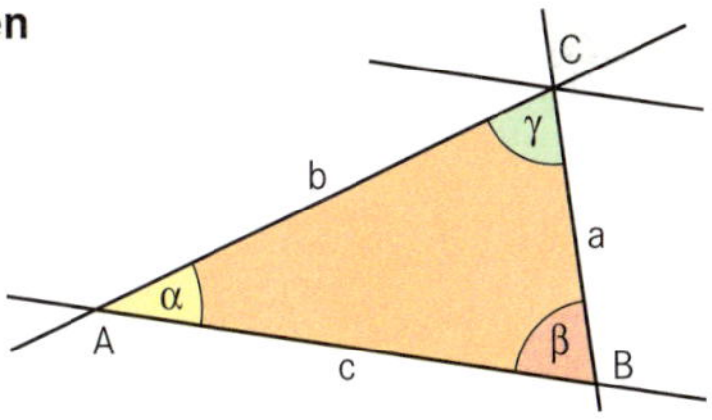

Winkelsumme im Dreieck

In einem beliebigen Dreieck ergeben die Innenwinkel zusammen einen gestreckten Winkel. Die **Winkelsumme im Dreieck** ist 180°.
Ein Außenwinkel ist so groß wie die beiden nicht anliegenden Innenwinkel zusammen.

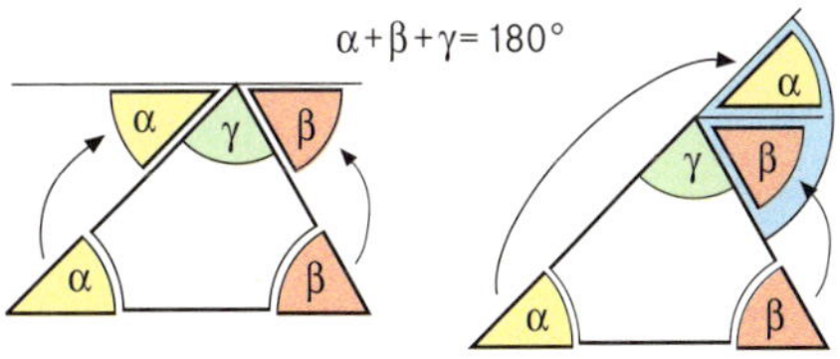

7

Winkelsumme im n-Eck

Winkelsumme im n-Eck: $(n - 2) \cdot 180°$

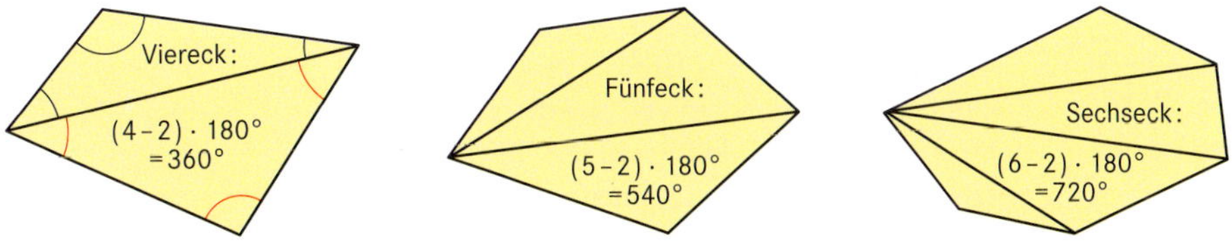

Begründung: Verbindet man eine Ecke des n-Ecks mit allen anderen Ecken, zerlegt man das n-Eck in n - 2 Dreiecke. Die Summe der Innenwinkel aller Dreiecke ist die Winkelsumme des n-Ecks.

Übungen

1 Zeichne die Figur ab. Bestimme die Größen der farbig markierten Winkel ohne Messung und trage sie in deine Zeichnung ein. Begründe deine Ergebnisse.

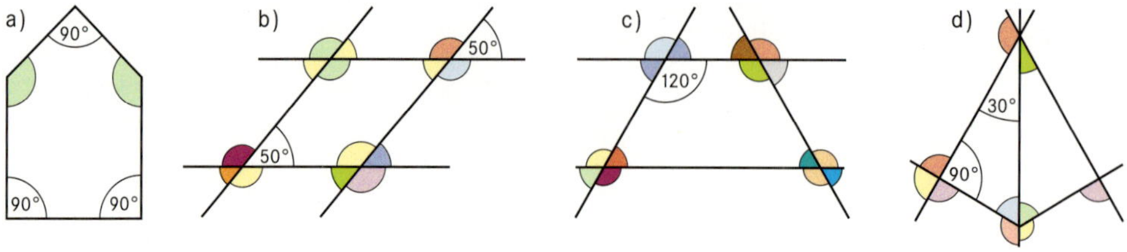

2 Wo treten in den Fotos von **E 3** Wechselwinkel auf und wo Stufenwinkel?

3

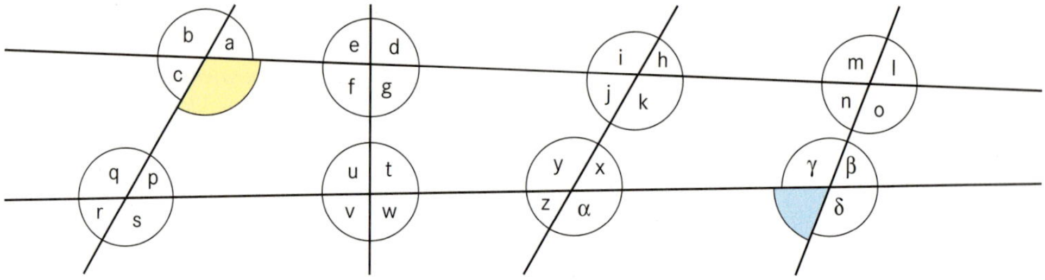

a) Welche Winkel sind Wechselwinkel des gelben Winkels?
b) Welche Winkel sind Stufenwinkel des blauen Winkels?
c) Welche Winkel sind gleich groß? Begründe.

4 Zeichne ein Parkett
(I) aus lauter gleichen Dreiecken mit drei verschiedenen Innenwinkeln;
(II) aus lauter gleichen Parallelogrammen;
(III) aus lauter gleichen Trapezen.
Markiere darin alle Winkel; verwende für gleiche Winkel dieselbe Farbe. Begründe mithilfe der Sätze aus dem Grundwissen, warum die Winkel gleich sind.

λ (Lambda) griechischer Buchstabe

5 Welche Aussagen sind falsch? Korrigiere die Fehler so, dass die Aussage für die angegebenen Winkel stimmt.
(I) α und β sind Nebelwinkel.
(II) α und δ sind Wechselwinkel.
(III) α ist genauso groß wie γ.
(IV) α und ε sind Stufenwinkel.
(V) δ und ε sind Nebenwinkel.
(VI) α und λ sind Scheitelwinkel.

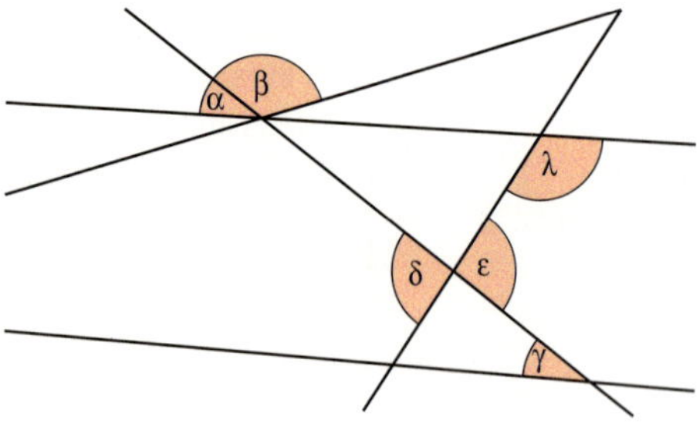

6 Berechne die farbig markierten Winkel. Kontrolliere anschließend deine Ergebnisse, indem du mit ihrer Hilfe das Fünfeck mit den beiden Diagonalen zeichnest.
Miss auch die Winkel nach, die du für die Zeichnung nicht benötigt hast.

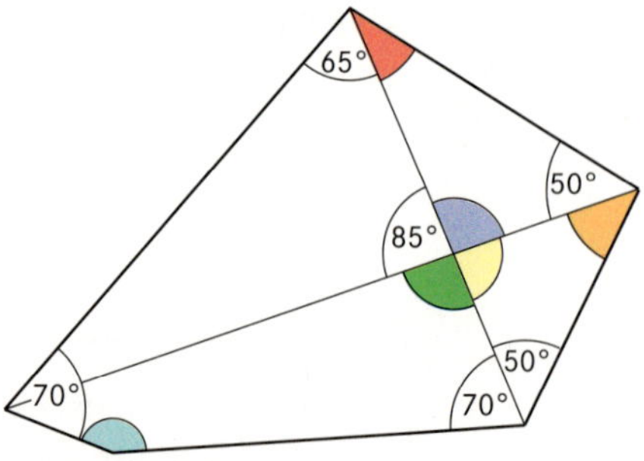

7 Zwei Geraden kreuzen sich. Einer der Winkel ist ein rechter. Wie groß sind die anderen drei? Begründe.

8 a) Die Winkelsumme in einem Vieleck beträgt 3600°. Berechne die Eckenanzahl.
b) Berechne die Winkelsumme in einem 12-Eck.
c) Berechne einen Außenwinkel eines regelmäßigen Achtecks.

9 Zeichne eine Gerade g und markiere auf ihr zwei Punkte A und B. Zeichne durch A und B zwei Geraden h und k, die sich in einem Punkt C schneiden. Zeichne durch C eine Parallele zu g.
a) Überprüfe durch Messen die Sätze über Neben- und Scheitelwinkel.
b) Markiere einen der Winkel bei A und alle zugehörigen Stufen- und Wechselwinkel.
c) Markiere einen der Winkel bei B und alle zugehörigen Stufen- und Wechselwinkel.
d) Überprüfe durch Messen die Winkelsumme im Dreieck ABC.
e) Überprüfe durch Messen am Dreieck ABC den Satz über die Summe der Außenwinkel.

10

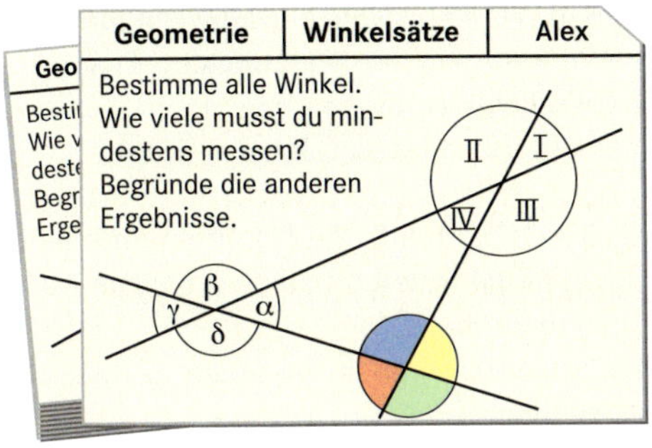

a) Erstelle eine solche Karteikarte. Tausche die Karte mit deinem Partner.
b) Löse die Aufgabe deines Partners.
c) Kontrolliert dann gemeinsam eure Lösungen.
Wenn sie richtig sind, tragt sie auf der Rückseite der Karten ein und legt die Karten in die Mathe-Box.

11 Begründe durch Winkelberechnungen, dass man ein Parkett legen kann, das nur aus regelmäßigen Dreiecken besteht. Begründe die entsprechende Aussage für regelmäßige Vierecke und Sechsecke. Untersuche auch andere Eckenanzahlen.

12 Bestimme die Größen der fehlenden Winkel ohne zu messen.

a)

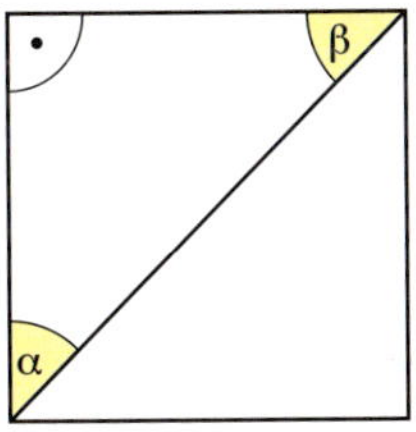

Quadrat

b)

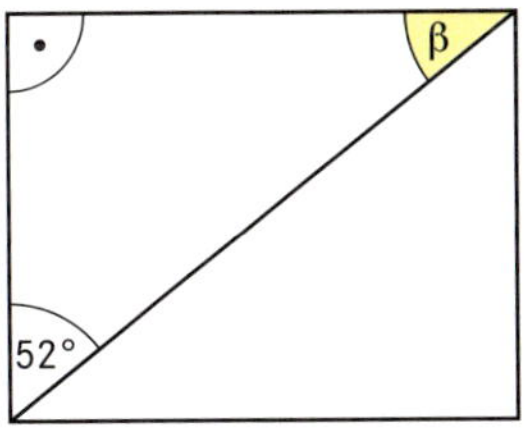

Rechteck

c)

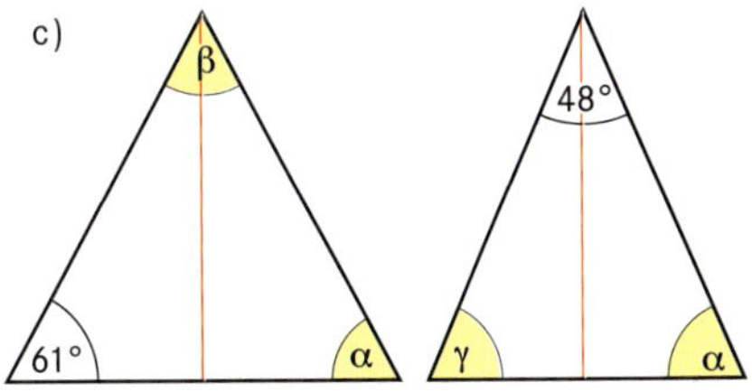

achsensymmetrische Dreiecke

13 a) Wie viele 60°-Winkel kann ein Fünfeck höchstens haben? Zeichne ein solches Fünfeck.
b) Bearbeite dasselbe Problem auch für andere Eckenanzahlen. Fasse deine Ergebnisse in einem kurzen Text zusammen. Verwende die Stichwörter Innenwinkelsumme und Eckenanzahl.

14 In einem Parallelogramm sind gegenüberliegende Seiten parallel. Folgere daraus mithilfe der Winkelsätze die Gleichheit gegenüberliegender Winkel.

Schreibe ab und fülle aus. Kürze, wenn möglich.

a)

+	$\frac{3}{4}$	$\frac{4}{5}$	$\frac{1}{4}$	$\frac{4}{15}$
$\frac{1}{10}$				
$\frac{3}{20}$				
$\frac{1}{12}$				

b)

−	$\frac{1}{2}$	$\frac{3}{8}$	$\frac{4}{9}$	$\frac{6}{11}$
$\frac{5}{6}$				
$\frac{9}{10}$				
$\frac{7}{8}$				

15 Zeichne die Figur. Findest du verschiedene Lösungen?
a) Drachen mit einem 70°-Winkel, einer 5 cm und einer 3 cm langen Seite
b) Raute mit einem 70°-Winkel und einer 5 cm langen Seite
c) Parallelogramm mit einem 110°-Winkel, einer 5 cm und einer 3 cm langen Seite

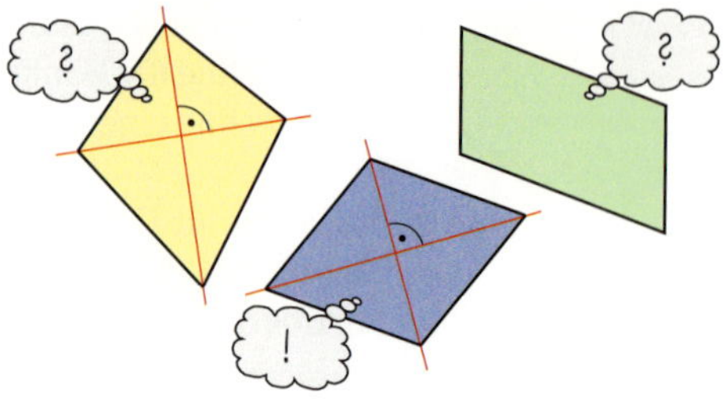

16 a) Zeichne ein achsensymmetrisches Viereck mit einem Innenwinkel von 60° und zwei 30°-Innenwinkeln. Wähle statt 60° andere Winkel. Gibt es besondere Fälle?
b) In einem 15-Eck mit zehn rechten Winkeln sollen alle anderen Innenwinkel gleich groß sein. Berechne die Größe dieser Winkel. Zeichne verschiedene Lösungsmöglichkeiten, suche nach einer besonders symmetrischen Lösung.
c) Untersuche ebenso 15-Ecke mit 11, 12, ... rechten Innenwinkeln.

17 a) Zeichne ein regelmäßiges Sechseck. Verbinde die Eckpunkte mit dem Mittelpunkt. Verlängere die Seiten des Sechsecks über die Ecken hinaus. Vergleiche Außen- und Mittelpunktswinkel. Formuliere einen Zusammenhang.
b) Überprüfe ob der Zusammenhang aus a) auch bei anderen regelmäßigen Vielecken gilt. Wenn ja, versuche ihn zu begründen.

18 Berechne die fehlenden Winkelgrößen.

a)
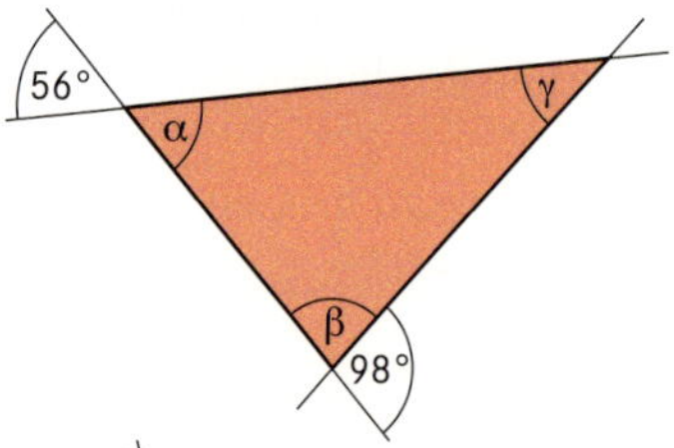

b)
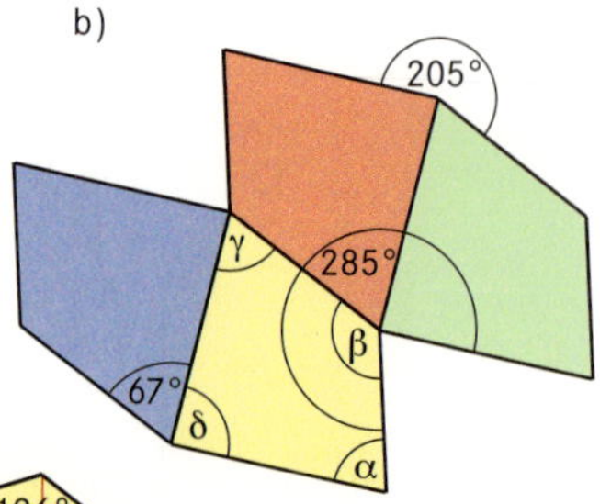

c)
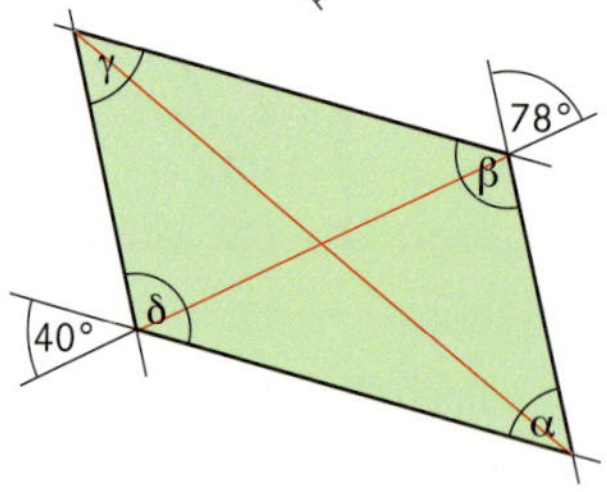

d)
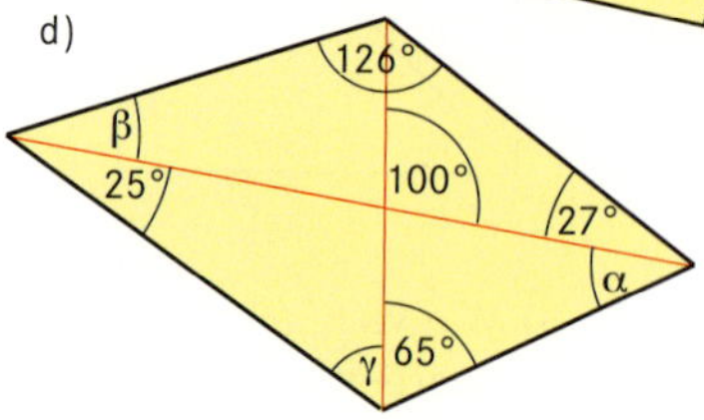

19 Wie viele Innenwinkel der Figur musst du mindestens kennen, damit du alle anderen berechnen kannst? Begründe deine Antwort.
a) regelmäßiges Vieleck
b) Viereck
c) achsensymmetrisches Siebeneck
d) Drachen
e) Parallelogramm
f) achsensymmetrisches Trapez
g) gleichseitiges Fünfeck
h) regelmäßiges Fünfeck

20 Zeichne eine Gerade g und einen Punkt P, der nicht auf g liegt. Zeichne dann eine Gerade h, die durch P verläuft und mit g einen Winkel von 57° (173°; 192°) einschließt.
Wie viele verschiedene Lösungen findest du?

21 Zeichne eine Gerade g und markiere zwei Punkte P und Q auf g. Zeichne dann zwei Geraden h und k durch P bzw. Q, die einen Winkel von 38° (62°; 117°) einschließen.
Beschreibe deinen Lösungsweg. Gibt es verschiedene Lösungen?

22

Magnus Rechenfix hat wieder eine seiner genialen Eingebungen.

a) Überprüft die Behauptung an einigen Beispielen.
b) Begründet mithilfe der Sätze aus dem Grundwissen, dass er Recht hat.

23 Bestimme für einige regelmäßige Vielecke, deren Eckenanzahl ein Teiler von 360 ist, die Größen der Außen- und Innenwinkel.
Ordne deine Ergebnisse in einer Tabelle an.
Wie musst du rechnen? Beschreibe die Zusammenhänge zwischen den Winkelgrößen und der Eckenanzahl n möglichst genau.

24 a) Begründe den Stufenwinkelsatz. Tipp: Verwende den Wechselwinkelsatz.
Versuche auch eine Begründung ohne den Wechselwinkelsatz.
b) Begründe die Formel für die Winkelsumme am n-Eck mithilfe des Satzes über die Außenwinkelsumme.

25

Wenn ein Viereck ein Rechteck ist, dann ist es auch ein Parallelogramm.	wahr
Wenn ein Viereck ein Parallelogramm ist, dann ist es auch ein Rechteck.	falsch

a) Zeige durch eine Beispielzeichnung, dass der zweite Satz falsch ist.
Erläutere an diesen beiden Sätzen den Begriff **Umkehrung eines Satzes.**
Was wird hier umgekehrt?
b) Formuliere für die Satzpaare den Unterschied zwischen beiden Sätzen und überlege, ob einer von beiden falsch ist.

(I) Ein gleichseitiges Dreieck ist auch achsensymmetrisch.
Ein achsensymmetrisches Dreieck ist auch gleichseitig.
(II) Wenn geschnittene Geraden parallel sind, sind Stufenwinkel gleich groß.
Wenn Stufenwinkel gleich groß sind, sind die geschnittenen Geraden parallel.
(III) Wenn ein Vieleck sechs Ecken hat, dann ist die Winkelsumme 720°.
Wenn ein Vieleck die Winkelsumme 720° hat, ist es ein Sechseck.
(IV) Wenn ein Fünfeck gleichlange Seiten hat, ist es regelmäßig.
Wenn ein Fünfeck regelmäßig ist, hat es gleichlange Seiten.
(V) Sind in einem Vieleck alle Innenwinkel 120° groß, handelt es sich um ein Sechseck.
Handelt es sich bei einem Vieleck um ein Sechseck, sind alle Innenwinkel 120° groß.

26

Wenn zwei Geraden g und h von einer dritten Geraden k geschnitten werden und die Stufenwinkel gleich groß sind, dann sind die Geraden g und h parallel.

a) Zeichne die Situation je dreimal mit parallelen und mit nicht parallelen Geraden g und h.
b) Mache dir mithilfe deiner Zeichnungen die Bedeutung dieser **Umkehrung des Stufenwinkelsatzes** klar.
c) Formuliere die Umkehrung des Wechselwinkelsatzes.

27 Formuliere die Umkehrung (siehe Übung **25**) und entscheide für alle Sätze und Umkehrungen, ob sie wahr sind.

(I) Wenn ein Vieleck regelmäßig ist, dann sind alle Innenwinkel gleich groß.
(II) Wenn die Quersumme einer Zahl durch 3 teilbar ist, dann ist auch die Zahl durch 3 teilbar.
(III) Das Produkt von zwei Zahlen ist eins, wenn die Zahlen Kehrbrüche voneinander sind.

28 a) Zeichne einen geschlossenen Streckenzug wie im Bild. Um welchen Winkel hat man sich beim Ablaufen des Weges gedreht?

b) Addiere die auftretenden Innenwinkel. Stelle eine Vermutung für die Winkelsumme auf und versuche deinen Partner zu überzeugen.
Untersucht auch Streckenzüge mit mehr als zwei Umläufen.

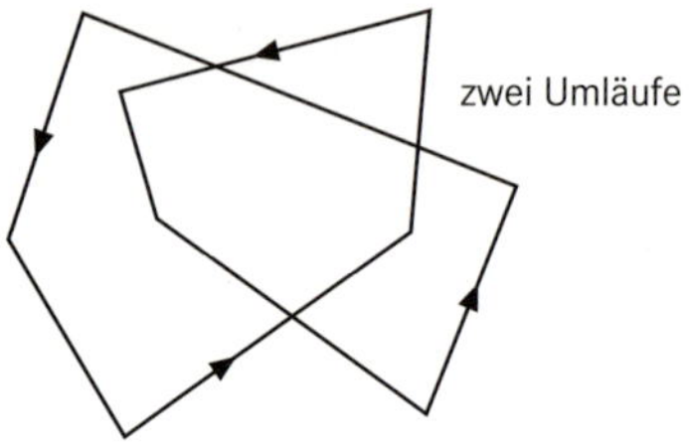

29 Zeichne ins Heft, was EUKLID (in der Übersetzung von C. THAER) beschreibt. Erläutere EUKLIDS Beweis für die Winkelsumme im Dreieck. Was heißt 2R?

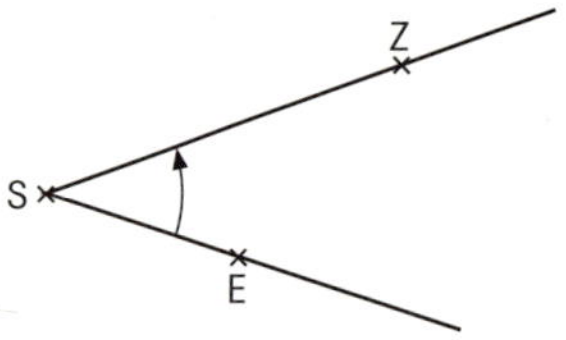

Beachte:
ESZ bezeichnet einen Winkel mit positivem Umlaufsinn, d.h. gegen den Uhrzeigersinn:
E: Punkt auf dem ersten Strahl,
S: Scheitelpunkt,
Z: Punkt auf dem zweiten Strahl.

An jedem Dreieck ist der bei Verlängerung einer Seite entstehende Außenwinkel den beiden gegenüberliegenden Innenwinkeln zusammen gleich, und die drei Winkel innerhalb des Dreiecks sind zusammen zwei Rechten gleich.
Das Dreieck sei ABC. Man verlängere seine eine Seite BC nach D; ich behaupte, dass der Außenwinkel DCA den beiden gegenüberliegenden Innenwinkeln BAC + CBA gleich ist und die drei Winkel innerhalb des Dreiecks CBA + ACB + BAC = 2R.

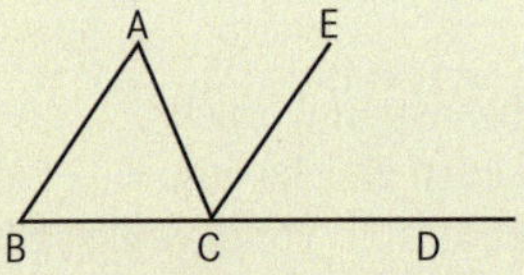

Durch Punkt C ziehe man CE || zur geraden Linie AB.
Da AB || CE und sie von AC geschnitten werden, sind die Wechselwinkel BAC = ECA. Ebenso ist, da AB || CE und sie von der geraden Linie BD geschnitten werden, der äußere Winkel DCE dem innen gegenüberliegenden CBA gleich. Wie oben bewiesen, ist auch ECA = BAC; also ist der ganze Winkel DCA den beiden gegenüberliegenden Innenwinkeln BAC + CBA gleich.
Man füge ACB beiderseits hinzu; dann sind DCA + ACB = BAC + CBA + ACB. Aber DCA + ACB = 2R. Also sind auch BAC + CBA + ACB = 2R.

---

a) Teilerliste (unvollständig!)

1 2 3 4 6 9 12 18 27 36 54

Welches ist die kleinste Zahl, zu der die Teilerliste gehören könnte?

b) Wähle eine Zahl und bestimme ihre Teiler. Übergib deinem Partner eine (unvollständige) Teilerliste, aus der er deine Zahl erraten kann.

c) Überlegt gemeinsam, wie man beim „Raten“ geschickt vorgehen kann. Überlegt auch, welche Teiler man in den Listen weglassen kann, ohne dass sich das „Rateergebnis“ ändert.

30 Ein Quadrat, ein regelmäßiges Zwölfeck und zwei gleichseitige Dreiecke sollen an einer Ecke so zu einer Figur zusammengelegt werden, dass keine Lücke bleibt.

a) Begründe durch Berechnung der erforderlichen Winkelgrößen, dass diese Legefigur möglich ist.

b) Zeichne diese Figur.

c) Ist die Figur so erweiterbar, dass an allen Kreuzungspunkten immer diese vier Vielecke zusammenstoßen? Untersuche und begründe.

31 Die Parkette 1, 2 und 3 sind aus regelmäßigen Vielecken aufgebaut. An *jeder* Ecke stoßen Vielecke in der gleichen Weise zusammen (genauer: Umläuft man irgendeine Ecke in Pfeilrichtung, dann treten die Vielecke immer in derselben Reihenfolge auf). Solche Parkette nennt man **archimedisch.** In Parkett 1 hat z. B. jede Ecke den Typ 3.6.3.6.

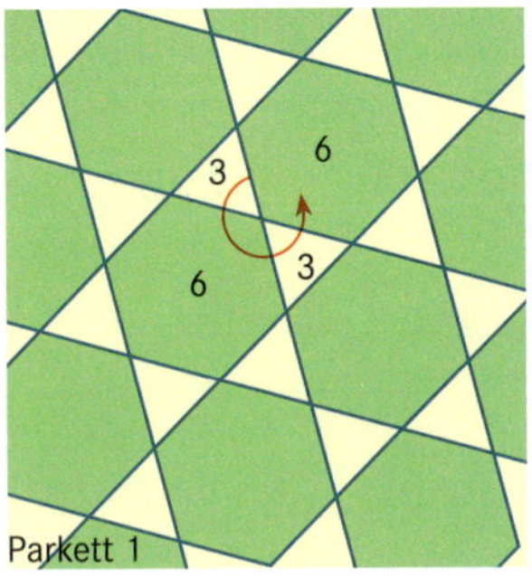

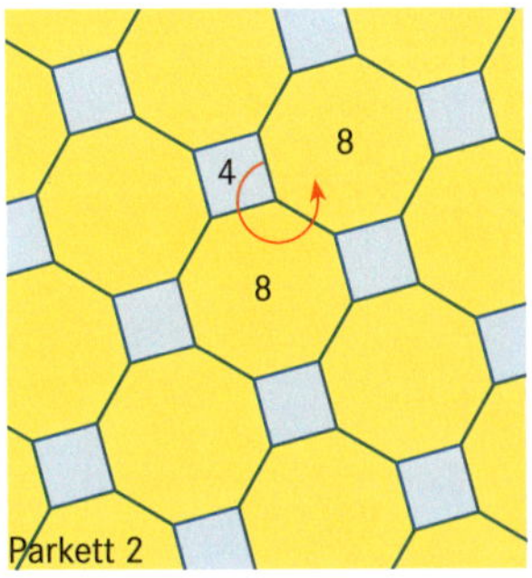

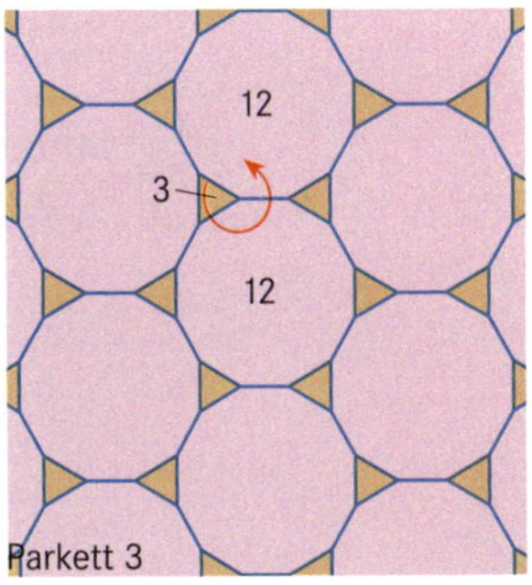

a) Berechnet für jedes der Parkette die Innenwinkel der vorkommenden Vielecke und die Summe der an einer Ecke zusammentreffenden Winkel. Welche Eigenschaft von Parketten kommt in den Ergebnissen zum Ausdruck?

b) Untersucht, welche archimedischen Parkette möglich sind. Macht eine Ausstellung eurer schönsten Parkette.
(Tipp: Verwendet die Ergebnisse von Übung **23**.)

32 Prüfe, ob die folgenden Parkette archimedisch (vgl. **31**) sind. Begründe deine Antwort.

Ausstiege

A1 a) Begründe durch Winkelberechnung, dass es keinen Körper nur aus regelmäßigen Sechsecken gibt.
Zeige entsprechend, dass es nur fünf verschiedene platonische Körper geben kann.

b) Untersuche die Ecken platonischer und archimedischer Körper. Gibt es hier ähnliche Winkelsätze wie bei den Vielecken?

3.3 Schablonenhaft – Muster mit Symmetrien

Einstiege

E1

Info-Karte „Lernzirkel"

Vorbereitung

*Jede Station **zweimal** aufbauen.*

Jede Gruppe bereitet eine Station vor.

Material am Ende für weitere Klassen aufbewahren.

Zu jeder Station gehören Material und eine Aufgabenstellung. Sie dürfen nicht entfernt werden.

Jede Gruppe dokumentiert ihre Arbeit und ihre Ergebnisse im Glog.

Nach einiger Zeit werden die Stationen gewechselt, sodass am Ende jede Gruppe alle Aufgaben bearbeitet hat.

Station 1

Materialliste!!!

Pappschablonen von Dreiecken und Vierecken ohne und mit besonderen Eigenschaften,

Zeichenpapier, Zeichenstifte

Alle Schablonen doppelt herstellen!

Legt zwei gleiche Schablonen deckungsgleich aufeinander.
Verändert dann die Lage der oberen wie vorgeschrieben.
Zeichnet die Gesamtfigur und untersucht sie auf besondere Eigenschaften.

(I) Klappt die obere Schablone über eine Kante um.
(II) Dreht die obere Schablone um eine halbe Umdrehung um den Mittelpunkt einer Kante.
(III) Dreht die obere Schablone um eine Ecke soweit, bis sie neben der unteren liegt.
(IV) Verschiebt die obere Schablone längs einer Kante, bis sie neben der unteren liegt.

Welche der geometrischen Grundfiguren konntet ihr erzeugen? Beschreibt, wie.

Station 2

Materialliste!!!

Zeichenpapier, Farbstifte

(I) Sucht in den Streifenmustern nach Symmetriezentren und Symmetrieachsen.
(II) Sucht nach einem Teilstück des Musters, aus dem ihr allein durch Verschieben, Drehen und Spiegeln das gesamte Muster erzeugen könnt.
(III) Nutzt eure Erkenntnisse für eigene Streifenmuster. Notiert eure Vorgehensweisen.

Punktspiegelung

5 *Punktweises **Spiegeln an einem Punkt***

Man kann eine Figur auch an einem Punkt spiegeln. Anstatt einer Spiegelachse hat man dann ein **Spiegelzentrum Z.**

Um den Punkt C an Z zu spiegeln legt man das Geodreieck wie im Bild an C und Z an und bestimmt den Abstand von C zum Spiegelzentrum Z. Dann zeichnet man den Bildpunkt C′ auf der anderen Seite von Z im gleichen Abstand.

Eine Punktspiegelung erzeugt das gleiche Bild wie eine Drehung um 180° mit dem Spiegelzentrum als Drehzentrum.

Das Spiegelzentrum ist der einzige Fixpunkt bei einer Punktspiegelung.

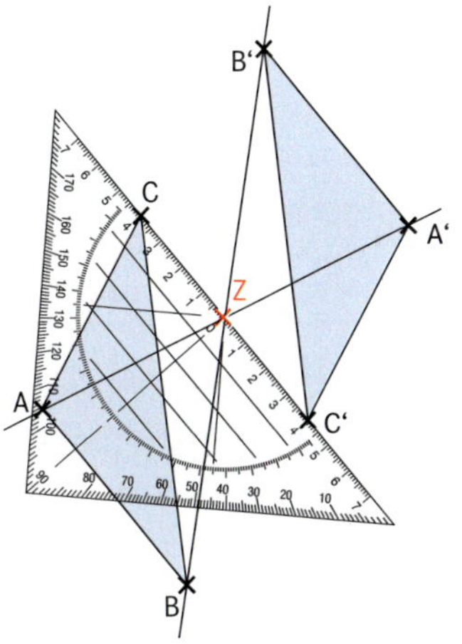

Mittelsenkrechte

6 Bei einer Achsenspiegelung ist die Spiegelachse immer **Mittelsenkrechte** von jeder Verbindungsstrecke eines Punktes und seines Bildpunktes.

Das kann man nutzen um eine unbekannte Spiegelachse zu finden.

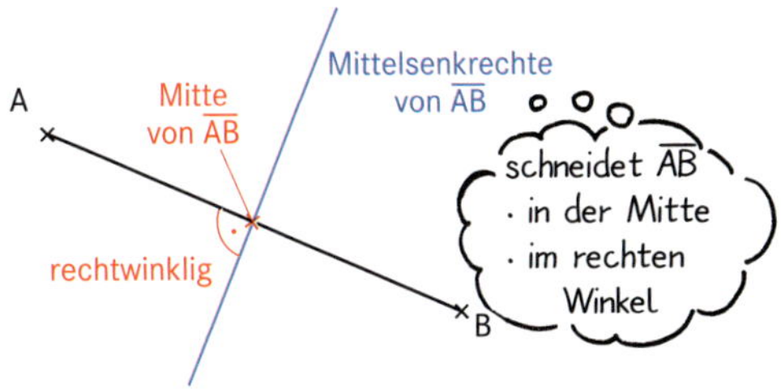

Winkelhalbierende

Bei einer Drehung ist die Mittelsenkrechte der Verbindungsstrecke eines Punktes und seines Bildpunktes **Winkelhalbierende** des Drehwinkels. Sie verläuft deshalb immer durch das Drehzentrum.

Das kann man nutzen um ein unbekanntes Drehzentrum zu finden.

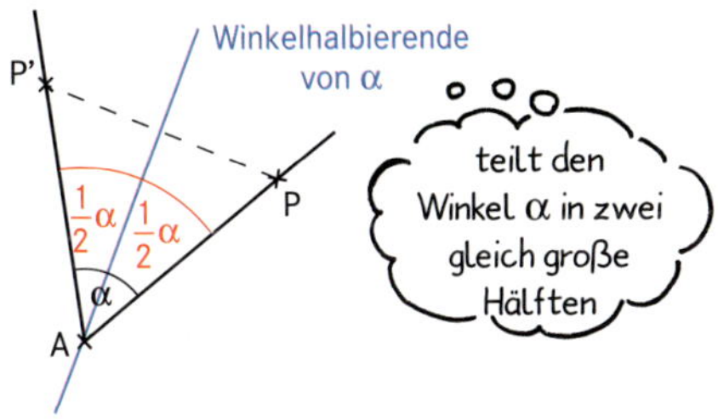

Übungen

1

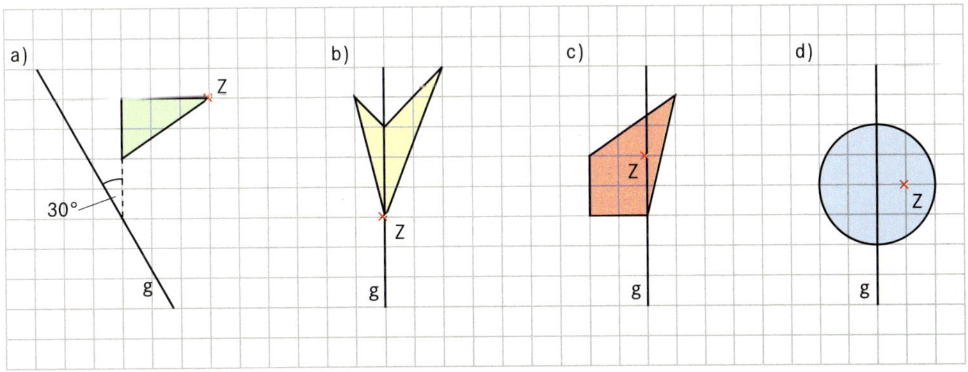

Zeichne die Figur ab und spiegele sie an g. Ist Z ein Fixpunkt?

2 Zeichne ein Dreieck. Wähle verschiedene Spiegelachsen, die das Dreieck schneiden, und spiegele an ihnen. Welche Sorten von Figuren können entstehen?
Zeichne für jeden Fall ein Beispiel.

3 Zeichne einen Kreis mit dem Radius 6 cm. Beschrifte ihn wie eine Uhr. Die Zeiger zeigen genau 4 Uhr an.
In welchem Winkel stehen sie? Wie lang hast du die Zeiger gezeichnet?
Zeichne im Abstand 1 cm rechts neben die Uhr eine Spiegelachse und spiegele die Uhr daran. Welche Größen sind im Spiegelbild genau so wie im Original? Was hat sich verändert?

4 Drehe die Figur um Z um den angegebenen Winkel.

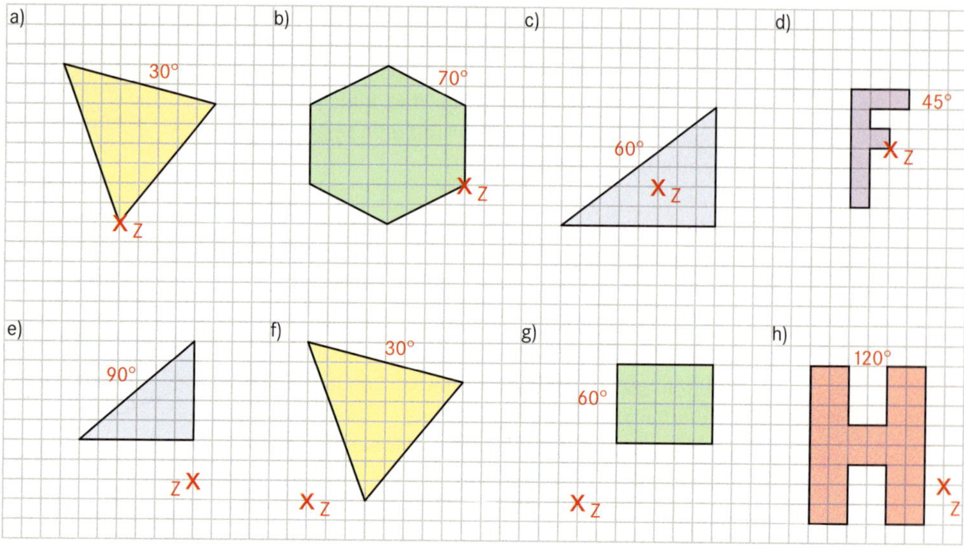

5 Zeichne das Haus ins Heft und vervollständige es durch Spiegeln an der Spiegelachse.

6 Zeichne eine Gerade g. Markiere 5 cm links von der Geraden einen Punkt A. Zeichne um A einen Kreis k mit dem Radius 8 cm. Bezeichne die Schnittpunkte von k und g mit P und Q. Zeichne um P und Q jeweils Kreise mit dem Radius 8 cm.
Wo liegen die Schnittpunkte der Kreise? Begründe.

7 a) Zeichne ein Koordinatensystem, trage die Punkte ein. Verbinde die Punkte V und W zum Verschiebungspfeil $\overrightarrow{VW}$. Verbinde alle anderen Punkte zu einer Figur. Verschiebe dann die Figur mithilfe des Verschiebungspfeils.

(I) A (1 | 2); B (4 | 7); C (1 | 7); V (0 | 0); W (2 | 2)
(II) A (3 | 7); B (4 | 8); C (5 | 6); D (6 | 3); V (8 | 7); W (6 | 3)

b) Erfinde ähnliche Aufgaben und stelle sie deinem Partner. Notiert Aufgaben und Lösungen auf Karteikarten für die Mathe-Box.

8 Zeichne auf ein unliniertes Blatt Papier ein Vieleck und einen Verschiebungspfeil. Lass dann deinen Partner auf dem Blatt das Bild des Vielecks konstruieren.

9 Zeichne ein Quadrat mit Seitenlänge 4 cm und einen 2 cm langen Verschiebungspfeil in Richtung einer der Diagonalen. Verschiebe das Quadrat. Beschreibe die Gesamtfigur.

10 Lisa ist dabei ein Parallelogramm an einer Achse zu spiegeln. Sie hat drei Punkte bereits fertig. Da sagt sie: „Jetzt hör ich auf mit dem Spiegeln, den vierten Punkt erhalte ich einfacher.“ Was meint Lisa damit?

11 a) Stelle dir ein rechtwinkliges Dreieck vor. Spiegele es an einer Seite. Beschreibe die Figur, die aus dem Dreieck und seinem Spiegelbild gebildet wird.
b) Gehe ebenso mit gleichseitigen, gleichschenkligen oder anderen Dreiecken vor. Wann entsteht ein Viereck mit einspringenden Ecken?

12 Trage die Punkte in ein Koordinatensystem ein und drehe das Dreieck ABC um das Drehzentrum Z mit dem Winkel α. Lies die Koordinaten der Bildpunkte ab.
a) A (4 | 1); B (4 | 3); C (7 | 3); Z = A; α = 100°
b) A (3 | 2); B (0 | 5); C (6 | 9); Z = C; α = 50°
c) A (1 | 1); B (2 | 5); C (4 | 3); Z = B; α = 30°
d) A (3 | 1); B (7 | 3); C (7 | 3); Z (1 | 1); α = 70°

13 a) Übertrage die Abbildung (I) auf Karopapier.
Spiegele das F zunächst an V.
Spiegele das Bild an W.
Wie hätte man das zweite Bild direkt aus der Anfangsfigur herstellen können?
b) Übertrage die Abbildung (II) in dein Heft und gehe vor wie in a), indem du nacheinander an g, h, k und l spiegelst.
Vergleiche mit a).

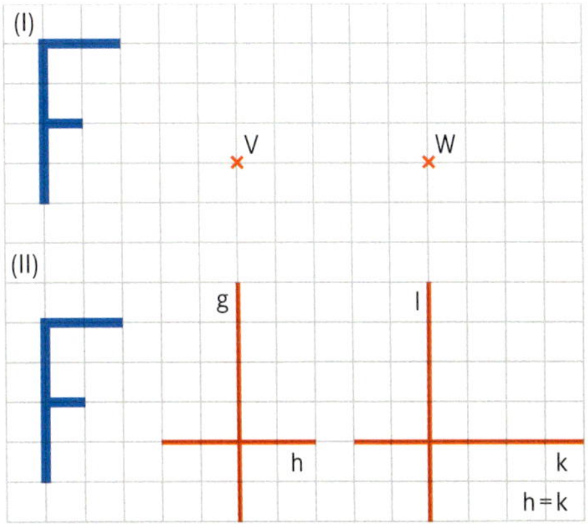

14 Zeichne ein Dreieck. Spiegele es an jedem seiner Seitenmittelpunkte. Welche Figur bilden die vier Dreiecke zusammen? Begründe.

15 Übertrage einige Abbildungen aus Übung **1** und Übung **4** in dein Heft. Spiegele die Figuren an den eingezeichneten Punkten Z.

16

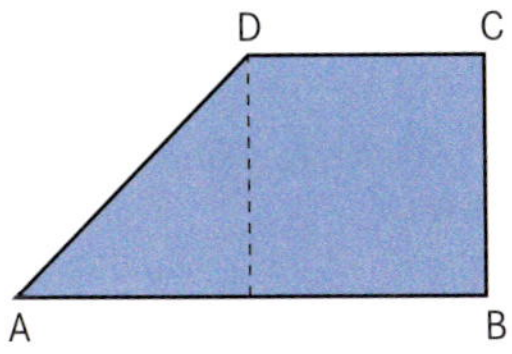

a) Übertrage die abgebildete Figur in dein Heft.
Spiegele die Figur an B. Benenne die Ecken der Bildfigur mit A′, B′, C′ bzw. D′.
Spiegele das Bild an der Geraden A′D′. Benenne die Ecken der zweiten Bildfigur passend.
Markiere den Mittelpunkt von $\overline{C'D'}$ und spiegele die zweite Bildfigur an diesem Punkt.
b) Denke dir ähnliche Aufgaben aus.

---

a) Das Bild zeigt ein Kantenmodell eines Tetraeders. Wie viele Trinkhalme benötigst du um es nachzubauen?
b) Kannst du das Modell bauen, indem du mit einem einzigen Bindfaden an einer Ecke beginnst, jeden Halm genau einmal durchfährst und wieder an derselben Ecke ankommst? Begründe.

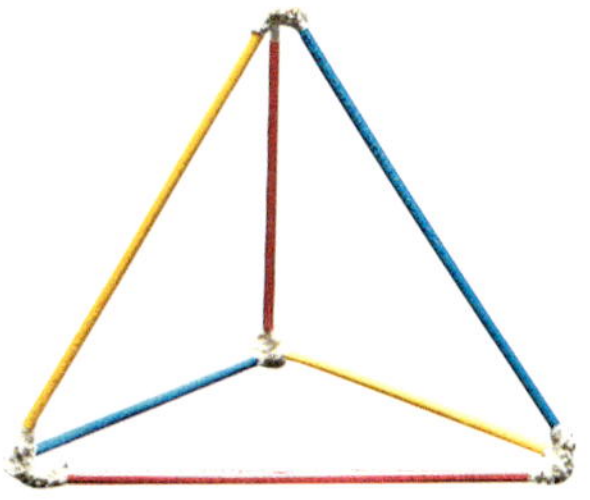

17 Zeichne die Skizze ab.
a) Bestimme alle Punkte der Geraden g, die von P und Q denselben Abstand haben.
b) Bestimme alle Punkte des Kreises, die von P und Q denselben Abstand haben.

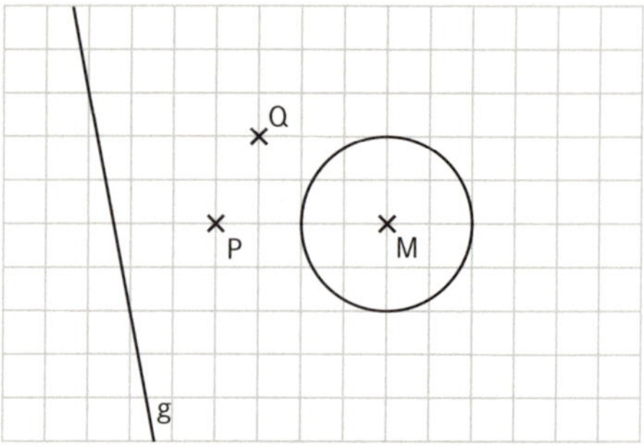

18 Bestimme alle Punkte, die von den beiden Schenkeln eines Winkels $\alpha = 75°$ den Abstand 1,5 cm haben. Wo liegen diese Punkte? Wie viele solcher Punkte gibt es?

19 Wie feiert ein Schotte den 4. Advent? Mit zwei Kerzen und einem Spiegel!

Mit Kerzen und Spiegeln oder Glasscheiben kann man viele verblüffende Dinge „zaubern“.
Wieso kann das Mädchen im Bild die Hand so dicht über die Kerzenflamme halten? Beschreibe genau.
Untersuche im Physikraum.
Verwende auch mehrere Kerzen.
Wie kann der Schotte sogar mit einer Kerze auskommen?

20

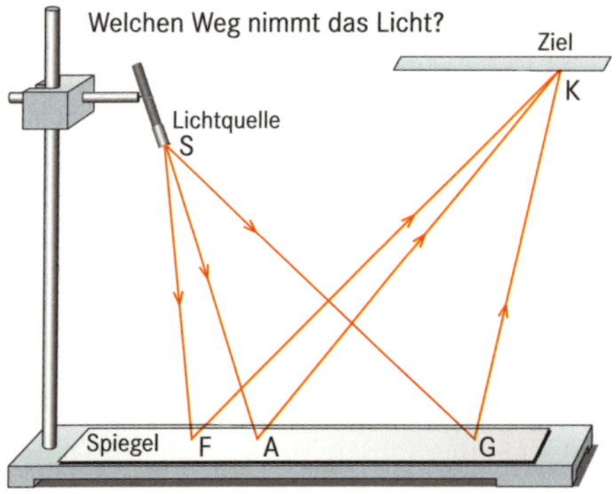

Ein drehbar montierter Laserpointer strahlt von S aus Licht auf einen Spiegel. In welchem Punkt muss das Licht auf den Spiegel treffen, damit es auf den Punkt K gelenkt wird?
Ein Naturgesetz besagt: Von allen möglichen Wegen vom Laser über den Spiegel nach K ist der Lichtweg der kürzeste.
Versuche den Auftreffpunkt des Lichtes am Spiegel so genau wie möglich zu bestimmen.
Tipp: Zeichne das Spiegelbild K′.

21 a) Wo sieht Alice ihr Spiegelbild? Skizziere eine Seitenansicht von Alice und dem Spiegel als Strichzeichnung. Konstruiere das Spiegelbild.
b) Wie groß muss der Spiegel sein, damit Alice sich ganz darin sehen kann?

22 Um die Lärmbelästigung möglichst gering zu halten und gerecht zu verteilen soll eine Autobahn so gebaut werden, dass sie von Ahausen und Neustadt gleich weit entfernt ist.

a) Fertige in deinem Heft eine Skizze im Maßstab 1 : 100 000 an und konstruiere die Autobahn.
Beschreibe die Lage der Straße.

b) Überlegt, welche Argumente die Einwohner von Ahausen bzw. Neustadt für oder gegen diese geometrische Lösung vorbringen könnten.

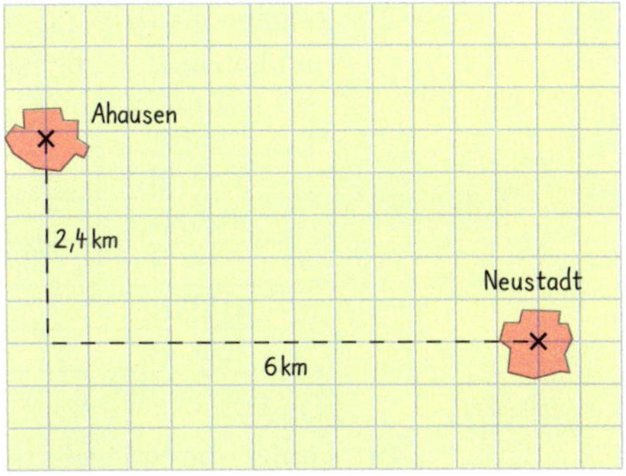

23 Die Apachen haben ihr Gold versteckt. Als neuer Häuptling muss Fliegender Pfeil vom Rat der Ältesten in das Geheimnis eingeweiht werden. Die Ältesten sprechen jedoch in Rätseln: „Das Gold ist vier Tagesritte (1 Tagesritt = 1 Kästchen) vom Apachendorf entfernt, befindet sich in gleicher Entfernung vom Silbersee und vom Wasserfall und liegt im Apachengebiet."
Zeichne die Abbildung ins Heft und bestimme das Versteck.
Da sich in letzter Zeit in der Gegend sehr viele Feinde aufhalten, beschließt der Ältestenrat ein neues Versteck. Das Gold soll nur zwei Tagesritte vom Dorf entfernt sein und von den Wegen vom Dorf zum Silbersee und zum Wasserfall den gleichen Abstand haben.
Wo soll das Gold jetzt versteckt werden?

24 Übertrage das Schrägbild des Würfelgebäudes in dein Heft. Konstruiere daneben ein Spiegelbild des Gebäudes.

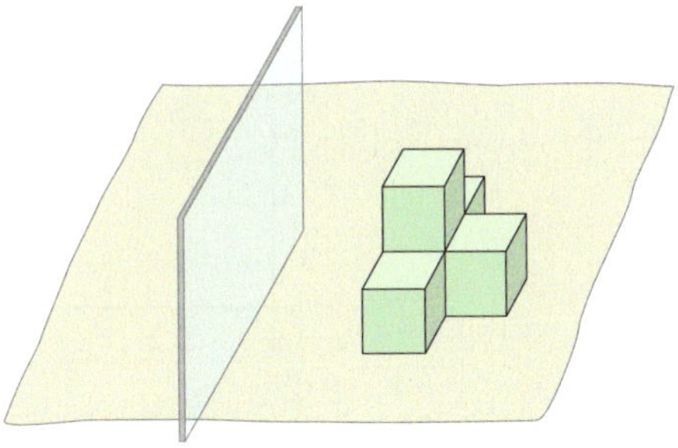

25 Zeichne eine Gerade g. Zeichne eine zweite Gerade h, die g schneidet.
Finde eine dritte Gerade k, sodass g Winkelhalbierende zu h und k ist.

26 Im Grundwissen hast du Fixpunkte der verschiedenen Abbildungen kennen gelernt.
Es gibt aber auch Fixgeraden. Überlege, was wohl damit gemeint ist.

a) Wie muss eine Gerade verlaufen, damit sie bei einer Achsenspiegelung Fixgerade ist?
b) Welche Geraden sind bei einer Punktspiegelung Fixgeraden?
c) Bei welchen Drehungen gibt es Fixgeraden?
d) Bei Verschiebungen gibt es keine Fixpunkte. Gibt es Fixgeraden?
e) Verallgemeinere die Fragestellung auf andere Figuren.

Zwanzig Bände eines Taschenbuchlexikons sollen als Geschenk verpackt werden. Es sind noch 2,50 m rotes Geschenkband vorhanden. Schätze, ob das reicht, wenn man einmal rundherum und einmal quer dazu binden will und auch noch eine Schleife machen möchte.
Zeichne und beschreibe.

27 Zeichne die Original- und Bildpunkte in ein Koordinatensystem. Bestimme die Spiegelachse s und konstruiere die fehlenden Bildpunkte. Gib die Koordinaten an.

a)

Original	Bild
A (4 | 0)	
B (7 | 1)	
C (6 | 2)	C'(3 | 5)
D (3 | 1)	
E (0 | 0)	

b)

Original	Bild
A (6 | 1)	
B (3 | 3)	
C (6 | 3)	
D (3 | 1)	D'(1 | 5)
E (4,5 | 4)	

c)

Original	Bild
A (6 | 3)	
B (5 | 5)	
C (4 | 3)	
D (4 | 1)	D' (8,8 | 3,4)
E (6 | 1)	

28 Finde eine Spiegelachse, wenn es sie gibt. Lege als Spiegelachse dein Geodreieck oder ein Lineal an und notiere zwei Punkte, durch die die Spiegelachse verläuft.

29

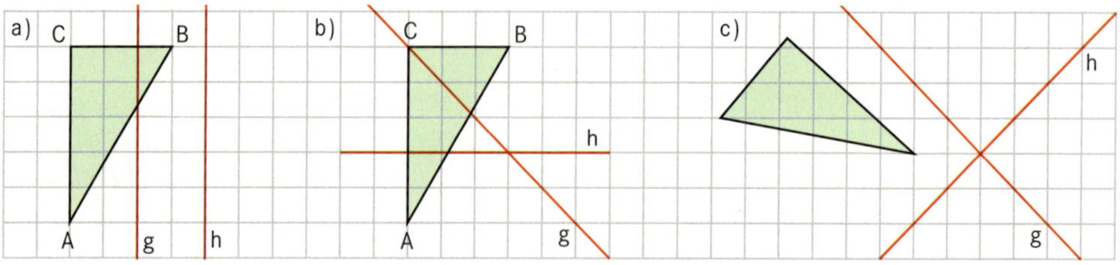

Übertrage die Abbildung in dein Heft. Spiegele das Dreieck an g, spiegele anschließend das Bild an h. Mit welcher Abbildung hättest du das Endergebnis auch aus der Startfigur erhalten können? Was ändert sich, wenn du zuerst an h und dann an g spiegelst?

Biege einen Bogen DIN-A4-Papier zu einer Rolle. Wie dick ist die Rolle? Schätze zunächst. Beschreibe, wie man die Dicke bestimmen könnte.

30 Zeichne ein großes Dreieck in dein Heft.
a) Konstruiere die Mittelsenkrechten zu allen Dreiecksseiten.
b) Konstruiere die Winkelhalbierenden aller Ecken.

31 Untersuche Figuren aus zwei Kreisen mit gleichem Radius. Markiere die Schnittpunkte. Versuche die Antworten auf die folgenden Fragen zu finden:
(I) Wann schneiden sich die Kreise?
(II) Welche Eigenschaft haben eventuelle Schnittpunkte beider Kreise?
(III) Wo liegen alle Punkte mit der in (II) gefundenen Eigenschaft?
(IV) Was ändert sich, wenn die Kreise verschiedene Radien haben?

Ausstiege

A1 Geometrische Zeichnungen könnt ihr auch am Computer erstellen. Wenn ihr dazu eine dynamische Geometrie-Software verwendet, könnt ihr anschließend an einzelnen Punkten per Mausklick „ziehen“ und beobachten, was dabei passiert.

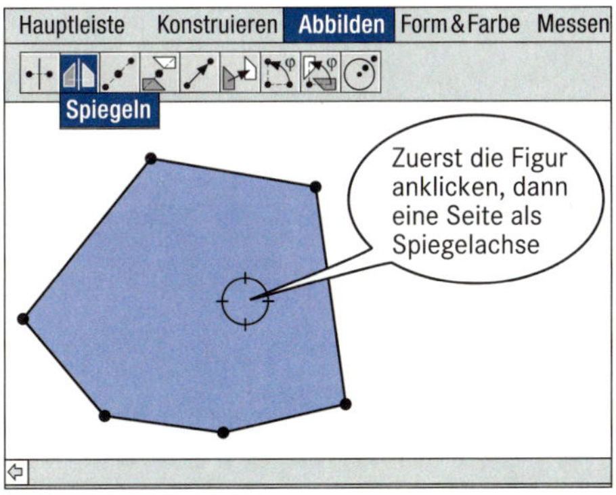

Bearbeitet die folgenden Aufgaben mit dynamischer Geometrie-Software.
Beginnt jede neue Aufgabe, indem ihr mit  ein Vieleck konstruiert.
Wenn ihr eine Konstruktion beendet habt, betrachtet die entstandenen Hilfslinien. Zieht an allen beweglichen Teilen und beobachtet die Auswirkungen.
Vergleicht eure Beobachtungen mit dem Grundwissen.

Aufgabe 1: Vieleck an einer Geraden spiegeln	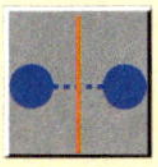 Spiegelung an einer Achse definieren 2 Klicke: Punkt Bildpunkt	 Figur an Achse spiegeln 2 Klicke: Figur Spiegelachse
Aufgabe 2: Vieleck um einen Punkt drehen	 Drehung definieren 3 Klicke: erster Schenkel Scheitelpunkt zweiter Schenkel	 Figur drehen 3 Klicke: Figur Drehzentrum Drehwinkel
Aufgabe 3: Vieleck verschieben Hinweis: Immer erst die Abbildung definieren, dann ausführen	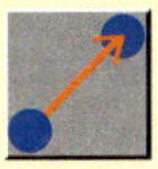 Verschiebung definieren 2 Klicke: Punkt Bildpunkt	 Figur verschieben 2 Klicke: Figur Verschiebungspfeil

Aufgabe 4: Was bewirkt die Abbildung des Vielecks mit ?

Vermischte Übungen

L1 Zeichne die Figuren mithilfe des Zirkels in einem Koordinatensystem nach.
Gib die Mittelpunkte und die Radien der Kreise oder Halbkreise an.

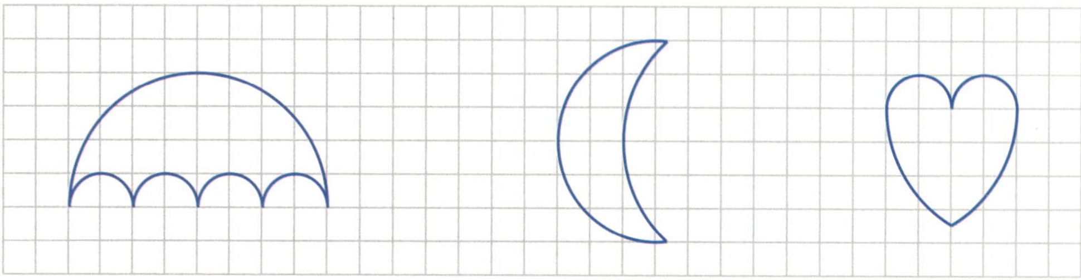

2

Brocken (1142 m hoch) höchster Berg im Harz

Auf ihrer Klassenfahrt wollen die Schüler der Klasse 6c von der Kirche in Schierke aus auf den Brocken steigen.

a) Es gibt mehrere Möglichkeiten von Schierke aus auf den Brocken zu steigen.
Welchen Weg würdet ihr wählen?

b) Beschreibt euren Weg mithilfe von Himmelsrichtungen, Winkelangaben und Entfernungen so, dass eine andere Gruppe euren Weg auf der Karte finden kann.

c) Den höchsten Gipfel des Harzes könnten die Schüler der 6c bequem mit der Brockenbahn erreichen, die seit Juli 1992 wieder regelmäßig fährt. Beschreibt den Verlauf der Bahntrasse von Schierke auf den Brocken.

3 Schau dir die beiden Mandalas an und beschreibe Regelmäßigkeiten. Zeichne sie mit eigener Farbgestaltung ab. Welche Kreise musst du zeichnen? Welche Winkel musst du kennen?

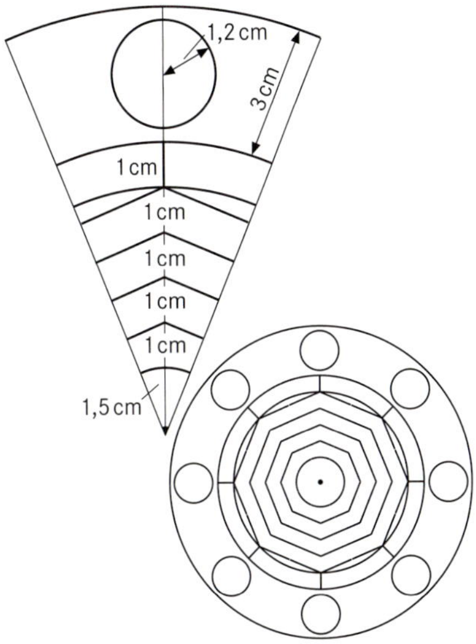

4 Entwerft eigene Mandalas. Stellt einen Mandalakalender zusammen.

5 Man kann einen Winkel mithilfe von drei Punkten beschreiben:

∢ A S B (lies: Winkel ASB)

A: Punkt auf 1. Schenkel – S: Scheitelpunkt – B: Punkt auf 2. Schenkel

gegen den Uhrzeigersinn

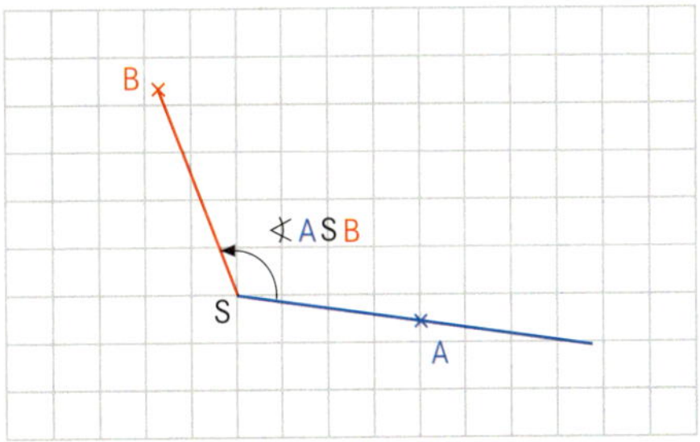

a) Benenne die Winkel durch Punktangaben.

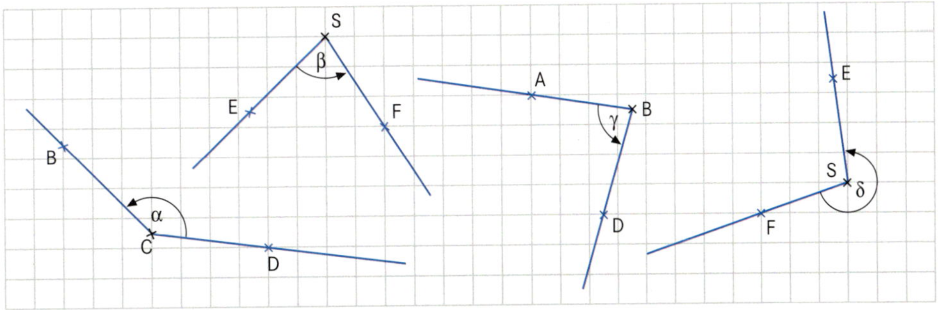

b) Zeichne die Punkte A (1 | 2); B (3 | 0); C (0 | 2); D (4 | 3); E (6 | 1); F (7 | 3); G (10 | 1) und H (5 | 6) in ein Koordinatensystem. Trage dann die Winkel ∢BAC; ∢BDE; ∢GEF; ∢FHD; ∢HDF und ∢CAB ein und miss sie aus.

c) Zeichne eine Figur mit mehreren Winkeln in ein Koordinatensystem. Beschreibe deinem Nachbarn die Winkel. Messt beide die Winkelgrößen aus und vergleicht sie miteinander.

L6 Starte an der Brücke am Fluss, gehe 200 m nach Süden bis zur Blockhütte. Biege dort 30° nach Westen ab. Nach 500 m triffst du auf eine knorrige Eiche. Wenn du nun zurück zur Brücke schaust und von dieser Blickrichtung 120° nach Westen gehst, erreichst du nach 400 m einen großen Felsblock. Dort ist der Schatz versteckt.

Zeichne den Weg in dein Heft. Wie groß ist die Entfernung von der Brücke bis zum Schatz (Luftlinie)? Wähle für 100 m im Heft 2 Kästchen.

7 Eine Torte soll in zwölf (acht; zehn; sechzehn) gleich große Teile geteilt werden.
Wie würdest du vorgehen? Wie groß ist der Mittelpunktswinkel von einem Tortenstück?

8 Berechne die Größen der farbig markierten Winkel.

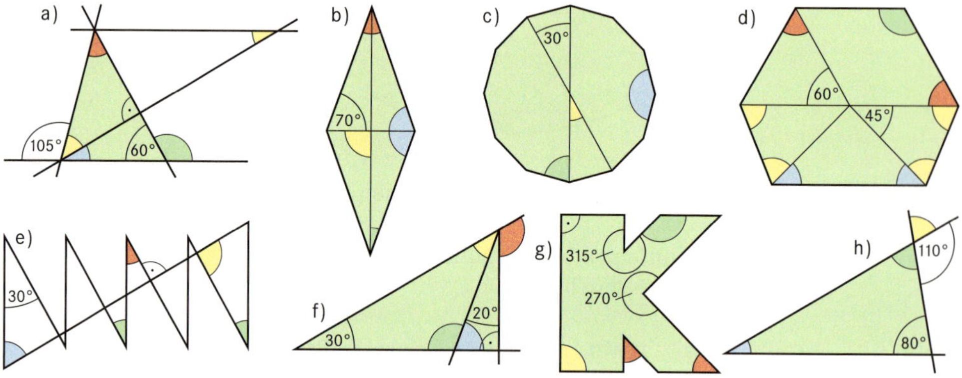

9 Konstruiere ein Dreieck ABC, in dem die Seite $\overline{AB}$ die Länge 5 cm hat und die Außenwinkel bei A bzw. B die Größe 125° bzw. 150° haben.

L10 Ein achsensymmetrisches Fünfeck hat einen Innenwinkel von 120° auf seiner Symmetrieachse und außerdem einen Winkel von 70°. Berechne die übrigen drei Innenwinkel und zeichne. Untersuche, ob es mehrere Möglichkeiten gibt.

11 a) Zeichne ein nicht achsensymmetrisches Trapez. Lege vier Exemplare dieses Trapezes so an einer Ecke zusammen, dass diese sich nicht überschneiden und auch keine Lücke bleibt. Lässt sich das auch mit anderen Vierecksarten machen? Begründe.
b) Vergleicht verschiedene Lösungen. Welche kann man zu einem Parkett fortsetzen?

L12 Wenn die Eckenanzahl eines regelmäßigen Vielecks beliebig groß wird, dann werden die Innenwinkel einem gestreckten Winkel immer ähnlicher. Begründe diese Behauptung.

L13 Ein gleichseitiges Dreieck lässt sich in drei kongruente Vierecke zerlegen. Zeichne.
Versuche, eine Zerlegung in möglichst wenige Sorten kongruenter Fünfecke zu finden.

Stefan und Sarah sammeln Modellautos. Stefan besitzt schon 24, Sarah erst 6.
Auf einem Flohmarkt kaufen beide dieselbe Anzahl Autos hinzu.
Nun hat Stefan dreimal so viele wie Sarah. Wie viele Autos hat jeder gekauft?
Beschreibe deine Vorgehensweise und vergleiche mit deiner Nachbarin oder deinem Nachbarn.

L14 a) Zerlege ein regelmäßiges Sechseck in kongruente Rauten.
b) Zerlege ein regelmäßiges Achteck in Rauten, sodass möglichst viele untereinander kongruent sind. Berechne die Größen der Innenwinkel der Rauten.
c) Untersuche auch Vielecke mit Eckenanzahlen größer als acht.

L15 a) Das grüne Zahnrad dreht sich (I) um einen Zahn, (II) eine Umdrehung, (III) um 45°. Um welchen Bruchteil einer Umdrehung drehen sich dabei die drei Zahnräder? Kürze so weit wie möglich. Berechne auch die zugehörigen Drehwinkel.
b) Welchem Bruchteil einer Umdrehung des (I) gelben, (II) blauen Zahnrades entspricht der Unterschied der äußeren Zahnräder? (Kürzen nicht vergessen!)
c) Das grüne Zahnrad dreht sich, bis beide äußeren Zahnräder wieder so stehen wie jetzt. Wie bewegen sich dabei die Zahnräder? Gib die Ergebnisse als Zahnanzahl, als Bruchteil und in Grad an. Finde verschiedene Lösungswege.
Wie helfen dir die Ergebnisse aus a) und b)?

A

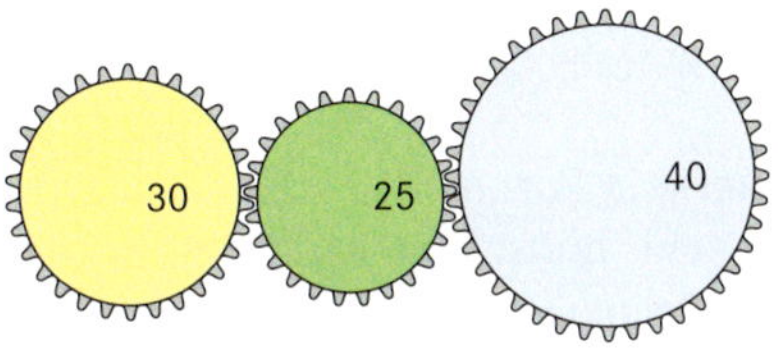

B

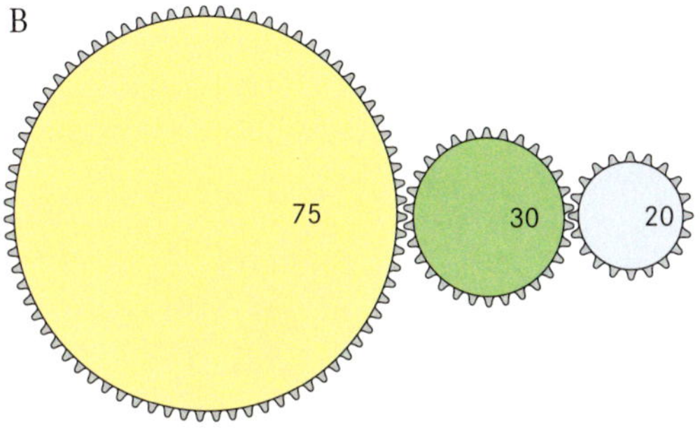

16 Übertrage die Tabelle in dein Heft und vervollständige sie für zwei Zahnräder A und B. Gibt es mehrere Lösungen?

		a)	b)	c)	d)
Anzahl der Zähne von	A	70			
	B		56		
für 10 Zähne erforderliche Drehung	A		$\frac{1}{5}$-Drehung		18°
	B	45°			
Unterschied von A und B entspricht bei	A			$\frac{1}{5}$-Drehung	36°
	B			90°	

L17 Drehe die Figur mehrfach um 45° um Z. Stelle ähnliche Muster her.

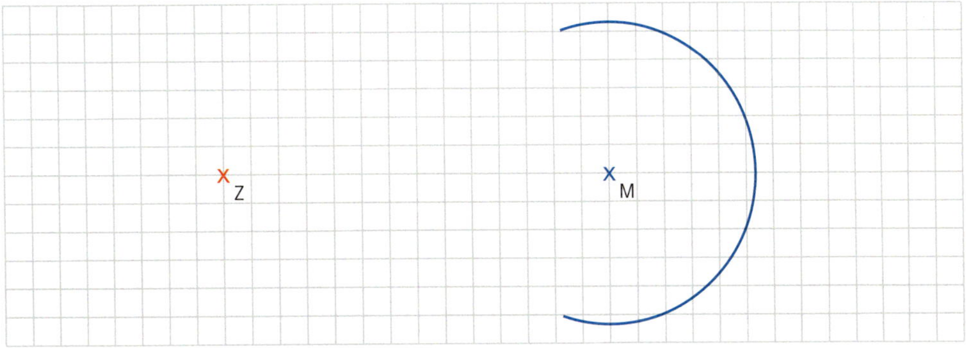

18

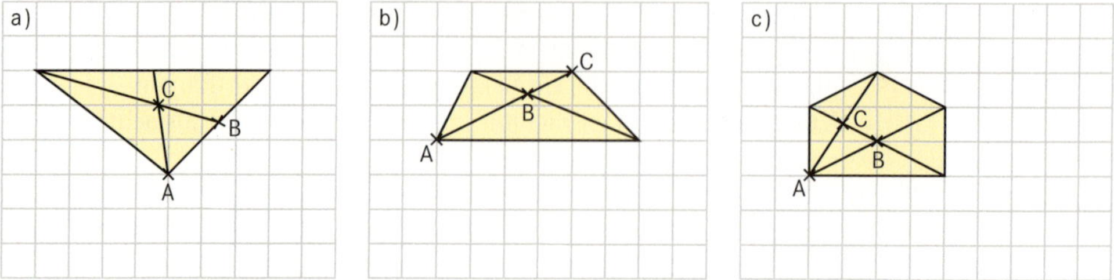

Zeichne die Figur ab und spiegle sie an den markierten Punkten A, B und C.

19 a) Der Zeiger einer Uhr steht auf 12 Uhr. Er wird erst um 10°, danach zusätzlich um 20° und um 30°, 40°, ..., 360° gedreht. Wo steht der Zeiger jetzt?

b) Der Zeiger steht wieder auf 12 Uhr. Er wird erst um 20°, danach zusätzlich um 40° und um 60°, 80°, ..., 720° gedreht. Wo steht der Zeiger jetzt?

c) Der Zeiger steht wieder auf 12 Uhr. Er wird erst um 30°, danach zusätzlich um 60° und um 90°, 120°, ..., 1080° gedreht. Wo steht der Zeiger jetzt?

d) Bearbeitet die entsprechende Fragestellung auch mit anderen Winkelschritten.

20

Wenn die Batterie in Bernds Uhr schwächer wird, läuft der Sekundenzeiger nicht mehr hübsch gleichmäßig, sondern springt immer in 3-Sekunden-Sprüngen vorwärts.

a) Welche Zeiten werden angezeigt, wenn das Springen um Punkt zwölf startet?

b) Was ändert sich, wenn der Sekundenzeiger jeweils sechs Sekunden vorwärts springt? Was bei vier (fünf; sieben; ...) Sekunden?

c) Die Uhr wird noch verrückter, zeigt aber immer die richtige Zeit an. Legt man eine Batterie ein und steht der Minutenzeiger auf 12:00 Uhr, so springt er einmal 1° weiter. Wie spät ist es jetzt?
Danach springt der Minutenzeiger auf 2°, dann auf 4°, auf 8° und so weiter. Zeichne die Uhr und trage die Zeigerstellungen für die ersten 20 Sprünge ein.
Der zehnte Sprung geht auf 512° und dabei dreht sich der Zeiger über die 12 Uhr hinaus auf 152°. Wie arbeitest du weiter: mit 512° oder mit 152°?

L 21 Der Fotograf stand direkt am Nordpol und hat senkrecht nach oben fotografiert. Er hat das Foto einige Stunden belichtet. Wie lange?

L 22 Überlege, welche Besonderheiten die Winkelhalbierenden und Mittelsenkrechten in folgenden Dreiecken aufweisen:
(I) gleichschenkliges Dreieck
(II) gleichseitiges Dreieck
(III) gleichschenklig-rechtwinkliges Dreieck

Im Blasorchester einer Schule spielen 36 Schülerinnen und Schüler neun verschiedene Blasinstrumente: Je ein Sechstel spielt Querflöte, Klarinette und Trompete, je ein Zwölftel Posaune, Saxophon und Horn und je ein Achtzehntel Tuba, Oboe und Fagott. Der Rest spielt Schlagzeug. Wie viele sind das?

23 Markiere zwei Punkte.
a) Zeichne um beide Punkte Kreise mit dem gleichen Radius. Wähle den Radius so groß, dass sich die Kreise schneiden. Welche Eigenschaft haben die Schnittpunkte?
b) Zeichne weitere Kreispaare um die beiden Punkte, variiere den Radius.
Welche Eigenschaft haben alle Schnittpunkte von Kreisen mit gleichem Radius?
c) Auf welcher Linie liegen alle Schnittpunkte aus b)?
Suche nach einer Begründung für deine Aussage.

24 Zeichne zwei sich schneidende Geraden und eine der Winkelhalbierenden. Markiere auf der Winkelhalbierenden mehrere Punkte. Miss den Abstand dieser Punkte von beiden Geraden. Was stellst du fest? Suche nach einer Begründung für deine Beobachtung.

L 25

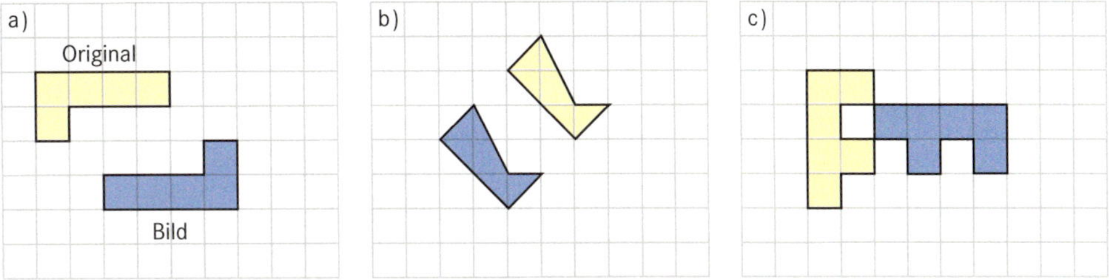

Zeichne Originalfigur und Bildfigur ab. Trage Spiegelachse, Spiegelpunkt, Drehzentrum oder Verschiebungspfeile so ein, dass die Original- in die Bildfigur überführt wird.

26 a) Zeichne die Blüte in dein Heft.
Beschreibe deine Vorgehensweise.
Welche Symmetrien findest du in der Blüte?
Finde eine möglichst kleine Teilfigur, aus der du die Blüte mithilfe von geeigneten Kongruenzabbildungen erzeugen kannst.
b) Entwirf eigene Blüten mit anderen Blattanzahlen. Mit welchen Anzahlen geht es leicht?

27

Circuloso

Spielmaterial: 2 Kreisschablonen, 18 zweifarbige Kreisteile mit Winkel- bzw. Bruchteilangabe 180°; 120°; 90°; 72°; 60°; 45°; 40°; 36°; 30°; 24°; 20°; 18°; 15°; 12°; 10°; 9°; 8°; 6°

Spielregel – die Kreisteile liegen alle mit derselben Seite nach oben offen auf dem Tisch

Herstellung des Spielmaterials
☺ klebt zwei verschieden farbige Pappen aufeinander ☺ schneidet fünf gleich große Kreise aus ☺ stellt aus drei Kreisen die Kreisteile her ☺ beschriftet die eine Farbseite mit den Winkelgrößen, die andere mit den entsprechenden Bruchteilen ☺

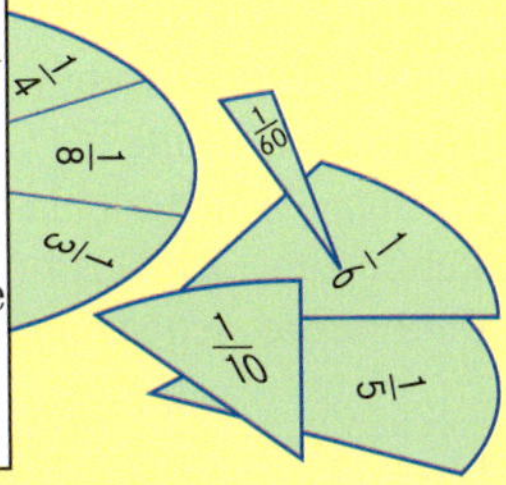

Variante 1 mit einer Kreisschablone
- die Spieler wählen abwechselnd ein Teil aus und legen es in die Kreisschablone
- wer die Schablone füllt, gewinnt

Variante 2 mit zwei Kreisschablonen
- die Spieler wählen abwechselnd ein Teil aus, der Mitspieler legt es dann in eine der Kreisschablonen
- wer die erste Schablone füllt, gewinnt

Spielt das Spiel. Ob Kreisschablonen wirklich gefüllt sind, solltet ihr in jedem Fall nachrechnen. Erfindet eigene Spielregeln und probiert sie aus.

28 a) Untersucht mithilfe eurer dynamischen Geometrie-Software (vgl. auch **3.4**, Ausstieg **A1**) Figuren aus zwei Kreisen mit gleichem Radius.
Zeichnet dazu drei Punkte A, B und R und mit einen Kreis um A durch R. Um einen zweiten gleich großen Kreis zu bekommen könnt ihr den ersten Kreis verschieben.
Markiert die Schnittpunkte beider Kreise (in Konstruieren).

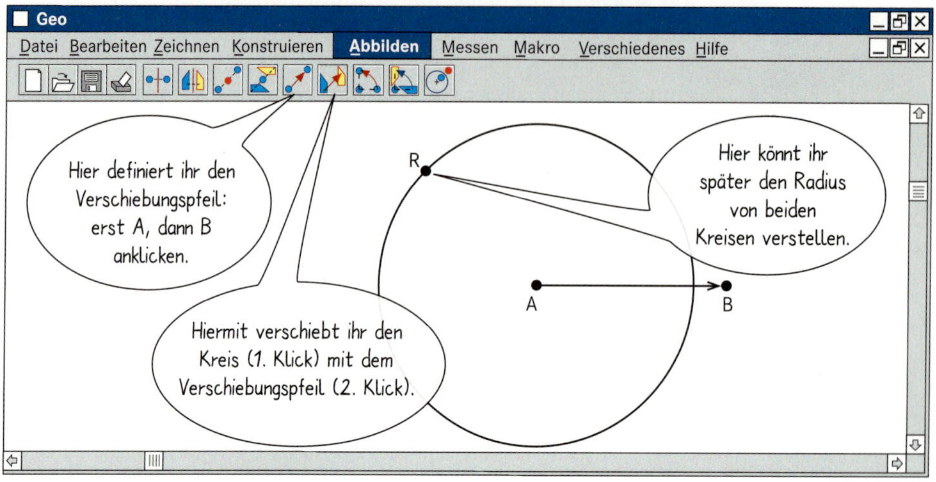

Während ihr den Radius verändert, könnt ihr die Schnittpunkte ihren Weg zeichnen lassen (→ Zeichnen → Ortslinie eines Punktes aufzeichnen, Punkt anklicken). Was fällt euch auf?

b) Formuliert mithilfe eurer Ergebnisse aus a) eine Methode, wie man die Mittelsenkrechte einer Strecke nur mit Zirkel und Lineal konstruieren kann.

c) Markiert einen Punkt A und zeichnet von A aus zwei Strahlen. Zeichnet um A einen Kreis. Welche Eigenschaft haben die beiden Schnittpunkte? Wie könntet ihr euer Verfahren aus b) verwenden um die Winkelhalbierende des gezeichneten Winkels zu konstruieren?

29 Du kannst dir mithilfe deiner dynamischen Geometrie-Software Übungsaufgaben erstellen.

a) Konstruiere dazu ein Vieleck (siehe auch **3.4**, Ausstieg **A1**). Zeichne eine Gerade und spiegele das Vieleck daran. Klicke dann die Spiegelgerade an und verbirg sie (→ rechte Maustaste → Verbergen).
Drucke die Zeichnung aus und konstruiere nun die Spiegelgerade mit dem Geodreieck.

b) Stelle dir entsprechend auch für die anderen Kongruenzabbildungen Übungsaufgaben her.

30 Zeichne ein Dreieck, in dem die Mittelsenkrechte einer Seite zugleich Winkelhalbierende des gegenüberliegenden Winkels ist.
Um was für ein Dreieck handelt es sich? Begründe.
In welchen Dreiecken gehen zwei Mittelsenkrechten durch die gegenüberliegenden Ecken?

31 Zeichne die Figur und begründe, dass sie achsensymmetrisch ist.
Trage die Symmetrieachse in deine Zeichnung ein.

a) Zwei Kreise mit gleichem Radius, die sich nicht schneiden.

b) Zwei Kreise mit gleichem Radius, die sich berühren.

c) Zwei Kreise mit gleichem Radius, die sich schneiden.

Wie viele cm^2 sind in einem m^2 enthalten? Veranschauliche!
Wie viele mm^3 sind in einem cm^3 enthalten? Begründe.

32 Stellt euch einen Kreis vor. Wo liegen alle Punkte, die
(I) von einem Punkt auf dem Kreis,
(II) von zwei Punkten auf dem Kreis,
(III) von drei Punkten auf dem Kreis,
(IV) von allen Punkten auf dem Kreis
den gleichen Abstand haben?

L33 In welchen regelmäßigen Vielecken sind die Mittelsenkrechten der Seiten zugleich die Winkelhalbierenden der gegenüberliegenden Winkel?
Wie viele Symmetrieachsen haben solche regelmäßigen Vielecke?
Wie viele Symmetrieachsen haben regelmäßige Vielecke, in denen die Mittelsenkrechten der Seiten nicht zugleich Winkelhalbierende sind?

34 *„Alice im Spiegelland“* ist der Titel eines Buches von Lewis Carroll.

a) Besorge dir das Buch und wähle einen Abschnitt zum Vorlesen aus, in dem es möglichst häufig um Spiegelung geht.

b) Kannst du den abgebildeten Text aus dem Buch lesen? Auf welche Jahreszeit bezieht sich der Text?

c) Schreibe selbst Texte in Spiegelschrift. Wo kommt sonst noch Spiegelschrift vor? Besorge dir weitere Texte in Spiegelschrift.

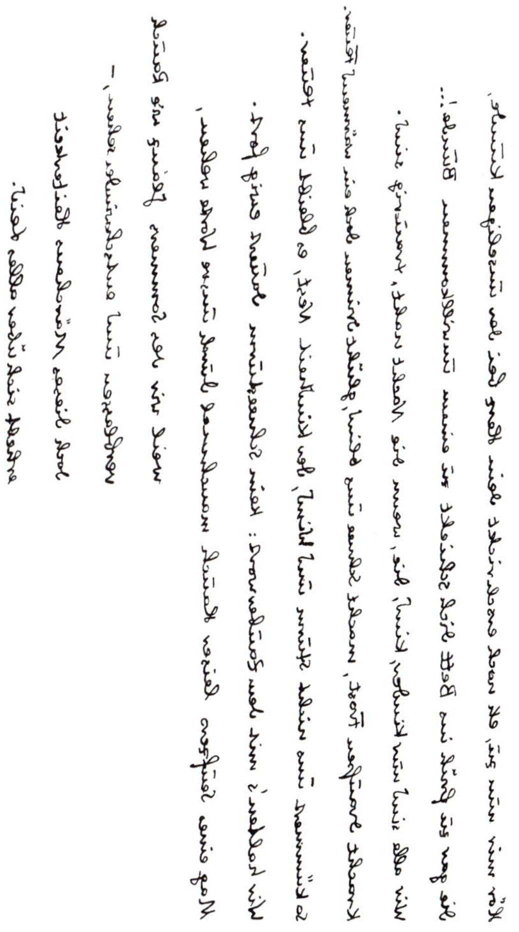

Zusammenfassung

1

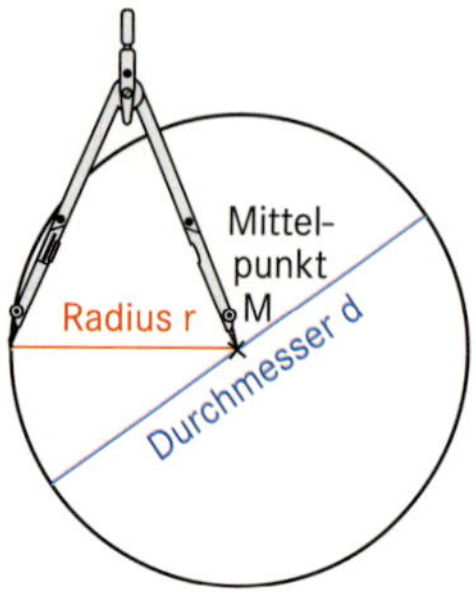

Einen **Kreis** kann man mithilfe eines **Zirkels** zeichnen.
Der Zirkel wird im **Mittelpunkt** des Kreises eingestochen.
Alle Punkte auf der Kreislinie haben vom Mittelpunkt denselben Abstand. Er heißt **Radius** des Kreises.
Der **Durchmesser** ist doppelt so lang wie der Kreisradius.

2

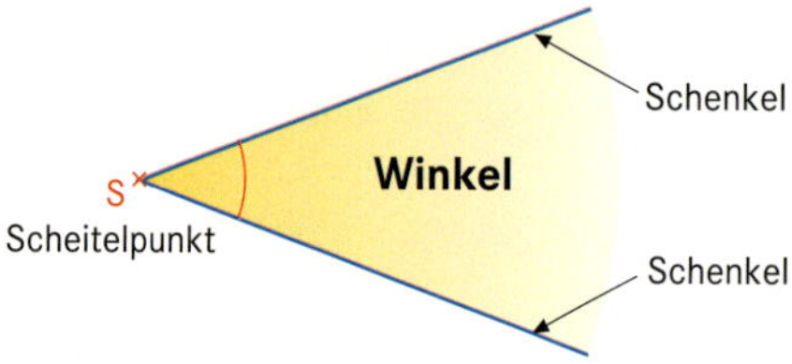

Zwei Strahlen mit gemeinsamem Anfangspunkt begrenzen einen **Winkel.**
Die Strahlen werden als **Schenkel** des Winkels bezeichnet.
Der gemeinsame Anfangspunkt heißt **Scheitelpunkt** des Winkels.

3 Die **Größe von Winkeln** wird in **Grad** angegeben. Einen Vollkreis unterteilt man in 360 gleich große Teile mit je einem Winkel von 1°. Bei einem Viertelkreis bilden die Schenkel eine rechtwinklige Ecke. Ein **rechter Winkel** hat also das Winkelmaß 90°.

spitzer Winkel	**rechter Winkel**	**stumpfer Winkel**
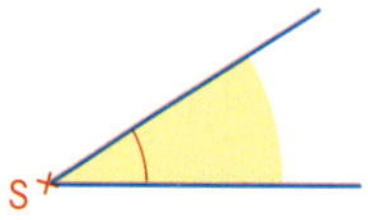	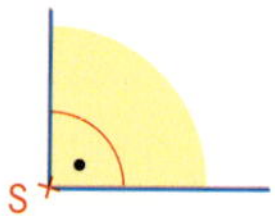	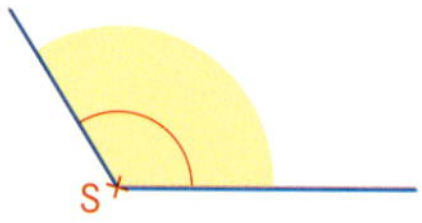
Winkelmaß zwischen 0° und 90°	Winkelmaß 90°	Winkelmaß zwischen 90° und 180°
gestreckter Winkel	**überstumpfer Winkel**	**Vollwinkel**
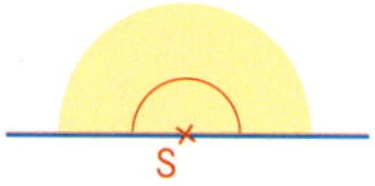	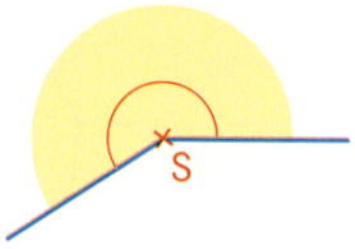	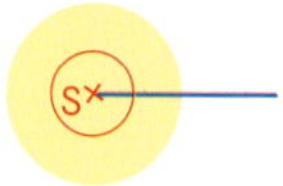
Winkelmaß 180°	Winkelmaß zwischen 180° und 360°	Winkelmaß 360°

Statt „ein Winkel mit dem Winkelmaß 45°“ sagt man auch kurz „ein Winkel von 45°“ und schreibt $\alpha = 45°$.

4 Will man einen Kreis in mehrere gleiche Teile einteilen, so kann man erst den Winkel in der Mitte berechnen und dann mit dem Geodreieck zeichnen.
Zu einem Fünftel eines Kreises gehört ein **Mittelpunktswinkel** mit 360° : 5 = 72°.

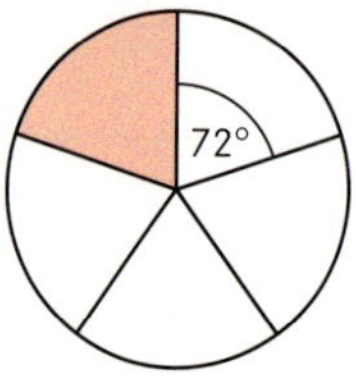

Fünftelkreis

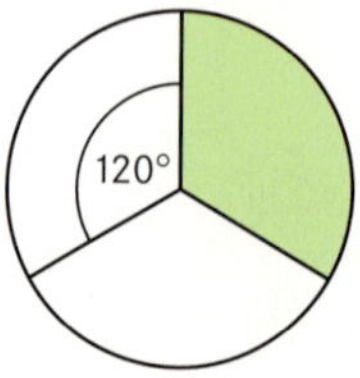

Drittelkreis

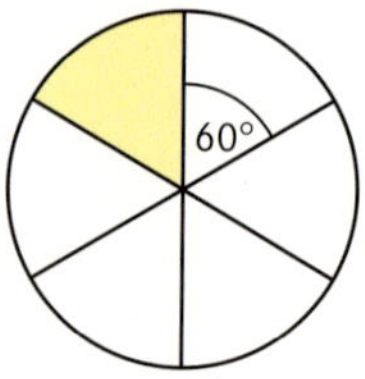

Sechstelkreis

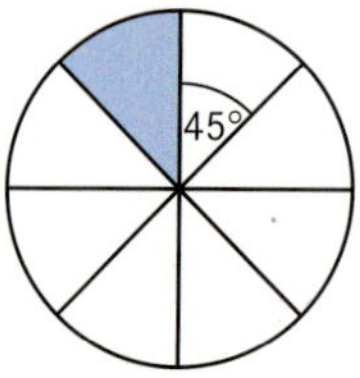

Achtelkreis

5 An Geradenkreuzungen gelten **Winkelsätze.**

Nebenwinkel ergänzen sich zu einem gestreckten Winkel. **Scheitelwinkel** sind gleich groß.

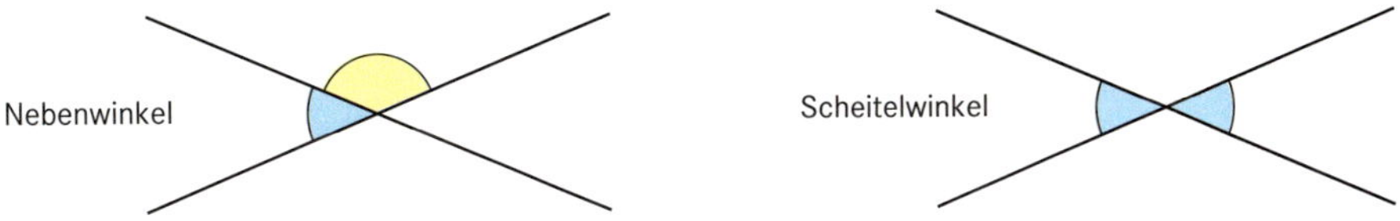

Stufenwinkelsatz: Stufenwinkel an geschnittenen Parallelen sind gleich groß.
Wechselwinkelsatz: Wechselwinkel an geschnittenen Parallelen sind gleich groß.

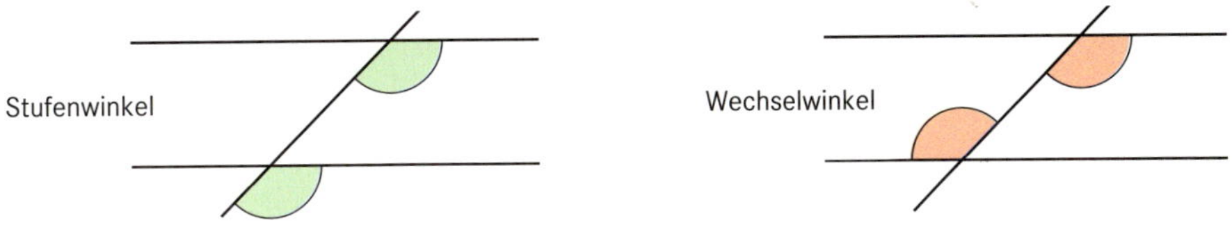

6 Mehrere sich schneidende Geraden zerlegen ein Zeichenblatt in ein lückenloses Vieleckmuster, ein **Parkett.** Auch in Vielecken gelten Winkelsätze.

Die **Winkelsumme im Dreieck** ist 180°.

Jeder Außenwinkel eines Dreiecks ist so groß wie die beiden nicht anliegenden Innenwinkel zusammen.

Die **Winkelsumme im n-Eck** ist (n – 2) · 180°.

Die Summe der verschiedenen Außenwinkel eines Vielecks beträgt 360°.

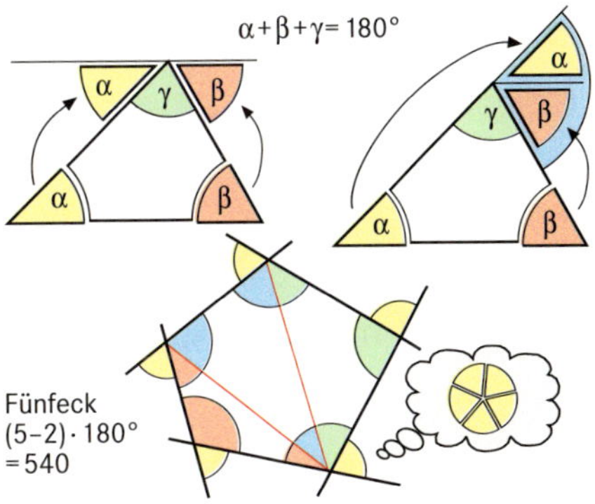

7 Das Herstellen eines **Bildes** aus einem **Original** nennt man in der Mathematik eine **Abbildung.** Verändern sich bei einer Abbildung Form und Größe der Figuren nicht, sind Figur und ihr Bild deckungsgleich oder **kongruent.** Man nennt solche Abbildungen daher **Kongruenzabbildungen.**

Will man eine Figur ohne Schablone abbilden, muss man jeden einzelnen Punkt der Figur abbilden und die **Bildpunkte** hinterher verbinden. Wenn die Originalpunkte A, B und C heißen, ist es üblich die Bildpunkte mit A′, B′ und C′ zu bezeichnen.

8 **Drehung**

Bei einer Drehung liegen Punkt und Bildpunkt gleich weit vom Drehzentrum entfernt. Alle Punkte einer Figur werden um denselben Winkel gedreht.

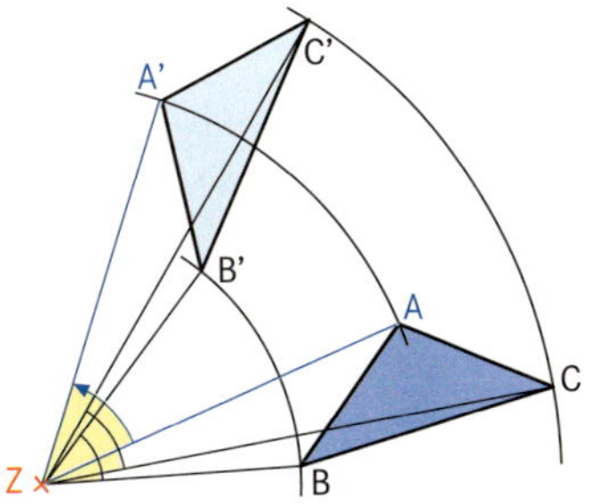

9 **Achsenspiegelung**

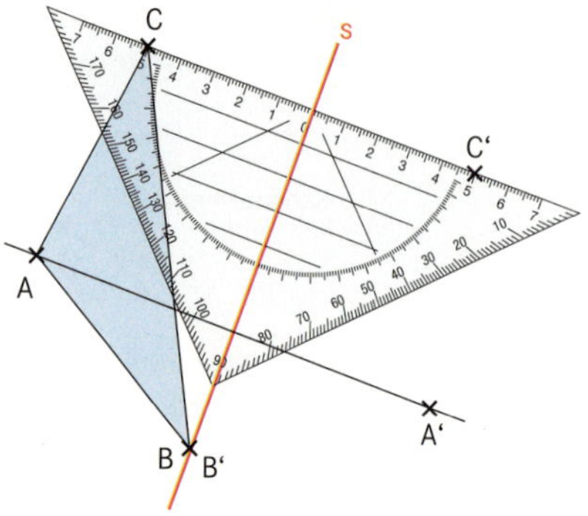

Punktspiegelung

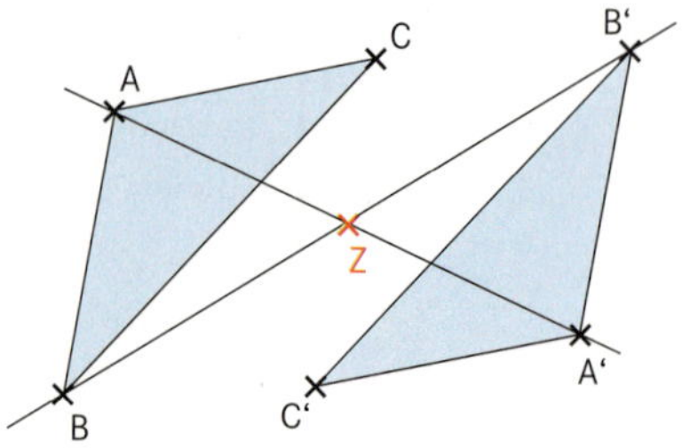

Bei einer Achsenspiegelung steht die Verbindungsstrecke zwischen einem Punkt außerhalb der Achse und seinem Bildpunkt senkrecht zur Spiegelachse.
Bei einer Punktspiegelung verläuft die Verbindungsstrecke zwischen einem Originalpunkt und seinem Bildpunkt durch das Spiegelzentrum.
Bei beiden Spiegelungen sind Originalpunkt und Bildpunkt gleich weit von der Achse beziehungsweise vom Zentrum entfernt.

10 **Verschiebung**

Alle Punkte einer Figur werden mit gleichen Verschiebungspfeilen (gleich lang und gleiche Richtung) verschoben.

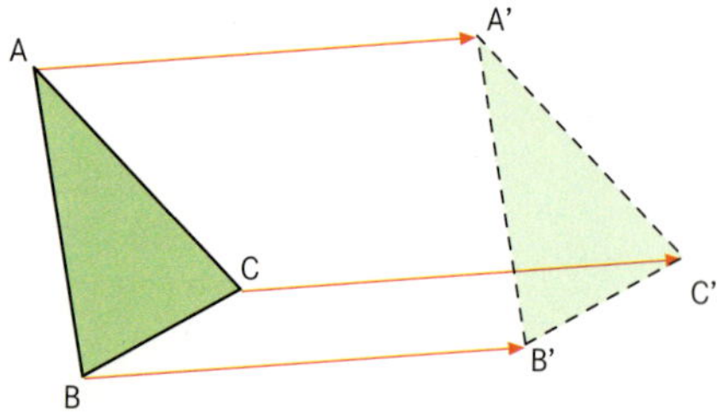

11 Bei einer Achsenspiegelung ist die Spiegelachse immer **Mittelsenkrechte** von jeder Verbindungsstrecke eines Punktes und seines Bildpunktes.

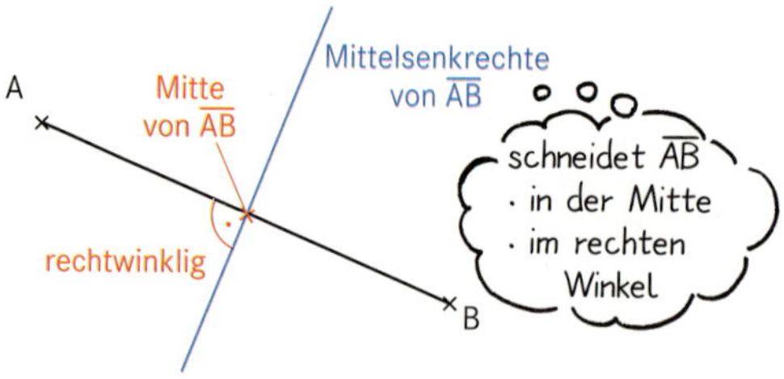

Bei einer Drehung verläuft die Mittelsenkrechte einer Strecke Punkt-Bildpunkt durch das Drehzentrum und ist **Winkelhalbierende** des Drehwinkels.

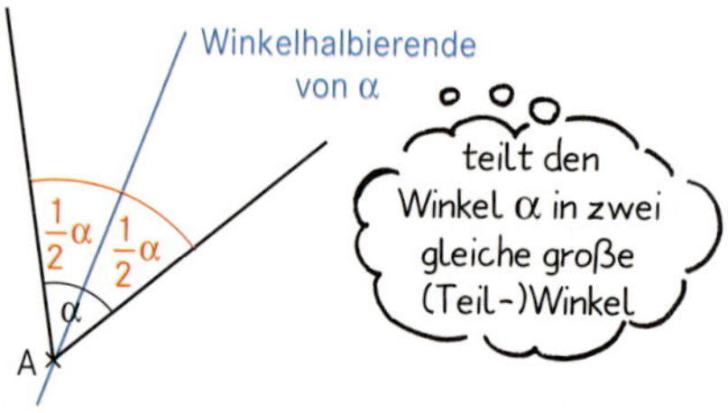

12 Drehungen, Achsenspiegelungen, Punktspiegelungen und Verschiebungen sind Kongruenzabbildungen. Mit ihrer Hilfe kann man auch geometrische Zusammenhänge begründen.

Spiegelt man ein rechtwinkliges Dreieck an einer der beiden kürzeren Seiten, entsteht aus Original und Bild insgesamt wieder ein Dreieck, das achsensymmetrisch zur Spiegelachse ist. Die beiden Hälften sind kongruent, also hat das Dreieck zwei gleich lange Seiten und zwei gleich große Winkel. Also ist das Dreieck **gleichschenklig.**

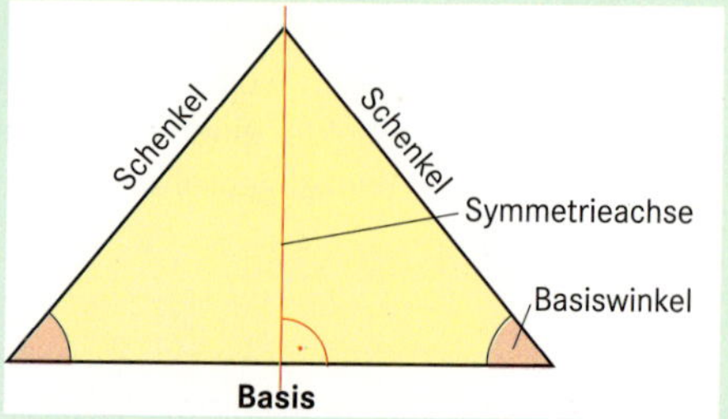

3.7 Escher-Parkette selbst herstellen

1 Der niederländische Künstler Maurits Cornelis Escher (1898–1972) hat sich vor allem seit seinem Besuch in der Alhambra 1937 mit Parketten beschäftigt. Die Alhambra ist eine maurische Burg in Granada (Spanien), deren Innenräume mit Parkettmustern gestaltet sind. Escher hatte keine mathematische Ausbildung und erfand viele seiner Bilder intuitiv. Ihr könnt aber mithilfe der Mathematik seine Bilder besser verstehen und eigene Bilder im Stil von Escher herstellen.

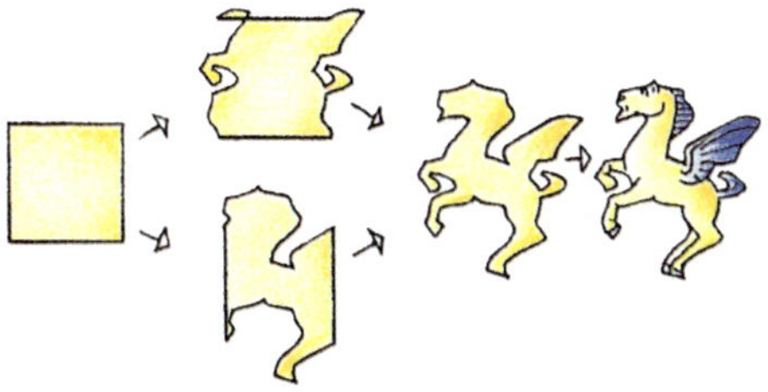

Die erste Abbildung zeigt, wie aus einem Quadrat durch *willkürliche Veränderungen an zwei Seiten und durch zwei Verschiebungen* der Baustein des Parketts in der zweiten Abbildung entsteht. Entwerft eigene Bausteine nach demselben Verfahren. Stellt euch Schablonen her. Zeichnet das Parkett.

2 Lässt sich das Verschiebungsverfahren übertragen? Prüft Dreiecke, Vierecke und Sechsecke. Zeichnet die Parkette auch im Großformat auf Rollenpapier, z.B. Tapetenresten.

3 Probiert die folgenden Verfahren aus und versucht sie zu verallgemeinern (wählt z.B. andere Vielecke als Startfiguren).

Drehverfahren 1 für regelmäßige Vier- und Sechsecke:
Hier wird eine Seite geändert und die Änderung durch Drehung um die Ecken auf alle anderen Seiten übertragen.

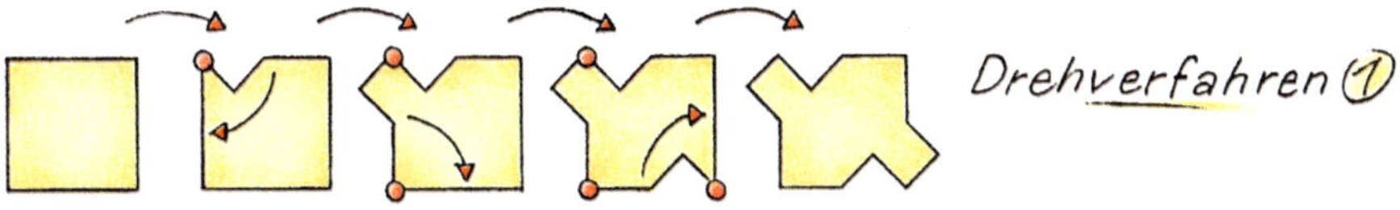

Drehverfahren 2:
Hier werden zwei verschiedene Änderungen der Seiten vorgegeben. Bei Vierecken führt das Verfahren zu einem Escher-Parkett, wenn die geänderten Seiten achsensymmetrisch oder punktsymmetrisch sind. Allerdings müssen die Bausteine teilweise umgewendet werden um ein Parkett zu legen.

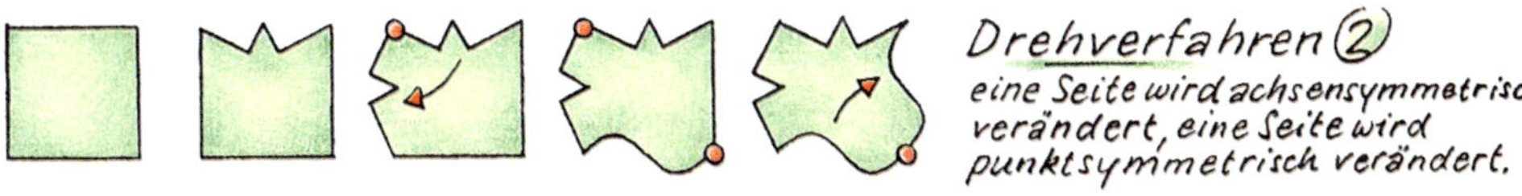

4 Entwickelt Verfahren um aus gleichseitigen Dreiecken Escher-Parkette herzustellen.

5 Besorgt euch Abbildungen von Eschers Bildern und findet heraus, welches Verfahren er angewendet haben könnte. Wendet das Verfahren selbst an.

Tabellenblatt

button, engl.: Knopf

1 Ein **Tabellenblatt** ist im Prinzip wie ein Koordinatensystem aufgebaut: Die **Spalten** werden mit Buchstaben, die **Zeilen** mit Zahlen bezeichnet. Die einzelnen Felder heißen **Zellen** und jede Zelle hat einen Namen oder eine **Adresse.** Die Zelle, wo sich Spalte B (grün) und Zeile 5 (gelb) kreuzen, heißt B5.
In der **Symbolleiste** oberhalb der Tabelle findest du viele „Buttons". Wenn du mit dem Mauszeiger auf einen solchen Button zeigst, wird angezeigt, was er bewirkt. Im Bild zeigt der Mauszeiger auf den Button **„Füllfarbe".**

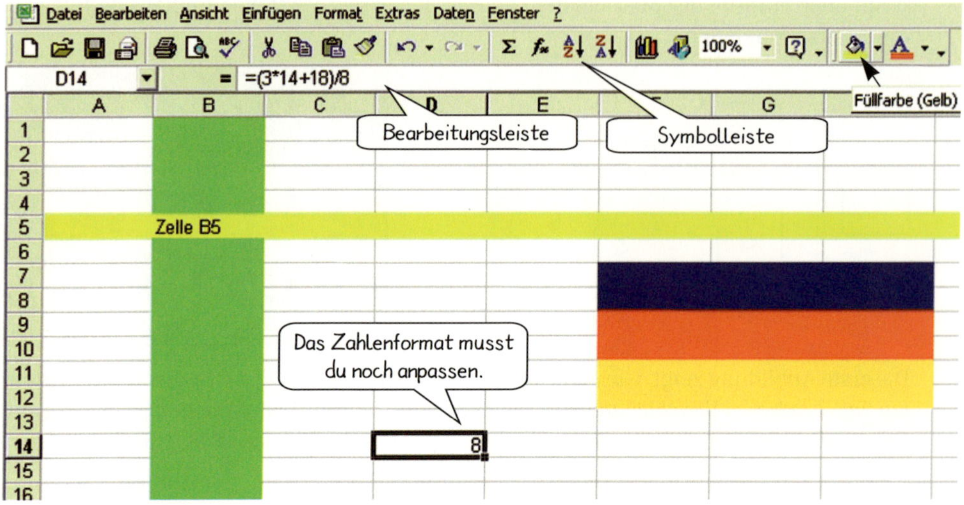

a) Fahre in deinem Tabellenkalkulationsprogramm langsam mit dem Mauszeiger über die Buttons in der Symbolleiste und beobachte die Anzeigen.
Klicke mit der linken Maustaste auf eine Zelle. Sie erhält einen dicken schwarzen Rahmen und wird zur **aktiven Zelle.** Gib verschiedene Wörter oder Zahlen ein.

nach Eingaben immer die Eingabetaste drücken!

Markieren: Taste links gedrückt halten und dann ziehen

b) Um die deutsche Flagge wie im Bild herzustellen musst du jeweils entsprechende Zellen **markieren** und ihnen dann die richtige Füllfarbe geben.
Im Programm heißt „Zellen F9 bis H9" kurz „F9:H9". Welche Farbe haben sie im Bild?
Was erhält man mit folgender Färbung: J3:J8 blau; K3:K8 weiß; L3:L8 rot?
Denke dir selbst solche Färbungen aus und diktiere sie deinem Partner.

Format

c) Gebt den Zellen verschiedene **Zahlenformate.** Dazu gibt es mehrere Möglichkeiten:
- Buttons in der Symbolleiste
- Menübefehl: → Format → Zellen → Zahlen
- rechte Maustaste → Zellen formatieren → Zahlen

Man kann einer Zelle verschiedene **Formate** zuweisen wie Schriftart, Zahlenformate, Füllfarbe, Rahmen oder Muster. Dazu kann das Allroundwerkzeug „rechte Maustaste → Zellen formatieren " dienen.

Beobachtet, wie sich Eingaben und Rechenergebnisse bei den verschiedenen Formaten verändern.

Formel

Rechenzeichen in Formeln:
+ → +, − → −, · → *, : → /

d) In die aktive Zelle kann man außer Zahlen und Texten auch Terme oder **Formeln** eingeben.
In der **Bearbeitungsleiste** steht die Formel „= (3*14+18)/8", in D13 das Ergebnis „7,5".
Berechnet in den Zellen A1 bis A4:
15681 + 451 − 5688; 345 · 461 · 25; (98 + 34) : 11; (54 + 36) · (17 + 13)

vor Formeln immer ein Gleichheitszeichen tippen!

Rechnen mit Zellen

2 Wenn die Zahlen, mit denen man rechnen will, bereits in der Tabelle stehen, muss man sie für die Rechnung natürlich nicht neu eintippen: Man kann die Zellennamen als Platzhalter benutzen und mit ihnen rechnen.

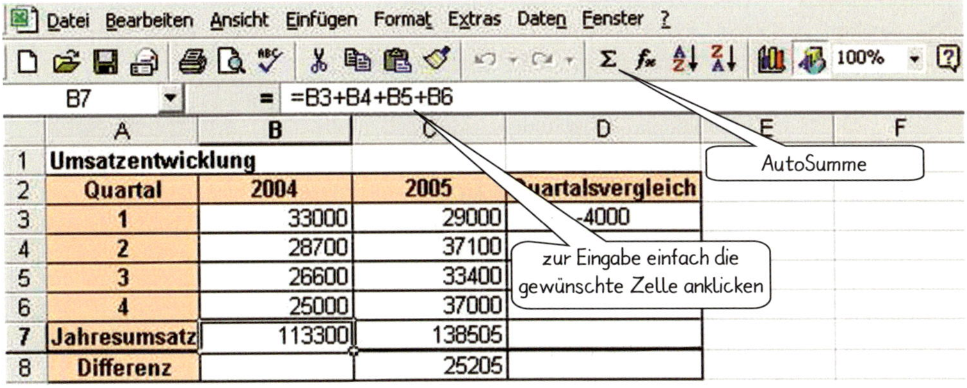

	A	B	C	D	E	F
1	Umsatzentwicklung					
2	Quartal	2004	2005	Quartalsvergleich		
3	1	33000	29000	-4000		
4	2	28700	37100			
5	3	26600	33400			
6	4	25000	37000			
7	Jahresumsatz	113300	138505			
8	Differenz		25205			

a) Beschreibe, was in Zelle B7 berechnet wird. Erstelle selbst dieses Tabellenblatt, berechne in C7 den Jahresumsatz für 2005 und in C8 die Differenz der beiden Jahresumsätze.

AutoSumme

Σ heißt Summe

b) Aktiviere B7 und klicke auf den Button **„AutoSumme"** um den Jahresumsatz für 2004 automatisch berechnen zu lassen. Kann das Ergebnis stimmen?
Tipp: Beobachte, was das Programm anzeigt, bevor du die Eingabetaste drückst.
Korrigiere die Automatik.

Summen von Zahlen in einer Zeile oder Spalte kann man auf verschiedene Weisen berechnen. Am einfachsten geht es mit der Autosumme:
- Summenzelle aktivieren,
- AutoSumme drücken,
- Bereich der Summanden markieren.

Kopieren

Kopieren durch „Ziehen" an der rechten unteren Ecke

c) Zellinhalte kann man sehr einfach in darunter oder danebenliegende Zellen **kopieren.**
Schreibe in die Zelle E11 die Zahl 200. Markiere die Zelle und gehe mit dem Mauszeiger auf das Kreuzchen an der rechten unteren Ecke der Zelle. Halte die linke Maustaste gedrückt und „ziehe" bis in Zelle E15. Was stellst du fest?
Kopiere die Formel aus B7 nach C7. Vergleiche die beiden Formeln.
Berechne in D3 den „Quartalsvergleich" für die ersten Quartale der Jahre 2004 und 2005. Berechne die anderen Werte durch Kopieren nach unten.

3 Schreibe die Zahl 2 in Zelle A1. Gib in B1 „=A1+2" ein. Kopiere die Formel mindestens zehn Zellen nach rechts. Welche Formeln wurden so hergestellt?
Gib in A2 „=A1*2" ein und kopiere nach unten. Was erhältst du?
Kopiere nun die Formel in D1 nach unten. Was erhältst du jetzt? Versuche das Ergebnis zu erklären. Schaue dir dazu die Formeln in den einzelnen Zellen an. Was passiert mit den **Zellbezügen,** d.h. mit den Adressen der Zellen, die in den Formeln stehen?

Zellbezug

Formeln sichtbar machen: strg+#

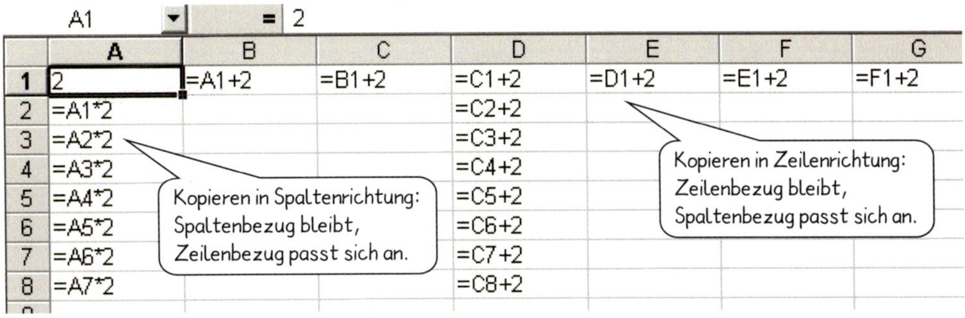

	A	B	C	D	E	F	G
1	2	=A1+2	=B1+2	=C1+2	=D1+2	=E1+2	=F1+2
2	=A1*2			=C2+2			
3	=A2*2			=C3+2			
4	=A3*2			=C4+2			
5	=A4*2			=C5+2			
6	=A5*2			=C6+2			
7	=A6*2			=C7+2			
8	=A7*2			=C8+2			

feste Zellbezüge: mehrmals F4

4 Soll der Inhalt von A3 mit jeder Zahl der Zeile 2 multipliziert werden, muss der erste Faktor immer aus der Spalte A stammen. Das erreicht man durch Kopieren der Formel „=$A3*B2“. Probiere es aus.
Was geschieht, wenn du ohne $ kopierst?

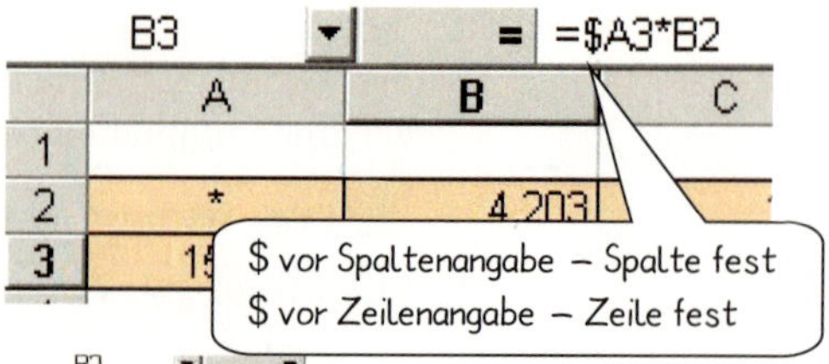

Erstelle die abgebildete Multiplikationstabelle.
Wenn du in der Formel in B2 das Dollarzeichen $ geschickt einsetzt, musst du nur noch nach rechts und unten kopieren.

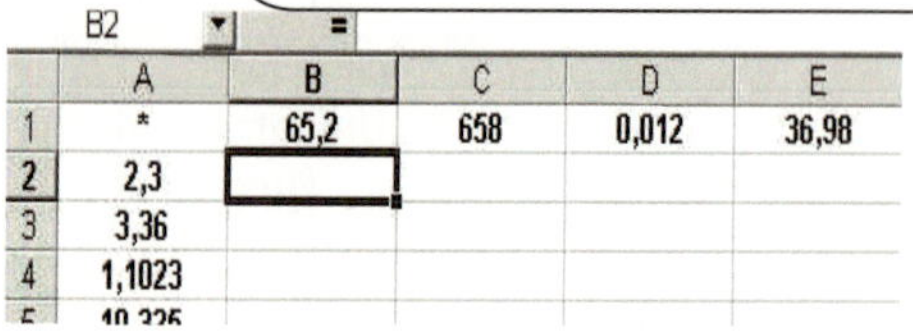

Diagramme

5 Datenreihen wie z.B. der Notenspiegel einer Klassenarbeit lassen sich mit einem Tabellenkalkulationsprogramm schnell in einem **Diagramm** veranschaulichen.

a) Gib die Daten in ein Tabellenblatt ein und markiere sie. Starte dann den Diagramm-Assistenten durch einen Klick auf [Symbol].

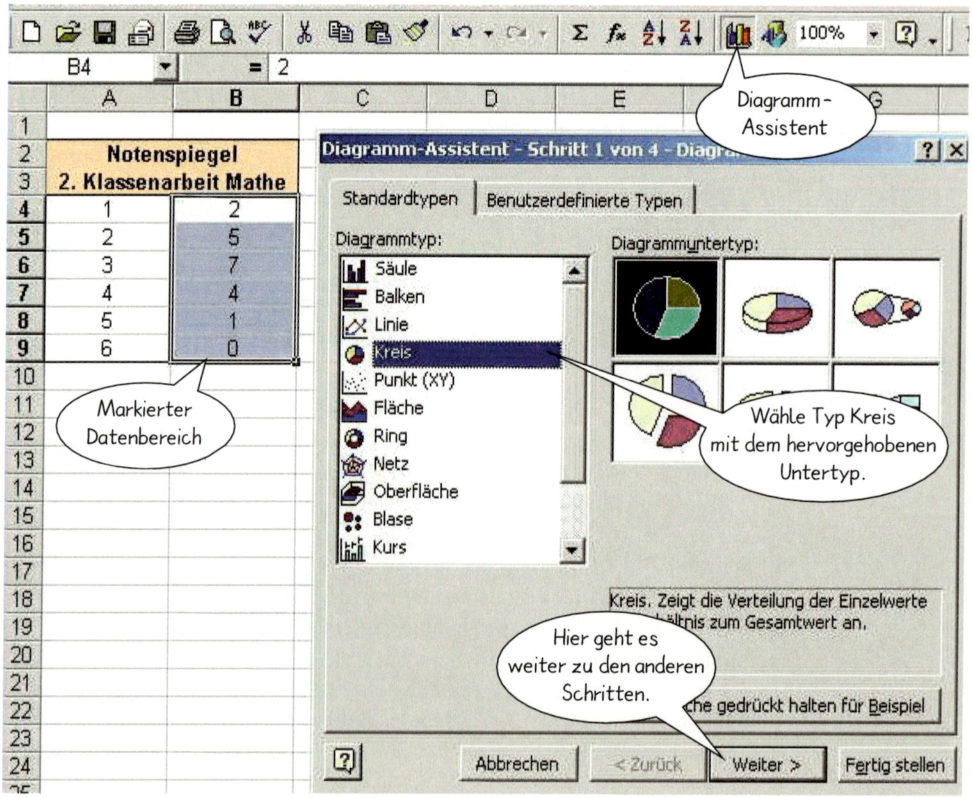

Wenn du das Kreisdiagramm fertig gestellt hast, vergiss nicht es zu speichern. Wähle dafür einen sinnvollen Namen.
Falls du drucken willst, klicke auf [Symbol].

b) Fahre mit dem Mauszeiger langsam über das fertige Diagramm und beobachte.
Was geschieht, wenn du Daten in dem Datenbereich veränderst?

c) Probiere bei Schritt 1 verschiedene Diagrammtypen und -untertypen aus. Findest du einen, der sich für die Darstellung der Notenverteilung besser eignet?

Übungen

1 Suche im Lexikon oder im Atlas nach Länderflaggen von Irland, Italien, Niederlande und Ungarn und versuche diese mit einem Tabellenkalkulationsprogramm herzustellen.
Suche dir weitere interessante Flaggen heraus.

2

	A	B	C	D	E	F	G	H	I	J	K	L	M	N
1	2005	Jan	Feb	Mrz	Apr	Mai	Jun	Jul	Aug	Sep	Okt	Nov	Dez	Summe
2	Miete	770,00	770,00	770,00	770,00	770,00	770,00	770,00	770,00	770,00	770,00	770,00	770,00	
3	Strom	33,00	33,00	33,00	33,00	33,00	33,00	33,00	33,00	33,00	33,00	33,00	33,00	
4	Krankenkasse	256,89	256,89	256,89	256,89	256,89	256,89	256,89	256,89	256,89	256,89	256,89	256,89	
5	GEZ	48,45			48,45			48,45			48,45			
6	Zeitung	54,35			54,35			54,35			54,35			
7	Kfz Vers.	584,29												
8	Kfz Steuer				97,00									
9	Summe													

Frau Uhl hat in ihrem Computer eine Tabelle für ihre festen Ausgaben erstellt.

a) Erstelle dieses Tabellenblatt mit deinem Tabellenkalkulationsprogramm. Nutze die Kopiermöglichkeiten.

b) Die Zeile 9 und die Spalte N tragen die Bezeichnung „Summe". Was soll jeweils berechnet werden? Erstelle die notwendigen Formeln.

3 Ein Computerhändler bestellt für sein Geschäft verschiedene Artikel. Erstelle eine Rechnung, in der neben dem jeweiligen Artikel auch die Anzahl der bestellten Teile, der Einzelpreis sowie der Gesamtpreis und auch die Rechnungssumme ersichtlich sind.

Anzahl	Artikel	Einzelpreis	Gesamtpreis
20	Mainbord P4	86,00 €	
5	Mainbord P64	163,00 €	
15	Festplatte 80 GB	154,00 €	
1	Festplatte 160 GB	285,00 €	
25	Drucker	125,00 €	
12	Scanner	80,00 €	
20	Grafikkarte	69,00 €	

4 Die Strichliste zeigt, wie sich die Geburtstage der 6d auf die Monate des Jahres verteilen:

a) Übertrage die Strichliste in eine Tabelle.

b) Erstelle ein geeignetes Diagramm. Welche Typen eignen sich, welche nicht? Begründe.

Monat	Anzahl
Januar	|
Februar	𝍸
März	|||
April	
Mai	||
Juni	||||

Monat	Anzahl
Juli	|||
August	||
September	||||
Oktober	||
November	|
Dezember	|||

5 a) Ein Tabellenkalkulationsprogramm kann auch mit gemischten Brüchen rechnen. Aber wie gibt man sie ein? Lasse $26\frac{4}{5} - \frac{2}{7}$ berechnen. Was wird in der Zelle, was in der Eingabezeile angezeigt?

Bruchformat: rechte Maustaste → Zellen formatieren → Zahlen

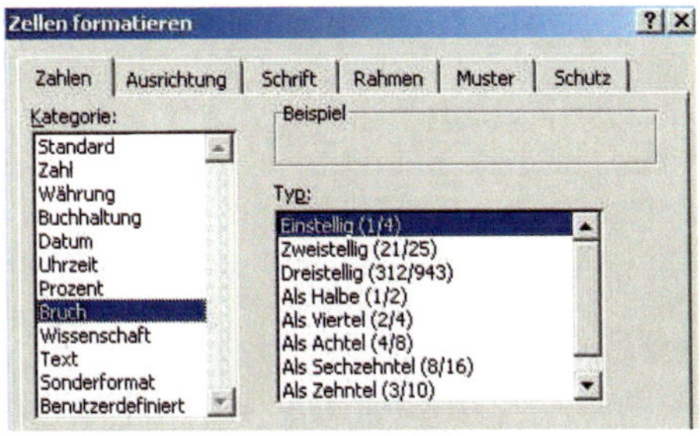

b) Übertrage die abgebildete Tabelle in ein Tabellenblatt.
Rechne nacheinander mit allen vier Rechenarten.

	25	10	1/3	5/9
125				
26 4/5				
31 3/4				

6 In der Tabelle sind die durchschnittlichen Monatstemperaturen einiger Orte in °C ablesbar. Vergleiche ihre Verläufe, indem du die Werte in einem einzigen Diagramm darstellst.

	Jan	Feb	Mär	Apr	Mai	Jun	Jul	Aug	Sep	Okt	Nov	Dez
München	-2,4	-1,2	3,0	7,6	12,2	15,4	17,2	16,6	13,3	7,8	2,9	-0,9
Zugspitze	-11,6	-11,6	-9,5	-6,9	-2,5	0,5	2,5	2,4	0,6	-3,2	-7,0	-10,0
Südpol	-28,8	-40,1	-54,4	-58,5	-57,4	-56,5	-59,2	-58,9	-59,0	-51,3	-38,9	-28,1
Tromsø	-3,5	-4,0	-2,7	0,3	4,1	8,8	12,4	11,0	7,2	3,0	-0,1	-1,9

7 a) Schreibe in B2 „Januar" und kopiere den Zellinhalt einige Zellen nach rechts oder nach unten. Beobachte, was passiert.
Schreibe in C3 die Zahl 200 und kopiere den Zellinhalt ebenfalls einige Zellen nach rechts oder nach unten. Was passiert nun? Erkläre.

b) Schreibe in D4 die Zahl 300 und in D5 die Zahl 312. Markiere beide Zellen und kopiere die Zellinhalte dann einige Zellen nach rechts. Was geschieht?

c) Erstelle in den Zellen von A1 bis A100 eine Liste der Zahlen von 1 bis 100 mit möglichst wenig Schreibaufwand.

8 Setze nacheinander für x alle natürlichen Zahlen von 0 bis 10 ein und berechne.

a) $x + 3\frac{3}{5}$ b) $\left(3\frac{1}{2} + x\right) - 7\frac{1}{2}$ c) $6 - x + 3$ d) $10\frac{1}{8} - x$

	A	B	C	D	E
1	x	a)	b)	c)	d)
2	0	=x+3+3/5	=(3+1/2+x)-7+1/2	=6-x+3	=10+1/8-x
3	1				
4	2				
5	3				
6	4				

Denke dran: Mit strg + # werden alle Formeln in einer Tabelle angezeigt.

LEONARDO VON PISA, genannt FIBONACCI (ca. 1170–1240) führte u. a. die arabischen Ziffern in Europa ein.

9 LEONARDO FIBONACCI stellte in seinem Rechenbuch „Liber Abaci" folgende Aufgabe, die man kurz das „Kaninchenproblem" nennt:

- Zu Beginn gibt es ein Kaninchenpaar.
- Jedes Kaninchenpaar wird im zweiten Lebensmonat fortpflanzungsfähig und bringt jeden Monat ein neues Paar zur Welt.
- Kein Kaninchen stirbt.

Monat	Kaninchenpaare
1	1
2	1
3	2
4	3
5	5
6	8
7	13
8	21
9	34
10	55
11	89
12	144

Mit einem Tabellenkalkulationsprogramm lässt sich die Anzahl der Kaninchenpaare leicht ermitteln.

Tipp: 1 + 1 = 2, 1 + 2 = 3

a) Begründe die Anzahlen der Kaninchenpaare in den ersten fünf Monaten. Wie viele Kaninchenpaare gibt es im 13. und im 14. Monat?

b) Erstelle das abgebildete Tabellenblatt bis zum 30. Monat.

c) Erstelle in einer weiteren Spalte vom zweiten Monat an den Quotienten aus der Anzahl der Kaninchenpaare eines Monats und der Anzahl der Kaninchenpaare des Vormonats. Formatiere die Zellen dieser Spalte so, dass sie zehn Nachkommastellen aufweisen. Wie entwickeln sich die Quotienten? Veranschauliche dies in einem Liniendiagramm.

4.1 Natürlich einfach – Addieren und Subtrahieren

Einstiege

E1 a) Was bedeuten die verschiedenen Zeilen und Zeichen auf dem Kassenzettel? Welche Rechnungen werden durchgeführt? Überprüfe.

Markthalle Mathedorf

		4,44 E
6x0,74	VOLLKORNTOAST	0,03 E
	ZEITUNGEN	
	Storno folgt ------	0,03-
------	ZEITUNGEN	2,
St	LL LANDMILCH	0,
3x0,89	PFAND	1,28 E
3x0,15	KAESE (BEDIENUNG)	2,79 E
	KAESE (BEDIENUNG)	1,58 E
	H-SCHAGSAHNE	1,59 V
4x0,39	SCHUHCREME	1,40 E
	BUECHER/ZEITSCHRI	16,20
	SUMME	50,00
	Bar	33,80
	Rückgeld	0,22
V MWST	16,0% VON 1,59	0,96
E MWST	7,0% VON 14,61	

b) Was müsstest du für zehn Tüten Chips zu je 1,87 Euro und vier Pakete Salzstangen zu 0,49 Euro bezahlen? Finde mehrere Rechenwege.
In Supermärkten mit Scannerkassen wird oft jeder einzelne Artikel gescannt, auch wenn mehrere gleiche Artikel auf dem Kassenband liegen. Kannst du dir Gründe dafür denken?

c) Du hast zusammen mit deinen neun Freundinnen und Freunden für die Schulanfangsparty eingekauft und 81,90 Euro ausgegeben. Ihr wollt diese Kosten gleichmäßig unter euch aufteilen. Wie würdest du rechnen? Begründe deine Rechnung.

E2 Zur Qualifikation für die Kletter-WM der Schnecken muss die deutsche Schnecke Schnirkel gegen die englische Schnecke Snail in zwei Disziplinen antreten.

a) Zuerst müssen sie eine 1,30 m hohe Mauer hinaufklettern. Schnirkel schafft 73,5 cm am Tag und rutscht in der Nacht 16 cm herunter. Snail schafft am Tag 1 yard (91,44 cm) und rutscht in der Nacht 1 foot (30,48 cm) herunter.
Wer ist zuerst oben?

b) Bei der Ausdauerdisziplin wird am Ende des fünften Tages gemessen, wer weiter oben ist. Hierbei schafft es Snail das Herunterrutschen auf 29,19 cm zu begrenzen. Schnirkel steigert ihre Tagesleistung auf 74,5 cm und rutscht nachts nur noch 11,25 cm herunter. Wer gewinnt den Ausdauerkampf?

c) Messt eure Armlänge und eure Handbreite so genau wie möglich. Spielt das Schneckenrennen so, dass eure Schnecke eine Armlänge hinauf kriecht und eine Handbreit herunter rutscht.

E3 Eines der sieben Weltwunder der Antike ist der sagenumwobene Koloss von Rhodos. Er war eine Bronzestatue des Sonnengottes Helios, die 80 Ellen (ca. 35 m) groß gewesen sein soll und vermutlich am Haupteingang der Stadt gestanden hat.
Der Bürgermeister von Rhodos plant derzeit für 100 Millionen Euro diese Statue möglichst originalgetreu wiederaufbauen zu lassen.

Ist ein Turm aus 100 Millionen aufeinandergestapelten 1-Euro-Münzen (Dicke 2,33 mm) genauso hoch wie die Statue? Schätze zuerst und berechne dann.

Grundwissen

1 Größen derselben Art wurden bislang addiert und subtrahiert, indem sie vorher in eine *genügend kleine* Einheit umgerechnet wurden, sodass kein Komma mehr nötig war.

$$\begin{aligned} 2{,}05\text{ km} + 513\text{ m} &= 2050\text{ m} + 78\text{ m} \\ &= 2128\text{ m} \\ &= 2{,}128\text{ km} \end{aligned}$$

Das Umrechnen in andere Einheiten entfällt, wenn man in einer Einheitentafel rechnet. Dazu muss man die Größen einheitengerecht eintragen, also z. B. km unter km, Zehnermeter unter Zehnermeter usw.

km		m			dm
Z	E	H	Z	E	
	2	0	5		
			7	8	
	2	1	2	8	

Nach dem gleichen Prinzip funktioniert die Addition von Dezimalzahlen in einer Stellenwerttafel.
Man trägt die Zahlen stellengerecht ein, also Zehner unter Zehner, Einer unter Einer, Komma unter Komma, Zehntel unter Zehntel, usw.
Gegebenenfalls ergänzt man Nullen.

	Z	E	,	z	h	t
6,732 =		6	,	7	3	2
72 =	7	2	,	0	0	0
0,81 =		0	,	8	1	0
	7	9	,	5	4	2

Komma unter Komma

Schriftliches Addieren und Subtrahieren

2 Auch beim **schriftlichen Addieren** und **Subtrahieren** von Dezimalzahlen ohne Stellenwerttafel muss man die Zahlen stellengerecht untereinander schreiben und eventuell fehlende Nullen ergänzen.

```
   92,200
 +168,325
 + 79,000
 + 26,510
    2 2 1
 --------
  366,035
```

Hinter dem Komma Nullen ergänzen

KOMMA UNTER KOMMA

Überträge beachten

```
   73,90
 -  2,53
       1
 -------
   71,37
```

3 Beim **Multiplizieren einer Dezimalzahl mit 10** (10^2; 10^3; ...) verschiebt sich das Komma um 1 (2; 3; ...) Stelle(n) nach **rechts.** Gegebenenfalls muss man **rechts** Nullen ergänzen.

$12{,}074 \cdot 10^2 = 1207{,}4$ — 2 Stellen nach rechts

$0{,}074 \cdot 10^4 = 00740{,}0$ — 4 Stellen nach rechts

Beim **Dividieren einer Dezimalzahl durch 10** (10^2; 10^3; ...) verschiebt sich das Komma um 1 (2; 3; ...) Stelle(n) nach **links.** Notfalls muss man **links** Nullen ergänzen.

$1207{,}4 : 10^2 = 12{,}074$ — 2 Stellen nach links

$740{,}0 : 10^4 = 0{,}0740$ — 4 Stellen nach links

Vervielfachen von Dezimalzahlen

4 Eine **Dezimalzahl wird vervielfacht,** indem man zuerst ohne Komma rechnet und dann im Ergebnis so viele Nachkommastellen abtrennt, wie die Dezimalzahl hat.

```
335 ·  24,3
-----------
   670
   1340
    1005
-----------
   8140,5
```

gleiche Anzahl Nachkommastellen

Übungen

1 Berechne im Kopf und nutze mögliche Rechenvorteile.

a) 2,7 + 1,6
b) 8,9 - 6,5
c) 1,95 + 2,05
d) 3,33 - 2,22
e) 1,2 - 0,9
f) 0,237 + 1,063 - 1,063
g) 2,4 + 1,8 + 3,6
h) 8,2 - 3,4 - 1,6
i) 7,31 + 2,52 - 5,31
j) 6,44 - 2,56 + 5,56
k) 12,31 - 4,21 + 0,9
l) 0,237 + 1,063 - 0,3
m) 0,77 + 0,3 - 0,07 - 0,3
n) 3 + 0,3 + 0,03 - 1,11
o) 0,2 + 1,1 - 0,3

705,65; 2,419; 3,3; 12,49; 61,906; 10; 0; 73,051; 189,2; 82,386 70,23; 0,356

2 Rechne schriftlich.

a) 31,91 + 671,4 + 2,34
b) 0,088 + 8,91 + 1,002
c) 7,992 - 0,188 - 4,505
d) 2,31 + 0,671 + 70,07
e) 71,34 - 7,034 - 2,4
f) 123,4 + 56,78 + 9,012
g) 82,56 - 70,07
h) 0,368 + 0,029 + 1,03 + 0,992
i) 78 - 7,3 - 0,47
j) 91,54 - 9,154
k) 12,91 - 9,734 - 0,616 - 2,56
l) 0,4 - 0,04 - 0,004

minus minus gleich plus

3 Berechne und vergleiche die Ergebnisse.

a) (I) 8,41 - (6,34 - 1,27) (II) 8,41 - 6,34 - 1,27 (III) 8,41 - 6,34 + 1,27
b) (I) 9,72 - 8,45 + 1,26 (II) 9,72 - 1,26 + 8,45 (III) 9,72 + 1,26 - 8,45

4 „Nullen sind unwichtig", behauptet Siegfried. Mareike widerspricht heftig.

a) Wie viele Nullen kann man insgesamt in den folgenden Zahlen weglassen? Übertrage die Zahlen mit möglichst wenig Ziffern in dein Heft.
Begründe, warum man manche Nullen weglassen darf und andere nicht.
17,008 00,5700 9,00 0,807 3490 820,01
0,0007 62,10 10,00 98,1601 0,00010 10203,040

b) Auch beim Runden werden Ziffern weggelassen. Runde auf die Stelle mit der Ziffer 1 und berechne den Rundungsfehler.
(I) 31,824 (II) 0,0146 (III) 1,5074 (IV) 45,012

c) Finde drei Zahlen, bei denen beim Runden auf Zehntel der Rundungsfehler ein Hundertstel beträgt.

5 Beim Leichtathletik-Wettkampf der Schule gab es im Speerwerfen die folgenden Ergebnisse.

Werfer	Versuch 1	2	3	4	5	6
A	31,06	30,53	32,09	29,44	-	31,99
B	32,01	-	31,77	30,96	30,54	-
C	28,97	31,60	31,99	32,09	30,84	30,76
D	29,95	28,29	-	-	-	32,81

Schreibe eine spannende Reportage über den Verlauf des Wettbewerbs. Wer wurde am Ende Erster, wer Zweiter?

6 Berechne.

a) $17{,}654 \cdot 100$
b) $0{,}0301 \cdot 1000$
c) $0{,}348 : 10$
d) $68{,}301 : 100$
e) $51{,}6 : 1000$
f) $0{,}96 \cdot 10$
g) $2{,}78 \cdot 10^3$
h) $0{,}705 : 10^2$
i) $0{,}000063 \cdot 10^3$
j) $1000^2 \cdot 1000$
k) $17{,}25 \cdot 0{,}01$
l) $17{,}25 : 0{,}01$

7 Rechne im Kopf.

a) 1,7 + 1,7 + 1,7
b) 0,3 + 0,3 + 0,3 + 0,3 + 0,3
c) 9,9 + 9,9 + 9,9
d) 0,4 + 0,4 + 0,4
e) 0,59 + 0,59 + 0,59
f) 6,1 + 6,1 + 6,1

8 Begründe die Verschiebung des Kommas um eine Stelle bei der Multiplikation mit 10.

9 Womit muss jeweils multipliziert oder dividiert werden?

a) $1{,}24 \cdot ☐ = 124$ b) $☐ \cdot 134{,}5 = 13450$ c) $1{,}986 \cdot ☐ = 198{,}6$
d) $1772 : ☐ = 1{,}772$ e) $18 : ☐ = 0{,}018$ f) $64{,}581 : ☐ = 6{,}4581$
g) $128{,}01 \cdot ☐ = 1{,}2801$ h) $6{,}5874 : ☐ = 658{,}74$ i) $☐ \cdot 58{,}321 = 0{,}58321$
j) $25{,}302 : ☐ = 25{,}302$ k) $9{,}62 \cdot ☐ = 0{,}0962$ l) $12{,}97 : ☐ = 1297$

10 Notiere das fehlende Rechenzeichen.

a) $12{,}365 \; ☐ \; 1000 = 12365$ b) $875{,}32 \; ☐ \; 100 = 8{,}7532$ c) $100^2 \; ☐ \; 0{,}235 = 2350$
d) $0{,}325 \; ☐ \; 0{,}01 = 32{,}5$ e) $0{,}325 \; ☐ \; 0{,}01 = 0{,}00325$ f) $1 \; ☐ \; 10^3 = 0{,}001$
g) $64287 \; ☐ \; 10^5 = 0{,}64287$ h) $0{,}01 \; ☐ \; 0{,}2315 = 0{,}002315$ i) $658{,}2 \; ☐ \; 0{,}01 = 6{,}582$

11 Übertrage die Tabelle in dein Heft und berechne die fehlenden Zahlen.

	a)	b)	c)	d)	e)
x	9,05	7,501	88,20	?	?
y	2,9	?	?	33,33	?
x + y	?	11,099	?	?	400,2
x − y	?	?	69,34	87,39	200,4

12 Berechne.

a) $3 \cdot 6{,}78$ b) $4 \cdot 2{,}12$ c) $123 \cdot 16{,}78$
d) $5{,}612 \cdot 6$ e) $3{,}554 \cdot 25$ f) $3{,}665 \cdot 72$

13 Das Wievielfache von 1,234 ist

a) $1{,}234 + 12{,}34 + 123{,}4$; b) $1234 - 1{,}234 - 123{,}4 + 12{,}34$?

14

(I) 100,2 + 2,05 = 120,7 (II) 2,33 + 1,54 = 3,88
(III) 34,56 − 7,86 = 42,42 (IV) 12,3 − 1,23 = 0

Findet jeweils eine möglichst einfache Begründung, warum das Ergebnis falsch sein muss. Was könnte bei der Eingabe falsch gemacht worden sein?

16; 8,159; 44,8; 41,36; 6,66; 14,61; 102,11; 8,739

15 Berechne schriftlich.

a) $4 \cdot (2{,}38 + 7{,}96)$ b) $(1{,}05 + 0{,}55) \cdot 28$ c) $28{,}31 + 6{,}15 \cdot 12$
d) $2 + 0{,}97 \cdot 13$ e) $(32{,}3 + 5{,}73 - 30{,}03) \cdot 2$ f) $1{,}23 + 2{,}31 + 3{,}12$
g) $(8{,}103 - 0{,}603) \cdot 4 - 21{,}841$ h) $(4{,}343 + 5{,}565) - 7 \cdot (0{,}098 + 0{,}069)$

16 a) Finde fünf Additionsaufgaben mit dem Ergebnis 1. Versuche es auch mit mehr als zwei Summanden.
b) Finde fünf Subtraktionsaufgaben mit dem Ergebnis 0,57. Versuche es auch mit mehr als einem Subtrahenden.

17 Bei einem Bäcker bleibt in der Regel ein Brotkorb mit zur Hälfte normalen Brötchen zu 0,25 Euro je Stück und jeweils zu gleichen Teilen Körner- und Bauernbrötchen zu 0,50 Euro je Brötchen übrig.
Was könnte der Bäcker gegen Ende der Geschäftszeit anstellen um bis zum Geschäftsschluss auch diese Brötchen verkaufen zu können?

572,9; 760,7; 137,5; 203 040,19; 265,9; 100; 68,98; 111; 47

18 Überschlage im Kopf, suche auf dem Zettel nach der richtigen Lösung und rechne nach.

a) $733 + 277 \cdot 0{,}1$
b) $76\,500 : 500 - 530 \cdot 0{,}1$
c) $733 \cdot 277 - 0{,}81$
d) $89 \cdot 0{,}2 + 555{,}1$
e) $73{,}3 - 18 \cdot 0{,}24$
f) $277 - 111 : 10$
g) $108 \cdot 0{,}75 + 30$
h) $14 : 0{,}1 - 2{,}5$
i) $1300 : 25 - 0{,}1 \cdot 50$

19 Bilde aus dem Text einen Term und schreibe ihn als Rechenbaum. Rechne aus.
a) Addiere zur Summe von 3,5 und 1,25 die Differenz von 18,27 und 17,93.
b) Subtrahiere vom Dreifachen der Summe von 4,55 und 5,44 die Zahl 29,96.
c) Bilde die Summe der Differenzen von 26,13 und 14,23 sowie von 67,2 und 59,1.
d) Subtrahiere von 2,5 das Fünffache der Summe aus 0,012 und 0,203.

20 a) Peter denkt sich eine Zahl. Er addiert 1,4. Vom Zehnfachen des Ergebnisses subtrahiert er 18,1 und erhält 18,9. Welche Zahl hat sich Peter ausgedacht?
b) Stellt euch gegenseitig solche Aufgaben.

21 a) Welchen Stellenwert erhält die Zehntelziffer einer Zahl, wenn die Zahl mit 100 (10 000) multipliziert wird? Wie ändern sich die Stellenwerte der anderen Ziffern?
b) Wie ändert sich der Stellenwert einer Ziffer einer Dezimalzahl, wenn man die Zahl durch 100 (10 000) dividiert? Wie hängt die Antwort vom Stellenwert der Ziffer ab?

22 a) Was ist das Hundertfache von 3,104 und was ist der zehnte Teil von 23,6?
b) Gib das Zehnfache von 0,0304 an und den tausendsten Teil von 38,7.

23

2,14	0,348	0,69
1,24	4,904	0,652
1,986	4,86	2,41
0,096	1,014	0,351

a) Bilde aus den abgebildeten Zahlen Paare, deren Summe eine natürliche Zahl ist. Welche Zahlen haben keine Verwendung?
b) Welches Zahlenpaar weist den größten, welches den kleinsten Unterschied auf?

24

MatheNetz-Bank – Aachen **BLZ 123 A45 6B**

Kontonummer	Kontoart	letzter Auszug	Erstellungsdatum	Zeit	Auszug-Nr	Blatt	Filiale
12A34B56C	KKT	28.12.2004	30.12.2004	14:56	103	1	0

Beleg	Buchungstag	Wert	Text	Betrag
017991	30.12.	30.12.	Dauerauftrag Miete	669,80S
018005	30.12.	31.12.	Lastschrift Kaufhaus A-Dorf	102,08 S
018011	30.12.	30.12.	Überweisung Regierungshauptkasse	3217,02 H
018019	30.12.	29.12.	Eurocheque 123 456	34,92 S
018022	30.12.	30.12.	PKV Private Krankenversicherung	235,09 H

Hans Hättegerngeld	SALDO ALT	EUR	?
Zahlenweg 123 – Jülich	SALDO NEU	EUR	3422,11 H

Auf dem Kontoauszug sind die Umsätze des 30. 12. 2004 vermerkt.
a) Informiere dich über die Bedeutung der Begriffe und Abkürzungen.
b) Finde zu dem Kontoauszug möglichst viele Fragen, die du mit mathematischen Methoden beantworten kannst.

Welche Symmetrien besitzt die Figur? Zeichne sie ab und setze sie zu einem Parkett fort. Welcher Anteil der Fläche ist gefärbt?

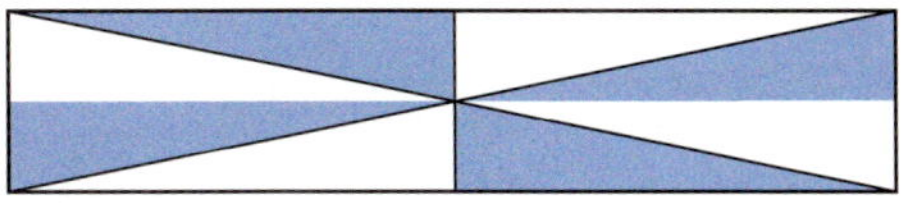

25 Übertrage das Zahlenschema in dein Heft. Finde heraus, wie es entstanden sein könnte, und setze es um zwei Zeilen fort.

0 1
0 0,1 1
0 0,01 0,11 1
0 0,001 0,012 0,111 1
0 0,0001 0,0013 0,0123 0,1111 1

26 Die Spedition „Feuerreifen“ hat für kurze Strecken einen kleinen Lkw. Das zulässige Gesamtgewicht beträgt 2,8 t, das Leergewicht einschließlich Diesel beträgt 1,628 t.
Der Besitzer, Herr Feuer (schlank, dunkelhaarig, 1,85 m groß, Gewicht 83 kg), hat einige kurzfristige Lieferungen zugesagt: Zwei Paletten mit Maschinenteilen (0,387 t und 0,596 t), einige Pakete Zeitschriften (47,3 kg) und ein originalverpacktes Elektrogerät (67 kg, davon 8,5 kg Verpackung). Herr Ruhig, der Fahrer (115 kg schwer, 1,73 m groß, rund und gemütlich), sagt nur: „Chef, da haben wir ein Problem.“

27 Rikes Familie plant einen Wanderurlaub. Auf einer Wanderkarte des Wandergebietes im Maßstab 1 : 150 000 hat ein Rundwanderweg ungefähr die Länge 11,4 cm. Das Gelände ist ziemlich hügelig.

28 Besorge dir die aktuellen Benzinpreise und berechne:

	1 *l*	2 *l*	5 *l*	15 *l*	35 *l*	66 *l*
Normalbenzin						
Superbenzin						
Superplus						
Diesel						

Ausstiege

A1 In den USOM (United States Of Mathemania) gibt es Staaten, die nur im Zweiersystem rechnen. Trotzdem ist es für alle gar keine Schwierigkeit über mathematische Aufgaben zu konferieren, da die Verfahren überall gleich ablaufen.

Achter	Vierer	Zweier	Einer	Komma	Halbe	Viertel	Achtel
1	0	1	1	,	1	0	1
	1	1	0	,	0	1	

$1011{,}101_2 = 8 + 2 + 1 + \frac{1}{2} + \frac{1}{8} = 11\frac{5}{8}$ und $110{,}01_2 = 4 + 2 + \frac{1}{4} = 6\frac{1}{4}$

a) Auch in den Zweierländern gibt es Kommazahlen. So, wie wir das Dezimalsystem nach rechts erweitert und dadurch die Kommazahlen erhalten haben, können wir das auch mit dem Dualsystem durchführen:
b) Schreibe als Dezimalzahl: (I) $101{,}1_2$ (II) $1101{,}0101_2$ (III) $0{,}00101_2$
c) Übertrage ins Dualsystem: (I) $\frac{1}{4}$ (II) $3\frac{5}{8}$ (III) 9,75 (IV) 0,4375
d) Denke dir weitere Dezimalzahlen aus und übertrage sie ins Dualsystem.
e) Dualzahlen ohne Komma kannst du schon addieren und subtrahieren. Kann man so auch mit Komma rechnen? Versuch es: (I) $1101{,}01_2 + 101{,}1_2$ (II) $10010{,}111_2 - 101{,}001_2$

A 2

Faszination Skispringen

Beim Skispringen setzt sich die Gesamtnote aus der Weitennote und der Haltungsnote zusammen.

Jede Schanze hat eine Normalweite, den K-Punkt. Für diese Weite gibt es die Weitennote 60. Für größere oder kleinere Weiten gibt es Punktzuschläge oder -abzüge.

Die Haltungsnote wird aus dem Urteil von fünf Haltungsrichtern gebildet, die den Sprung beobachten und bewerten.

Beim Springen in Oberstdorf gab es folgende Ergebnisse:

Springer	Weite	Note	Richter 1	Richter 2	Richter 3	Richter 4	Richter 5	Note
Horngacher, Stefan (AUT)								**Gesamtnote: 249,4**
	115,5	60,9	18,0	17,5	17,5	18,0	18,0	53,5
	127,5	82,5	18,0	17,5	17,0	18,0	17,0	52,5
Kaiser, Stefan (AUT)								**Gesamtnote: 239,4**
	115,0	60,0	18,5	18,5	18,5	18,0	18,0	55,0
	120,5	69,9	18,5	19,0	18,0	18,0	18,0	54,5
Herr, Alexander (GER)								**Gesamtnote: 233,7**
	115,0	60,0	18,5	19,0	18,5	18,5	18,5	55,5
	116,5	62,7	18,5	18,5	18,0	18,5	18,5	55,5
Malysz, Adam (POL)								**Gesamtnote: ?**
	116,5		18,5	18,0	18,0	18,0	18,0	
	132,5		16,0	17,0	17,0	16,0	16,5	
Kasai, Noriaki (JPN)								**Gesamtnote: ?**
	116,5		19,5	19,0	19,0	19,5	19,5	
	128,5		20,0	19,5	19,5	19,5	19,5	
Schmitt, Martin (GER)								**Gesamtnote: ?**
	119,0		18,0	19,5	18,5	18,5	18,5	
	133,0		18,0	18,0	19,0	17,5	17,5	
Harada, Masahiko (JPN)								**Gesamtnote: ?**
	119,5		18,5	19,0	18,0	19,0	19,0	
	128,0		17,5	17,5	17,0	17,0	17,0	
Hannawald, Sven (GER)								**Gesamtnote: ?**
	121,0		18,0	19,0	18,0	18,5	18,5	
	122,0		18,0	18,0	18,0	18,0	18,0	

a) Der K-Punkt der Oberstdorfer Schanze liegt bei 115 m.
Findet anhand der Daten der ersten drei Springer heraus, wie die Gesamtnote zustande kommt.
Wie viele Punkte gibt es pro Meter?

b) Berechnet aus den Daten auch die Gesamtnoten der anderen Springer und bestimmt die Schlussreihenfolge.

c) Informiert euch über die Sportart Skispringen.
Wie war die Entwicklung? Wie sind die Haltungsregeln? Wer hält Rekorde und wie weit sind diese?
Fertigt eine Wandzeitung an.

4.2 Vermessene Geometrie – Multiplizieren und Dividieren

Einstiege

E 1 Lara, Mike und Svetlana untersuchen im Mathematikunterricht mit besonderen „Maschinen“ den Flächeninhalt von Rechtecken:

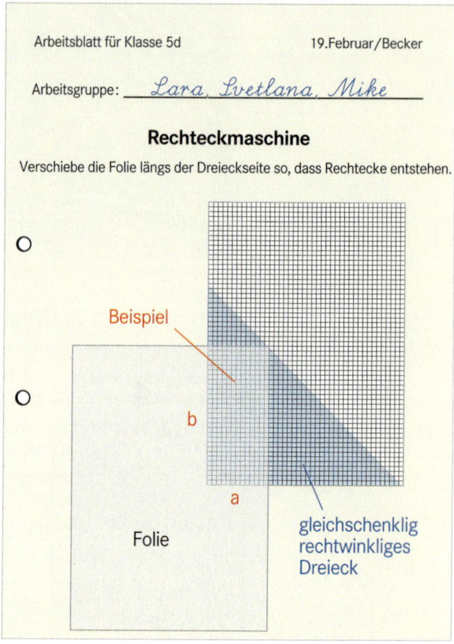

a) Zeichnet mit eurem Geodreieck ein großes rechtwinkliges Dreieck, das gleichschenklig ist, und stellt mit einer rechteckigen Folie so eine Maschine her. Zeichnet verschiedene Beispielrechtecke ein. Bestimmt durch Messen deren Seitenlängen a und b.
Was fällt euch auf?

b)

c) Findet möglichst viele verschiedene Wege den Flächeninhalt eines Rechteckes zu berechnen, dessen Seitenlängen Dezimalzahlen sind.
Sucht eine Regel für die Multiplikation von Dezimalzahlen.

Nr.	Seite a	Seite b	Flächeninhalt
1	14,7 cm	5,9 cm	
2	12,5 cm	8,1 cm	
3	9,2 cm		
4			

E 2 Philip will sein Zimmer renovieren und benötigt einen neuen Teppichboden, der 2,25 m breit und 4,5 m lang sein soll. Er soll 10 Euro pro m^2 kosten.
Wie viel muss er bezahlen?
Er rechnet erst einmal wie gewohnt, aber er weiß nicht, wohin das Komma kommt.
Daher führt er zusätzlich noch eine Überschlagsrechnung durch.
Nun weiß er, dass der Teppich 10,125 m^2 groß sein muss und daher 101,25 Euro kostet.

$$\begin{array}{r} \underline{225 \cdot 45} \\ 900 \\ \underline{1125} \\ 10125 \end{array}$$

$2{,}5\ m \cdot 5\ m = 12{,}5\ m^2$
und
$2\ m \cdot 4{,}5\ m = 9\ m^2$

a) Erkläre den Rechenweg.
b) Überlege dir andere Möglichkeiten zu rechnen.
c) Nachdem der Verkäufer den Raumplan gesehen hat, rät er zu einem Teppichboden, der 4,5 m breit ist und eine Größe von 11,25 m^2 hat. Wie lang muss die andere Seite sein?

E3 Kennt ihr die Welt der Umfanier?
Die Körper der Umfanier sind Rechtecke mit gleichem Umfang. So finden sich zum Beispiel auf dem Planeten 11 nur Umfanier mit 11 cm Körperumfang.

a) Bastelt euch aus Draht (z.B. Pfeifenputzer) einige 11-Umfanier.
Wenn sich auf dem Planeten 11 ein Spion von Planet 12 eingeschlichen hat, dann müssen sich alle Umfanier mit der rechten Schulter an eine Wand stellen. Sofort fällt der Spion auf. Warum?

b) Der Polizeichef der 11-Umfanier ist doppelt so breit wie hoch.
Rechnet und zeichnet.

c) König des Planeten ist immer der mit dem größten Bauch.
Stellt euch vor, ihr müsst unter allen 11-Umfaniern den König wählen. Tragt die Ergebnisse eurer Messungen in eine Tabelle und in ein Koordinatensystem ein.
Vergleicht die Gruppenergebnisse.

Länge	Breite	Bauchgröße Länge · Breite
2 cm	3,5 cm	7 cm²
1,5 cm	4 cm	
2,5 cm		
1,9 cm		

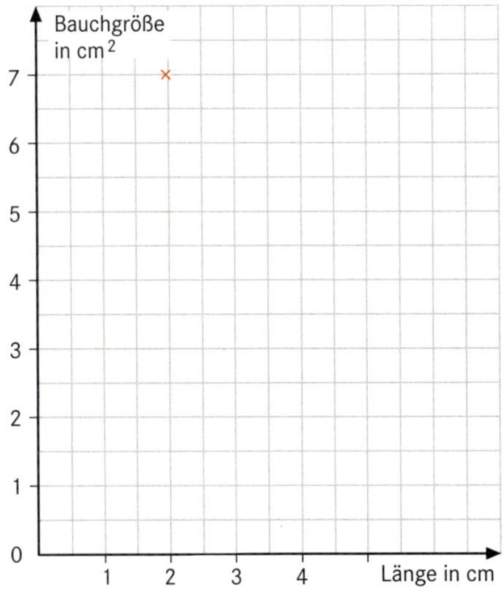

d) Untersucht in Gruppen auch den Planeten 15. Gibt es eine allgemeine Regel für den König auf jedem Planeten?

e) In einer anderen Welt leben die 10-Arealer. Sie haben rechteckige Körper mit dem Flächeninhalt 10 cm².
In 10-Areal regiert eine Königin.
Welches könnte ihre besondere Eigenschaft sein?

f) Ganz verrückte Wesen sind die Quadprismaner. Ihre Körper sind quadratische Säulen mit gleicher Oberfläche.
Wie wird ihre Oberfläche berechnet?
Gibt es bei ihnen besondere Wesen?

Übersetze den Text in einen Rechenausdruck und berechne.
(I) Subtrahiere die Differenz von 143 und 87 von der Summe dieser Zahlen und dividiere das Ergebnis durch 2.
(II) Halbiere die Summe aus der Summe und der Differenz der Zahlen 1284 und 1248.
Führe die Rechnungen auch mit anderen Zahlen durch. Was fällt dir auf?

Grundwissen

1 Beim Multiplizieren und Dividieren kann „Kommaverschiebung" hilfreich sein.

$13{,}2 \cdot 0{,}03$
$= 1{,}32 \cdot 0{,}3$
$= 0{,}132 \cdot 3$

gegensinnige Kommaverschiebung bei der Multiplikation

Das Produkt | Der Quotient
zweier Zahlen ändert sich nicht, wenn man bei beiden Zahlen das Komma um gleich viele Stellen in
entgegengesetzte Richtungen | die gleiche Richtung
verschiebt.

$4{,}976 : 0{,}16$
$= 49{,}76 : 1{,}6$
$= 497{,}6 : 16$

gleichsinnige Kommaverschiebung bei der Division

Multiplizieren zweier Dezimalzahlen

2 Beim **Multiplizieren zweier Dezimalzahlen** rechnet man wie bei natürlichen Zahlen. Erst am Ende muss man die Nachkommastellen beachten.

2 Stellen + 1 Stelle

```
5,62 · 24,3
-----------
  1124
   2248
    1686
-----------
  136,566
```

3 Stellen

Das Ergebnis hat so viele Nachkommastellen wie beide Faktoren zusammen (eventuell Nullen ergänzen).

2 Stellen + 2 Stellen

```
1,03 · 0,04
-----------
     0,0412
```

4 Stellen

Dividieren durch eine natürliche Zahl

3 Geht die Division einer natürlichen Zahl durch eine natürliche Zahl nicht auf, kann man den Rest weiter verteilen. Da man sich hinter einer natürlichen Zahl beliebig viele Nullen als Nachkommastellen denken kann, lassen sich weitere Stellen „runterholen". Beim Überschreiten des Kommas wird im Ergebnis auch ein Komma gesetzt. Danach rechnet man wie bisher.

```
45 : 4 = 45,00 : 4 = 11,25
4
 5
 4
 10
  8
  20
  20
   0
```

Ich habe Vorfahrt!

Bei Überschreiten des Kommas zuerst das Komma im Ergebnis setzen, dann die erste Nachkommastelle „runterholen".

45 : 4 geht nicht auf, aber wenn man hinter dem Komma Nullen anhängt, kann man weiter rechnen.

```
3,60 : 5 = 0,72
0
36
35
 10
 10
  0
```

Genauso lassen sich Dezimalzahlen durch natürliche Zahlen dividieren.

Dividieren durch eine Dezimalzahl

4 Beim **Dividieren** durch eine Dezimalzahl wird zuerst mit gleichsinniger Kommaverschiebung der Divisor zu einer natürlichen Zahl gemacht.

```
4,976 : 0,16 = 497,6 : 16 = 31,1
            48
             17
             16
              16
              16
               0
```

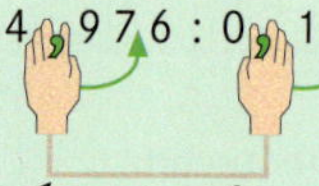

Wir gehen gemeinsam.

Zuerst beide Kommas gemeinsam nach rechts, bis Divisor natürlich, dann dividieren!

Umfang und Flächeninhalt eines Rechtecks

A kommt von area, engl. Fläche

5 Der **Umfang u eines Rechtecks** ist die Summe aller vier Seitenlängen:

$u = 2 \cdot a + 2 \cdot b.$
$= 2 \cdot (a + b).$

Für den **Flächeninhalt A eines Rechtecks** gilt:

$A = a \cdot b$

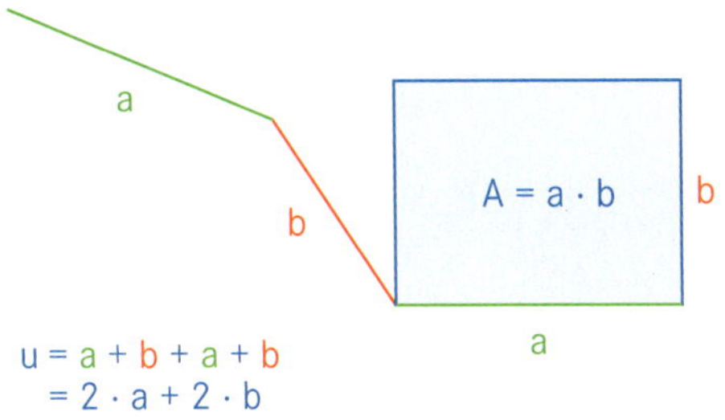

Oberfläche und Volumen eines Quaders

6 Die **Oberfläche O eines Quaders** ist die Summe der Flächeninhalte aller sechs Außenflächen:

$O = 2 \cdot a \cdot b + 2 \cdot b \cdot c + 2 \cdot a \cdot c$
$= 2 \cdot (a \cdot b + b \cdot c + a \cdot c)$

Für das **Volumen V eines Quaders** gilt:

$V = a \cdot b \cdot c$

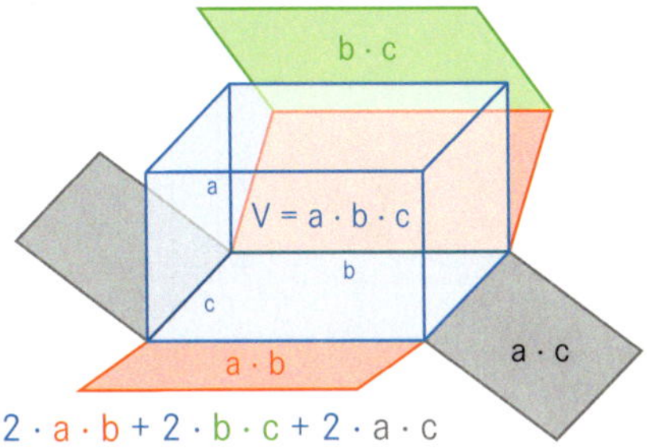

Übungen

1 Berechne und vergleiche.

a) (I) $2{,}3 \cdot 3{,}5$ (II) $23 \cdot 0{,}35$ (III) $0{,}23 \cdot 35$
b) (I) $0{,}37 \cdot 2{,}5$ (II) $3{,}7 \cdot 2{,}5$ (III) $37 \cdot 2{,}5$
c) (I) $0{,}18 \cdot 0{,}74$ (II) $1{,}8 \cdot 7{,}4$ (III) $18 \cdot 74$

2 Rechne im Kopf.

a) $1{,}1 \cdot 4{,}4$ b) $1{,}01 \cdot 2{,}2$ c) $0{,}01 \cdot 4{,}2$ d) $0{,}1 \cdot 2{,}2$
e) $0{,}02 \cdot 2{,}2$ f) $0{,}11 \cdot 3{,}1$ g) $1{,}7^2$ h) $0{,}9^3$
i) $0{,}8 \cdot 0{,}4$ j) $100 \cdot 1{,}1$ k) $0{,}499 \cdot 200$ l) $0{,}499 \cdot 0{,}2$

3 Übertrage die Aufgabe ins Heft und setzte das Komma im Ergebnis.

a) 45,31 · 0,352 = 1594912
b) 1,0092 · 0,998 = 10071816
c) 231,7 · 14,86 = 3443062
d) 0,0090 · 0,097 = 000008 73

4 Denkt euch zehn Multiplikations- und Divisionsaufgaben mit Dezimalzahlen aus und löst sie. „Vergesst" im Ergebnis das Komma und lasst es vom Partner richtig setzen.

5 Berechne schriftlich, führe aber zuerst einen Überschlag durch.

a) $2{,}81 \cdot 6{,}01$ b) $70{,}01 \cdot 12{,}3$ c) $0{,}0011 \cdot 7{,}10$
d) $12{,}02 \cdot 1{,}9$ e) $28{,}77 \cdot 9{,}99$ f) $16{,}36 \cdot 0{,}012$
g) $3{,}04 \cdot 1{,}85$ h) $16{,}13 \cdot 5{,}07$ i) $0{,}0417 \cdot 0{,}0076$

6 Rechne im Kopf.

a) $0{,}4 : 2$ b) $4{,}9 : 7$ c) $1{,}05 : 5$
d) $0{,}36 : 0{,}3$ e) $3{,}5 : 0{,}07$ f) $52 : 13$
g) $4{,}5 : 100$ h) $4{,}5 : 0{,}1$ i) $0{,}01 : 10$

7 Berechne und vergleiche.

(I) 79,4 - (32,5 - 6,81) · 4,21 (II) 79,4 - 32,5 - 6,81 · 4,21
(III) (79,4 - 32,5 - 6,81) · 4,21 (IV) 79,4 - (32,5 - 6,81 · 4,21)

5,623; 3,828; 13,6; 115,56; 41,36; 100,1; 6,666; 555; 0; 0,09908; 3,3

8 Berechne schriftlich.

a) 4 · (2,38 + 7,96) b) (1,053 - 0,063) : 0,3 c) 26,216 + 6,157 · 12
d) (8,103 - 0,977) · 4 - 21,838 e) (4,343 + 5,565) · 0,01 f) 7,023 - 7 · (0,098 + 0,102)
g) 21,828 - (8,103 + 0,897) : 0,5 h) (3000 - 724,5) : 4,1 i) 10,24 : 3,2 - 25,6 : 8
j) $1{,}03^2$ - (2 - 0,97) · 1,03 k) (32,1 : 3) · (43,2 : 4) l) (32,3 + 5,73 - 30,03) · 1,7

9 Berechne den Flächeninhalt für jede in der Zeichnung vorkommende Figur.

a)
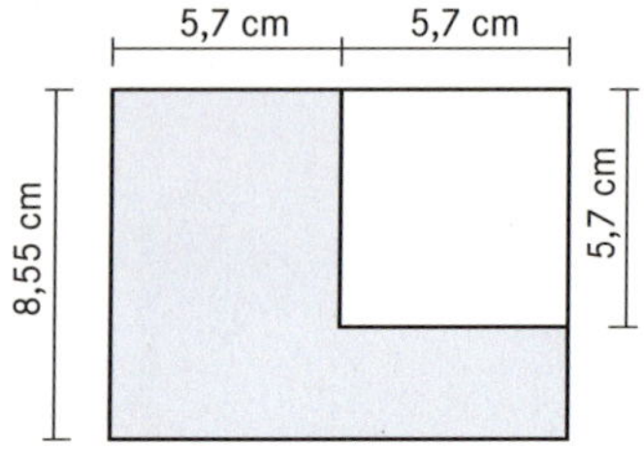

b)
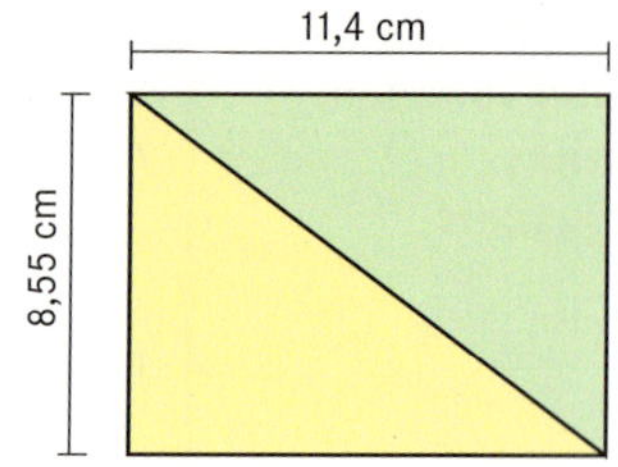

10 Berechne.

a) 1,2 · 30 mm b) 1,1 cm + 3 · 0,3 cm c) 7 m · 1,2 d) 1,3 g : 1,3
e) 144 m : 12 f) 2 · 0,4 - 4 · 0,2 g) 42 Euro : 20 h) 19,6 cm : 1,4
i) 12,5 cm : 5 j) 3 · 0,5 - 5 · 0,3 k) 42 Euro : 2 l) 22,5 m : 1,5

11

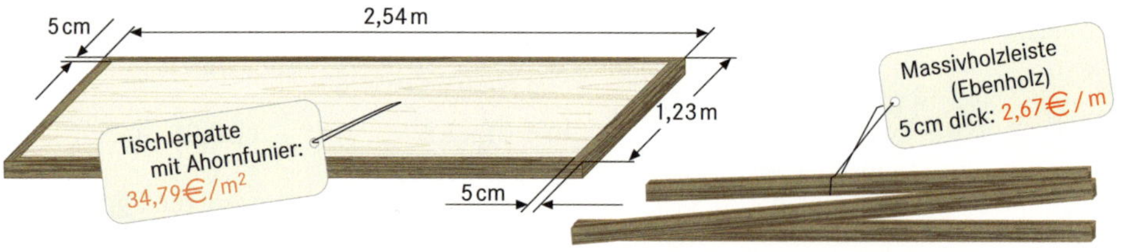

12 Karim soll im Supermarkt ein bestimmtes Waschmittel kaufen. Im Regal stehen mehrere verschiedene Packungsgrößen.

13 Lena geht zum Metzger und kauft acht Scheiben gekochten Schinken und ein Schweinefilet. Der Schinken wiegt 185 g und kostet 29,69 Euro je kg. Das Schweinefilet wiegt 621 g und kostet 15,30 Euro je kg. Wie viel muss Lena bezahlen?

Denkt euch ähnliche Aufgaben für die Mathe-Box aus.

14 Überschlage im Kopf, berechne dann schriftlich.

a) 61,3 : 25 b) 157,5 : 75 c) 3 : 16 d) 5,04 · 8,82
e) 3,875 · 2,8 f) 28,7 : 5 g) 28,7 · 5 h) 9 · 9,99

15 Die Zahlen 2,4 und 3,71 sind gerundet. Zwischen welchen Zahlen liegt das Produkt der genauen Zahlen? Wie genau kannst du das Ergebnis angeben?

16 a) Ein Quadrat hat die Seitenlänge 1,25 dm. Berechne Umfang und Flächeninhalt.
b) Aus dem Quadrat wird ein Rechteck gemacht, indem die eine Seite 1 cm verkürzt und die andere dafür 1 cm verlängert wird. Wie ändern sich dadurch Umfang und Flächeninhalt?
c) Was passiert mit Umfang und Flächeninhalt, wenn die Quadratseiten statt um 1 cm um 2 cm verändert werden?

17

a) Ein Quadrat kann sich als etwas ganz Besonderes fühlen. Erkläre, warum.
b) Ein Würfel ist ein ganz besonderer Quader. Welche Formeln darf er benutzen?

18 a) Gesucht sind Rechtecke mit dem Flächeninhalt 9 cm². Übernehmt die Tabelle ins Heft und vervollständigt sie.

a	4,5 cm	3 cm	2 cm	1 cm	0,5 cm
b	■	■	■	■	■

b) Zeichnet die Rechtecke in ein Koordinatensystem, sodass die linke untere Ecke im Ursprung liegt und die Seiten parallel zu den Achsen verlaufen. Markiert die rechten oberen Eckpunkte. Wo liegen sie? Überprüft eure Vermutung an weiteren Beispielen.
c) Berechnet die Umfänge der Rechtecke in der Tabelle.

55; 1000,1; 100; 0,1; 760,7; 203040,19

19 Überschlage im Kopf, suche auf dem Zettel nach der richtigen Lösung und rechne nach.
a) $733 + 277 \cdot 0{,}1$
b) $76\,500 : 500 - 530 \cdot 0{,}1$
c) $733 \cdot 277 - 0{,}9^2$
d) $89 : 0{,}2 + 555{,}1$
e) $73{,}3 - 18{,}3 : 0{,}25$
f) $277 - 111 : 0{,}5$

20 Rechne im Kopf.
a) Teile 30 durch 0,5 und zähle 2 dazu. Welches Ergebnis ist richtig, 8; 17 oder 62?
b) Teile 100 durch 0,1 und ziehe 5 ab. Welches Ergebnis ist richtig, 5; 95 oder 995?
c) Multipliziere 50 mit 0,3 und zähle 7 dazu. Welches Ergebnis ist richtig, 15,7; 22 oder 157?
d) Multipliziere 15 mit 0,2 und ziehe 3 ab. Welches Ergebnis ist richtig, 0; 27 oder 33?

21 a) Calculate the area of the rectangle with length a and width b.
(I) a = 3,74 inch; b = 12,03 inch (II) a = 7,088 inch; b = 12,3 inch
b) Calculate the surface area and the volume of a cuboid with length a, width b and height c.
(I) a = 6,5 inch; b = 0,9 inch; c = 3 inch (II) a = 1,7 inch; b = 25,5 inch; c = 9,2 inch

22 a) Welches ist die praktischste Art den Umfang eines Rechtecks zu berechnen?
b) Sammelt verschiedene Möglichkeiten die Kantenlänge eines Quaders zu berechnen. Was sagt man, wenn man rechnet: $k = 4 \cdot (a + b + c)$?
c) Es gibt auch viele Wege die Oberfläche eines Quaders zu berechnen. Sammelt alle Formeln und alle Anweisungen.
d) Begründet, welche Vorgehensweise sinnvoller ist.

23 Sarahs Lieblingspralinen gibt es in drei Verpackungen. Die kleine Schachtel mit 200 g kostet 1,98 Euro, die größere Schachtel enthält 250 g und kostet 2,52 Euro. Es gibt noch eine Plastikdose mit 300 g, die 4,95 Euro kostet. Welche ist die Günstigste?

24 Rechne auf zwei Nachkommastellen genau.

a) Der Flächeninhalt eines Rechtecks beträgt 45,52 cm^2. (27,33 cm^2; 55,67 cm^2; 100,52 cm^2). Eine Seite ist 9,23 cm lang. Wie lang ist die andere?

b) Ein Kilogramm Erdnüsse kostet 2,19 Euro. Pavel hat noch 3,10 Euro. (4,25 Euro; 2,85 Euro; 327 ct; 96 ct). Wie viel kann er dafür kaufen?

$a \cdot b = 45{,}52\ cm^2$

$9{,}23\ cm \cdot b = 45{,}52\ cm^2$

$b = 45{,}52 : 9{,}23\ cm$

$b \approx 4{,}93\ cm$

25 Tim und Mirjana wollen die Kanten ihres Geschenkpaketes mit einem Schmuckband bekleben. Für die verschiedenen Kanten des Quaders messen sie 15,55 cm, 16,65 cm und 13,50 cm. Tim rundet auf volle Zentimeter und berechnet die gesamte Kantenlänge, Mirjana rechnet mit den Messwerten und rundet erst das Ergebnis. Rechne auf beide Arten und vergleiche. Welche Schlüsse würdest du daraus für solche Berechnungen ziehen?

Ausstiege

A1 a) Weltklassesprinter laufen 100 m in etwa 9,9 s. Bei einem sehr engen Einlauf wird zur Ermittlung des Siegers ein Zielfoto herangezogen, wodurch die Zeiten sogar auf Tausendstel-Sekunden genau angezeigt werden können. Wie viel m Vorsprung hatte ein Läufer, der 3 Tausendstel Sekunden vor seinem Kontrahenten ins Ziel kommt?

Die Ziellinie ist etwa 4 cm breit. Welche Zeit benötigt ein Läufer von ihrer Vorderkante bis zur Hinterkante?

b) Die Startetappe bei der „Tour-de-France“ ist ein Einzelzeitfahren. Dabei starten die Radfahrer zeitversetzt nacheinander. Gemessen wird die Zeit, die sie vom Start bis zum Ziel benötigen. Welche der folgenden Sätze sind richtig, welche falsch?

(I) Der Sieger fuhr die kürzeste Zeit.
(II) Alle fuhren die gleiche Fahrstrecke.
(III) Der Sieger fuhr im Durchschnitt am schnellsten.
(IV) Der Sieger wählte den kürzesten Weg.
(V) Es kommt hier nicht nur auf die Geschwindigkeit an.

Etappenlänge: 16,5 km
Siegerzeit: 19:03 min,
Vorsprung vor dem Zweiten: 2 s

c) Ein Zollstock ist 2 m lang. Wie musst du vorgehen, um größere Längen zu messen? Bestimme möglichst genau die Maße deines Zimmers. Schätze deine Messgenauigkeit. Könnte es auch ein Zentimeter mehr oder weniger sein? Berechne den Flächeninhalt der Bodenfläche. Bedenke dabei deine Messgenauigkeit. Wie genau kannst du die Fläche bestimmen? Wie groß ist sie mindestens, wie groß höchstens?

4.3 Es hört einfach nicht auf – Brüche und Dezimalzahlen

Einstiege

E1

a) Wodurch unterscheiden sich die Divisionen 1 : 4 und 5 : 6? Was „klappt", was nicht?

b) Untersuche auch andere Brüche. Welche unterschiedlichen Typen findest du? Beschreibe die Eigenheiten eines jeden Typs.

c) Vergleiche deine Ergebnisse mit dem Nachbarn.

E2

DIVISOR

DIVIDEND	:	1	2	3	4	5	6
D	1	1	0,5				
I	2	2	1				
V	3	3	1,5	1	0,75	0,6	0,5
I	4	4	2		1		
D	5	5	2,5			1	
E	6	6	3	2	1,5	1,2	1
N	7	7					
D	8	8					
	9						

a) Zeichne die Divisionstabelle ab, ergänze sie beim Dividenden und beim Divisor jeweils bis 10 und trage die fehlenden Dezimalzahlen ein. Was fällt dir auf?

b) Welche verschiedenen Typen von Dezimalzahlen kommen vor? Finde zu jedem Typ weitere Beispiele.

c) An welchen Stellen kann 0,18 in die Tabelle eingeordnet werden? Beschreibe, wie man mit den Zahlen im Innern die zugehörigen Zahlen am Rand der Tabelle berechnen kann.

E3

a) Wie groß ist jeweils der Anteil der grünen und der gelben Fläche? Gib die Anteile auch in Prozent an.

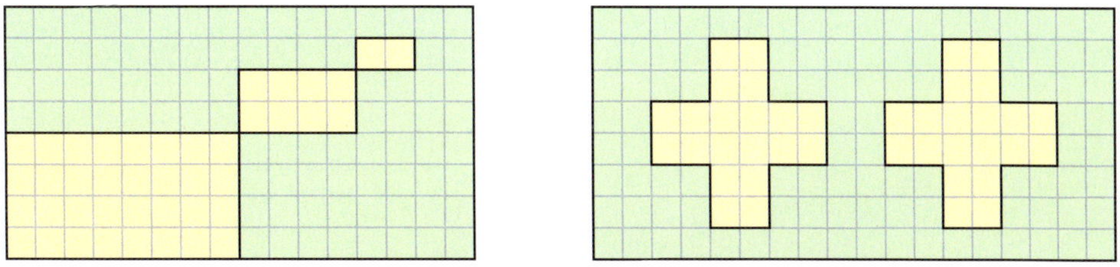

b) Wählt euch Flaggen beliebiger Länder. Wie viel Prozent der Gesamtfläche entfallen auf die einzelnen Farben?

c) Denkt euch eigene Flaggenmuster aus und bestimmt den jeweiligen Farbanteil in Prozent. Legt die Flaggenmuster euren Nachbarn vor und lasst sie die prozentualen Anteile bestimmen. Stimmen eure Ergebnisse überein?

Grundwissen

1

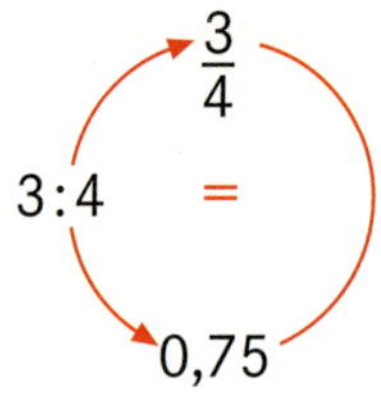

Das Ergebnis einer Divisionsaufgabe kann man als Bruch oder als Dezimalzahl angeben.

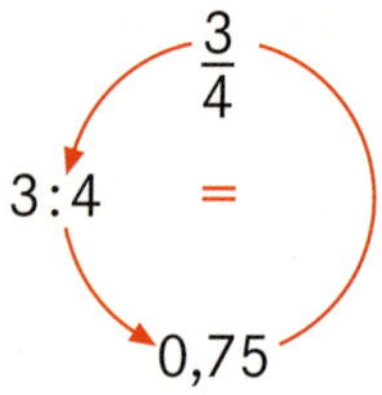

Wenn man einen Bruch in eine Dezimalzahl umrechnen will, kann man den Zähler durch den Nenner dividieren.

2

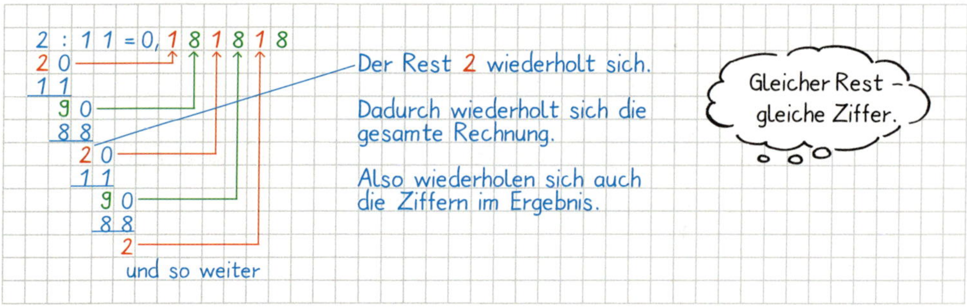

Periode

Bei der Division im Beispiel wiederholt sich die Ziffernfolge 18 (lies eins – acht) immer wieder. Man nennt sie die **Periode** der Dezimalzahl 0,18181818...
Zur verkürzten Schreibweise verwendet man einen Periodenstrich: $0,\overline{18}$.

0,18181818...	$= 0,\overline{18}$	liest man „ null Komma Periode eins acht“.
5,427427427...	$= 5,\overline{427}$	liest man „fünf Komma Periode vier zwei sieben“.
8,202020...	$= 8,\overline{20}$	liest man „acht Komma Periode zwei null“.
2,34444...	$= 2,3\overline{4}$	liest man „zwei Komma drei Periode vier“.
4,037171...	$= 4,03\overline{71}$	liest man „vier Komma null drei Periode sieben eins“.
2,3232...	$= 2,\overline{32}$	liest man „zwei Komma Periode drei zwei“.

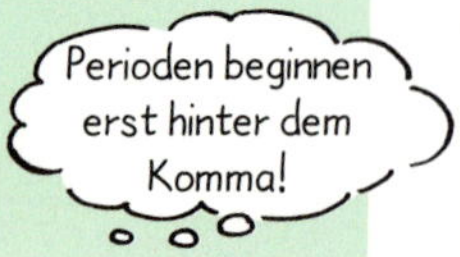

3 Beim Umrechnen eines Bruches in eine Dezimalzahl gibt es verschiedene Fälle.

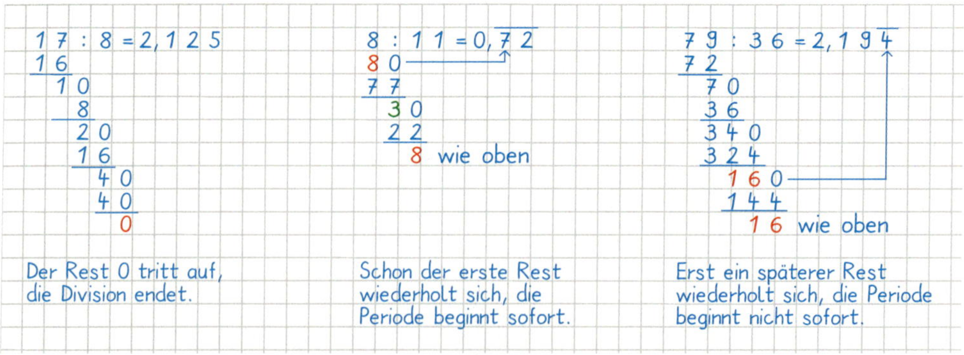

endliche/ periodische Dezimalzahl

Das Ergebnis einer Divisionsaufgabe kann eine **endliche** oder eine **periodische Dezimalzahl** sein.
Erst nachdem man alle Ziffern heruntergeholt hat, entscheidet sich, welche Art von Dezimalzahl vorliegt:
Wenn bei der weiteren Rechnung irgendwann der Rest 0 auftritt, ist die Dezimalzahl endlich, sonst ist sie periodisch.

4 Jeder Bruch kann als Dezimalzahl geschrieben werden.

Umgekehrt können auch Dezimalzahlen als Brüche geschrieben werden.

Bei endlichen Dezimalzahlen findet man die Bruchdarstellung schnell:

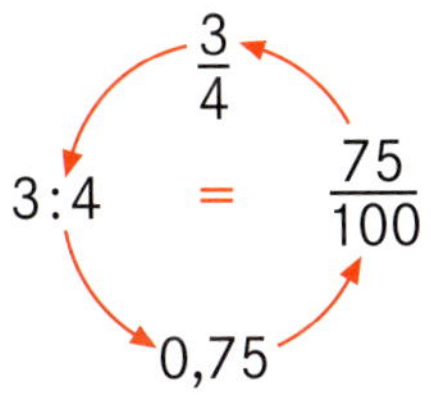

Zum Umrechnen einer periodischen Dezimalzahl in Bruchdarstellung vgl. Übung **19**.
Folgende Gleichungen können hilfreich sein:

$0,\overline{1} = \frac{1}{9}$; $0,\overline{2} = \frac{2}{9}$; $0,\overline{3} = \frac{3}{9} = \frac{1}{3}$; $0,\overline{6} = \frac{2}{3}$; $0,1\overline{6} = \frac{1}{6}$.

5 Jede natürliche Zahl kann als Bruch geschrieben werden:

$1 = \frac{1}{1}$; $137 = \frac{137}{1}$; $12 = \frac{12}{1}$

Die natürlichen Zahlen gehören daher zu den Bruchzahlen.

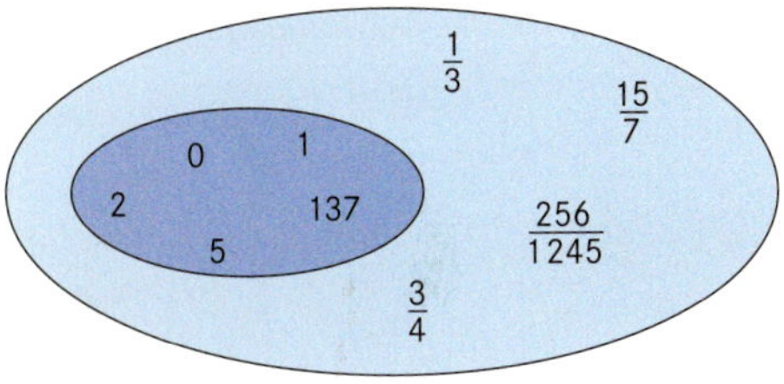

6 Alle Bruchzahlen können am Zahlenstrahl dargestellt werden.

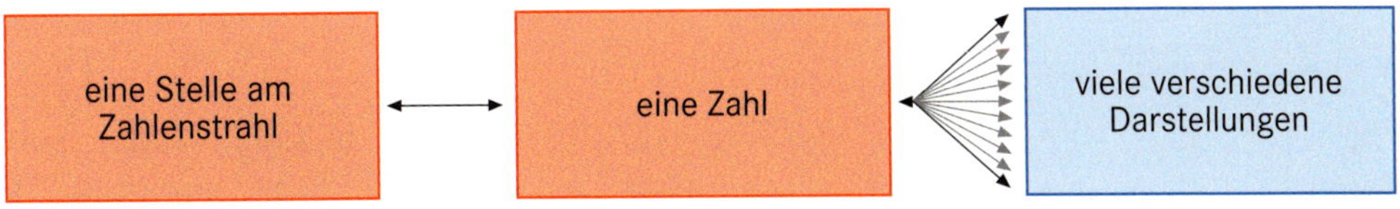

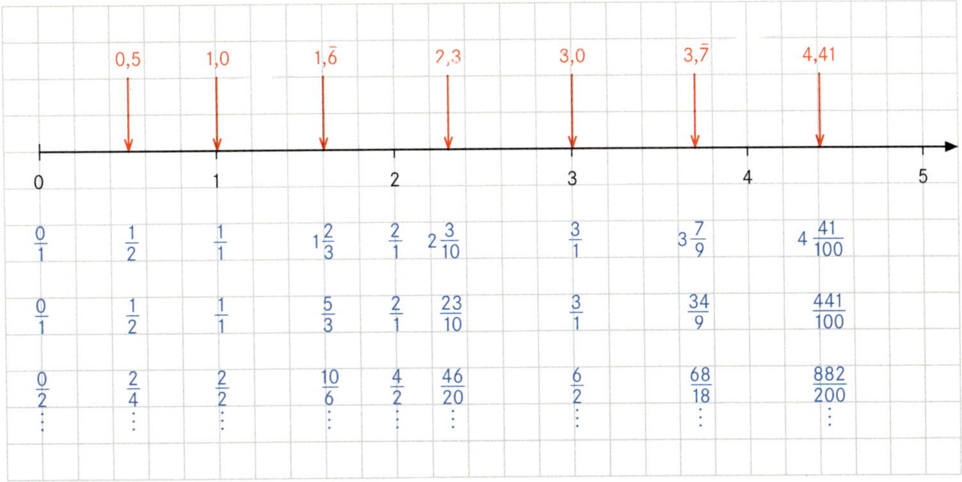

Prozent

7 Brüche und Dezimalzahlen nutzt man für die Darstellung von Anteilen. **Prozente** sind eine besonders einfache Schreibweise von Hundertstelbrüchen.

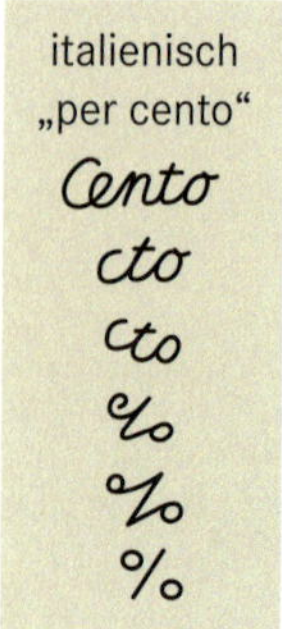

Anteil	Dezimalzahl	Darstellung als Hundertstelbruch	Prozentangabe
15 von 100	15 : 100 = 0,15	$\frac{15}{100}$	15 %
1 von 100	1 : 100 = 0,01	$\frac{1}{100}$	1 %
100 von 100	100 : 100 = 1	$\frac{100}{100}$	100 %
3 von 5	3 : 5 = 0,6	$\frac{60}{100}$	60 %

Italienische Kaufleute sagten im Mittelalter „per cento“ (von Hundert), woraus unser Prozent wurde.

ein Prozent = 1 % = $\frac{1}{100}$ = ein Hundertstel

Für einige Brüche und Prozentangaben sollte man den Zusammenhang auswendig wissen.

1 %	2 %	4 %	5 %	10 %	20 %	25 %	50 %	75 %	100 %
$\frac{1}{100}$	$\frac{2}{100}$	$\frac{4}{100}$	$\frac{5}{100}$	$\frac{10}{100}$	$\frac{20}{100}$	$\frac{25}{100}$	$\frac{50}{100}$	$\frac{75}{100}$	$\frac{100}{100}$
$\frac{1}{100}$	$\frac{1}{50}$	$\frac{1}{25}$	$\frac{1}{20}$	$\frac{1}{10}$	$\frac{1}{5}$	$\frac{1}{4}$	$\frac{1}{2}$	$\frac{3}{4}$	1

Übungen

1 Schreibe als Dezimalzahl. Ist das Ergebnis eine endliche oder eine periodische Dezimalzahl?

a) $\frac{3}{5}$ b) $\frac{1}{6}$ c) $\frac{5}{11}$ d) $\frac{7}{12}$ e) $\frac{17}{33}$ f) $\frac{29}{6}$ g) $\frac{41}{8}$ h) $\frac{5}{7}$ i) $\frac{13}{18}$

2 Schreibe die Brüche als Dezimalzahlen. Was fällt dir bei den einzelnen Teilaufgaben auf?

a) $\frac{1}{11}$; $\frac{2}{11}$; $\frac{3}{11}$; $\frac{4}{11}$; $\frac{5}{11}$; $\frac{6}{11}$; …
b) $\frac{1}{27}$; $\frac{2}{27}$; $\frac{3}{27}$; $\frac{4}{27}$; $\frac{5}{27}$; $\frac{6}{27}$; …
c) $\frac{1}{33}$; $\frac{2}{33}$; $\frac{3}{33}$; $\frac{4}{33}$; $\frac{5}{33}$; $\frac{6}{33}$; …
d) $\frac{1}{12}$; $\frac{2}{12}$; $\frac{3}{12}$; $\frac{4}{12}$; $\frac{5}{12}$; $\frac{6}{12}$; …

3 Ordne der Größe nach.

a) $0{,}5\overline{72}$; $0{,}\overline{572}$; $0{,}572$; $0{,}5727$; $0{,}57\overline{2}$
b) $4{,}81\overline{5}$; $4{,}815$; $4{,}\overline{815}$; $4{,}8158$; $4{,}8155$
c) $7{,}10\overline{7}$; $7{,}1\overline{07}$; $7{,}107$; $7{,}\overline{107}$; $7{,}1071$
d) $2\frac{2}{3}$; $2{,}\overline{6}$; $2{,}67$; $2\frac{3}{5}$; $\frac{24}{9}$; $\frac{263}{99}$
e) $\frac{17}{99}$; $0{,}1\overline{7}$; $0{,}18$; $\frac{2}{9}$; $\frac{9}{50}$; $\frac{17}{100}$
f) $\frac{19}{5}$; $3{,}77$; $3\frac{7}{10}$; $\frac{34}{9}$; $\frac{373}{99}$

4 Kürze und schreibe dann als Dezimalzahl.

a) $\frac{11}{33}$ b) $7\frac{12}{48}$ c) $\frac{6}{96}$ d) $2\frac{16}{96}$ e) $1\frac{15}{18}$ f) $5\frac{16}{44}$ g) $\frac{91}{104}$ h) $19\frac{21}{45}$ i) $11\frac{36}{108}$

5 Gib den Anteil als Bruch und in Prozent an.

a) 7 Stimmen von 35 Stimmen
b) 4 Euro von 40 Euro
c) 17 km von 68 km
d) 2 s von 8 s
e) 6 s von 1 min
f) 10 ml von 1 *l*
g) 50 kg von 1 t
h) 12,5 cm von 1 m
i) 75 m^2 von 1 a
j) 6 Stunden von 1 Tag
k) 3 Monate von 1 Jahr
l) 3 min von 1 Stunde

6 Wandle in Prozentschreibweise um.

a) $\frac{2}{5}$ b) $\frac{3}{5}$ c) $\frac{4}{5}$ d) $\frac{7}{10}$ e) $\frac{3}{20}$ f) $\frac{11}{20}$ g) $\frac{15}{20}$ h) $\frac{19}{20}$ i) $\frac{6}{25}$
j) $\frac{5}{4}$ k) $\frac{1}{8}$ l) $\frac{3}{8}$ m) $\frac{5}{8}$ n) $\frac{6}{40}$ o) $\frac{7}{40}$ p) $\frac{27}{200}$ q) $\frac{641}{1000}$

7 a) Welcher Anteil der Figur ist gefärbt, welcher nicht? Gib beides in Prozent und als Dezimalzahl an. Gegebenenfalls musst du schätzen.

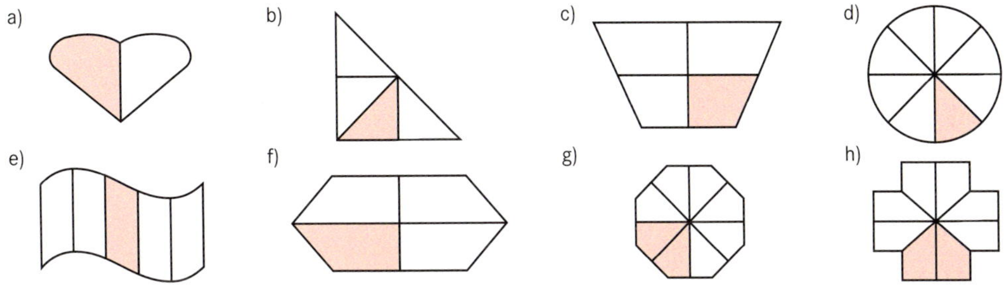

b) Wie verhält sich jeweils der gefärbte Teil zum ungefärbten und wie zum Ganzen?

8 Gib in Prozent und als Dezimalzahl an, welcher Kreisteil gefärbt ist und welcher nicht. Schätze gegebenenfalls.

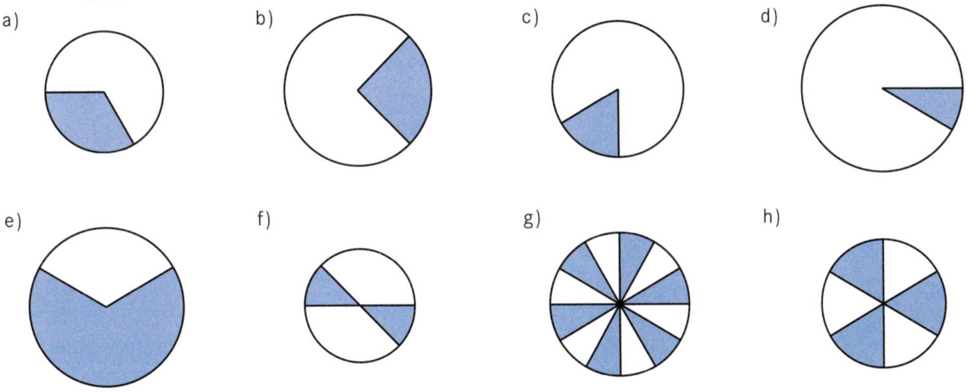

9 In den Abbildungen erkennst du Möglichkeiten periodische Zahlen wie $7{,}4\overline{823}$ grafisch darzustellen.

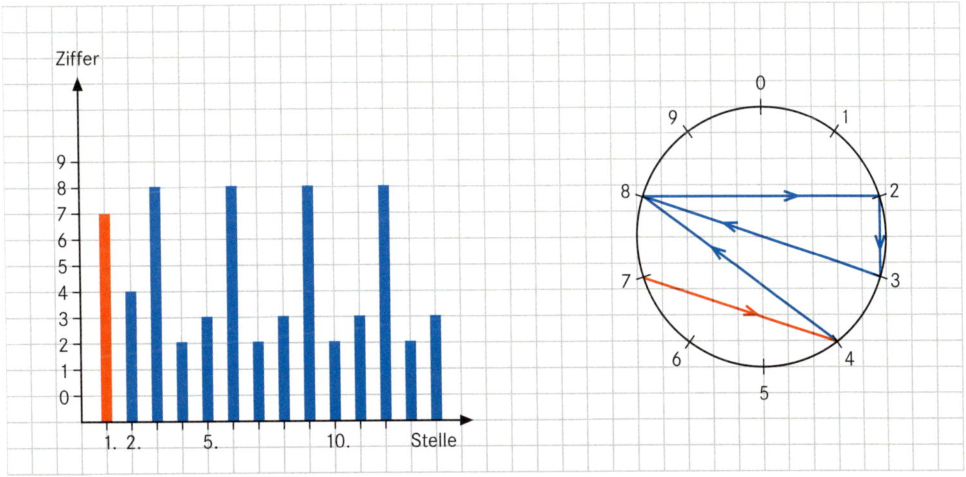

a) Stelle $2{,}4\overline{137}$; $17\,456{,}1\overline{26}$; $55{,}24\overline{61}$ und $7{,}314\overline{7}$ auf beide Arten grafisch dar. Beschreibe Vor- und Nachteile der beiden Möglichkeiten.

b) Denke dir einige Dezimalzahlen aus und stelle sie grafisch dar. Dein Nachbar soll aus der Grafik dann die Ziffernfolge entschlüsseln.

10 Schreibe mit dem Periodenstrich.

a) 0,828282... b) 2,081333... c) 7,81881881...

d) 12,334334334... e) 8,025020202... f) 5,1212121...

11 Warum kann die Periode von $\frac{2}{7}$ höchstens 6 Stellen haben? Wie lang ist sie tatsächlich?

12 Untersuche die Brüche $\frac{1}{12}$; $\frac{4}{9}$; $\frac{3}{8}$; $\frac{11}{20}$; $\frac{11}{21}$ und $\frac{1}{81}$.

a) Welche Brüche führen auf endliche und welche auf periodische Dezimalzahlen?
b) Welcher Bruch hat die längste Periode, welcher die kürzeste?
c) Bei welchen Nennern bekommt man auf jeden Fall endliche Dezimalzahlen?
d) Formuliere eine Regel, mit deren Hilfe du erkennen kannst, ob ein Bruch zu einer endlichen oder einer periodischen Dezimalzahl führt.

13 Die Klasse 6a wollte den Musikgeschmack bei Jugendlichen untersuchen und hat dazu eine Umfrage unter 120 Schülerinnen und Schülern durchgeführt.

Musikrichtung	Klassik	HipHop	Rock	Musical	Techno	Rap
Anzahl der Nennungen	9	13	40	25	9	24

a) Übertrage die Tabelle in dein Heft und ergänze sie durch die Anteile der einzelnen Musikrichtungen in Prozent. Stelle die Ergebnisse in einem Säulendiagramm dar.
b) Führt in eurer Klasse eine ähnliche Umfrage durch und stellt das Ergebnis grafisch dar. Vergleicht euer Ergebnis mit dem der 6a.

14 a) Amelie und Luca schreiben die Brüche $\frac{3}{7}$ und $\frac{4}{7}$ als Dezimalzahlen.

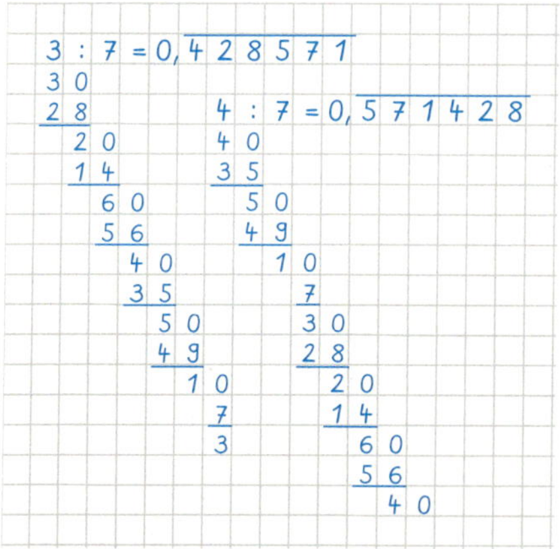

„Wir haben im Prinzip doch beide die gleiche Rechnung gemacht", stellt Luca fest. „Klar!" meint Amelie. „Dann reicht es bei $\frac{5}{7}$ doch aus, nur den ersten Rechenschritt zu machen."

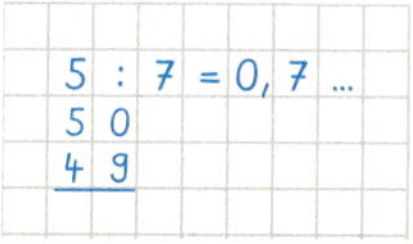

„$\frac{5}{7}$ ist dann $0,\overline{714285}$."

Erkennst du, wie Amelie und Luca $\frac{5}{7}$ als Dezimalzahl geschrieben haben? Wandle ebenso $\frac{1}{7}$; $\frac{2}{7}$ und $\frac{6}{7}$ in eine Dezimalzahl um.

b) Schreibe $\frac{10}{17}$ als Dezimalzahl. Benutze diese Rechnung um auch $\frac{1}{17}$; $\frac{4}{17}$; $\frac{5}{17}$; $\frac{7}{17}$ und $\frac{11}{17}$ in Dezimalzahlen umzuwandeln.
c) Wieso kann man bei Brüchen mit dem Nenner 11 nicht genauso vorgehen?

Für das erste Viereck im Bild ist „Quadrat" die genau passende Bezeichnung. Aber auch Rechteck, Parallelogramm und weitere Namen wären nicht falsch.
Gib zu jedem der Vierecke möglichst viele richtige Bezeichnungen an.

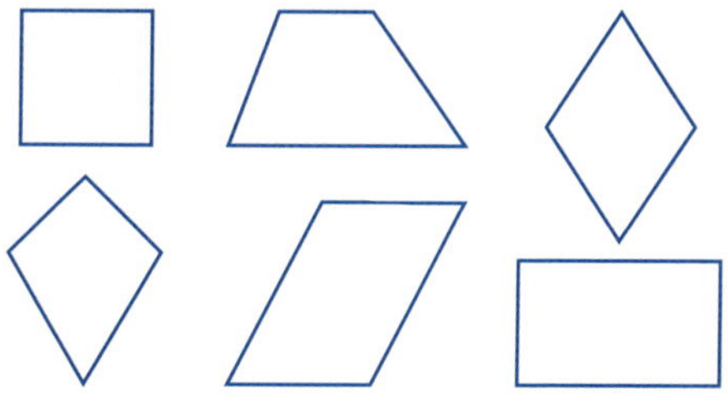

15 Durch einen fliegenden Händler wird Familie Amand eine Kiste Apfelsinen zu 16 Euro angeboten. Frau Amand will sich die Apfelsinen mit zwei Nachbarinnen gleichmäßig teilen. Wie könnte das gehen?

16 Familie Schiffer ist neu in die Stadt gezogen. Ihr sollt sie beim Fahrkartenkauf beraten. Was haltet ihr von dem Werbeslogan:

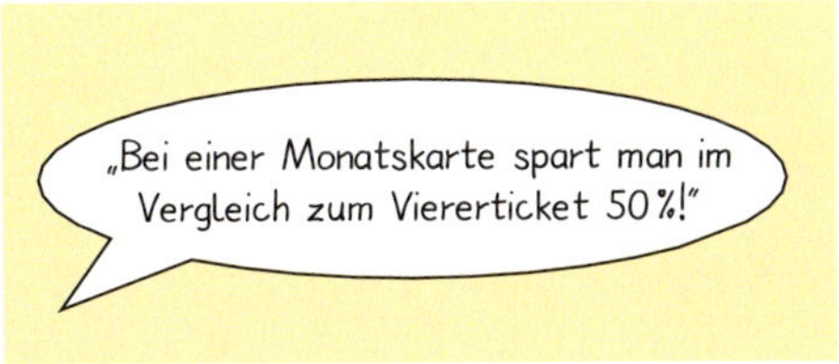

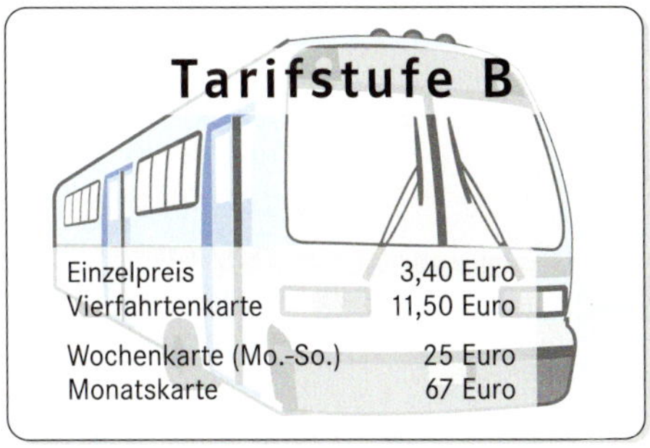

17 Ordne der Größe nach. Beginne mit der kleinsten Zahl.

a) $0{,}1$; $0{,}\overline{1}$; $0{,}11$; $0{,}111$; $0{,}\overline{10}$
b) $9{,}00001$; $8{,}999$; $8{,}\overline{989}$; $9{,}\overline{01}$; $9{,}001$
c) $6{,}5\overline{4}$; $6{,}\overline{54}$; $6{,}544$; $6{,}\overline{544}$; $6{,}54$
d) $0{,}1$; $0{,}01$; $0{,}\overline{01}$; $0{,}\overline{001}$; $0{,}\overline{1}$

18 Setze die Reihen möglichst sinnvoll fort.

a) $\frac{1}{9} = 0{,}\overline{1}$ $\quad \frac{1}{99} = 0{,}\overline{01}$ $\quad \frac{1}{999} = 0{,}\overline{001}$ usw.

b) $\frac{118}{9} = 13{,}\overline{1}$ $\quad \frac{118}{99} = 1{,}\overline{19}$ $\quad \frac{118}{999} = 0{,}\overline{118}$ usw.

c) $\frac{1}{9} = 0{,}\overline{1}$ $\quad \frac{1}{90} = 0{,}0\overline{1}$ $\quad \frac{1}{900} = 0{,}00\overline{1}$ usw.

d) $\frac{1}{9} = 0{,}\overline{1}$ $\quad \frac{1}{90} = 0{,}0\overline{1}$ $\quad \frac{1}{990} = 0{,}0\overline{01}$ usw.

e) $\frac{7}{9} = 0{,}\overline{7}$ $\quad \frac{7}{90} = 0{,}0\overline{7}$ $\quad \frac{7}{900} = 0{,}00\overline{7}$ usw.

19 Umwandlung periodischer Dezimalzahlen in Brüche.

$0{,}\overline{23} = ?$

$$100 \cdot 0{,}\overline{23} = 23{,}\overline{23}$$
$$1 \cdot 0{,}\overline{23} = 0{,}\overline{23}$$
$$(100 - 1) \cdot 0{,}\overline{23} = 23$$
$$99 \cdot 0{,}\overline{23} = 23$$
und damit $0{,}\overline{23} = \frac{23}{99}$

$12{,}14\overline{7} = ?$

$$1000 \cdot 12{,}14\overline{7} = 12147{,}\overline{7}$$
$$100 \cdot 12{,}14\overline{7} = 1214{,}\overline{7}$$
$$(1000 - 100) \cdot 12{,}14\overline{7} = 10933$$
$$900 \cdot 12{,}14\overline{7} = 10933$$
und damit $12{,}14\overline{7} = \frac{10933}{900}$

a) Erkläre, wie in den Beispielen vorgegangen wurde.
b) Verwandle folgende Dezimalzahlen in Brüche.
(I) $4{,}\overline{13}$ (II) $24{,}92\overline{4}$ (III) $0{,}3\overline{57}$ (IV) $2{,}\overline{5}$ (V) $18{,}\overline{627}$ (VI) $0{,}0\overline{78}$ (VII) $19{,}23\overline{41}$

20 Berechne durch Umwandlung in die Bruchschreibweise.

a) $0{,}\overline{2} + 0{,}\overline{7}$
b) $0{,}625 \cdot 3{,}\overline{3}$
c) $1{,}2 \cdot 3{,}3\overline{8}$
d) $0{,}\overline{6} + 0{,}0\overline{6}$
e) $7 : 2{,}\overline{3}$
f) $0{,}58\overline{6} - 0{,}3\overline{7}$
g) $1{,}27 : 4{,}5 + 2{,}\overline{4}$
h) $(2{,}0\overline{6} - 1{,}06) \cdot 0{,}4\overline{6}$
i) $2{,}\overline{6} \cdot 1{,}8\overline{1} - 1{,}6 \cdot 1{,}8\overline{1}$

21 Wie viel Prozent beträgt der Anteil ungefähr (auf ganze Prozent gerundet)?

a) 71 von 140
b) 25 von 62
c) 75 von 50
d) 17 von 51
e) 111 von 200
f) 1 von 80
h) 569 von 1000
I) 678 von 10

22 „$0,\overline{9}$ ist dasselbe wie 1", verkündet Wiebke selbstsicher. „Das kann überhaupt nicht sein", erwidert Nikola: „Selbst wenn man hundert oder tausend Stellen nimmt, so fehlt doch immer noch ein kleiner Teil bis zur 1. Deswegen ist $0,\overline{9}$ immer weniger als 1."
„Aber $\frac{1}{9}$ ist $0,\overline{1}$, $\frac{2}{9}$ ist $0,\overline{2}$ und so fort. Dann ist $\frac{9}{9} = 0,\overline{9}$ und weil $\frac{9}{9}$ gekürzt 1 ergibt, muss auch $0,\overline{9}$ gleich 1 sein."

23 Periodisch oder nicht? Schreibe die Dezimalzahlen, wenn möglich, mit Periodenstrich.
a) 0,010 101 01... b) 4,101 101 110... c) 8,172 072 072 07...
d) 2,242 244 222 444... e) 7,130 313 303 133 031 3... f) 0,056 056 005 6...

24 Erstelle eigene Dezimalzahlen und lasse deinen Nachbarn die Periode finden. Schreibt die Aufgaben für die Mathe-Box auf.

25 Neben dem Inhalt wird bei der Bewertung einer Englischarbeit auch der Fehlerquotient berücksichtigt. Der Fehlerquotient gibt die Anzahl der falsch geschriebenen Worte im Verhältnis zu den geschriebenen Worten an. Kai hat mehr Fehler, aber auch mehr Wörter geschrieben als Felix. Wer von den beiden hat den besseren Fehlerquotienten?

26

> Die Multiplikation mit einer Zehnerpotenz wie 10, 100, 1000, ... lässt sich schnell durch Kommaverschiebung durchführen: $13,41 \cdot 10 = 134,1$
> Diese Regel kann man begründen, indem man die Dezimalzahl in einen Bruch umwandelt:
> $13,41 \cdot 10 = 13\frac{41}{100} \cdot 10 = \frac{1341}{100} \cdot \frac{10}{1} = \frac{1341}{10} = 134,1$

Begründe entsprechend.
a) $25,731 \cdot 100 = 2573,1$ b) $84,29 \cdot 10000 = 842900$ c) $14,73 : 10 = 1,473$
d) $14,72 : 10 = 1,472$ e) $35,7194 : 1000 = 0,0357194$ f) $0,0031 : 100 = 0,000031$

27 Wandle die Dezimalzahlen in Brüche um und berechne. Begründe mit deiner Rechnung die Kommaregel.
(I) $5,3 \cdot 2,7$ (II) $0,41 \cdot 6,3$ (III) $0,25 \cdot 0,52$

28 Kürze und erweitere, bis du einen Hundertstelbruch erhältst, und schreibe dann als Prozent.

> $\frac{9}{60} \underset{3}{=} \frac{3}{20} \overset{5}{=} \frac{15}{100} = 15\,\%$

a) $\frac{6}{8}$ b) $\frac{22}{55}$ c) $\frac{27}{150}$ d) $\frac{72}{90}$ e) $\frac{90}{135}$ f) $\frac{28}{35}$ g) $\frac{356}{712}$ h) $\frac{128}{512}$ i) $\frac{17}{850}$ j) $\frac{30}{750}$

29 Im Ausstieg **A1** von Unterkapitel **4.1** hast du die Möglichkeit gehabt mit dualen Kommazahlen zu rechnen.
a) Erweitere auch andere Stellenwertsysteme wie das Dreiersystem oder das Sechsersystem auf Kommazahlen.
b) Untersuche, ob endliche Dezimalzahlen auch in anderen Stellenwertsystemen endliche Kommazahlen ergeben und umgekehrt.

Zeichne ein Dreieck mit den Seitenlängen 5 cm; 5 cm und 7,1 cm. Miss die Winkel im Dreieck. Was stellst du fest? Um was für ein Dreieck handelt es sich?

30 Welcher Bruch gehört zu welcher Dezimalzahl?

Ausstiege

A1 Im Trojanischen Krieg war Achilleus der stärkste Kämpfer der Griechen. Wo er war, setzte er seine Gegner in Angst und Schrecken, denn durch die Gnade der Götter war er praktisch unverwundbar, bis auf eine kleine Stelle am Fuß – die Achillesferse.

a) Interviewt eure Latein- oder Geschichtslehrer zum Trojanischen Krieg.

b) Der Philosoph ZENON erfand folgende verwirrende Geschichte:
Eine Schildkröte besuchte den in der Sonne ruhenden Achilleus und forderte ihn zu einem Wettlauf heraus. Die Schildkröte sagte:
„Du, starker Held, bist zwar zehnmal schneller als ich, aber gib mir nur 1 Station (griech. Maßeinheit, ca. 185 m) Vorsprung, und du wirst mich nicht einholen." Achill lachte herzlich und forderte eine Erklärung. „Bevor du, Liebling der Götter, ein Stadion zurückgelegt hast, bin ich bereits ein Zehntel dieser Strecke weitergelaufen. Wenn du diesen Vorsprung aufgeholt hast, bin ich wieder ein Zehntel weitergelaufen. Mein Vorsprung wird zwar immer kleiner, aber du holst mich nie ein."
Hat die Schildkröte Recht?

ZENON VON ELEA, ca. 490 bis ca. 430 v. Chr. griech. Philosoph

A2 Das Bild zeigt eine **Mindmap** zum Thema Bruchzahlen.

mind (engl.): Gehirn
map (engl.): Karte

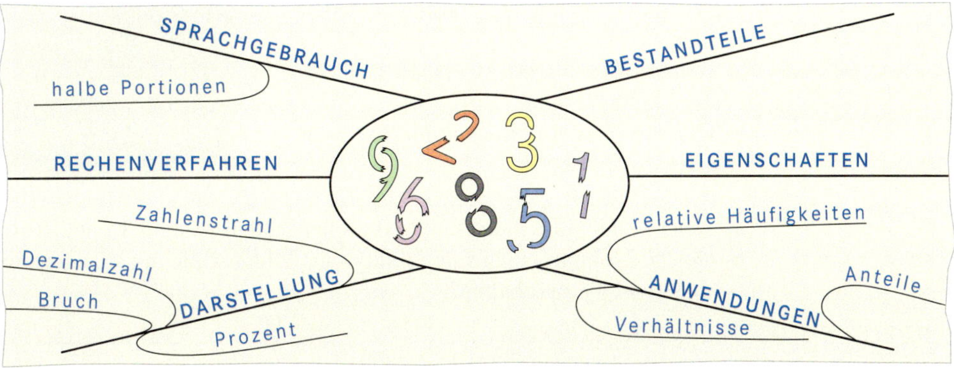

Nimm ein Blatt DIN A4-Papier und zeichne deine eigene Mindmap. Wenn dir etwas Neues zum Thema einfällt, zeichnest du einfach eine neue Linie und beschriftest sie oder malst ein Bild daran. So kannst du alles unterbringen, was für dich zum Thema gehört. Wichtiges oder Zusammenhänge kannst du mit Farben sichtbar machen.
Ihr könnt auch Packpapier auf einen Tisch legen und gemeinsam eine Mindmap entwerfen.

Vermischte Übungen

L1 Beginne mit der ersten Aufgabe. Das Ergebnis einer Aufgabe ist immer die erste Zahl der nächsten Aufgabe. Das Lösungswort ergibt sich, wenn du die Buchstaben in der Reihenfolge der Aufgaben notierst.

R 5,75 + 0,708	H 64,375 · 0,8	S 33,31 : 1,25	N 12,875 − 5,965
T 26,648 + 3,597	M 6,91 · 17,3	E 30,245 : 5,26	I 120,61 − 87,3
E 119,543 + 1,067	E 6,458 · 12	E 51,5 : 4	C 77,496 − 13,121

L2 Bei richtiger Lösung erhältst du ein Lösungswort.

4,291 : 0,7	19,44 : 0,3
0,3654 : 0,06	21,36 : 0,4
34,3 : 0,7	4,008 : 0,08
0,6543 : 0,09	64,08 : 1,2
4,752 : 0,06	0,7997 : 0,11
2,7 : 0,0003	57,28 : 0,8

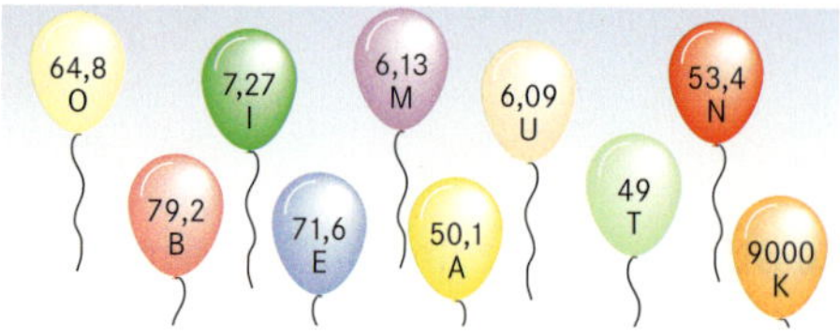

L3 a) Welcher Teil der Fläche ist in den verschiedenen Farben gefärbt?
Gib die Anteile als Bruch, als Dezimalzahl und in Prozentschreibweise an.

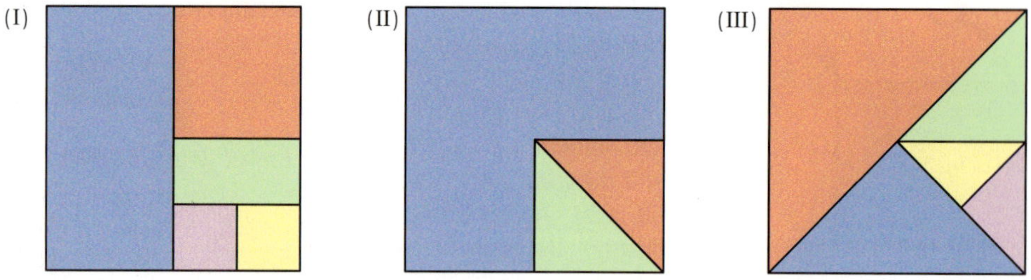

b) In welchem Verhältnis stehen die Anteile der gefärbten Flächen zueinander?

L4 Gib als Dezimalzahl und in Prozent an.

a) $\frac{1}{4}$ b) $\frac{7}{20}$ c) $\frac{1}{1000}$ d) $\frac{3}{5}$ e) $\frac{2}{3}$ f) $\frac{5}{6}$ g) $\frac{9}{4}$ h) $1\frac{1}{2}$

L5 Gib die Dezimalzahl als Bruch an.

a) 0,5 b) 0,25 c) 0,20 d) 0,10 e) 0,01 f) 0,75 g) 0,333333333...

L6 Ein Güterwagen hat ein Eigengewicht von 12,26 t und kann mit 16,4 t Kohlen beladen werden.

a) Welches Gesamtgewicht haben 26 beladene Kohlenwagen?

b) Wie viel Tonnen Kohle hat der Zug geladen?

7 a) Welche Zahl muss man zum Produkt der Zahlen 2,7 und 3,1 addieren um 12 zu erhalten?

b) Welche Zahl muss man vom Produkt der Zahlen 2,25 und 4,5 subtrahieren um das Produkt von 3 und $3\frac{1}{3}$ zu erhalten?

Die folgenden Zahlen sind durch „korrektes" Runden aus Zahlen hervorgegangen, die ursprünglich um eine Stelle genauer angegeben waren.
Wie können die Ausgangszahlen mindestens bzw. höchstens gelautet haben?

a) 0,5 b) 0,47 c) 0,473 d) 2 e) 78 f) 1000 g) 1 Mio h) 1,4 Mrd 307 Tausend 572

8 Arne, Lea und Markus wollen einen neuen Fußball kaufen, der 25 Euro kostet. Sie haben keine Zeit, legen schnell 30 Euro hin und rennen zum Training. Der Verkäufer legt das Wechselgeld zurecht und denkt sich: „Fünf durch drei ist periodisch. 2 Euro stecke ich ein und gebe jedem Kind 1 Euro zurück. Jedes Kind hätte also 9 Euro bezahlt.“
Wir rechnen nach: $3 \cdot 9$ Euro + 2 Euro = 29 Euro. Wo ist der fehlende Euro?

9 Mit einem Tabellenkalkulationsprogramm lassen sich manche Dezimalzahlen in Brüche umwandeln. Allerdings ergeben sich oft Ungenauigkeiten, sodass man aufpassen muss.

a) Formatiere die Zellen A1 bis A3 als zweistelligen Bruch. Gib in Zelle A1 die Zahl 0,5 ein, in Zelle A2 die Zahl 0,55 und in Zelle A3 die Zahl 0,555. Vergleiche und erkläre, was in den drei Zellen angezeigt wird.

b) Gib fünf Dezimalzahlen mit zwei, drei oder vier Nachkommastellen an, deren Bruchdarstellung in der Tabellenkalkulation $\frac{4}{33}$ ist. Untersuche dabei die Unterschiede bei ein-, zwei- und dreistelligen Bruchtypen. Welche Ungenauigkeiten treten auf?

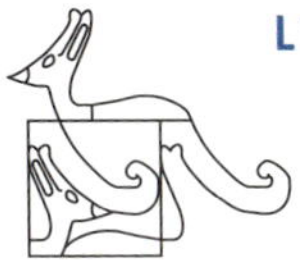

L10 Wenn drei Portionen Leberkäs mit zwei Portionen Kartoffelsalat 14,50 Euro kosten und eine Portion Leberkäs mit zwei Portionen Kartoffelsalat 7,50 Euro, wie viel kostet dann eine Portion Leberkäs?

(A)	(B)	(C)	(D)	(E)
0,50 Euro	2,00 Euro	3,50 Euro	6,50 Euro	7,00 Euro

L11

$$\begin{array}{r} 6,\#3 \cdot 5 \\ \hline 34,6\# \end{array}$$

Was ist die Summe der fehlenden Ziffern in der Multiplikation?

(A)	(B)	(C)	(D)	(E)
6	8	10	12	14

12 Schreibe als Dezimalzahl. Welcher Bruch ergibt eine endliche Dezimalzahl?

a) $\frac{7}{15}$ b) $\frac{9}{40}$ c) $\frac{7}{100}$ d) $\frac{13}{6}$ e) $\frac{21}{16}$ f) $\frac{11}{9}$ g) $\frac{4}{13}$

13 a) Beim Kinderflohmarkt werden die 1,40 m breiten Tische aus der benachbarten Schule für die Verkaufsfläche genutzt. Die Standgebühr beträgt 2 Euro je laufenden Meter. Pia, Jörg und Britt sind wieder dabei.

b) Pia hat mit ihren Eltern vereinbart, dass sie $\frac{3}{5}$ der Einnahmen für sich behalten darf. Sie nimmt 78,40 Euro ein.

c) Jörg gibt $\frac{4}{7}$ seiner Einnahmen sofort wieder aus und kauft sich für 30 Euro eine Lok für seine Spielzeugeisenbahn.

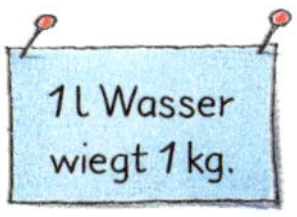

14 Ein Radteam will sich für ein Radrennen ein Getränk zusammenstellen um den Flüssigkeits- und Mineralienverlust auszugleichen. Dabei soll sich das Getränk aus 0,2 % Vitaminen, $\frac{1}{6}$ Mineralien und $\frac{3}{7}$ Kohlenhydrate zusammensetzen. Der Rest wird mit Wasser aufgefüllt.

a) Wie viele Vitamine, Mineralien und Salze benötigt man für 3,5 *l* des Getränks?

b) Wie viel *l* Wasser gehören in die Zusammenstellung?

15 Ein Hotel muss für die Wintersaison Heizöl bestellen. Der quaderförmige Tank hat eine Grundfläche von 7,25 m^2 und fasst 14 500 Liter. Zurzeit beträgt die Füllhöhe noch 80 cm.

16 Ein Bauer schätzt, dass seine Apfelbäume eine Ertrag von ca. 2200 kg erbringen. Wie viele Körbe zu je 1,25 kg kann er damit füllen?

17

Circa
3–99 Spieler
Pro Spieler ein Zettel
Ziel: schätze so schnell wie möglich die Ergebnisse von zehn Rechenaufgaben

Der Älteste ist der erste Spielleiter. Er denkt sich zehn Rechenaufgaben aus, die er auf den Zetteln notiert und austeilt. Nach 30 Sekunden muss jeder seine geschätzten Ergebnisse abgeben, die mit den exakten Lösungen verglichen werden.
Für das genaueste Ergebnis gibt es 5 Punkte, für das zweit- bzw. drittgenaueste 4 bzw. 3 Punkte. Für eine fehlende oder völlig falsche Schätzung erhält man keine Punkte. Die übrigen erhalten einen Punkt.
In der nächsten Runde wechselt der Spielleiter im Uhrzeigersinn.

18 Bei Fahrrädern unterscheidet man 28er-, 26er-, 24er-, 20er- und 18er-Räder. Die Angaben stammen von dem alten Längenmaß „Zoll" ab und geben die Reifengröße an. Den Namen Zoll findest du noch im Zollstock. Für 1 Zoll schreibt man auch 1″. Es gilt: 1″ = 2,54 cm.

1 Zoll = 1 inch

a) Berechne für die verschiedenen Reifengrößen die Reifendurchmesser in Zentimeter.
b) Anna hat ein Fahrrad mit 68 cm Raddurchmesser. Der Radumfang ist das 3,14fache davon. Welche Strecke legt sie in 5 min zurück, wenn sie jede Minute eine Pedalumdrehung tritt und sich das Hinterrad bei zwei Pedalumdrehungen dreimal dreht? Wie viele Kilometer wären das pro Stunde?

19 Eine Parkettfirma erhält den Auftrag 61,5 m^2 Lamellenparkett aus 16 mm hohen Eicheleisten zu verlegen. Die Leisten sind 29 cm lang und 11 mm breit. Sie sind als Platten zu zehn Leisten verklebt und jeweils zehn Platten sind in einem Paket. Das Parkett wird beim Hersteller in Kubikmeter Holz bestellt, es können nur ganze Pakete bestellt werden.
a) Der Händler bestellt vorsichtshalber sieben Pakete mehr als eigentlich nötig. Berechne das Volumen der zu bestellenden Holzmenge.
b) Bedauerlicherweise hat sich der Händler mit der Bestellnummer vertan und 21 mm dickes Parkett bestellt. Wie viele Quadratmeter kann der Parkettleger mit dem gelieferten Holz belegen?

20 Wie du weißt, ist das Produkt zweier natürlicher Zahlen immer mindestens so groß wie die einzelnen Faktoren. Untersuche dies für Produkte mit Dezimalzahlen. Erkläre.

a) $0{,}5 \cdot 20$ b) $15 \cdot 0{,}3$ c) $0{,}125 \cdot 100$
d) $0{,}375 \cdot 0{,}5$ e) $0{,}1 \cdot 0{,}1$ f) $3{,}1 \cdot 2{,}9$
g) $8{,}3 \cdot 0{,}2$ h) $0{,}6 \cdot 0{,}6$ i) $0{,}2 \cdot 0{,}2$

21 Arwen hat aus einer Formelsammlung abgeschrieben: „Das Volumen einer Säule ist Grundfläche mal Höhe“.
Ein Quader ist eine Säule mit rechteckiger Grundfläche.
Aber welches ist die Grundfläche?
Der Quader soll die Seitenlängen a = 5,3 cm, b = 2,4 cm und c = 4,5 cm haben.
Rechne das Volumen für drei verschiedene Grundflächen aus.

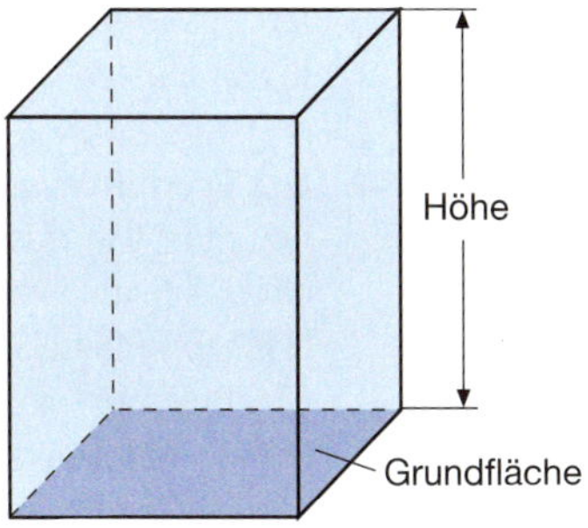

22 Tante Bertas Rezept aus Amerika:

Original Toll House Cookies
Preheat oven to 375° F. Sift together $2\frac{1}{2}$ cups flour, 1 teaspoon baking soda, 1 teasp. salt; set aside. Combine 1 cup softened butter or shortening, $1\frac{1}{2}$ cups sugar, 1 teasp. vanilla, $\frac{1}{2}$ tablespoon water; beat till creamy. Beat in 2 eggs. Add flour mixture, mix well. Stir in 2 cups chocolate morsels, 1 cup chopped nuts. Drop by well rounded half teaspoon-fuls onto greased cookie sheets. Bake at 375° F 10-15 min.

Übersetze das Rezept. Versuche deutsche Einheiten zu verwenden.
Wenn du die Kekse backen willst, dann nimm anstelle der chocolate morsels, die man in Deutschland selten bekommt, in Stückchen gebrochene Halbbitterschokolade.

23 Familie Maier will in den Urlaub fahren und packt das Auto, das mit maximal 360 kg beladen werden kann.
Sie notieren in einer Liste das Gewicht der Gepäckstücke.
Herr Maier wiegt 78 kg, seine Frau 52,9 kg und die Kinder 22,7 kg bzw. 14,2 kg.
Zwei Reisetaschen sind noch leer.

Dachgepäckträger	11 kg
gefüllt mit 8 Beuteln	à 6,5 kg
Lebensmittel und Spielzeug,	
Bücher (2 Kartons)	à 7,2 kg
Heckträger, Fahrrad	7,75 kg
Fahrrad (4 Stück)	à 14,7 kg
Koffer (groß)	17,7 kg
Koffer (mittel)	13,8 kg

Wie viele Klötze fehlen mindestens zum vollständigen Würfel?

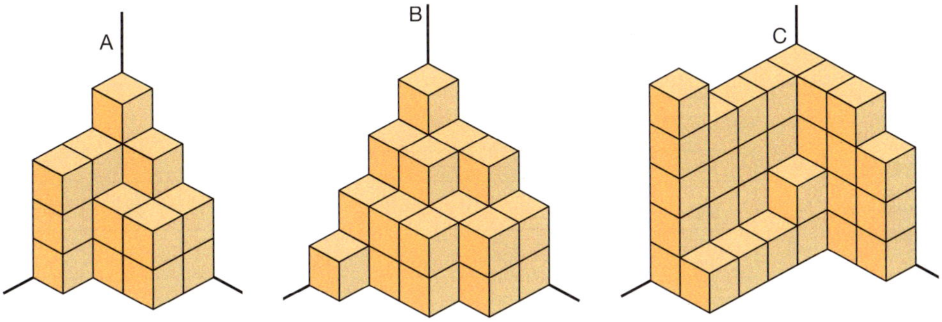

Zusammenfassung

1 Bei der **schriftlichen Addition oder Subtraktion von Dezimalzahlen** werden die Zahlen so untereinander geschrieben, dass Komma unter Komma steht. Fehlende Nullen hinter dem Komma kann man ergänzen. Dann rechnet man wie mit natürlichen Zahlen. Im Ergebnis muss man dann noch das Komma setzen.

```
   92,80              73,90
 +168,00            -  2,53
 +  9,97                 1
   1 2 1            -------
 -------              71,37
  270,77
```

2 Das **Produkt zweier Dezimalzahlen** berechnet man wie das Produkt von zwei natürlichen Zahlen. Anschließend muss man die Nachkommastellen beachten. Dabei hat das Ergebnis so viele Nachkommastellen wie beide Faktoren zusammen. Eventuell muss man Nullen ergänzen.

```
5,62 · 4,3           1,03 · 0,04
----------           -----------
 2248                   0,0412
   1686
----------
 24,166
```

3 Die **Division durch eine Dezimalzahl** kann man durch gleichsinnige Kommaverschiebung in eine Division durch eine natürliche Zahl umwandeln.
Geht die **Division durch eine natürliche Zahl** nicht auf, kann man weitere Nachkommanullen „runterholen". Beim Überschreiten des Kommas muss im Ergebnis ein Komma gesetzt werden, dann rechnet man weiter wie bisher.

```
 4,984 : 0,16
=498,4 : 16 = 31,15
 48                     3,6 : 5
  18                  = 3,60 : 5 = 0,72
  16                    0
   24                   36
   16                   35
    80                   10
    80                   10
     0                    0
```

4

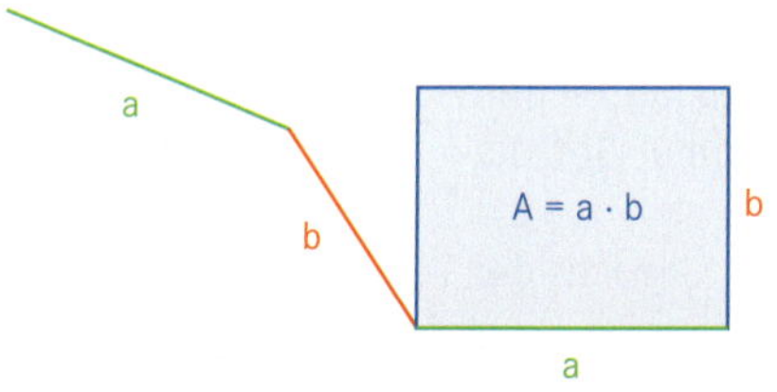

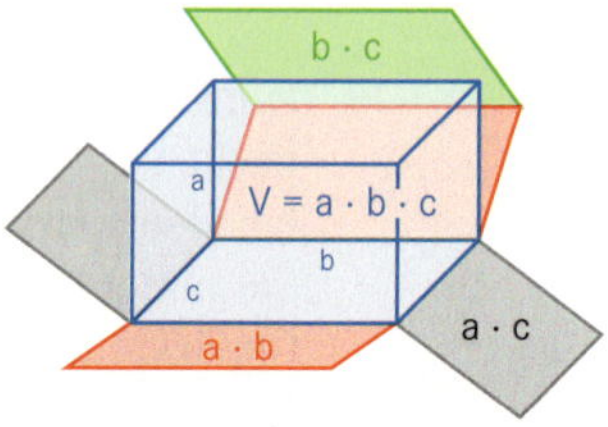

Für **Umfang u** und **Flächeninhalt A eines Rechtecks** mit den Seiten a und b gilt:

$u = 2 \cdot a + 2 \cdot b = 2 \cdot (a + b)$,

$A = a \cdot b$.

Für ein Quadrat gilt $u = 4 \cdot a$ und $A = a^2$.

Für **Oberfläche O** und **Volumen V eines Quaders** mit den Kanten a, b und c gilt:

$O = 2 \cdot a \cdot b + 2 \cdot b \cdot c + 2 \cdot a \cdot c$,

$V = a \cdot b \cdot c$.

Für einen Würfel gilt $O = 6 \cdot a^2$ und $V = a^3$.

5 Anteile kann man verschieden darstellen: In Worten, als Dezimalzahlen oder als Brüche. Für Hundertstelbrüche verwendet man auch die Prozentschreibweise.

ein Prozent = 1 % = $\frac{1}{100}$ = ein Hundertstel

1%	2%	4%	5%	10%	20%	25%	50%	75%	100%
$\frac{1}{100}$	$\frac{2}{100}$	$\frac{4}{100}$	$\frac{5}{100}$	$\frac{10}{100}$	$\frac{20}{100}$	$\frac{25}{100}$	$\frac{50}{100}$	$\frac{75}{100}$	$\frac{100}{100}$
$\frac{1}{100}$	$\frac{1}{50}$	$\frac{1}{25}$	$\frac{1}{20}$	$\frac{1}{10}$	$\frac{1}{5}$	$\frac{1}{4}$	$\frac{1}{2}$	$\frac{3}{4}$	1

6 Beim Umrechnen eines Bruches in eine Dezimalzahl können verschiedene Fälle auftreten.

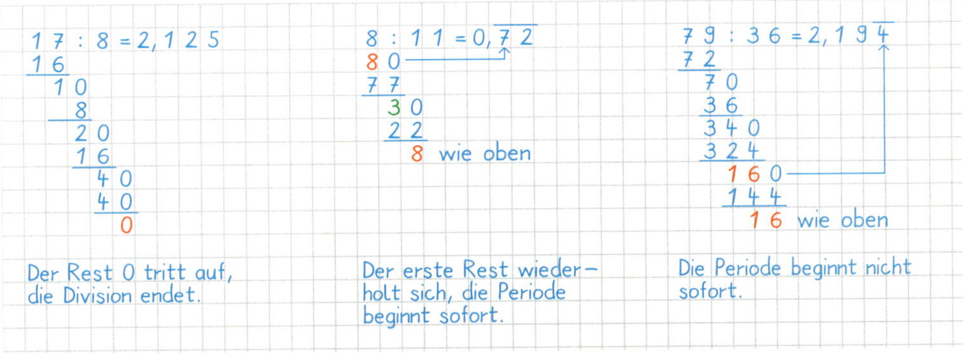

> Das Ergebnis einer Divisionsaufgabe kann eine endliche oder eine periodische Dezimalzahl sein.
> Wenn nach dem Herunterholen aller Ziffern irgendwann der Rest 0 auftritt, ist die Dezimalzahl endlich, sonst ist sie periodisch.

7 Jeder Bruch kann als (endliche oder periodische) Dezimalzahl geschrieben werden. Umgekehrt kann auch jede (endliche oder periodische) Dezimalzahl als Bruch geschrieben werden.

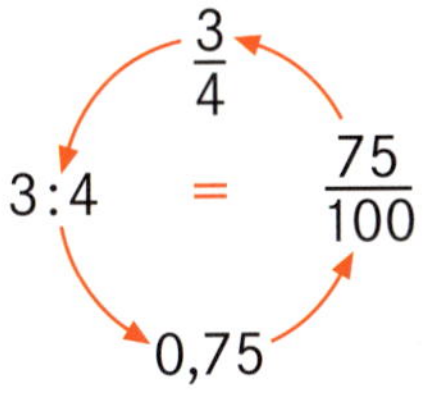

8 Die natürlichen Zahlen gehören zu den Bruchzahlen.

Alle Bruchzahlen können am Zahlenstrahl dargestellt werden.

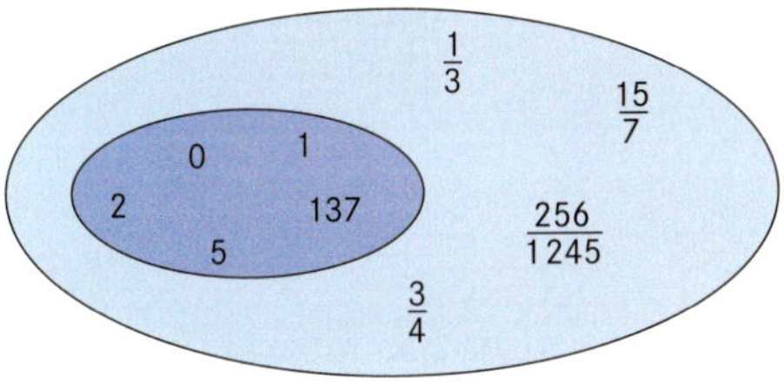

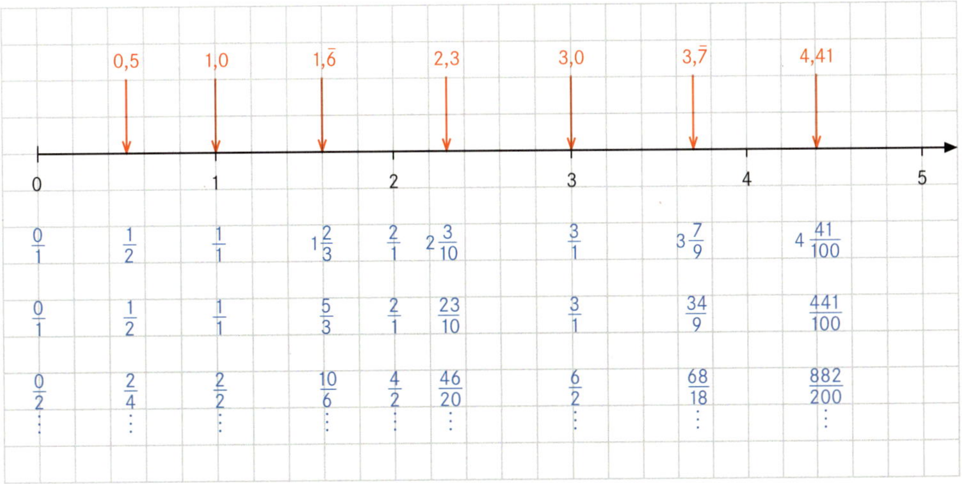

4.6 Rund um den Sonnenkollektor

1

Im Januar 2003 wurde auf dem Dach des Hauses der Familie Spargas eine Sonnenkollektoranlage installiert. Sie dient seitdem der Versorgung des Hauses mit warmem Wasser, das früher von der Gasheizung mit erwärmt wurde.

Wie funktioniert die Wassererwärmung mit Sonnenkollektoren? Welche Vor- und Nachteile haben solche Anlagen?

Vielleicht hat einer von euch selbst so eine Anlage auf dem Dach und kann sie den anderen zeigen?

Eventuell gibt es in eurer Umgebung Musteranlagen, die ihr besichtigen könnt.

2 Im Dezember 2002 stand der Gaszähler bei 1262 m^3. Seitdem hat Herr Spargas regelmäßig die Anzeige notiert.

Wertet die Daten mit einem Tabellenkalkulationsprogramm aus.

Wie hat sich der Einbau der Anlage beim monatlichen/jährlichen Gasverbrauch bemerkbar gemacht?

Erstellt für jedes Jahr ein Diagramm.

Was lässt sich daraus ablesen?

Welche Besonderheiten entdeckt ihr?

Sucht nach Ursachen.

Zählerstand Gaszähler				
	2001	2002	2003	2004
Jan	1815	5811	9351	12599
Feb	2317	6195	9662	12962
Mrz	2764	6558	10024	13314
Apr	3056	6884	10306	13576
Mai	3339	7119	10507	13762
Jun	3542	7288	10672	13874
Jul	3594	7346	10672	13886
Aug	3697	7403	10691	13899
Sep	3940	7644	10889	14077
Okt	4252	7951	11156	14351
Nov	4650	8371	11622	14722
Dez	5228	8837	12067	15163

3

Eine Dachpfanne ist ca. 0,16 m^2 groß.

Das ist ja alles schön und gut, aber so eine Anlage ist einfach zu teuer!

Vor allem bei der Gaspreisentwicklung!

Außerdem gibt es vom Staat finanzielle Unterstützung.

Auf lange Sicht lohnt sich das bestimmt!

Wovon hängt die Höhe des Spareffektes ab?

Wie hoch ist der eigentlich zurzeit?

Wie hoch ist die eigentlich?

Wie viel Energie strahlt die Sonne auf 1 m^2 Erdoberfläche?

Wie viel warmes Wasser verbraucht eine Familie im Jahr?

Wie viel Energie benötigt eine Familie jährlich für die Erwärmung von Wasser?

Wie viel Geld könnte eine Kollektoranlage jährlich sparen?

Recherchiert bei Installateuren, den Stadtwerken oder im Internet.
Präsentiert eure Ergebnisse in einer Ausstellung.

5.1 Vom Datensalat zur Information – Daten analysieren

Einstiege

E1

Triff-20

Spielregel:
Der Spieler rollt von vorne einen Stein und versucht ein Feld mit möglichst großem Wert zu treffen.
Rollt der Stein aus dem Feld, wird er in das vorderste Feld gelegt.

Spielfeld: Breite: 1,5 m; Länge: 4 m

Feldgrößen und -werte:

Länge (cm)	200	100	50	26	13	7	4
Punkte	0	1	2	4	7	12	20

Überschrift! Achsenbeschriftung!

a) Spielt das Spiel in der Gruppe 30-mal. Notiert die Werte. Wie oft trefft ihr welches Feld? Stellt euer Gruppenergebnis in einer Tabelle und in einem Säulendiagramm dar.

b)

Hah, Tijo! Heut' bin ich besser als du!

Sabrina! Das ist nicht dein Ernst! Ich habe die 20 häufiger getroffen als du!

Ich war aber am häufigsten auf der 12 und du nur auf der 7!

Feld	0	1	2	4	7	12	20
Sabrina	0	0	10	16	22	32	20
Tijo	4	4	5	10	28	26	23

Findet weitere Argumente. Was würdet ihr sagen, wer von beiden trifft besser?

c) Tragt alle Gruppenergebnisse zusammen und vergleicht.
Wie würdet ihr bei eurem Spiel die Gewinnergruppe bestimmen?

E2 Überprüft die Empfehlung in eurer Klasse. Dafür müsst ihr eure Schultaschen und euch selbst wiegen.
(Falls ihr euer Gewicht nicht veröffentlichen wollt, könnt ihr die Daten auch anonym erfassen oder sie mit einer Parallelklasse tauschen.)

Das Gewicht einer Schultasche sollte maximal 10 % des Körpergewichts des Kindes betragen.
(Empfehlung nach DIN 58124)

	A	B
1	Körpergewicht (in kg)	Taschengewicht (in kg)
2	41	4,9
3	37	4,5
4	46	5,3

a) Sammelt die Daten und überprüft, ob der leichteste (schwerste) Schüler auch die leichteste (schwerste) Tasche hat.

b) Wie schwer sind die Schultaschen durchschnittlich?
Wie schwer ist die „typische Tasche"?
Welches Taschengewicht ist am häufigsten?

c) Wird die Empfehlung eingehalten? Bei wie vielen Schülern ist die Tasche zu schwer?

d) Stellt eure Ergebnisse in geeigneten Diagrammen dar.
Macht wichtige oder typische Werte kenntlich oder fügt sie ggf. ein.

Grundwissen

1 Um die Daten einer Untersuchung auszuwerten überträgt man sie zunächst aus der *Urliste* in eine geeignete Darstellung, z. B. in eine *Strichliste* oder *Tabelle*. Wenn möglich, werden die Ergebnisse dabei der Größe nach sortiert. Zur Veranschaulichung eignet sich die Darstellung in einem *Diagramm.*

Modalwert

2 Für die Beschreibung Datenlisten eignen sich Werte, die besonders selten oder besonders oft vorkommen. Der häufigste Wert einer Datenliste heißt **Modalwert (Modus)**.

Mittelwert

3 Um Listen von Zahlen zu vergleichen kann man den **Mittelwert** (das **arithmetische Mittel**) bilden.

Mittelwert = Summe aller Werte : Anzahl aller Werte

Trainingsergebnisse im Weitsprung
Stefan: 4,25; 4,30; 4,38; 4,25; 4,32
Thomas: 4,09; 4,45; 4,10; 4,45; 4,48; 4,23

Mittelwert von Stefan: (4,25 + 4,30 + 4,38 + 4,25 + 4,32) : 5 = **4,30**

Mittelwert von Thomas: (4,09 + 4,45 + 4,10 + 4,45 + 4,48 + 4,23) : 6 = **4,30**

Der Mittelwert einer Liste von Zahlen muss nicht als Ergebnis vorkommen.

Maximum
Minimum
Median

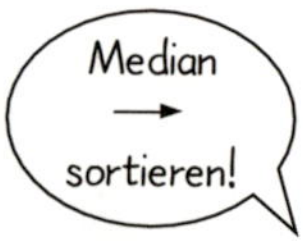

4 Ist eine Liste von Ergebnissen der Größe nach sortiert, so kann man besonders gut den größten und den kleinsten Wert, das **Maximum** und das **Minimum**, der Liste angeben. Die Differenz beider Werte nennt man **Spannweite.**
Der Wert in der Mitte der sortierten Liste heißt **Median** oder **Zentralwert** der Ergebnisse. (Liegt die Mitte der Liste zwischen zwei Werten, nimmt man den Mittelwert dieser beiden Werte.)

Ergebnisse von Stefan
4,25; 4,30; 4,38; 4,25; 4,32
sortieren!
4,25; 4,25; **4,30**; 4,32; 4,38
↑
Median
= **4,30**

Ergebnisse von Thomas
4,09; 4,45; 4,10; 4,45; 4,48; 4,23
sortieren!
4,09; 4,10; **4,23**; **4,45**; 4,45; 4,48
↑ ↑
Median =
(**4,23** + **4,45**) : 2 =
4,34

5 Mittelwert und Median können in einem Säulendiagramm markiert werden.

Gibt man zur Beschreibung einer Datenliste nur mittlere Werte an, gehen viele Informationen verloren. Man sieht z. B. nicht mehr, ob die Ergebnisse wie bei Stefan alle sehr nahe beieinander liegen oder einzelne Werte aus dem Rahmen fallen.

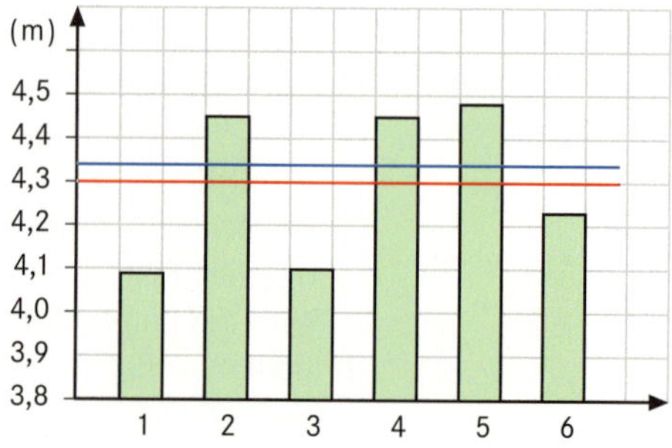

Übungen

1 Nina und ihre Freundinnen sind begeisterte Basketballspielerinnen. Jetzt ist Jenny als Austauschschülerin aus den USA nach Deutschland gekommen und trainiert mit der Gruppe. Sie üben Korbleger (ohne Verteidiger).
Im Bild sind ihre Trefferzahlen bei zwanzig Versuchen der Größe nach sortiert.
Jenny hat jedes Mal getroffen!

Überschrift! Achsenbeschriftung!

a) Stelle die Ergebnisse der Werferinnen in einem Säulendiagramm dar. Bestimme Median und Mittelwert und trage beide Werte als waagerechte Linien in das Diagramm ein.
Lies möglichst viele Informationen aus dem Diagramm ab.

b) Wie ändern sich Median und Mittelwert, wenn Jennys Würfe nicht mitgerechnet werden?

2 Sicher kennt ihr die Spiele Boccia oder Boule. Mit den Kugeln könnt ihr ein Statistikspiel machen. Dazu markiert ihr auf dem Boden (Sand oder Rasen) einen Punkt. Dann müsst ihr alle zehnmal eine Kugel möglichst nah an die Markierung werfen oder rollen.
Der Abstand zur Markierung wird gemessen und in eine Liste eingetragen.

a) Bestimmt für jeden Spieler einzeln und für alle zusammen Minimum, Maximum und Median der Abstände und ggf. den Modalwert. Berechnet auch jeweils den Mittelwert.

b) Vergleicht für jeden Spieler die einzelnen erzielten Abstände mit Mittelwert und Median des Spielers und mit Mittelwert und Median der Gesamtgruppe.
Wie oft war der Spieler besser, wie oft schlechter?

3 Bestimme Maximum, Minimum, Median und Mittelwert. Erfinde zur Datenreihe eine Geschichte.

a) 1,0; 1,8; 2,4; 2,9; 2,9; 3,2; 3,7; 3,9; 4,1; 4,1; 4,9; 5,1; 5,3; 5,9; 6,3; 7,2

b) 0,9; 1,8; 2,7; 3,2; 3,4; 3,8; 3,8; 4,0; 4,1; 4,2; 4,4; 4,5; 4,7; 5,3; 6,1; 7,4

c) 1,1; 1,8; 2,1; 2,4; 2,5; 2,6; 2,6; 3,3; 3,4; 3,9; 4,2; 5,1; 5,9; 6,3; 7,3; 9,8

d) 2,7; 5,1; 2,9; 4,9; 4,7; 5,1; 6,8; 5,6; 4,8; 3,9; 9,5; 6,5; 5,9; 4,8; 2,4; 5,7

4 Im Sportteil der Montagsausgabe deiner Tageszeitung findest du die Spielberichte der Mannschaftssportarten. Wähle eine Sportart aus, von der die Besucherzahlen angegeben sind.

a) Berechne den Mittelwert. Zeichne ein Diagramm für den Spieltag und trage auch die Linie für den Mittelwert ein. Was zeigt dir die Grafik jetzt?

b) Mache dasselbe eine Woche später.
Wähle dabei dieselbe Achseneinteilung und vergleiche die Diagramme.

5 Claudia möchte sich von ihrem ersparten Geld einen tragbaren CD-Player kaufen. Sie hat sich bereits ein Modell ausgesucht und die Preise in einigen Geschäften verglichen.

a) Bestimme Median und Mittelwert der Preise.

b) Claudia will schon kaufen, da entdeckt sie im Geschäft um die Ecke den CD-Player im Sonderangebot für 114,50 Euro. Natürlich reagiert sie sofort.
Wie verändern sich Median und Mittelwert durch das weitere Angebot?

Jupiter	129,– €
Kaufrausch	114,90 €
Entertain	127,85 €
All-4-Me	122,99 €
Allmarkt	123,90 €
yourpartner	126,50 €

6 Im Physikunterricht führt eine Klasse Längenmessungen und Wägungen durch. Alle Schülergruppen messen die Kantenlänge eines Körpers mit dem Zollstock, die Dicke eines Rohres mit dem Messschieber und die Masse einer Stahlkugel mit der Balkenwaage. Bestimme jeweils den Mittelwert. Berechne auch für jede Gruppenmessung die Abweichung vom Mittelwert. Wie groß ist der Mittelwert der Abweichungen?

Gruppe	I	II	III	IV	V	VI	VII	VIII	IX
Kantenlänge (cm)	34,5	34,45	34,4	34,49	34,55	34,3	34,05	34,6	34,7
Rohrdicke (mm)	12,6	12,5	12,5	12,4	12,6	12,5	12,4	12,4	12,6
Kugelmasse (g)	102,7	101,8	102,5	101,9	102,5	103,0	103,1	102,6	101,9

7 Die Körpergrößen der Spieler der Basketball-Schulmannschaft sind:
1,76 m; 1,72 m; 1,75 m; 1,69 m; 1,72 m; 2,01 m; 1,80 m; 1,71 m; 1,77 m; 1,73 m.
Bei ihrem letzten Treffen haben sie beschlossen für Auswärtsspiele eine Kurzinfo zu drucken. Darin soll auch auf die Körpergröße eingegangen werden.
Zurzeit streiten sie gerade darüber, wie das am besten geschehen soll.
Berechne Mittelwert und Median der Körpergrößen. Finde Argumente, warum welche Angabe günstiger ist.

8 Die Tabelle zeigt die Ergebnisse der Mathematikarbeiten aus vier 6. Klassen.

	1	2	3	4	5	6
6a	/	5	10	5	/	/
6b	5	4	3	12	1	/
6c	3	9	5	3	3	2
6d	6	6	3	2	5	2

a) Stelle die Ergebnisse der Arbeiten in einem Diagramm dar.
b) Bestimme Mittelwert, Median und Modalwert.
c) Wie kann man entscheiden, welche Klasse das „beste" Ergebnis erzielt hat? Überlegt euch mehrere Möglichkeiten und stellt sie in der Klasse vor.

9 Wähle fünf unterschiedliche ganze Zahlen so, dass für deren Mittelwert und Median gilt:
a) Median = Mittelwert b) Median < Mittelwert c) Median > Mittelwert

10 Die Schülervertretung eines Gymnasiums plant ein regelmäßiges Internet-Café einzurichten. Damit die Kosten gedeckt sind, sollen Eintrittsgelder genommen werden.
Es wird damit gerechnet, dass im Schnitt etwa 50 Gäste pro Tag kommen.
Tatsächlich kommen im ersten Monat (23 Tage) 943 Schülerinnen und Schüler.
Die SV beschließt für das Café zu werben um mehr Zuspruch zu bekommen.
Wie viele Besucher müssten im nächsten Monat (22 Tage) durchschnittlich kommen um die Kalkulation zu retten?

11 In Italien scheint immer die Sonne – bei uns regnet es immer!

Niederschlag in mm												
	Jan	Feb	Mrz	Apr	Mai	Jun	Jul	Aug	Sep	Okt	Nov	Dez
Essen	85	58	78	61	72	93	81	79	78	75	81	93
Neapel	104	98	86	76	50	34	24	42	80	130	162	121

Überprüft die Aussage mit geeigneten Methoden.

Zeichne im Koordinatensystem alle Verbindungsgeraden der Punkte A (3 | 2,5), B (4,2 | 5,1) und C (1 | 6,4). Bestimme die entstandenen Winkel. Wie viele spitze, rechte und stumpfe Winkel hast du gefunden? Fallen dir Zusammenhänge zwischen den Winkeln auf?

12 Schaut euch in Supermärkten um, welches Gemüse oder Obst (z.B. Champignons; Erdbeeren) in Packungen mit immer gleicher Gewichtsangabe verkauft wird.
Fragt dann, ob ihr für eine Mathematikaufgabe das tatsächliche Gewicht von 10 bis 20 Packungen an der Waage auswiegen dürft.
Bestimmt den Median der Gewichte und überprüft wie viele Packungen 10 g, 20 g, 30 g leichter (schwerer) als der Median sind. Zeichnet ein geeignetes Diagramm.
Markiert im Diagramm den Median und das angegebene Verkaufsgewicht.

Ausstiege

A1 Auch mit einem Tabellenkalkulationsprogramm kann man Datenreihen auswerten.

a) Erstelle das Tabellenblatt wie in der Abbildung und lass dir in D2 das Minimum anzeigen:
Starte durch einen Klick auf f_x den Funktions-Assistenten. Wähle
→ Statistik → MIN und markiere den Datenbereich in Spalte A.

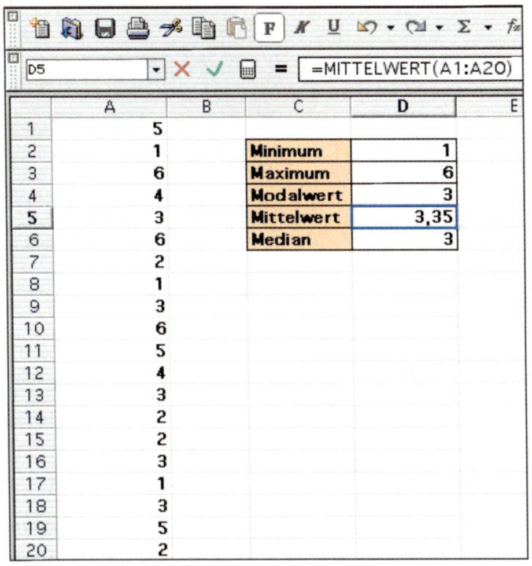

	A	B	C	D	E
1	5				
2	1		Minimum	1	
3	6		Maximum	6	
4	4		Modalwert	3	
5	3		Mittelwert	3,35	
6	6		Median	3	
7	2				
8	1				
9	3				
10	6				
11	5				
12	4				
13	3				
14	2				
15	2				
16	3				
17	1				
18	3				
19	5				
20	2				

b) Mache dasselbe für die anderen Funktionen und überprüfe anschließend auch, ob die Ergebnisse stimmen.

c) Markiere den Datenbereich in Spalte A und sortiere durch Drücken von [A Z ⇩] die Daten der Größe nach.
Beobachte dabei Spalte D.

d) Gib in Spalte A 20 fast gleiche Werte ein und sortiere sie der Größe nach.
Vergrößere dann den größten Wert immer mehr ohne die anderen Daten zu ändern.
Beobachte dabei die Ergebnisse in Spalte D.

e) Untersuche auch, was geschieht, wenn du alle Daten um dasselbe vergrößerst.

f) Denk dir weitere Untersuchungen aus und führe sie mit deinem Arbeitsblatt durch.
Formuliere deine Beobachtungen schriftlich und berichte in der Klasse.

A2 a) Bestimmt den Mittelwert und den Median der beiden Datenreihen und vergleicht.
(I) 48500; 49500; 50000; 50000; 50000; 50000; 50500; 51500
(II) 1700; 1900; 2000; 2000; 2000; 2200; 2200; 368000

b) „Der Median ist eine robustere Schätzung der zentralen Tendenz und reagiert unempfindlicher auf Ausreißer als der Mittelwert."

Was könnte diese Aussage bedeuten?
Was könnte hier „zentrale Tendenz" bedeuten und was ist wohl mit „robust" gemeint?

c) Nehmt an, dass es sich bei den Datenreihen in a) um die Jahres-Familieneinkommen von acht typischen Haushalten in A-Land und B-Land handelt.
Beschreibt die Einkommensverhältnisse in den beiden Ländern.

d) Ein Politiker in A-Land behauptet:
„Den Menschen bei uns geht es genauso gut wie den Menschen in B-Land. Das durchschnittliche Einkommen beträgt jeweils 50000 Dollar."
Ein Politiker aus B-Land berichtet über die gute Wirtschaftspolitik seiner Partei:
„In den letzten fünf Jahren haben sich die Einkommensverhältnisse in unserem Land extrem verbessert. Das Einkommen unserer Bevölkerung hat sich dabei fast verdoppelt."
(Daten von B-Land vor fünf Jahren: 2000; 2000; 2100; 2200; 2500; 2500; 2600; 184000)
Nehmt zu beiden Aussagen Stellung und formuliert jeweils eine Antwort.

5.2 Anschaulich und informativ – Daten vergleichen und darstellen

Einstiege

E1

Körpergrößen (in cm) Klasse 6c		
Jungen	11 J.	12 J.
145 - ...		
150 - ...		
155 - ...		
160 - ...		
165 - ...		

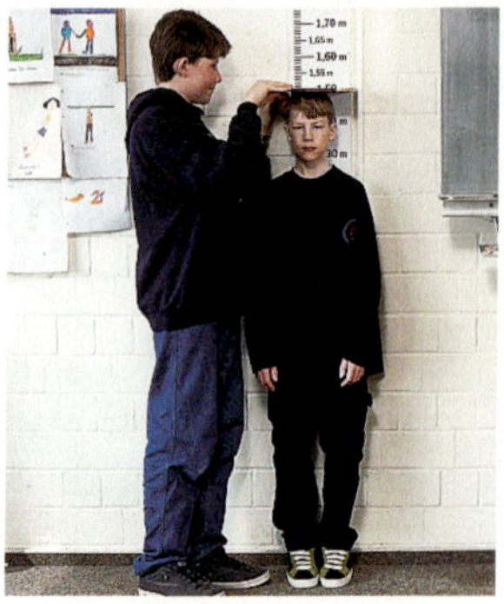

a) Notiert von jedem in eurer Klasse sein Alter, sein Geschlecht und seine Körpergröße. Sortiert die Daten nach Alter und Geschlecht, wertet sie aus und stellt die Ergebnisse übersichtlich dar. Gibt es Unterschiede bei Mädchen und Jungen?

b) Sammelt die Ergebnisse aller Parallelklassen in eurer Stufe oder der Stufen 5, 6 und 7. Findet Wege die Ergebnisse der Klassen bzw. Stufen zu vergleichen.
Falls diese Untersuchung auch schon von einer Klasse des letzten Jahres durchgeführt wurde, könnt ihr auch vergleichen, ob es Unterschiede zwischen den Jahrgängen gibt.
Eventuell könnt ihr in der Schule eine Langzeituntersuchung starten.
Kann man Trends erkennen? Stellt eure Ergebnisse übersichtlich dar und veröffentlicht sie in der Schule.

c) Informiert euch über Statistiken zur Körpergröße z.B. beim Statistischen Bundesamt. Vergleicht die Statistiken mit euren eigenen. Nehmt über das Internet Kontakt mit anderen Schulen in anderen Bundesländern oder Staaten auf.
Bittet sie die Untersuchung auch durchzuführen.
Gibt es Unterschiede?

d) In der Geschichte spielte die Entwicklung und die Untersuchung der Körpergröße immer wieder eine Rolle.
Wenn ihr in ein Museum über das Mittelalter geht, achtet auf die Größe der Möbel und die Höhe der Räume. Kennt ihr noch andere Beispiele?

Das sieht ja aus wie Kraut und Rüben!

a) Versuche das Bild möglichst genau zu beschreiben.

b) Nimm das Geodreieck zu Hilfe um deine Beschreibung zu verbessern.
Welche der Linien sind parallel, welche senkrecht zueinander?
Worin besteht die optische Täuschung und wie kommt sie zustande?

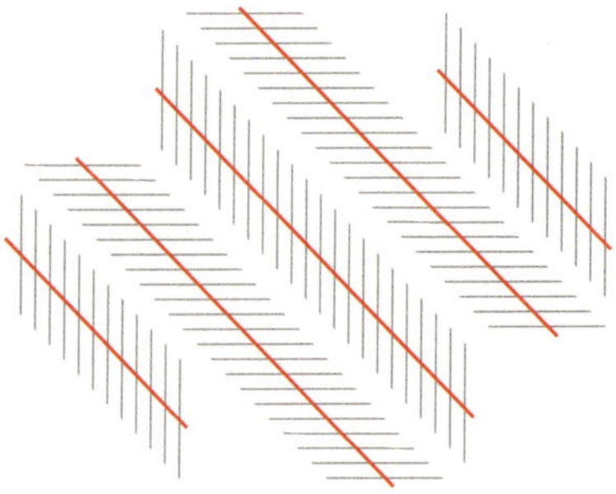

E2 Die Klasse 6c führt zu verschiedenen Zeiten von einer Autobahnbrücke aus eine Verkehrszählung durch.
Jennifer, Anna und Roman waren um 18 Uhr abends an der Reihe. Sie haben zehn Minuten lang auf vorbereiteten Listen die vorbeikommenden Fahrzeugtypen markiert.
Anschließend haben sie die Ergebnisse aus ihren Strichlisten in eine Tabelle übertragen.

Verkehrszählung 18 Uhr Autobahnbrücke	Fahrspur		
	links	Mitte	rechts
Pkw	308	229	60
Lieferwagen	16	26	11
Lkw ohne Anhänger	0	4	12
Lkw mit Anhänger	0	4	46
Summe	324	263	129

a) Wählt eine Fahrzeugart aus und stellt ihre Verteilung auf die Fahrspuren in einem Säulendiagramm dar. Macht dasselbe mit den anderen Fahrzeugarten und vergleicht eure Ergebnisse. Sucht nach Wegen, wie der Vergleich gut gelingt.
b) Vergleicht den Verkehr auf den einzelnen Fahrspuren. Wo fuhren welche Fahrzeuge? Wie groß war der Anteil jeder Fahrzeugart am Verkehr auf den einzelnen Spuren?
c) Wie viele Fahrzeuge fuhren durchschnittlich pro Minute auf jeder Spur? Wie viele Fahrzeuge jeder Fahrzeugart fuhren durchschnittlich pro Minute unter der Brücke hindurch?

E3 Wählt eine Produktgruppe aus, die euch interessiert (z. B. Chips, Müsli, Orangensaft) und führt in eurer Klasse eine Befragung durch.

Welche Chips sind die besten?

a) Überlegt euch Kriterien für die Bewertung und entwerft einen Befragungsbogen. Bedenkt dabei auch den Aufwand für die Auswertung.

b) Führt die Umfrage durch und wertet die Daten zuerst für jedes einzelne Produkt aus.

Getestete Marke: Cross-Chips

	–	0	1	2	3	4	5	6	7	+
Geschmack						X				
Krossheit							X			
Nachgeschmack			X							
Durstfaktor								X		
Preis							X			

Welche Chips sind die besten?

Platz	1	2	3	4	5	6	7	8
Geschmack	A	E	H	G	D	B	F	C
Krossheit	F	E	A	D	G	B	H	C
Nachgeschmack	G	E	H	B	A	F	C	D
Durstfaktor	A	G	E	B	D	C	H	F
Preis	C	B	E	F	G	A	H	D

c) Wie wollt ihr die Daten darstellen? Verwendet unterschiedliche Diagrammtypen. Welche sind für eure Befragung geeignet?
Ein Tabellenkalkulationsprogramm kann hier sehr nützlich sein. Probiert insbesondere Diagrammtypen aus, bei denen man mehrere Datenreihen zugleich darstellen kann.
d) Diskutiert darüber, wie man jetzt entscheiden kann, welches Produkt das beste ist.
e) Was hättet ihr an eurer Untersuchung ändern müssen, wenn ihr am Ende wissen wollt, ob das Ergebnis von Geschlecht oder Alter der befragten Personen abhängt?

Grundwissen

absolute Häufigkeit

1 Bei statistischen Untersuchungen und Umfragen wird oft mit Strichlisten oder Tabellen gearbeitet. Durch Auszählen bestimmt man, wie häufig ein **Ergebnis** oder eine Antwort vorkommt. Diese Anzahl nennt man die **absolute Häufigkeit H** des Ergebnisses.

In Olivers Kiste sind Steine verschiedener Farbe. Ohne hinzuschauen greift er hinein und nimmt eine Hand voll Steine heraus. Dann zählt er, wie viele Steine von jeder Farbe dabei sind.
In Olivers Hand hat „rot“ die absolute Häufigkeit 8.

relative Häufigkeit

2 Möchte man Untersuchungen mit unterschiedlich vielen Versuchen oder Befragungen verschieden großer Gruppen vergleichen, sind die absoluten Häufigkeiten alleine unbrauchbar. Wichtig ist hier das **Verhältnis,** in dem die absolute Häufigkeit des Einzelergebnisses zur **Gesamtanzahl N** aller Versuche oder befragten Personen steht.
Man nennt diesen **Anteil** eines Ergebnisses an allen Ergebnissen die **relative Häufigkeit h** des Ergebnisses.

Oliver erwischt bei einem Griff nicht immer gleich viele Steine. Einmal zieht er bei einem Griff 25 Steine, darunter 5 rote. Ein anderes Mal erwischt er 16 Steine, davon sind 4 rot. Obwohl es beim ersten Mal mehr rote sind, ist der Anteil der roten Steine an der Gesamtanzahl der gezogenen beim zweiten Mal größer.

Verhältnisse sind relativ

Anteile auch

Iris liest in der Zeitung einen Bericht über eine Befragung zur Bekanntheit von Computerspielen und wundert sich: „Dies Spiel ist 75 Erwachsenen und nur 70 Jugendlichen bekannt!“ „Ja,“ lacht Anja, die den Artikel auch schon gelesen hat, „man hat aber auch 240 Erwachsene und nur 100 Jugendliche befragt. Der Anteil der Kenner ist also bei den Jugendlichen viel höher“.

absolute Häufigkeit : Gesamtanzahl = **relative Häufigkeit** = $\frac{\text{absolute Häufigkeit}}{\text{Gesamtanzahl}}$

$H : N = \mathbf{h} = \frac{H}{N}$

Verhältnis eines Ergebnisses zu allen Ergebnissen

Anteil eines Ergebnisses an allen Ergebnissen

Oliver	Versuch 1	Versuch 2
Gesamt N	25	16
Ergebnis	rot	rot
absolute Häufigkeit H	5	4
relative Häufigkeit h	5 : 25 = 0,2	4 : 16 = 0,25

Bei Olivers zweitem Versuch ist die relative Häufigkeit der roten Steine 0,25, während sie beim ersten Versuch nur 0,2 war.

Umfrage	Erwachsene	Jugendliche
Gesamt N	240	100
Ergebnis	Kenner	Kenner
absolute Häufigkeit H	75	70
relative Häufigkeit h	75 : 240 = 0,3125	70 : 100 = 0,7

Die relative Häufigkeit der Kenner ist bei den Erwachsenen 0,3125. Bei den Jugendlichen ist sie 0,7, also mehr als doppelt so groß.

3

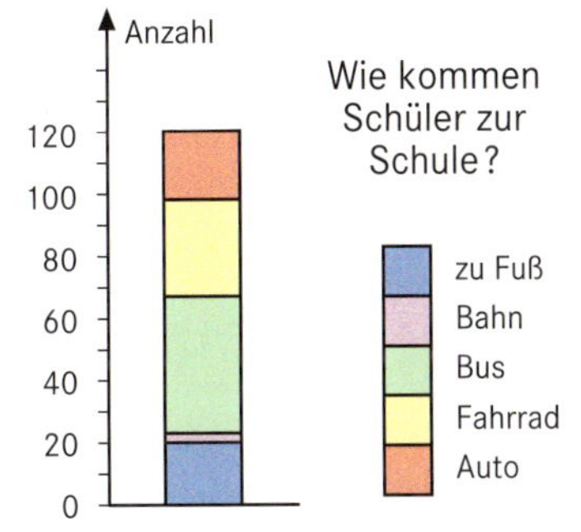

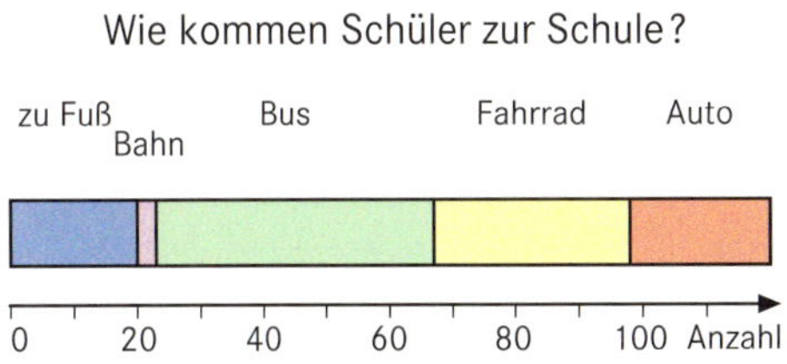

Streifendiagramm

In einem **Streifendiagramm** werden alle Säulen bzw. Balken aneinander gehängt.

Kreisdiagramm

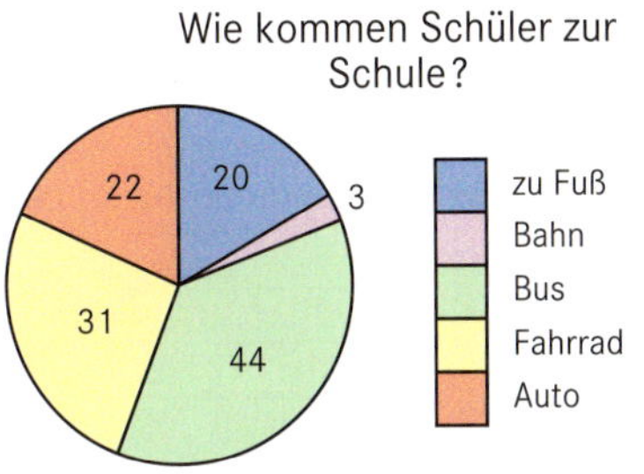

In einem **Kreisdiagramm** entsprechen die Winkelgrößen der gefärbten Kreisausschnitte den dargestellten Zahlen.
Man muss die Summe aller Zahlen gleichmäßig auf 360° verteilen.

Bei insgesamt 120 Schülern ergibt sich ein Winkel von $360° : 120 = 3°$ je Schüler.
Also bei 44 Schülern $44 \cdot 3° = 132°$,
bei 20 Schülern $20 \cdot 3° = 60°$, ...

In Streifen- und Kreisdiagrammen hat man einen besonders guten Überblick darüber, welchen *Anteil* die einzelnen Ergebnisse am Ganzen haben. Dafür kann man die Ergebnisse nicht mehr so gut miteinander vergleichen.
Bei Diagrammtypen, in denen ein Rechteck oder ein Kreis aufgeteilt wird, muss man aufpassen. Wenn z.B. die befragten Personen mehrere Antworten geben dürfen, entspricht der gesamte Kreis oder das gesamte Rechteck der Anzahl aller Antworten und nicht der Anzahl der Personen.

Übungen

1 Annika hat im Fernsehen 80 Minuten lang einen Spielfilm gesehen, davon waren 15 Minuten Werbung. Ihre Freundin Stefanie sah sich 60 Minuten lang eine Sportübertragung an, die dreimal von jeweils vier Minuten Werbung unterbrochen wurde.

a) Wer von beiden hat absolut mehr Werbung gesehen.
b) Wer sah relativ mehr Werbung?

2 Thomas hat in der ersten Mathematikarbeit 40 von 55 Punkten erzielt, in der zweiten 35 von 45 Punkten. Welches Ergebnis war besser?

3 Die Klasse 6a besteht aus 12 Mädchen und 18 Jungen. In der 6b sind von 28 Kindern 14 Jungen. In der 6c sind 29 Kinder, davon drei Mädchen mehr als Jungen.
Vergleiche die relativen Häufigkeiten von Mädchen und Jungen.

4 Silke spielt gerne Fußball und trainiert regelmäßig Elfmeterschießen.
Bestimme die relativen Häufigkeiten der von ihr erzielten Treffer, stelle diese grafisch dar und schreibe einen Trainingsbericht.

Tag	1	2	3	4	5	6
Versuche	25	30	20	27	22	24
Treffer	15	24	8	18	13	17

5 Bei einer Meinungsumfrage zu zwei neuen Gesellschaftsspielen wurde nach dem Spielspaß gefragt. Die beiden Spiele sollten auf einer Skala von 1 (sehr hoch) bis 10 (sehr gering) bewertet werden.
Die Auszählung ergab für die einzelnen Bewertungen folgende absolute Häufigkeiten:

Spielspaß	1	2	3	4	5	6	7	8	9	10
Spiel A	3	4	10	7	4	2	0	0	0	0
Spiel B	6	8	8	4	0	0	2	2	0	0

Median → sortieren!

a) Bestimmt für beide Spiele Median und Mittelwert der Antworten.
b) Bestimmt die relativen Häufigkeiten für jede Einschätzung.
c) Stellt für Spiel A die absoluten und die relativen Häufigkeiten der Bewertungen in Säulendiagrammen dar und vergleicht die Diagramme.
d) Stellt für Spiel B die relativen Häufigkeiten der Bewertungen in einem Säulendiagramm dar und vergleicht die Bewertungen beider Spiele.
e) Addiert für jedes Spiel die relativen Häufigkeiten.
Vermutet einen allgemeinen Zusammenhang und versucht ihn zu begründen.

6 In einer Fernsehsendung wurden tausend Zuschauer befragt. Wie könnte die Frage gelautet haben?
Kann die Tabelle das Ergebnis richtig wiedergeben?

	Arnold	Dirk	Albert
Julia	22,9%	4,1%	0,9%
Angela	8,3%	14,6%	7,7%
Gabi	1,7%	34,2%	5,6%

7 Besorge dir die Einwohnerzahlen der deutschen Bundesländer. Welcher Anteil der Einwohner wohnt in Nordrhein-Westfalen? Berechne auch die Anteile für die anderen Bundesländer. Stelle die Anteile in einem geeigneten Diagramm dar.

8 a) Schneide Kreisdiagramme aus der Tageszeitung aus, klebe sie in dein Heft und schreibe auf, was mit ihnen dargestellt wird. Wo sind sie geeignet, wo nicht?
b) Stelle in einem Kreisdiagramm dar, wie viele Kinder aus deiner Klasse in jeweils derselben Grundschule waren.
c) Veranschauliche in einem Kreisdiagramm, wie sich im letzten Kalenderjahr die Anzahlen der Schultage, der Feiertage und Wochenenden und der Ferientage zueinander verhielten.
d) Wie viel Prozent des Zifferblattes einer Uhr werden in 12; 15; 18; 20; 25 Minuten von dem Minutenzeiger überstrichen? Wie viel von dem Stundenzeiger?

9 In einer Umfrage sollte für zwei Gesellschaftsspiele die Spannung auf einer Skala von 1 (sehr hoch) bis 10 (sehr niedrig) geschätzt werden.

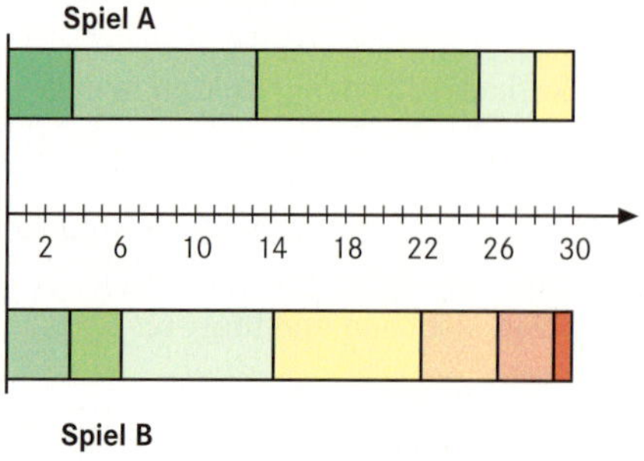

Streifendiagramme

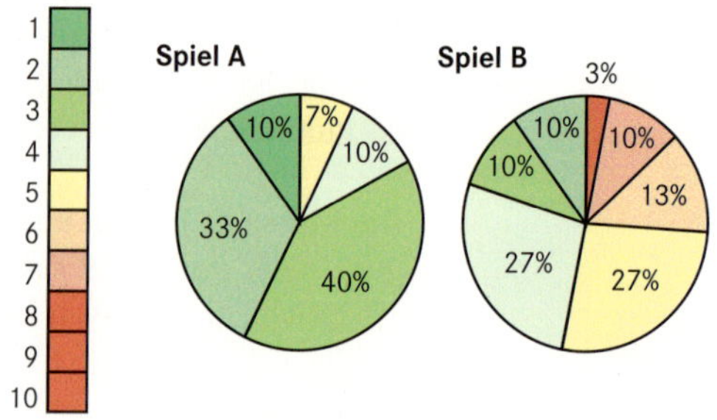

Kreisdiagramme

a) Entnimm den Diagrammen möglichst viele Informationen über die Umfrage. Was kannst du woraus entnehmen?
b) Beschreibe, wie die Farbgebung bei der Vergleichbarkeit der Ergebnisse hilft.

10

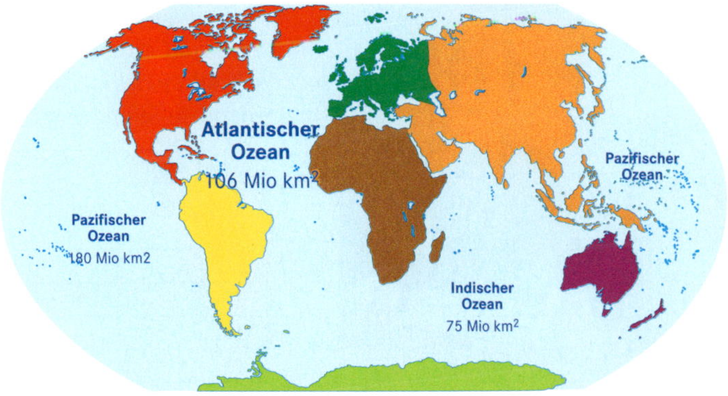

Asien:	44 Mio. km²
Afrika:	30 Mio. km²
Nordamerika:	24 Mio. km²
Südamerika:	18 Mio. km²
Antarktis:	14 Mio. km²
Europa:	10 Mio. km²
Australien:	9 Mio. km²

Auf der Erde gibt es ca. 361 Millionen Quadratkilometer Wasserfläche und ca. 149 Millionen Quadratkilometer Landfläche.
Berechne die prozentuale Verteilung der einzelnen Weltmeere und Kontinente. Stelle deine Ergebnisse in Kreisdiagrammen dar.

11 Von der deutschen Sprache kennt man die Häufigkeiten, mit denen die einzelnen Buchstaben des Alphabets in Texten vorkommen.

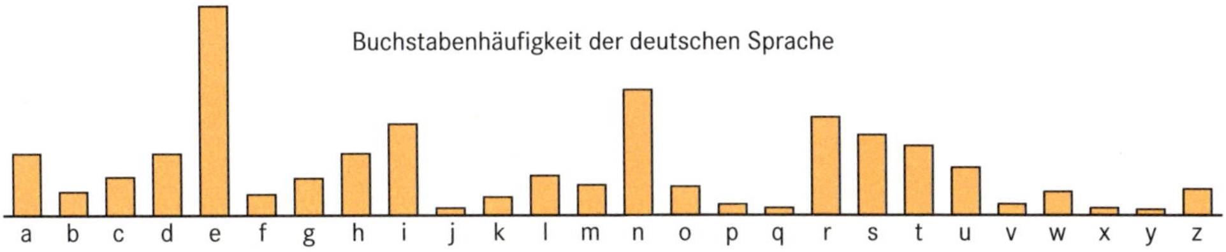

a) Wähle eine Seite aus einem Buch, das du gerade liest. Bestimme die absoluten und relativen Häufigkeiten für jeden Buchstaben des Alphabets. Stelle diese in einem Säulendiagramm dar. Vergleiche mit dem abgebildeten Diagramm und den Diagrammen deiner Klassenkameraden.

b) Wähle eine Seite aus deinem Englischbuch und mache das Gleiche. Was fällt dir auf?
Tipp: Wenn du einen elektronisch gespeicherten Text nimmst, lässt sich diese Aufgabe besonders gut mit der Funktion „Suchen und Ersetzen" eines Textverarbeitungsprogramms lösen, weil sie dir die Ersetzungen automatisch zählt. Achtung: Ersetze nur durch ein Zeichen, das im Text nicht vorkommt.

12 Das Kreisdiagramm zeigt die Zusammensetzung unserer Atemluft.
Bei jedem Atemzug atmen wir 0,5 Liter Luft ein und 0,5 Liter „verbrauchte" Luft aus, davon sind 4% Kohlendioxid.
Wie viel Sauerstoff atmest du in einer Minute ein?
Wie viel Kohlendioxid gibt du in einem Jahr ungefähr an die Atmosphäre ab?

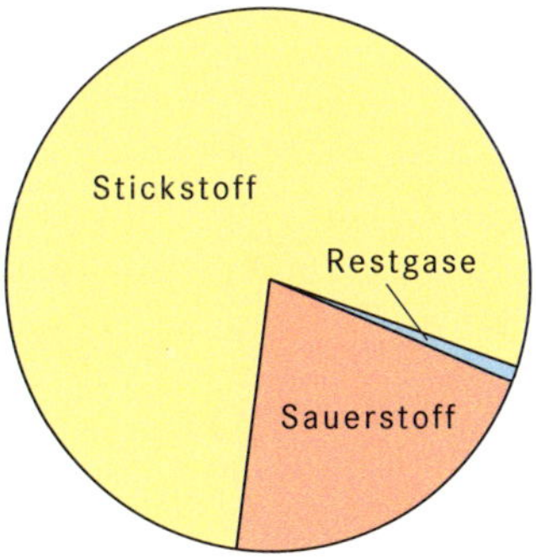

Menschen im Quadrat?
Nach einer Faustregel ist ein Menschen mit ausgebreiteten Armen so breit wie hoch.
Prüfe nach.

Ausstiege

A1

Maike wühlt in ihrer riesigen LEGO-Kiste. Sie greift eine Handvoll Steine heraus und schreibt jedesmal auf, wie viele es sind und wie viele Steine welche Farbe haben:

alle	rote	weiße	blaue	gelbe	sonst
8	2	3	1	2	0
13	4	5	0	3	1
13	3	3	2	3	2
22	6	8	2	5	1
15	5	4	4	2	0
19	4	7	2	4	2

a) Berechnet für jeden der Züge die relativen Häufigkeiten der verschiedenen Farben. Zeichnet für jeden Zug ein Diagramm. Vergleicht die Züge.
b) Wie könnten sich die Farben in Maikes LEGO-Kiste verteilen? Welche Farbe ist vermutlich die häufigste? Wie könnte man eine solche Frage beantworten? Welche Probleme könnten entstehen? Findet noch weitere solche Fragen.
c) Findet ähnliche Probleme wie das Farbverteilungsproblem in Maikes Kiste.

A2 Die Klasse 6b hat eine Umfrage ausgewertet und ein Plakat dazu gezeichnet.

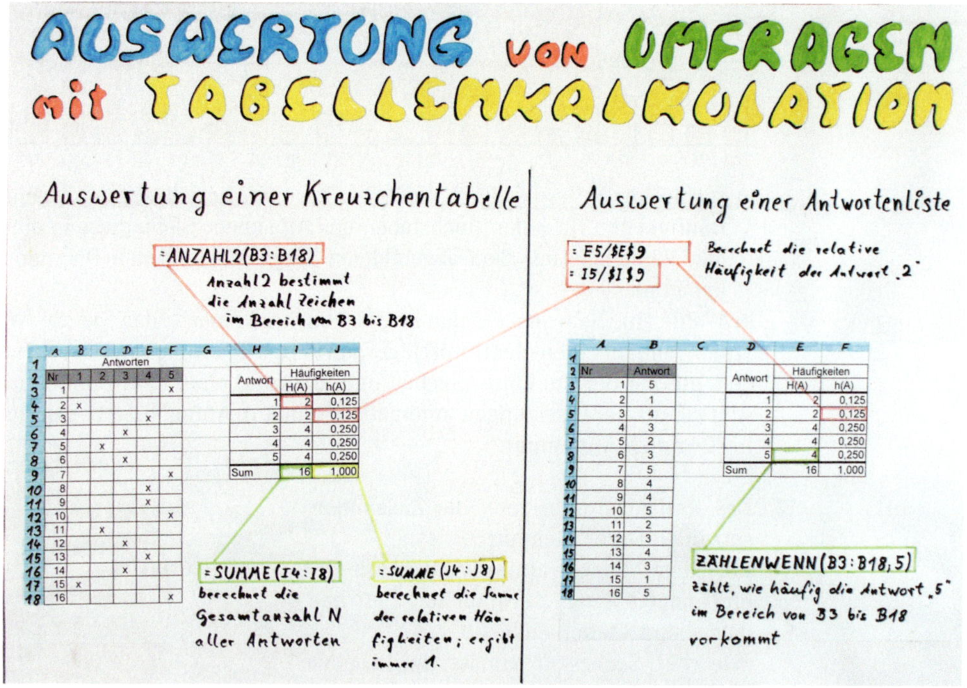

Erklärt euch gegenseitig, was die 6b dargestellt hat, und experimentiert selbst mit eurem Tabellenkalkulationsprogramm. Die benötigten Funktionen (SUMME, ANZAHL2 und ZÄHLENWENN) findet ihr mit f_x (oder unter → Einfügen → Funktionen → Statistik).
Wertet eine eurer Untersuchungen mit einem Tabellenkalkulationsprogramm aus.

---

a) Konstruiere einen Kreis, der durch die Punkte A (0 | 0), B (10 | 2) und C (5 | 9) geht. Bestimme seinen Radius.
b) Gib drei Punkte im Koordinatensystem an, durch die man keinen Kreis zeichnen kann.

Vermischte Übungen

1 a) Was bedeutet: „OECD Mittelwert 3851 US-Dollar“?
b) Welche Länder gaben für die Bildung mehr aus als Deutschland?
Man sagt: „Der Rohstoff Deutschlands ist die gute Bildung.“ Was meinst du zu dieser Äußerung?
c) Besorge dir Informationen über die Bildungsausgaben heute und stelle deine Ergebnisse in einem Säulendiagramm dar. Wie hat sich die Situation gegenüber dem Jahr 2000 verändert?

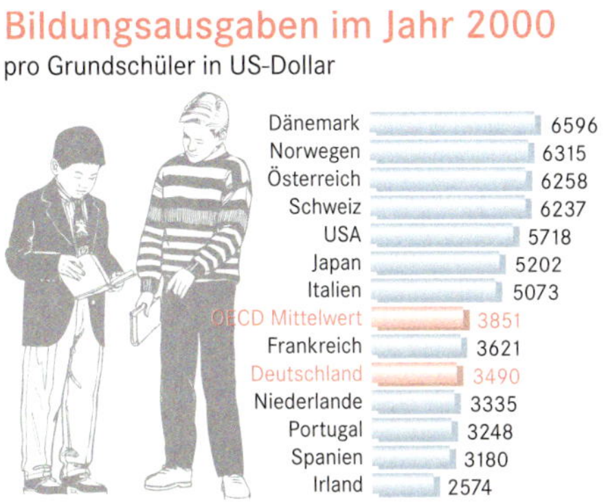

L2 Jörg hatte an 4 von 25 Ferientagen Regenwetter, an Sarahs Urlaubsort hat es an 7 von 28 Tagen geregnet. Berechne die relative Häufigkeit der Regentage. Wie groß ist jeweils die relative Häufigkeit von trockenem Wetter?

L3 Bei einem Geschicklichkeitsspiel schafft Kai in 12 von 26 Fällen die richtige Lösung.
Annika ist weniger ausdauernd, sie probiert 18-mal und schafft achtmal die Lösung.
Melanie sieht den beiden zu. Als die beiden weg sind, probiert sie selbst. Am Anfang gelingt ihr wenig, doch dann hat sie den Bogen raus.
Am Abend verkündet sie stolz, sie habe 18-mal die richtige Lösung geschafft.
Als die anderen fragen, gibt sie zu, dass sie dafür 38 Versuche benötigte.

L4 In der Tabelle siehst du die Ergebnisse einer Blutgruppen-Untersuchung.
Berechne die relativen Häufigkeiten und gib deine Ergebnisse auch in Prozent an. Stelle die Ergebnisse geeignet grafisch dar.

Blutgruppe	absolute Häufigkeit
A	21
B	7
AB	3
0	19

L5 Bei der Klassensprecherwahl wurde Michael von zehn der 28 Schüler der 6a gewählt.
Nadja bekam in der 6b zwölf von 31 Stimmen.

6 Ermittle die folgenden Zahlen und stelle sie in einem Kreisdiagramm dar.
a) Wie viele Jungen und Mädchen gibt es in deiner Klasse?
b) Wie viele Lehrerinnen und Lehrer gibt es in deiner Schule?
c) Wie sind die Parteien im Bundestag und im Landesparlament vertreten?
d) Wie viele Menschen leben auf den verschiedenen Kontinenten der Erde?

7 Fragt im Sekretariat eurer Schule nach den Schülerzahlen aller Klassen, möglichst auch getrennt nach Mädchen und Jungen. Berechnet dann die Anteile der Mädchen und Jungen an eurer Schule insgesamt und in jeder Klassenstufe. Berechnet auch die Anteile jeder Klassenstufe an der gesamten Schülerschaft.

8 Führt in eurer Klasse eine Befragung zur gesunden Ernährung durch.
a) Stellt zunächst einen Fragebogen her, mit dem ihr das Thema erforschen könnt.
b) Veranschaulicht die Umfrageergebnisse in einem Säulendiagramm.
c) Ernähren sich die meisten Schüler gesund?

9 Stelle die Anzahl der Teiler von 90; 100; 144; 150; 180 und 200 in einem geeigneten Diagramm dar.

10 In einem Verein beträgt die mittlere Körpergröße der Männer 1,80 m, die der Frauen 1,70 m. Kann man daraus schließen, dass die mittlere Körpergröße aller erwachsenen Vereinsmitglieder 1,75 m ist? Begründe.

11

Ein Viertel des privaten Wasserverbrauchs wird in der Toilette hinuntergespült!

Vermitteln die Tropfengrößen im Diagramm diesen Eindruck? Begründe.

Wodurch sind die Wassermengen im Diagramm dargestellt?

Zeichnet Diagramme, bei denen man die Anteile der täglich verbrauchten Wassermengen gut erkennen kann.

12 Vergleiche die Zahlenangaben mit der Grafik. Wie werden hier die Größenverhältnisse der Zahlen dargestellt?
Berechne das Verhältnis der verschiedenen Müllmengen zur Müllmenge eines deutschen Einwohners.
Wie kommt es, dass die Grafik anders wirkt als die Zahlenverhältnisse tatsächlich sind? Welche Größenverhältnisse hättest du gewählt? Begründe deine Wahl.

13 a) Verdeutlicht die Daten für 2001 und 2003 in je einem Säulen- und einem Kreisdiagramm.
b) Stellt die relativen Unfallhäufigkeiten für jede Altersgruppe in Säulendiagrammen dar und vergleicht mit denen aus a).

Bei Unfällen im Straßenverkehr Getötete					
	0–14	15–17	18–24	25–64	65–...
2001	231	286	1606	3571	1283
2003	209	315	1395	3373	1326

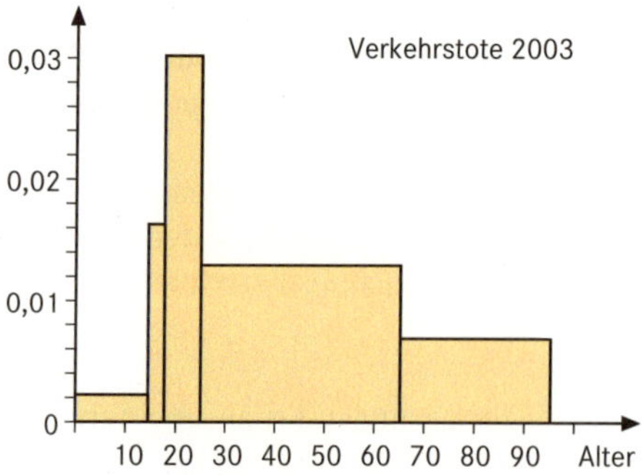

c) Im Diagramm links wird derselbe Zusammenhang dargestellt. Vergleicht alle Diagramme.
Haben sie dieselbe Aussage?
d) Berechnet die Flächeninhalte der Rechtecke.
(Beachtet dabei die Achseneinteilungen.)
Vergleicht mit den Ergebnissen aus b).
Versucht zu erklären, wie dieses so genannte **Histogramm** gezeichnet wurde.
Was gibt die Höhe eines Rechtecks an?#

a)
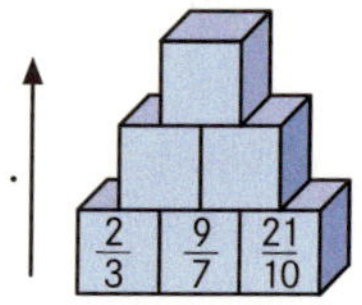

b)
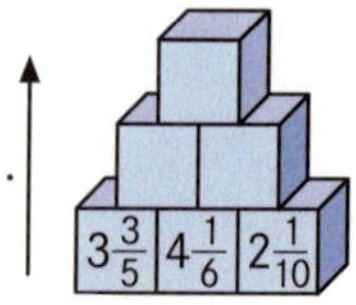

c)
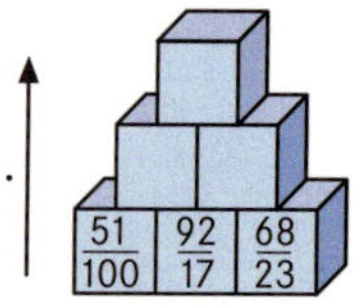

Zusammenfassung

1 Bei einer Befragung oder Untersuchung werden die Daten in einzelnen Befragungsbögen, **Urlisten** oder **Strichlisten** erfasst. Die Daten werden in Tabellen sortiert und die **absoluten Häufigkeiten** der verschiedenen Ergebnisse ermittelt.
Zum Vergleich von Untersuchungen, insbesondere bei unterschiedlich großen Gruppen, kann man die **relativen Häufigkeiten** bestimmen.

absolute Häufigkeit : Gesamtanzahl = **relative Häufigkeit** = $\frac{\text{absolute Häufigkeit}}{\text{Gesamtanzahl}}$

Verhältnis einer Antwort zu allen Antworten

$H : N = \mathbf{h} = \frac{H}{N}$

Anteil einer Antwort an allen Antworten

Bei einer Umfrage unter 30 Personen (N = 30) werden zwei neue Spiele (A und B) in eine Skala von 1 (sehr spannend) bis 10 (spannungslos) eingeordnet.

Urliste:

Spiel A / Spiel B
1/5 2/4 4/4 3/2
2/5 3/6 3/5 2/4
3/3 3/2 4/6 3/7
2/8 3/7 5/3 3/5
3/6 2/7 1/4 3/6
2/5 1/4 2/4 3/3
5/2 3/4 4/5 3/5
2/4 2/5

Strichliste:

	A	B
1	IIII	
2	~~IIII~~ ~~IIII~~	III
3	~~IIII~~ ~~IIII~~ II	III
4	III	~~IIII~~ III
5	II	~~IIII~~ III
6		IIII
7		III
8		I

abs. Häufigkeiten H:

	A	B
1	3	
2	10	3
3	12	3
4	3	8
5	2	8
6		4
7		3
8		1

rel. Häufigkeiten h:

	A	B
1	0,10	
2	0,33	0,10
3	0,40	0,10
4	0,10	0,27
5	0,07	0,27
6		0,13
7		0,10
8		0,03

2 Bei der Auswertung sind Fragen interessant wie: Gibt es Ergebnisse, die besonders häufig vorkommen? Was meint die Mehrheit? Was ist der Durchschnitt? Sind sich alle einig?

Aus den Tabellen kann man z. B. direkt ablesen:
Für Spiel B werden Noten von 2 bis 8 vergeben, am häufigsten 4 und 5.

sortierte Notenliste für Spiel B: 2 2 2 3 3 3 4 4 4 4 4 4 4 4 5 | 5 5 5 5 5 5 5 6 6 6 6 7 7 7 8

kleinster Wert (Minimum) – Wert in der Mitte (Median) – größter Wert (Maximum)

Der häufigste Wert einer Datenliste wird **Modalwert** (**Modus**) genannt.
Kann man die Daten einer Untersuchung der Größe nach sortieren, lässt sich das Untersuchungsergebnis mit wenigen Angaben gut beschreiben:

Minimum und **Maximum** geben den größten und kleinsten Wert an. Mit ihrer Differenz, der **Spannweite,** beschreibt man die Verschiedenheit der Daten.
Den Wert in der Mitte der (nach Größe sortierten) Liste nennt man **Median** (**Zentralwert**). Liegt die Mitte der Liste zwischen zwei Werten, nimmt man die Mitte zwischen beiden Werten.

Median: vorher sortieren!

Spiel	A	B
Anzahl der Befragten	30	30
Minimum	1	2
Maximum	5	8
Spannweite	4	6
Modalwert	3	4; 5
Median	3	5

Ergebnis der Befragung:
Spiel A ist spannender als Spiel B.

3 Um Listen von Zahlen zu vergleichen kann man den **Mittelwert** (das **arithmetische Mittel**) der Zahlen berechnen.

Mittelwert = Summe aller Werte : Anzahl aller Werte

Sind die absoluten oder die relativen Häufigkeiten bekannt, kann man die Berechnung vereinfachen.

Spiel A: $(3 \cdot 1 + 10 \cdot 2 + 12 \cdot 3 + 3 \cdot 4 + 2 \cdot 5) : 30 = 2{,}7$

Spiel B: $\frac{3}{30} \cdot 2 + \frac{3}{30} \cdot 3 + \frac{8}{30} \cdot 4 + \frac{8}{30} \cdot 5 + \frac{4}{30} \cdot 6 + \frac{3}{30} \cdot 7 + \frac{1}{30} \cdot 8 = 4{,}7$

4 Gibt man nur mittlere Werte als Ergebnis einer Untersuchung an, gehen viele Informationen verloren. Man sieht z.B. nicht mehr, ob fast alle derselben Meinung waren oder ob die Antworten sehr unterschiedlich waren.
Übersichtlicher und aussagekräftiger wird die Darstellung der Ergebnisse durch **Diagramme**:

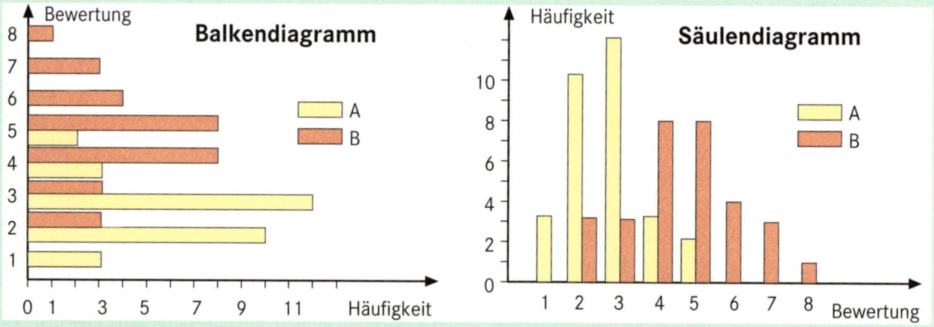

Im Balken- und Säulendiagramm hat man einen schnellen Überblick darüber, wie sich die verschiedenen Ergebnisse verteilen.

Interessiert man sich mehr dafür, wie stark die einzelnen Ergebnisse am Gesamtergebnis der Untersuchung beteiligt sind, kann man Streifen- oder Kreisdiagramme wählen. Hierzu ist die Berechnung der Anteile oder relativen Häufigkeiten erforderlich.

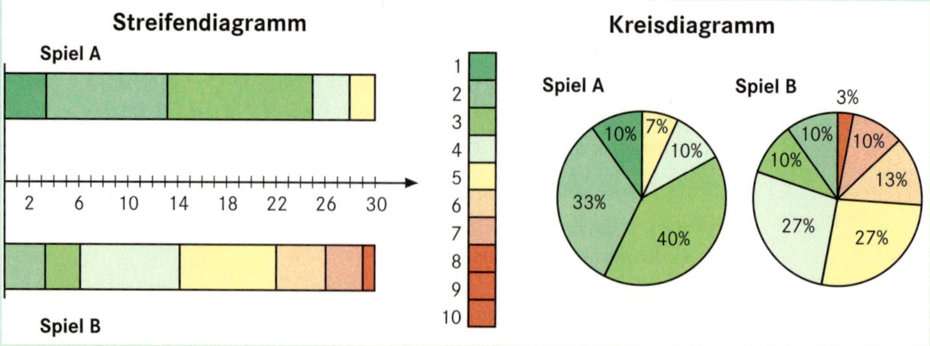

In den Diagrammen sind die Farben so gewählt, dass grüne Farben eher Zustimmung und rote eher Ablehnung bedeuten. Man sieht auf einen Blick, wie sich Zustimmung und Ablehnung in der befragten Gruppe verteilen.

Mit einem Tabellenkalkulationsprogramm lassen sich alle Diagrammtypen schnell erstellen.

5.5 Unser Klassen-Jahrbuch

1 Die Erprobungsstufe an der neuen Schule ist für euch jetzt schon beinahe um. Ihr habt euch gegenseitig kennen gelernt und gemeinsam vieles entdeckt und erforscht. Das könntet ihr zusammentragen und in einem Klassen-Jahrbuch oder auf eurer Homepage veröffentlichen.

2 Ein Foto gehört natürlich dazu - alle zusammen wie auf dem Foto von 1909 oder jeder einzeln? Vielleicht habt ihr ja im 5. Schuljahr, wie vorgeschlagen, von jedem ein Juxfoto gemacht?

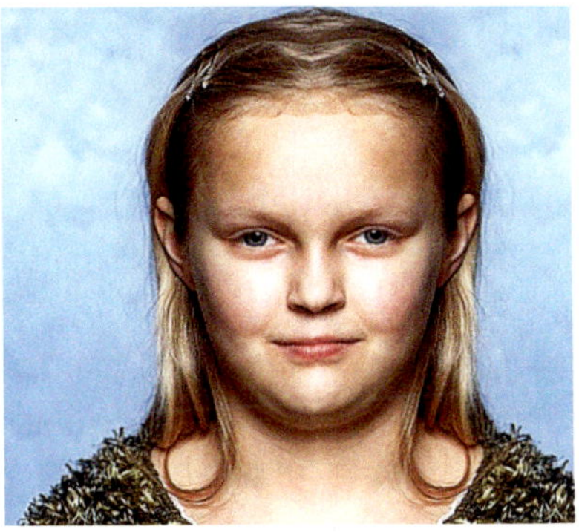

3 Früher waren Klassen viel größer als jetzt. Wertet die folgenden Daten aus und vergleicht mit heute. Ihr könntet auch eure Eltern oder Großeltern befragen.

Anzahl der Schülerinnen und Schüler in den Klassen 1 bis 7 der Volksschule Schillerstraße														
1905	45	43	47	48	47	47	46	44	43	42	48	47	49	49
1906	37	46	46	50	49	47	47	43	46	43	50	50	51	50

4 In den Einstiegen, Übungen und Ausstiegen verschiedener Kapitel habt ihr schon eine ganze Reihe von Daten über eure Klasse zusammengetragen. Die Ergebnisse könntet ihr schön aufbereitet darstellen und euch auch noch weitere Untersuchungen ausdenken.
Was möchtet ihr noch über euch selbst berichten? Denkt zum Beispiel an eure Hobbies oder welche Musik ihr gerne hört.

5 Vielleicht habt ihr in den beiden Schuljahren in Mathematik etwas erforscht oder hergestellt, was euch besonders gut gefallen hat?
Habt ihr z.B. „Schöne Kurven" gezeichnet oder platonische Körper gebastelt oder Escher-Parkette selbst hergestellt?
Berichten könnt ihr evtl. auch über alte Rechenmaschinen, die Geschichte unseres Kalenders oder ihr stellt Informationen über die Mathematiker zusammen, die euch in den beiden Jahren im Schulbuch begegnet sind. (Z.B. Platon, Euklid, Euler ...)

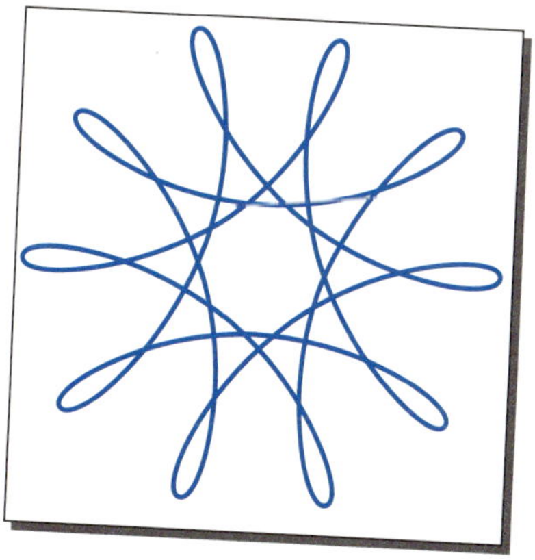

6 Auch in den anderen Fächern (z.B. Biologie, Erdkunde und Geschichte) habt ihr sicher Themen besprochen, die in euer Klassen-Jahrbuch aufgenommen werden können. Bestimmt könnt ihr auch über Wandertage oder Klassenfahrten Interessantes berichten, an das ihr euch mit diesem Jahrbuch noch lange erinnern könnt. Überlegt euch, welche Themen euch wichtig sind, und teilt dann entsprechende Gruppen ein.

6.1 Auch Negatives kann manchmal nützlich sein – Negative Zahlen

Einstiege

E1

a) Worum geht es in dieser Bildergeschichte? Worin liegt ihr Witz?
b) In dieser Geschichte ist von einer Skala von 1 bis 10 und von negativen Zahlen die Rede. Was stellt ihr euch darunter vor?
c) Erzählt euch gegenseitig weitere Geschichten aus anderen Lebensbereichen, in denen negative Zahlen vorkommen.

E2 a) Zeichne die Temperaturskala ab und trage weitere Ereignisse ein.

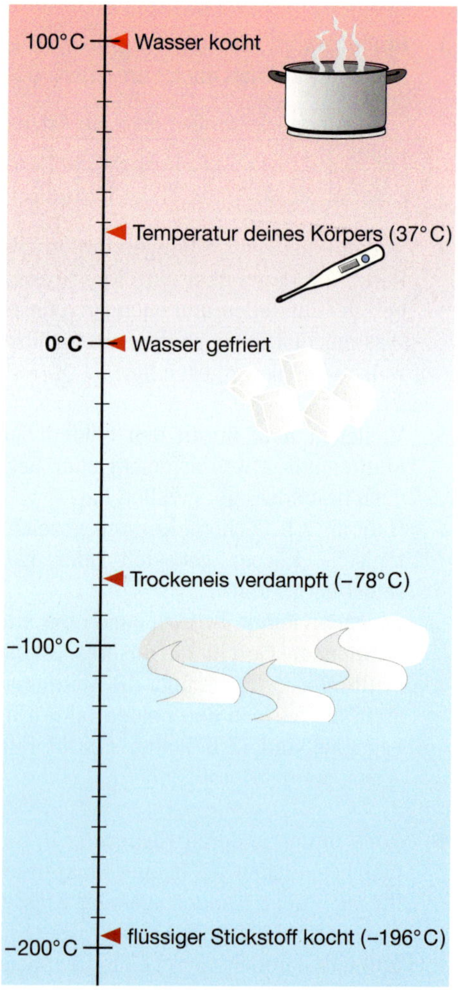

b) Stellt euch gegenseitig „Unterschiedsaufgaben" wie z. B.:
„Gestern Abend waren es 6 °C, heute morgen sind es −4 °C. Wie groß ist der Unterschied?";
„Im Haus sind es 20 °C, draußen sind es −12 °C. Wie groß ist der Unterschied?"

ANDERS CELSIUS (1701–1744) schwedischer Naturforscher

c) Wie ist die Celsius-Temperaturskala entstanden?
In vielen Ländern wird die Fahrenheitskala (°F) verwendet. Findet heraus, wie sie entstanden ist und wie man die Temperaturen von °F in °C umrechnet.
d) Gebt Eiswürfelstückchen in ein Becherglas und messt die Temperatur.
Fügt dann Salz dazu und rührt um. Beobachtet die Temperatur des Gemisches. Erstellt ein Versuchsprotokoll.

E 3

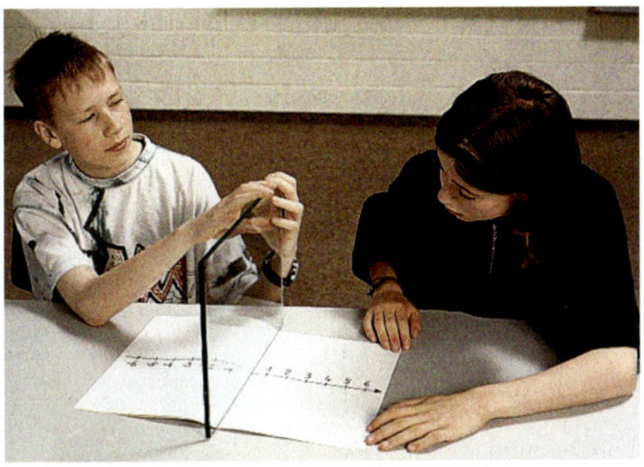

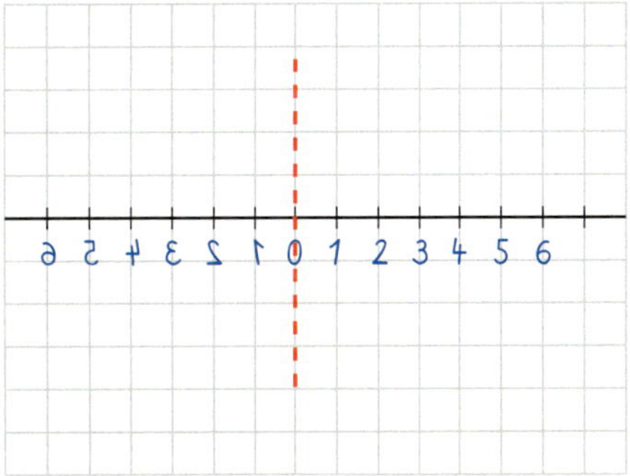

a) Beschreibt, was ihr auf den Bildern seht.

b) Zeichnet den Zahlenstrahl mitsamt seinem Spiegelbild ab.
Stellt euch gegenseitig „Entfernungsaufgaben“, wie z.B.:
„Wie weit ist eine Zahl von ihrem Spiegelbild entfernt?“
„Wie weit ist ꙅ von 5 entfernt?“

c) Die gespiegelten Zahlen werden auch „Minuszahlen“ genannt.
Man schreibt sie als Zahl mit einem Minuszeichen. Erklärt, warum.

E 4

POSTBANK	KONTOAUSZUG	UMSATZ
Buchungstag	Kontostand vom 19.02.2005	3.572,35
21.02.	Gutschrift	35,95
21.02.	Lastschrift	230,00 –
24.02.	Lastschrift	276,58 –
	Summe Zahlungsausgänge	506,58 –
	Summe Zahlungseingänge	35,95
	Neuer Kontostand	3.101,72
		POSTBANK

Kontoauszug			*Stadtsparkasse*
		Soll	Haben
Buchungstag	Kontostand vom 11.02.2005		8,01
13.02.	Gutschrift		958,77
01.03.	Lastschrift	2.290,03	
02.03.	Lastschrift	21,75	
	Abschluss-Saldo	-1.345,00	

a) Frau Kunkel hat ein Konto bei der Postbank und eines bei der Stadtsparkasse.
Erklärt die Eintragungen auf den beiden Kontoauszügen.
Stellt das Gesamtguthaben oder die Gesamtschulden von Frau Kunkel fest und sucht weitere sinnvolle Fragen, die zu diesen Kontoauszügen passen.

b) Sucht nach „Minuszahlen“ auf diesen beiden Kontoauszügen.
Sprecht darüber und macht euch klar, was diese bedeuten.

c) Stellt euch gegenseitig Aufgaben, die mit diesen Kontoständen zu tun haben, wie zum Beispiel: „Frau Kunkel überweist 2000 Euro von der Postbank zur Stadtsparkasse.
Wie sehen die Kontostände danach aus?“

d) Sucht weitere Beispiele aus dem täglichen Leben, in denen „Minuszahlen“ vorkommen.

Grundwissen

negative Zahl

1 Im Alltag gibt es Situationen, in denen Lagen unterhalb von null oder auch Konto- oder Spielstände als „rote Zahlen" auftreten. Sie werden mit **negativen Zahlen** beschrieben.

Meerestiefe von 413 m unter NN:	–413 m
Nachttemperatur von 4 Grad Frost:	–4 °C
Verlorenes Skatspiel mit 48 Punkten:	–48
Kontostand mit 242 Euro Schulden:	–242 Euro

Vorzeichen

2 Negative Zahlen werden durch ein Minuszeichen als **Vorzeichen** gekennzeichnet.

Die bisher bekannten positiven natürlichen Zahlen und Brüche können ein Pluszeichen als Vorzeichen erhalten; man kann das Vorzeichen „+" aber auch weglassen.

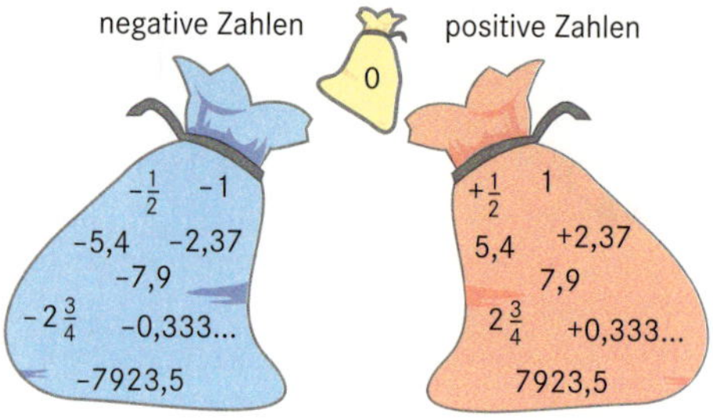

Zahlengerade

3 Positive Zahlen kann man am Zahlenstrahl darstellen. Verlängert man den Zahlenstrahl über die Null hinaus zu einer **Zahlengeraden,** so lassen sich auch die negativen Zahlen darstellen.
Die Zahlengerade erhält man auch durch Spiegelung eines Zahlenstrahls an der Null.

ganze Zahl
rationale Zahl

Die natürlichen Zahlen und ihre Spiegelbilder zusammen heißen **ganze Zahlen.**
Die Bruchzahlen und ihre Spiegelbilder zusammen bezeichnet man als **rationale Zahlen.**

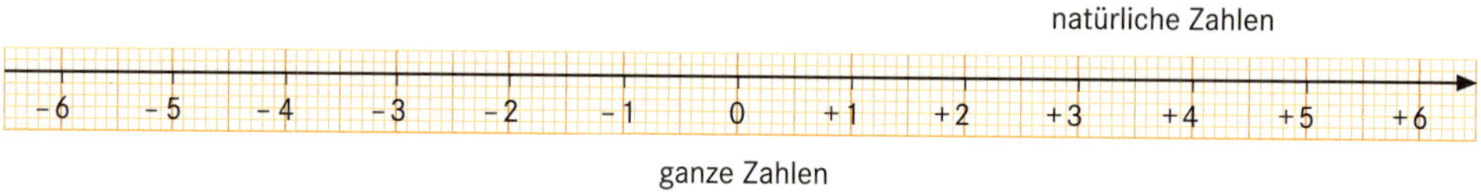

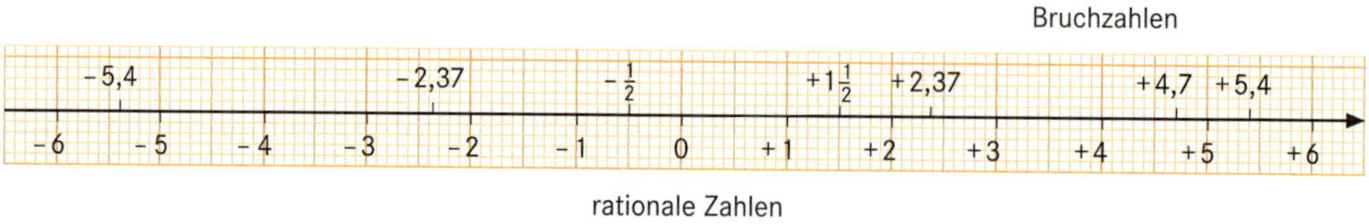

Gegenzahl

Betrag

4 Zwei Zahlen, die auf der Zahlengeraden symmetrisch zur Null liegen, nennt man ein Paar von **Gegenzahlen.**
Sie haben denselben Abstand von der Null.
Diesen Abstand nennt man ihren **Betrag.**
$|-5| = 5$, *gelesen:* „Betrag von –5 gleich 5."

Betrag = Abstand zur Null

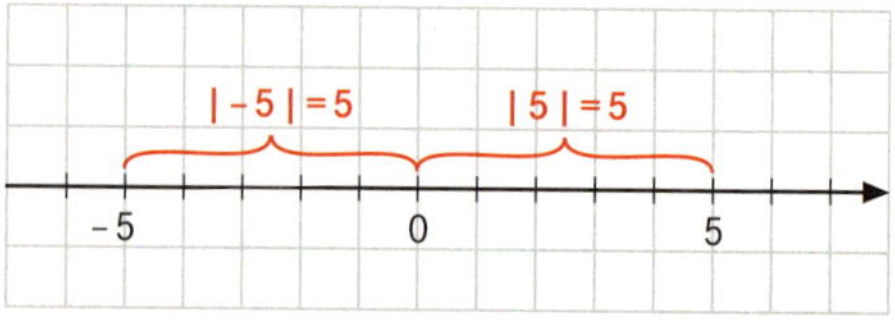

Zahl und Gegenzahl haben entgegengesetzte Vorzeichen, aber denselben Betrag.
Allgemein sind zwei Zahlen a und –a Gegenzahlen voneinander.
Achtung: a kann auch negativ sein, dann ist –a positiv.

Zahl	Gegenzahl	Betrag
+3	–3	$\lvert+3\rvert = \lvert-3\rvert = 3$
–3	$-(-3) = +3$	$\lvert-3\rvert = \lvert+3\rvert = 3$
0	0	$\lvert 0\rvert = 0$
a	–a	$\lvert a\rvert = \lvert -a\rvert$
–a	a	$\lvert -a\rvert = \lvert a\rvert$

Wenn zwei der Zeichen +, – aufeinander folgen, klammert man die Zahl mit Vorzeichen ein.

5 Bei den bisher bekannten Zahlen (natürliche Zahlen, Bruchzahlen) war das *Minuszeichen* immer ein *Rechenzeichen.* Bei den rationalen Zahlen tritt es nun auch als *Vorzeichen* auf.

Ein *Minuszeichen* vor einer Zahl bewirkt
- **Gegenzahlbildung**
- **Vorzeichenwechsel**
- **Spiegelung an der Null**

6 Wenn nichts Besonderes gesagt wird, zeichnet (oder denkt) man sich eine Zahlengerade wie im Bild von links nach rechts mit der Pfeilspitze nach rechts.

links von null: großer Betrag – kleine Zahl!

Die Pfeilspitze an der Zahlengeraden zeigt die Richtung an, in der die Zahlen **größer** werden.

–100 ist kleiner als –10 obwohl 100 größer ist als 10

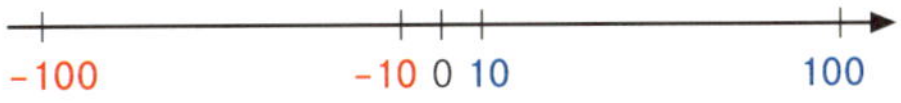

+3 > –5,4 oder –5,4 < +3
–2,37 > –7,9 oder –7,9 < –2,37

Quadrant

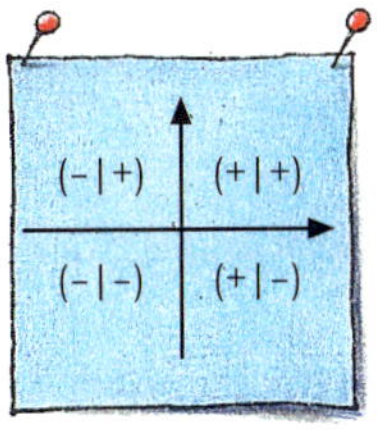

7 Erweitert man im **Koordinatensystem** die beiden Zahlenstrahlen über die Null hinaus zu Zahlengeraden, so erhält man ein Koordinatensystem mit vier **Quadranten.**
Die beiden Zahlengeraden heißen **x-Achse** (früher *Rechtsachse*) und **y-Achse** (früher *Hochachse*).
Zu jedem Punkt im Koordinatensystem gehören zwei Zahlen, die x- und die y-Koordinate des Punktes.
Umgekehrt gehört zu zwei Zahlen x und y auch immer genau ein Punkt P(x|y).

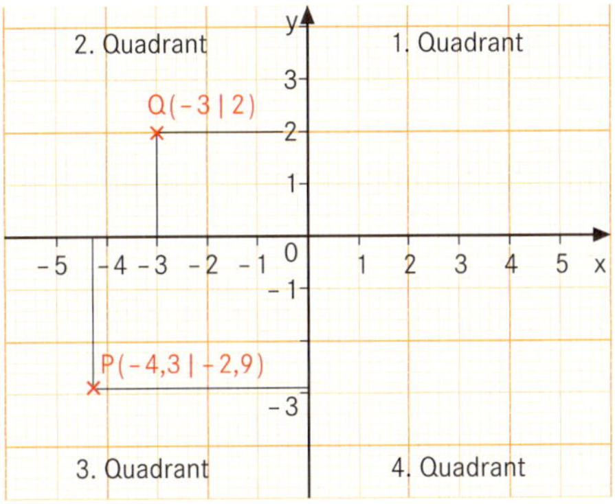

Übungen

NN (Normalnull): Lage des Meeresspiegels

1 Der höchste Punkt des Staates Israel ist mit 1208 m über NN der Berg Meron.
In Israel liegt auch das Tote Meer. Seine Wasseroberfläche liegt 394 m unter NN, die tiefste Stelle befindet sich 829 m unter NN.
Denkt euch möglichst viele Fragen aus, die man mithilfe der Angaben beantworten kann. Formuliert eure Antworten ohne und mit negativen Zahlen.

2

Datum	7.09.	8.09.	9.09.	10.09.	11.09.	14.09.	15.09.
Guthaben	1200 €	700 €		150 €			20 €
Schulden			200 €		50 €	380 €	

a) Veranschauliche die Kontostände in einem Koordinatensystem.
b) Notiere in einer Tabelle, wie viel Geld von einem bis zum jeweils nächsten Buchungstag eingezahlt bzw. abgehoben wurde.
c) Veranschauliche die Ein- und Auszahlungen in geeigneter Weise.

3 Lies die gekennzeichneten Zahlen möglichst genau ab und schreibe sie auf.

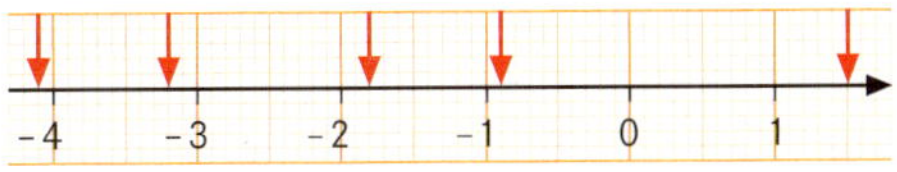

4 Das Diagramm gibt die durchschnittlichen Temperaturen für die Forschungsstation in Grönland-Eismitte an.

a) Lies die Temperaturen für jeden Monat ab und trage sie in eine Tabelle in deinem Heft ein.

b) Bestimme die Temperaturunterschiede von Monat zu Monat.

c) Bestimme den maximalen Temperaturunterschied im Jahr.

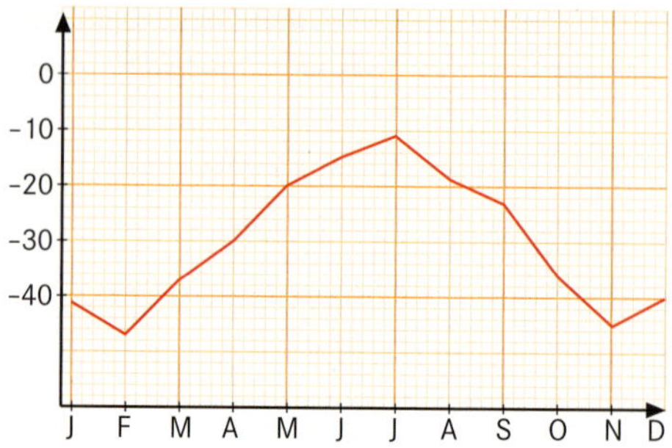

5

Fahrtbeginn	Fahrtende
- 17	+ 3
+ 22	- 22
- 4	0
0	- 5
- 8	- 13
- 49	- 50

Das streng geheime 007-Institut hat viele Stockwerke oberhalb und unterhalb der Eingangsebene (Nullebene), die durch schnelle Fahrstühle verbunden sind.
Beschreibe jeweils die Fahrt des Fahrstuhls: Ist er auf- oder abwärts gefahren? Um wie viele Stockwerke? Wurde die Eingangsebene durchfahren?

6 Trage an einer Zahlengeraden die gegebenen Zahlen in grüner und ihre Gegenzahlen in roter Farbe ein.
Wie musst du die Zahlengerade zeichnen, damit das Bild gut aussieht?

a) 2,5; −3,6; −5,8; 1,4; 0,3; −4,7

b) −4,5; −0,9; 3,9; −2,1; 0,3; 1,5; 2,7; −3,3

c) $\frac{2}{3}$; $-\frac{2}{5}$; −0,5; $-\frac{1}{3}$; 0,75; 0

d) 23; −95; 62; −12; −55; 39; 79

e) −6,1; −0,5; 2; −2,7; 3,4; 0,2; −4,2; −8,4; 0,9; 5,1; −1,4; 7,2; −9,5; 0

7 Ordne die Zahlen der Größe nach.

a) 34; −2; −33; 3; 2; −4

b) 1; −2; 3; −4; 5; −6

c) 10; −3; $9,\overline{9}$; −9,9; 10,1

d) 20; −22,2; 19,9; −21,3

e) $-\frac{5}{6}$; $\frac{6}{5}$; $-\frac{3}{4}$; $\frac{4}{3}$

f) $\frac{3}{2}$; 1; $-\frac{1}{2}$; $\frac{2}{3}$; $-\frac{3}{4}$; $\frac{4}{5}$; $-\frac{5}{4}$

8 a) Gib die Beträge folgender Zahlen an: −12,7; 8,5; −0,3; 0,7; $-\frac{1}{2}$.

b) Ordne diese Beträge der Größe nach. Ordne auch die Zahlen der Größe nach.

c) Vergleiche deine Ergebnisse aus b). Beschreibe die Unterschiede.

9 Notiere die Gegenzahlen zu den folgenden Zahlen möglichst einfach.

a) 3; −5; 3,6; −5,7; $-\frac{2}{3}$

b) −(−23,7); $-(-(-3\frac{1}{3}))$; −(−(−(−1,234)))

c) $|-3,1|$; $-|-3,2|$; $-(-|-(-7,1)|)$

d) 7,1; −7,2; −(−(−(−7,3))); −(−(−(−7,4)))

10

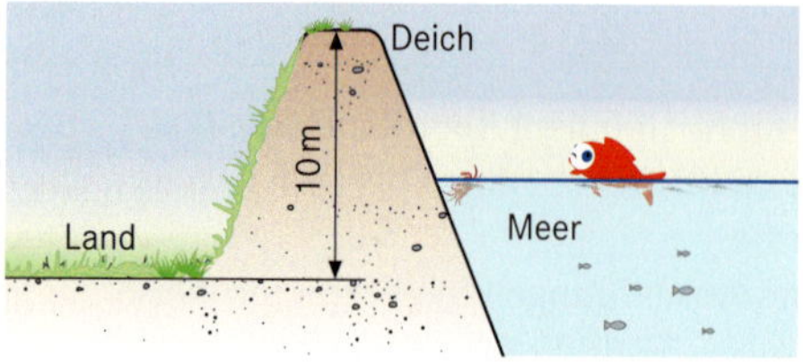

a) Nemi, der fliegende Fisch, taucht von der Meeresoberfläche 5 m tief und steigt dann 2 m hoch. Wie tief unter dem Meeresspiegel (unter NN) befindet er sich?

b) Nemi möchte über den Deich in das Land fliegen, das 4 m unter NN liegt. Wie hoch muss er aufsteigen?

c) Nemi schwimmt an der Oberfläche eines Teiches, der sich auf dem Land befindet. Er taucht 2 m tief und steigt dann 3 m hoch.
Wie weit über oder unter NN ist er nun?

11 a) Gib *alle* Zahlen an, die von 0; −3; 5,1; $-\frac{5}{7}$; $\frac{7}{5}$ und 2 jeweils den Abstand 2 (3,5) haben.
b) Gib *alle* Zahlen an, die den Betrag 3,75; 1; −1; 0; |−1|; $\frac{3}{8}$; $\frac{8}{3}$ haben.

12 a) Gib alle ganzen Zahlen zwischen den beiden gegebenen Zahlen an.
(I) −1 und +1; (II) |−1| und |+1|; (III) −4 und |−4|; (IV) −7 und −5; (V) −6,1 und −5,9
b) Löse die Aufgabe entsprechend für rationale Zahlen. Begründe dein Ergebnis.

13 Wahr oder falsch?
(I) Jede natürliche Zahl ist eine ganze Zahl.
(II) Manche ganzen Zahlen sind keine Bruchzahlen.
(III) Alle ganzen Zahlen gehören zu den rationalen Zahlen.

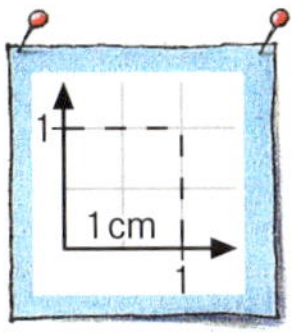

14 a) Zeichne jeweils ein Koordinatensystem mit der Einheit 1 cm, trage die Punkte ein und verbinde sie in der angegebenen Reihenfolge. Schließe dann die Figuren, indem du immer den letzten Punkt mit dem ersten verbindest. Welche Figur erhältst du?
(I) A (−1 | −2); B (1 | −2); C (2 | 0); D (1 | 2); E (−1 | 2); F (−2 | 0);
(II) A (1 | 1); B (−5 | 1); C (−2 | −1); D (−5 | −3); E (1 | −3); F (−2 | −1);
(III) A (−3 | −3); B (0 | −2); C (3 | −3); D (2 | 0); E (3 | 3); F (0 | 2); G (−3 | 3); H (−2 | 0);
(IV) A (2 | −2,5); B (−4 | −2,5); C (−4 | −1,5); D (−3,5 | −1,5); E (−3,5 | −0,5); F (−3 | −0,5); G (−3 | 0,5); H (−2,5 | 0,5); I (−2,5 | 1,5); K (−2 | 1,5); L (−2 | 2,5); M (−1,5 | 2,5)

b) Zeichnet auf der Vorderseite einer Karte eine Figur und notiert auf der Rückseite die Koordinaten. Tauscht die Karten untereinander aus und löst die Aufgaben.

15 a) Lies die Koordinaten der Punkte ab und notiere sie. Zeichne ein Koordinatensystem und trage die Punkte ein.
b) Spiegle die Figur ABCDE an der x-Achse (an der y-Achse; am Ursprung). Vergleiche die Koordinaten der Punkte vor und nach der Spiegelung.
c) Verschiebe in einem neuen Koordinatensystem die Figur ABCDE um 2 Einheiten nach links und um 1 Einheit nach unten (um 1 Einheit nach links und um 3 Einheiten nach oben). Vergleiche die Koordinaten und finde eine Regel.

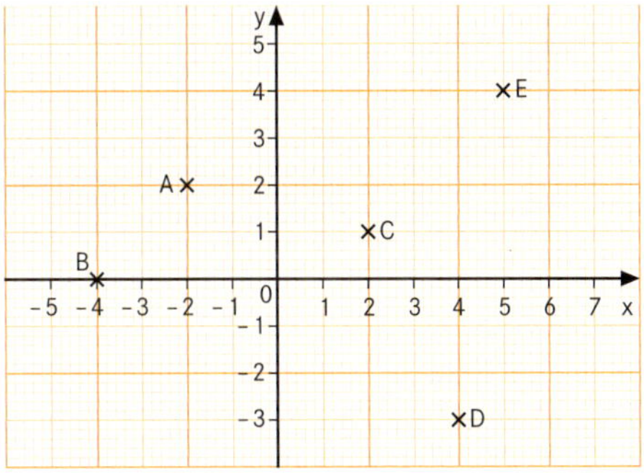

16

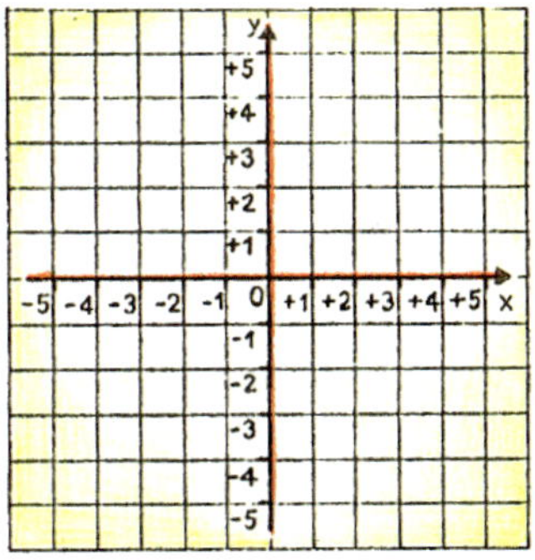

Das Spiel „Schatzsuche“ wird mindestens zu dritt gespielt.
Jeder zeichnet ein Koordinatensystem wie im Bild. Der Spielleiter versteckt zehn Teile eines Schatzes auf den Gitterpunkten. Reihum dürfen die Spieler Koordinaten abfragen.
Hat ein Spieler einen Schatzteil getroffen, erhält er einen Punkt.

17

a) In welchem Jahr wurde das 75. Jubiläum der sagenhaften Gründung Roms gefeiert, wann das 100. (125.; 250.; 500.; 625.; 700.)?

b) Das Jahr „0“ gibt es nicht. Auf das Jahr 1 v. Chr. folgt gleich das Jahr 1 n. Chr. Wann feierte Rom das 1000. (1500.; 2000.; 2500.) Gründungsjubiläum? Welcher Jahrestag ist in diesem Jahr fällig?

18 Wie oft konnten die berühmten Römer Geburtstag feiern?

a) der Feldherr und Politiker GNAEUS POMPEIUS (*29. 09. 106 v.Chr., † 28. 09. 48 v.Chr.)
b) der Feldherr und Politiker CAESAR (*13. 07. 100 v.Chr., † 15. 03. 44 v.Chr.)
c) der Dichter VERGIL (*15. 10. 70 v.Chr., † 21. 09. 19 v.Chr.)
d) der Kaiser CLAUDIUS NERO TIBERIUS (*16. 11. 42 v.Chr., † 16. 03. 37 n.Chr.)

Ausstiege

A1 **Frosch-hüpfen**

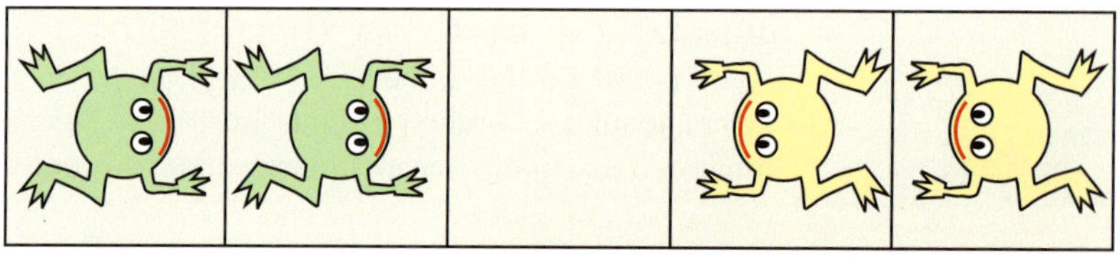

a) Die grünen und die gelben Frösche sollen beim Froschhüpfen die Plätze tauschen. Wie viele Spielzüge benötigt ihr? Wer von euch benötigt weniger Spielzüge? Mit welcher Strategie ist das gelungen?

b) Versucht es nun mit drei grünen und drei gelben Fröschen. Verlängert dazu das Spielfeld um zwei Kästchen. Notiert die einzelnen Spielstellungen.

Hüpfregeln:
- Die Frösche dürfen nur vorwärts hüpfen.
- Wenn es möglich ist, darf ein Frosch einen anderen überspringen.
- Es dürfen mehrmals nacheinander Frösche derselben Farbe springen.

c) Schafft ihr es auch mit einem längeren Spielfeld und noch mehr Fröschen? Ihr könnt auch von jeder Frosch-Sorte unterschiedlich viele nehmen.

d) Sucht Beziehungen zu negativen Zahlen.

A2 a) Schon seit mehreren tausend Jahren werden negative Zahlen benutzt. Man konnte sich aber lange nur schlecht etwas darunter vorstellen. Das wird durch historische Bezeichnungen wie *fingierte, fiktive, unmögliche* oder *falsche* Zahlen deutlich. Nimm dazu Stellung. Gib mögliche Gründe für diese Schwierigkeit an.

b) Versucht den historischen Text über negative Zahlen zu verstehen. Er stammt vom Gelehrten CHRISTIAN WOLFF, der von 1679 bis 1754 lebte. Schreibt einen Brief an den Gelehrten.

Quantitas negativa, privativa, nihilo minor, der Mangel einer Grösse,
Wird genennet in der Algebra eine Grösse, die das Minderzeichen – vor sich hat, als –3, –4, –a, –cd u.s.w. Dergleichen Grössen kan man sich am besten durch die Schulden vorstellen. Denn wenn einer 5 Thaler schuldig ist, so hat er 5 Thaler weniger als nichts, massen er erst 5 Thaler weggeben muß, daß er nichts habe. Daher sind dergleichen Grössen von verschiedener Art als die würcklichen und können dannenhero mit ihnen keine Verhältnis haben, wie ich in meinen Elementen Analysis infinitorum ... zeige. Die dieses nicht erwogen, haben entweder seltsame algebraische Geheimnisse erdichtet, oder durch unnöthige Einwürfe Schwierigkeiten gemacht, wo keine zufinden.

Wolff, Mathematisches Lexicon, 1716, Spalte 1148

6.2 Jetzt wird abgerechnet – Addieren

Einstiege

E1

a) Erklärt euch gegenseitig durch Hin- und Hergehen auf einer Zahlengeraden verschiedene Additions- und Subtraktionsaufgaben.

b) Lauft die folgenden Aufgaben auf eurer Zahlengeraden ab und schreibt die Ergebnisse auf.
(I) 4 + 6 (II) -6 + 4 (III) +6 + (-4) (IV) -4 + (-6) (V) 6 - 4 (VI) 4 - 6
Wie werden die verschiedenen Aufgabentypen gerechnet? Einigt euch auf die verständlichste Erklärung und schreibt sie auf.

E2

(I)

Temperatur in °C	6	5	4	-2	10	6			
Temperaturabnahme	4	5	5	5			3	7	2
Temperatur nach Abnahme					5	-1	4	0	-3

(II)

Guthaben in €	63,50	23,40	-13,80	112,00	55,50			
Lastschrift	14,00	90,60	240,25			15,70	3,33	5,00
Guthaben nach Lastschrift				6,50	-5,00	32,30	54,0	-17,30

(III)

Pegelstand in m	5,50	1,35	-0,80	1,00	3,70			
Abnahme	3,60	1,80	2,20			1,20	2,30	1,50
Pegelstand nach Abnahme				0,30	-0,30	3,30	4,55	-1,20

a) Übertrage die Tabellen in dein Heft und setze in die freien Stellen passende Zahlen ein.

b) Suche nach Regeln für die Addition rationaler Zahlen und schreibe sie auf.

E3

+	+2	+1	0	-1	-2	-3
+3	+5					
+2	+4					
+1						
0						
-1						
-2						
-3						
-4						

+	+1,5	+1	+0,5	0	-0,5	-1
+1,5						
+1						0
+0,5					0	
0				0		
-0,5			0			
-1		0				
-1,5	0					
-2						

Reihenweise Rechnungen!

a) Übertrage die Tabellen in dein Heft und vervollständige sie.

b) Sicher hast du nicht jede Aufgabe einzeln gerechnet. Begründe dein Vorgehen.

c) Suche nach Regeln für die Addition rationaler Zahlen und schreibe sie auf.

Grundwissen

1

Kontoauszug, Konto-Nr. 2654321		Sparkasse Hannover
Buchungstag	Verwendungszweck	alter Kontostand +50,00
19.12.2005	Zeitschriften-Abonnement	-120,00
20.12.2005	Zeitung austragen	+55,00
Katharina Pfeifer	21.12.2005	neuer Kontostand -15,00

Der Betrag, der bei der ersten Kontobewegung abgebucht wird, ist um 70 Euro größer als das Guthaben. Daher ist der Zwischen-Kontostand negativ und lautet -70 Euro.
Anschließend werden 55 Euro eingezahlt, sodass der neue Kontostand noch ein wenig im Negativen liegt, nämlich bei -15 Euro.
Die zugehörige Additionsaufgabe ist: (+50) + (-120) + (+55) = -15.

Auf der Zahlengeraden wandert man bei einer
Abbuchung um den entsprechenden Betrag *nach links* in Richtung der negativen Zahlen,
Gutschrift um den entsprechenden Betrag *nach rechts* in Richtung der positiven Zahlen.
Vom *Anfangs-Kontostand* (Fähnchen A) gelangt man so über den *Zwischen-Kontostand* (Fähnchen Z) zum *End-Kontostand* (Fähnchen E).

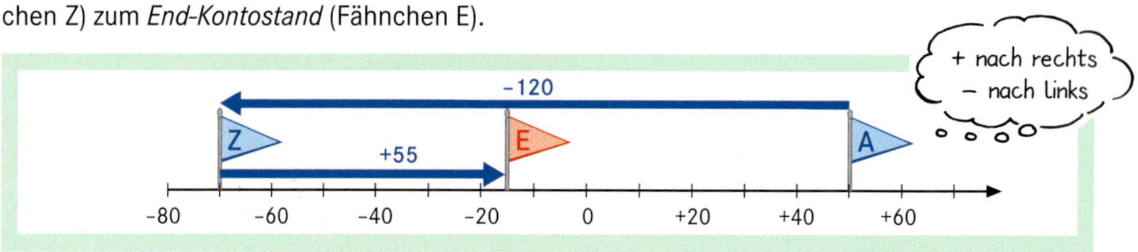

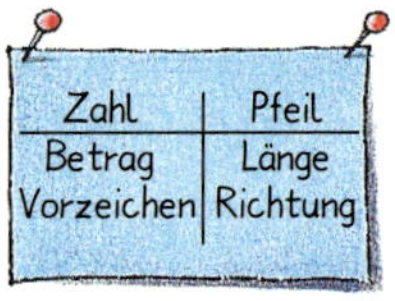

2 Eine rationale Zahl hat einen Betrag und ein Vorzeichen. Sie kann durch einen Pfeil veranschaulicht werden, der eine Länge und eine Richtung hat **(Pfeilmodell).**

Addieren im Pfeilmodell

Man *addiert* zwei Zahlen im Pfeilmodell, indem man den Pfeil für den zweiten Summanden mit seinem *Anfangspunkt* an die *Spitze* des ersten Pfeils *anhängt.*
Der Ergebnispfeil führt vom Anfangspunkt des ersten zur Spitze des letzten Pfeils.

50 + (-120) + 55 = -15

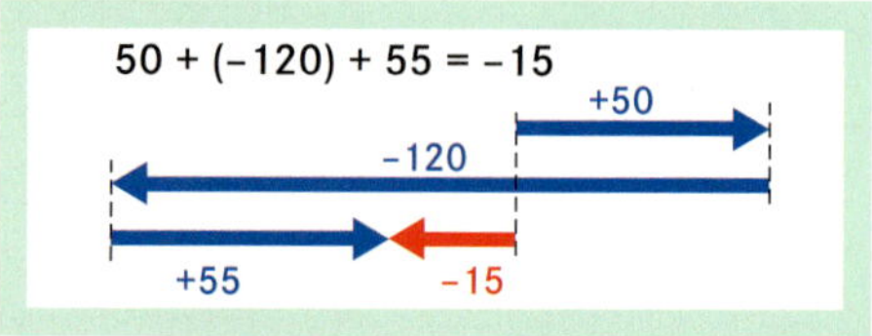

Dabei treten verschiedene Fälle auf:

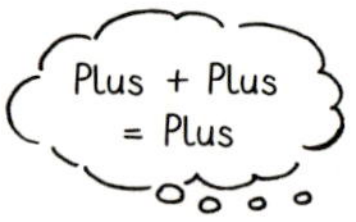

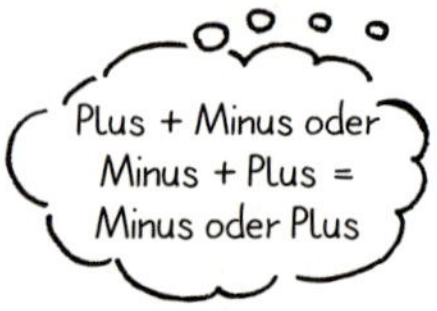

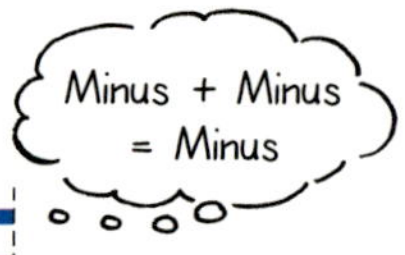

4,5 + 2,5 = 7

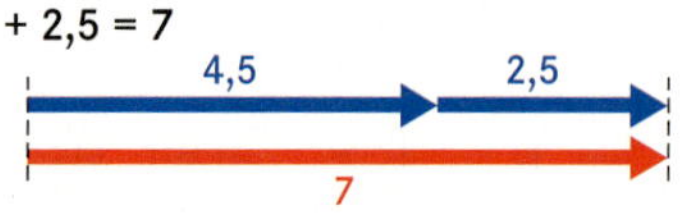

(-3,5) + (-2) = -5,5

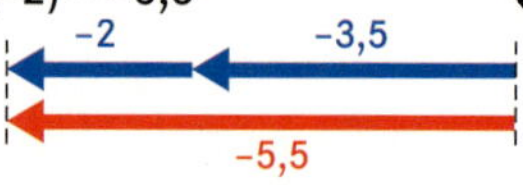

(-6,5) + 3 = -3,5

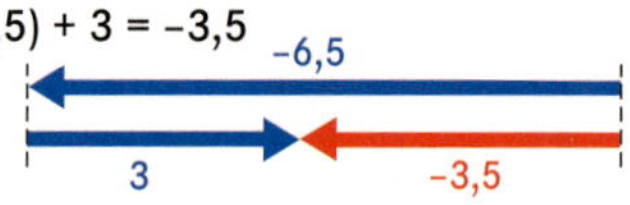

7,5 + (-5,5) = 2

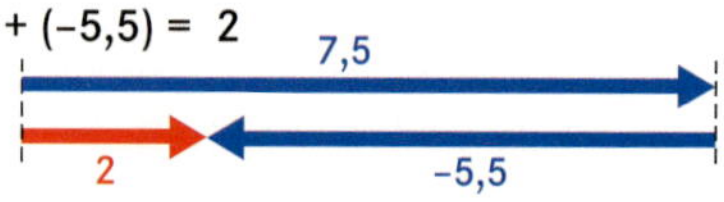

Sonderfall: Addiert man zwei Zahlen mit *gleichen Beträgen,* aber *verschiedenen Vorzeichen,* so ist das Ergebnis null.

Also: Zahl + Gegenzahl = 0
a + (-a) = 0
(-a) + a = 0

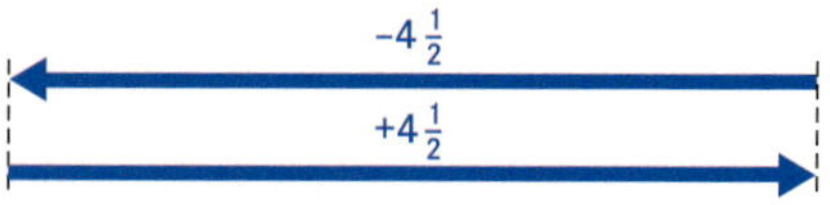

Rechenregel für die Addition

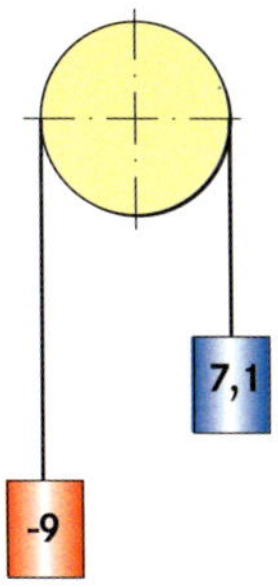

3 Man addiert zwei Zahlen mit *gleichem Vorzeichen,* indem man:
(I) das gemeinsame Vorzeichen notiert,
(II) die Beträge *addiert* und das Ergebnis hinter das Vorzeichen schreibt.

(+1,3) + (+6,6) = + (1,3 + 6,6) = +7,9 = 7,9
(–5,8) + (–1,1) = –(5,8 + 1,1) = –6,9

Man addiert zwei Zahlen mit *verschiedenen Vorzeichen und Beträgen,* indem man:
(I) feststellt, welche Zahl „überwiegt“, d. h. den größeren Betrag hat, und deren Vorzeichen notiert,
(II) vom größeren Betrag den kleineren *subtrahiert* und das Ergebnis hinter das Vorzeichen schreibt.

(+7,1) + (–3,5) = + (7,1 – 3,5) = +3,6 = 3,6
(+2,5) + (–4,7) = – (4,7 – 2,5) = –2,2
(–9) + (+7,1) = –(9 – 7,1) = –1,9
(–3,5) + (+9) = + (9 – 3,5) = +5,5 = 5,5

4 Aus dem Pfeilmodell oder der Rechenregel für die Addition ergibt sich (vgl. Übung **7**):
Für die Addition rationaler Zahlen gelten **Kommutativgesetz** und **Assoziativgesetz.**
Man darf also Summanden vertauschen und in beliebiger Reihenfolge addieren.

5 Ein Verein stellt das Einzugsverfahren für den Mitgliedsbeitrag von monatlicher Zahlung auf vierteljährliche Zahlung um.

–28 + (–28) + (–28) = 3 · (–28) = –84

bisher			neu	
02.01.	–28 €		02.01.	–84 €
01.02.	–28 €			
01.03.	–28 €			
01.04.	–28 €		01.04.	–84 €

Eine rationale Zahl wird **vervielfacht,** indem man den Betrag vervielfacht und das Vorzeichen beibehält.

6 Man vereinbart:
(I) Zwei der Zeichen +, –, ·, : dürfen nie ohne Klammern aufeinander folgen.
(II) Die Klammern beim Vorzeichen „–“ kann man nur bei der ersten Zahl weglassen.

~~+ –3,4~~ richtig: + (–3,4) oder – (+3,4)
~~3 · –4~~ richtig: 3 · (–4)
~~–1 + –3~~ richtig: –1 + (–3)

Rechnungen werden übersichtlicher, wenn man mehrfache Zeichen durch ein einziges ersetzt.

Übungen

1 Schreibe die Tabelle ab. Überlege dir zunächst ohne Rechnung, ob die Endtemperatur bzw. der neue Kontostand oberhalb oder unterhalb von null liegt. Ergänze dann die fehlenden Werte.

a) 11 °C wärmer

Anfangstemperatur	Endtemperatur
0 °C	
11 °C	
–11 °C	
–9 °C	
–14 °C	

b) 13 °C kälter

Anfangstemperatur	Endtemperatur
13 °C	
11 °C	
0 °C	
–2 °C	
–3,5 °C	

c) 55 Euro Einzahlung

alter Kontostand	neuer Kontostand
0 €	
–55 €	
50 €	
–205 €	
–20 €	

d) 110 Euro Auszahlung

alter Kontostand	neuer Kontostand
120 €	
99 €	
0 €	
–82 €	
–290 €	

2 Das Thermometer zeigt um 7 Uhr morgens –3 °C. Um 17 Uhr ist es um 7,5 °C gestiegen.
a) Wie warm ist es um 17 Uhr?
b) Um wie viel Grad stieg die Temperatur durchschnittlich in einer Stunde?
c) Denkt euch ähnliche Aufgaben mit Temperatur- oder Kontostandsänderungen aus und lasst sie von eurem Partner lösen.

3 Friederike hat ihre täglichen Kontobewegungen aufgeschrieben.

Zeit	Tag 1	Tag 2	Tag 3	Tag 4	Tag 5	Tag 6
Gutschrift in €	12,50		5,50	3,00		15,00
Lastschrift in €	7,80	3,00	7,20		2,00	15,00
Gesamtänderung am Tag in €						

a) Übertrage die Tabelle in dein Heft und fülle die leere Zeile passend aus. Achte auf die richtigen Vorzeichen.
b) Wie hat sich der Kontostand bis zum Ende des zweiten (dritten; vierten; fünften; sechsten) Tages geändert? Rechne möglichst einfach.
c) Denke dir zu der Tabelle eine Geschichte aus.

4 Berechne.
a) (−3,2) + (−2,4) b) (+1,5) + (+3,8) c) (−2,9) + (−1,3) d) (+5,1) + (−4,8)
e) (+3,2) + (−2,4) f) (−1,5) + (+3,8) g) (+2,9) + (−1,3) h) (−5,1) + (−4,8)

−0,02; +0,2; $-1\frac{1}{3}$; $+1\frac{1}{3}$; $-1\frac{9}{10}$; −1,9; −2; −2; +2; $+42\frac{1}{3}$; +42,3; +42; −75; −75,5; $-75\frac{2}{3}$; −80; −80,23; $-80\frac{3}{4}$

5 Berechne.

a) (−22) + (−53) (−22,3) + (−53,2) $(-22\frac{1}{3}) + (-53\frac{1}{3})$
b) (+85) + (−43) (+85,6) + (−43,3) $(+85\frac{2}{3}) + (-43\frac{1}{3})$
c) (−73) + (−7) (−73,09) + (−7,14) $(-73\frac{1}{4}) + (-7\frac{1}{2})$
d) (+1) + (−3) (+0,9) + (−2,8) $(+\frac{9}{10}) + (-2\frac{8}{10})$
e) (−99) + (+101) (−99,9) + (+100,1) $(-99\frac{1}{3}) + (+100\frac{2}{3})$
f) (+99) + (−101) (+99,09) + (−100,01) $(+99\frac{1}{3}) + (-100\frac{2}{3})$

6 Die höchsten Berge:

Mount Everest (Asien)	8846 m
Aconcagua (Südamerika)	6960 m
Mount McKinley (Nordamerika)	6198 m
Kilimandscharo (Afrika)	5895 m

Die größten Meerestiefen:

Pazifischer Ozean	11022 m
Atlantischer Ozean	9219 m
Indischer Ozean	7455 m
Nordpolarmeer	6857 m

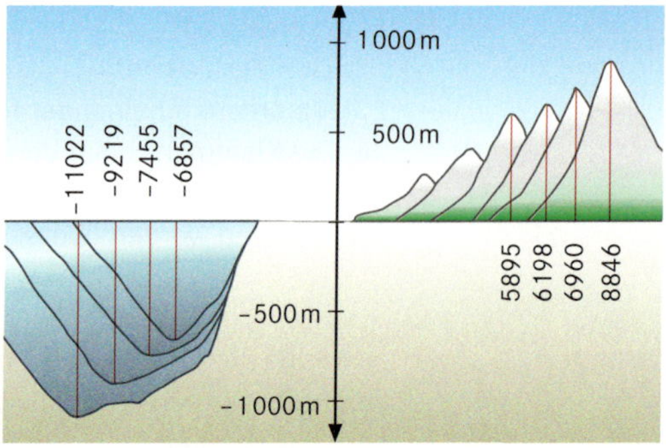

Formuliert Aufgaben zu den Höhendifferenzen zwischen den höchsten Bergen und den tiefsten Meerestiefen und schreibt sie auf Karteikarten für die Mathe-Box. Sucht im Atlas weitere interessante Orte, Berge, Seen oder Meere mit Höhen- bzw. Tiefenangaben und erfindet auch dazu Aufgaben. Tauscht die Karten mit einem anderen Team aus und löst die Aufgaben.

7 a) Begründe mithilfe des Pfeilmodells aus **2** oder mit der Rechenregel aus **3**, dass für rationale Zahlen das Kommutativgesetz (das Assoziativgesetz) der Addition gilt.
b) Erkläre ausführlich, worin der Unterschied zwischen der Aussage des Kontoinhabers und den Rechengesetzen besteht.

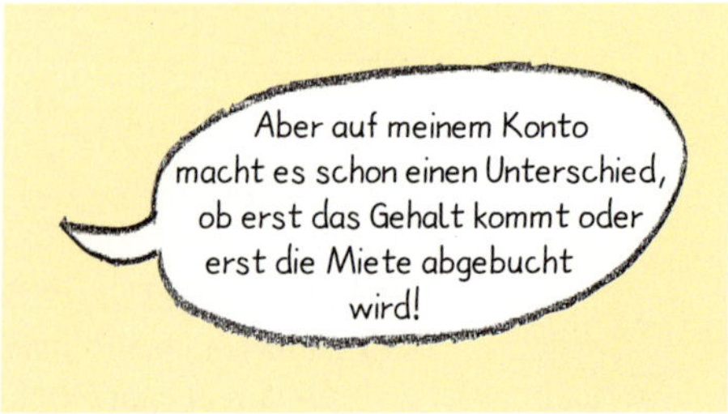

8 Tatjana meint: „Eine Summe ist immer größer als ihre Summanden.“ Hat sie Recht? Begründe deine Antwort.

9 Schreibe als Term mit Klammern und berechne.
a) Addiere das Fünffache von −7 zum Dreifachen von −8 und verdoppele das Ergebnis.
b) Verzehnfache die Summe von −6 und 2 und addiere −12.
c) Addiere die Summe von −17 und 25 zum Zwanzigfachen von −3.
d) Addiere das Doppelte von 14 zum Vierzehnfachen von −2 und verdreifache das Ergebnis.

Punktrechnung vor Strichrechnung!

10 Berechne möglichst geschickt. Versuche die Rechengesetze zu benutzen.

$(-23 + 17) + 23 = (-23 + 23) + 17$
$= 0 + 17 = 17$

a) $713 + (437 - 713)$
b) $-437 + (-713 + (437 + 713))$
c) $-437 + (713 + 437 + (-713))$
d) $-437 + (-713 + (-437)) + (-713)$

11 Addiere die Zahlen, die durch die Pfeile dargestellt werden. Zeichne die Ergebnispfeile und notiere deine Rechenergebnisse.

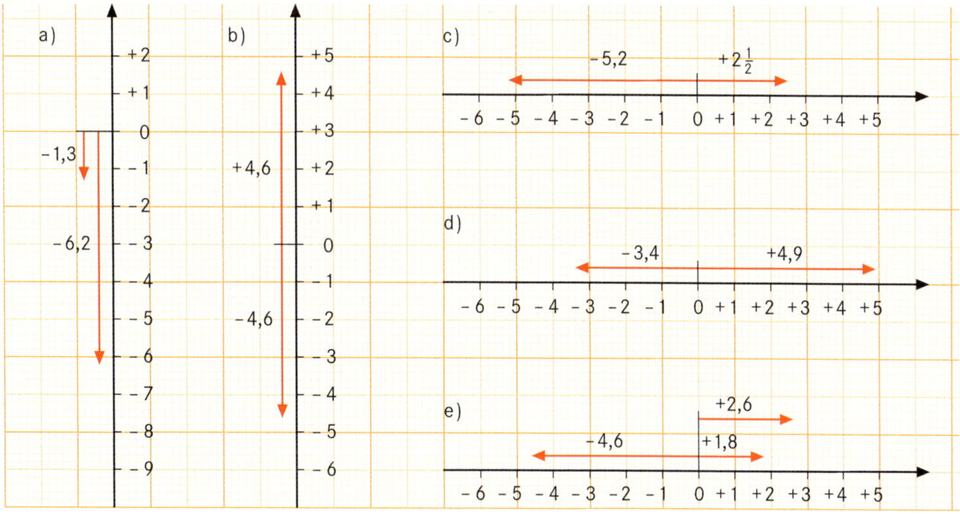

12 Stelle durch Überschlagsrechnung fest, ob das Ergebnis positiv, negativ oder null ist.
a) $2233 + (-2578) + 398$
b) $-342\frac{7}{9} + \left(-287\frac{1}{2}\right) + \left(-77\frac{2}{17}\right) + \left(-36\frac{5}{13}\right)$
c) $-\frac{18}{24} + \frac{1}{3} + \left(-\frac{1}{2}\right) + \frac{1}{5} + \frac{3}{11}$

13 Sina hat an aufeinander folgenden Tagen Temperaturen gemessen und eine Tabelle angelegt.

aufeinander folgende Tage	1.	2.	3.	4.	5.	6.	7.	8.	9.
höchste Temperatur (tagsüber)	+3	+7	+12	+5	+2	+6	−3	−5	+1
niedrigste Temperatur (nachts)	−4	+1	+5	−2	−3	+2	−7	−12	−4
Temperaturabfall Tag-Nacht									
Temperaturanstieg Nacht-Tag									

Übertrage die Tabelle in dein Heft, fülle die leeren Zeilen aus. Bestimme:
(I) die mittlere Höchsttemperatur tagsüber;
(II) die mittlere Tiefsttemperatur nachts;
(III) den mittleren Temperaturabfall vom Tag auf die folgende Nacht;
(IV) den mittleren Temperaturanstieg von der Nacht auf den folgenden Tag;
(V) den größten Unterschied zwischen allen gemessenen Temperaturen.

14 a) Die tiefste Stelle des kaspischen Meeres liegt 1023 m unter NN. Die größte Tiefe des Meeres beträgt 794 m.
Wie hoch liegt der Wasserspiegel des Kaspischen Meeres?

b) Der Baikalsee in Sibirien ist der tiefste See der Welt. Sein Wasserspiegel liegt 455 m über dem Meeresspiegel und seine tiefste Stelle liegt 1165 m unter dem Meeresspiegel.
Wie tief ist der Baikalsee?

15

Ein Drachenflieger wird von seinem Startplatz in 780 m Höhe aus vom Aufwind 320 m hinaufgetragen. Er verliert dann wieder 470 m an Höhe, ehe er im zweiten Aufwind erneut 150 m an Höhe gewinnt. Bis zur Landung verliert er noch 180 m an Höhe.

a) Zeichne ein Höhendiagramm.

b) Wie viele Meter liegt der Landeplatz tiefer als der Startplatz?

16 Übertrage die Tabellen in dein Heft und fülle sie aus.

+	-3	5	$-\frac{1}{4}$	2,25
7				
$-\frac{1}{2}$				
5,25				
-2,5				

+	-23,7	$\frac{2}{3}$	$-\frac{1}{3}$	6,3
-13				
$-\frac{1}{3}$				
5,9				
$\frac{2}{3}$				

17

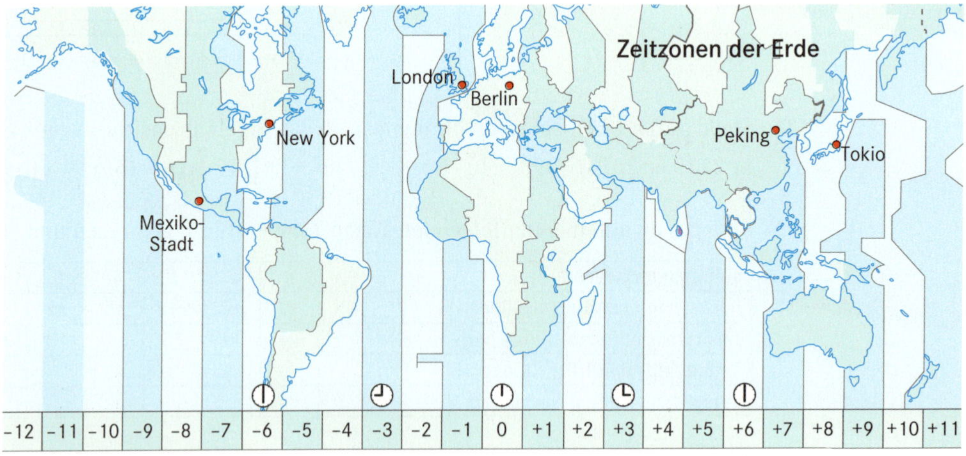

a) Erkläre die Zeitzonen.

b) Ein Flugzeug startet um 14.00 Uhr in Berlin und kommt nach achteinhalb Stunden Flugzeit in Tokio an. Wie spät ist es dann dort?

c) Ein anderes Flugzeug startet um 16.30 Uhr aus Berlin in Richtung Mexiko-Stadt. Die Flugdauer beträgt achteinviertel Stunden. Zu welcher Ortszeit landet es?

18 Häufig auftretende Fehler beim Addieren von rationalen Zahlen:
F1: Falsches Vorzeichen
F2: Beträge addiert statt subtrahiert
F3: Beträge subtrahiert statt addiert
F4: Verrechnet

Prüfe, ob richtig gerechnet wurde.
Gib an, welche Art Fehler vorliegt (es können auch mehrere Typen in einer Rechnung vorkommen).
Schreibe zu fehlerhaften Rechnungen die richtige Lösung in dein Heft.

a) $3{,}7 + (-7{,}4) = -3{,}7$ b) $-523 + (-368) = 891$ c) $-731 + (-331) = -400$

d) $-\frac{3}{5} + \left(-\frac{6}{7}\right) = -\frac{3}{4}$ e) $4\frac{3}{5} + \left(-9\frac{6}{7}\right) = -5\frac{9}{35}$ f) $-10{,}843 + 8{,}43 = 2{,}8$

19 Setze nacheinander für x die Zahlen 2; 1; 0; –1; –2 ein und berechne.

a) $x + 4\frac{3}{5}$ b) $x + (-7{,}5)$ c) $-3{,}4 + x + \left(-6\frac{1}{2}\right)$ d) $5\frac{1}{3} + (-x)$ e) $(-10{,}2) + |x|$

20 a) Bearbeite Übung **19** mit einem Tabellenkalkulationsprogramm (vgl. „Einführung in die Tabellenkalkulation"). Setze für x nacheinander alle ganzen Zahlen von –10 bis +10 ein.

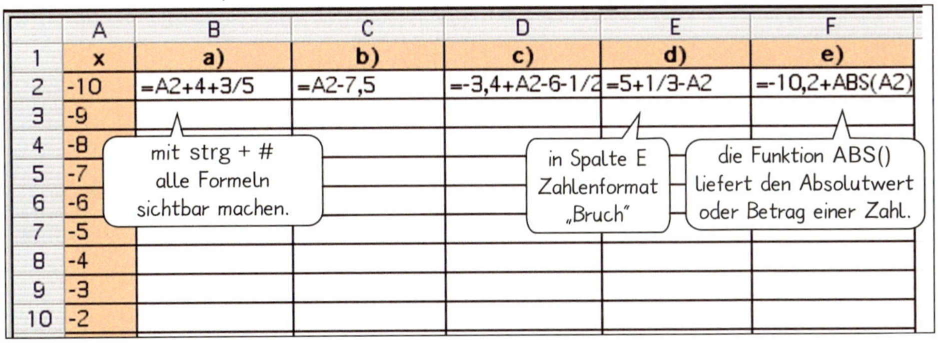

b) Wenn man mithilfe des Namenfeldes einer Spalte einen „Namen" gibt, kann man diesen später in Formeln verwenden.
Gib der Spalte A z.B. den Namen „x", gib in C2 „= x – 7,5" ein und kopiere die Formel nach unten. Beobachte, was geschieht. Verfahre entsprechend mit den anderen Spalten.

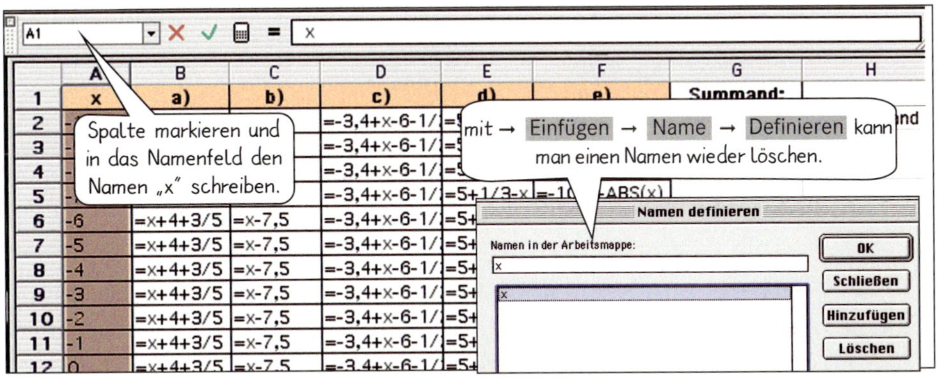

c) Mithilfe des Namenfeldes kann man auch einer Zeile oder einer einzelnen Zelle einen Namen geben. Schreibe in G1 als Text „Summand:" und gib der Zelle H1 den Namen „Summand". Gib in H2 „= x + Summand" ein und kopiere die Formel nach unten. Beobachte, was geschieht, wenn du in H1 verschiedene Zahlen eingibst.

d) Wann ist es sinnvoll, einer Zelle oder einer Spalte oder Zeile einen „Namen" zu geben? Gib Beispiele an. Vergleiche diese Möglichkeit mit der Verwendung von Zellzügen mit „$".

Ausstiege

A1

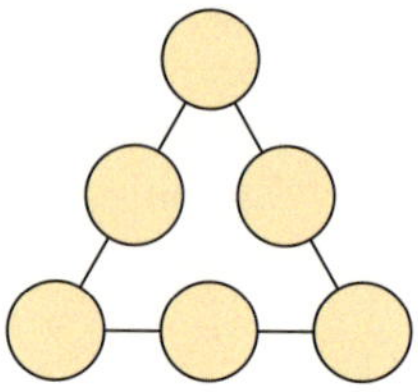

a) Magnus Rechenfix verteilt die Zahlen von 1 bis 6 in dem *magischen Dreieck* so, dass die Summen entlang den Dreiecksseiten gleich sind.
Findet möglichst viele verschiedene Lösungen für eine solche Verteilung.

b) Versucht es auch mit negativen Zahlen, z.B. mit −2; −1; 0; 1; 2; 3.
Sucht nach weiteren magischen Dreiecken mit positiven und negativen Zahlen.

c) Im *magischen Kreuz* sollen waagerechte und senkrechte Zahlensummen gleich sein.
Bildet ein magisches Kreuz mit den Zahlen
(I) −4; −3; −2; −1; 0; 1; 2; 3 und 4; (II) −1; −2; −3; −4; −5; −7; −8; −9 und −10.
Vergleicht eure Lösungen. Beschreibt dabei Gemeinsamkeiten bzw. Unterschiede.

d) Denkt euch weitere magische Figuren aus.

magisches Quadrat
Die Summe ist in jeder Zeile, Spalte und Diagonalen gleich.

e) Auch *magische Quadrate* lassen sich mit rationalen Zahlen bilden.
Die bekanntesten sind die 3 x 3-Quadrate. Es gibt aber auch 4 x 4-Quadrate und noch größere.
Vervollständigt dieses magische Quadrat und sucht nach weiteren Beispielen. Überlegt, wie man aus einem magischen Quadrat ein anderes herstellen kann.

−6; −4; −3; −2; −1
und
0; 1; 2; 4

magische Zahl : −3

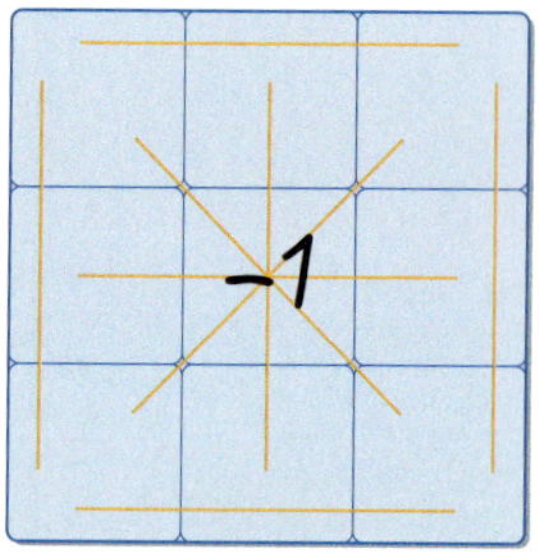

A2 Vor dem Zeitalter von Rechenmaschinen musste alles mit der Hand gerechnet werden.

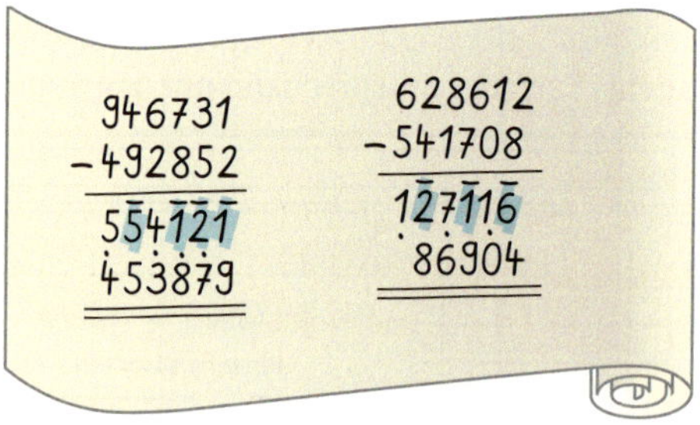

a) Aus dieser Zeit stammt ein altes Subtraktionsverfahren, das man mithilfe negativer Zahlen auf neue Weise erklären kann. Findet heraus, wie.

b) Warum funktioniert diese Art von Subtraktion?

c) Denkt euch weitere Beispiele (auch mit mehreren Subtrahenden) aus und erklärt sie einem Mitschüler.

In einer nächtlichen Rätselsendung im Fernsehen sollen möglichst viele Zuschauer verleitet werden die angegebene Telefonnummer zu wählen. Die Moderatorin liest die Aufgabe vor und kommentiert sie. Was meinst du dazu?

2 + 1 : 2 + 1

Welche Lösung ist richtig?

a) 2,5 b) 3,5
c) 1 d) -1

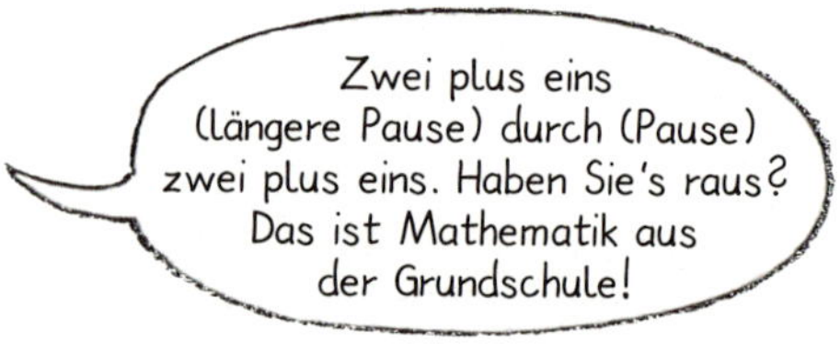

6.3 Weniger ist manchmal mehr – Subtrahieren

Einstiege

E1

positive Zahl: Teddy guckt nach rechts
negative Zahl: Teddy guckt nach links

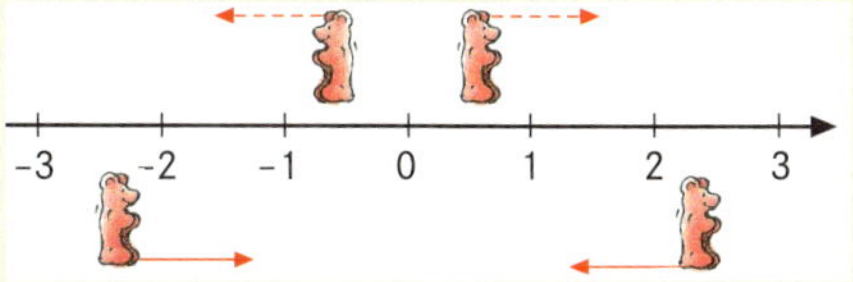

addieren: Teddy läuft vorwärts
subtrahieren: Teddy läuft rückwärts

Wenn die Zahlengerade von **E1** aus **6.2** nicht mehr vorhanden ist oder ihr nicht selbst laufen wollt – Teddy hilft beim Rechnen.

a) Spielt die Aufgabe mit Teddy durch. (Bei richtiger Lösung gibt's Teddy als Belohnung.)

(I) (+8) – (+9) (II) (–9) + (+8) (III) 9 + (–8) (IV) 8 + (–9) (V) (–8) – (–9)
(VI) (–8) + (+8) (VII) (–9) – (–9) (VIII) 9 – (+8) (IX) (–8) + (–9) (X) (–9) – (–8)

b) Die Teddys streiken: Sie wollen nur noch vorwärts laufen.
Wie kann man die Aufgaben trotzdem mit ihrer Hilfe lösen?

c) Sucht nach Regeln für die Subtraktion rationaler Zahlen und schreibt sie auf.

E2

Reihenweise Rechnungen!

–	+2	+1	0	–1	–2	–3
+3	+1	+2				
+2						
+1						
0						
–1						
–2						
–3						

–	+1,5	+1	+0,5	0	–0,5	–1
+1,5	0					
+1		0				
+0,5			0			
0				0		
–0,5					0	
–1						0
–1,5						

a) Übertrage die Tabellen ins Heft und vervollständige sie.

b) Sicher hast du nicht jede Aufgabe einzeln gerechnet. Begründe dein Vorgehen.

c) Suche nach Regeln für die Subtraktion rationaler Zahlen und schreibe sie auf.

E3

Ich wandere in Gedanken auf der Zahlengeraden.

Ich stelle mir am liebsten Kontobewegungen vor.

Welches sind eure Lieblingsvorstellungen oder Modelle für rationale Zahlen? Erfindet dafür Situationen, die der Subtraktion von +13 bzw. –21 entsprechen.
Schreibt die Situationen und die zugehörigen Rechnungen ausführlich auf und erklärt sie euch gegenseitig.
Sucht nach Regeln für die Subtraktion rationaler Zahlen und schreibt sie auf.

Grundwissen

1

Kontoauszug, Konto-Nr. 2654321		MatheNetz Bank - Aachen
Buchungstag	Verwendungszweck	alter Kontostand -15,00
22.12.2005	Rückbuchung Zeitschriften-Abonnement	120,00
Katharina Pfeifer	23.12.2005	neuer Kontostand ?

Katharina hatte das Zeitschriftenabonnement zum 31. 12. 2005 gekündigt, aber dennoch wurden versehentlich am 19. 12. für das nächste Jahr 120 Euro abgebucht.
Dieser Fehler wurde am 22. 12. rückgängig gemacht.
Das bedeutet eine Buchung von -(- 120) Euro, also +120 Euro.

Auf der Zahlengeraden kann man sich die Beispielrechnung so veranschaulichen:
Bei einer *Abbuchung* wandert man um den entsprechenden Betrag *nach links* in Richtung der negativen Zahlen.
Beim *Rückgängigmachen einer Abbuchung* wandert man um den entsprechenden Betrag *nach rechts* in Richtung der positiven Zahlen.

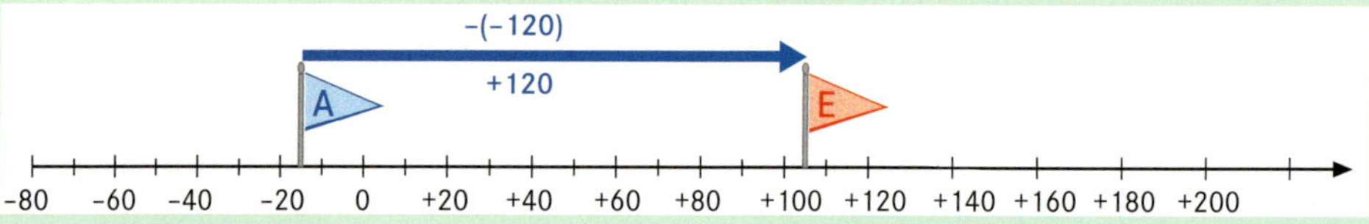

Subtrahieren

2 Die Subtraktion ist die Umkehrung der Addition. Das **Subtrahieren** kann man im Pfeilmodell auf zweierlei Weisen darstellen:

Man kann den Pfeil für den Subtrahenden

rückwärts durchlaufen, wobei man seine *Spitze* an die Spitze des Minuenden hängt.

7 - 2,5 = 4,5

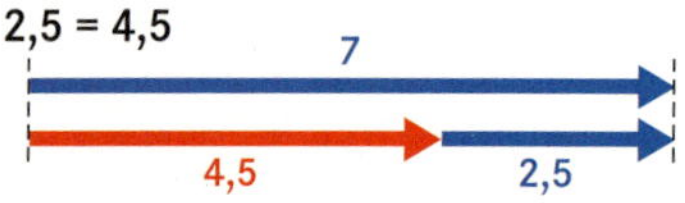

3,5 - (-2) = 5,5

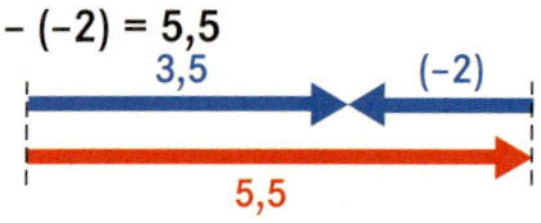

umkehren, wobei man den *Anfangspunkt* an die Spitze des Minuenden hängt.

7 - 2,5 = 7 + (-2,5) = 4,5

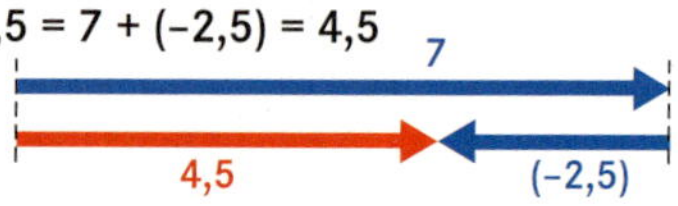

3,5 - (-2) = 3,5 + 2 = 5,5

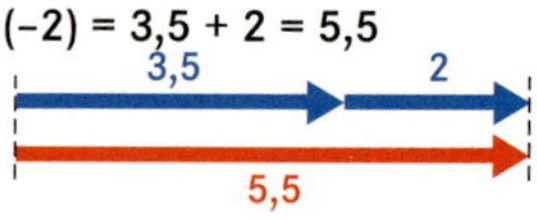

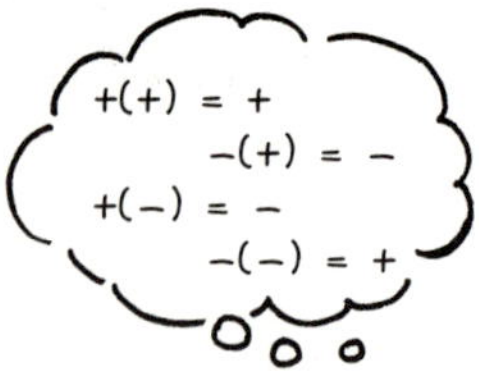

Das Umkehren des Pfeils entspricht der Bildung der Gegenzahl. In der rechten Darstellung wird also jeweils die Gegenzahl addiert.
Das Subtrahieren rationaler Zahlen lässt sich auf das Addieren rationaler Zahlen zurückführen.
„- (-)“ ist dabei gleichbedeutend mit „+ “ und „- (+)“ ist gleichbedeutend mit „+ (-)“.

Damit erhält man eine sehr einfache Regel für die Subtraktion rationaler Zahlen.

Rechenregel für die Subtraktion

Man subtrahiert eine rationale Zahl von einer anderen, indem man ihre Gegenzahl addiert.	(+3,5) - (-2,2) = 3,5 + 2,2 = 5,7 (-5,3) - (-7,2) = -5,3 + 7,2 = 1,9 (-2,8) - (+1,4) = -2,8 + (-1,4) = -4,2

Übungen

> Dispositionskredit: maximal genehmigte Schulden

1 Herr Richter hat auf seinem Girokonto 865 Euro Schulden.
a) Wie viel muss er einzahlen um das Konto auszugleichen?
b) Wie viel kann er noch abheben, wenn sein Dispositionskredit bei 2500 Euro liegt?
c) Wie viel muss er einzahlen, damit er die Miete von 750 Euro überweisen kann ohne Schulden auf seinem Konto zu machen?
d) Wie lautet sein neuer Kontostand, wenn 1480 Euro Gehalt auf seinem Konto eingehen?

2 Schreibe die Subtraktionsaufgabe als Additionsaufgabe und berechne.

> $(-22) - (+53) = (-22) + (-53) = -(22 + 53) = -75$

a) $(+19) - (+21)$ $(+19{,}2) - (+21{,}5)$ $(+19{,}95) - (+21{,}05)$
b) $(-9) - (+11)$ $(-9{,}1) - (+10{,}9)$ $(-9{,}87) - (+10{,}92)$
c) $(-7) - (-8)$ $(-7{,}5) - (-8{,}5)$ $(-7{,}12) - (-8{,}34)$
d) $(+15) - (-6)$ $(+14{,}9) - (-6{,}3)$ $(+14{,}78) - (-6{,}22)$

3 Berechne.
a) $(-3{,}2) - (-2{,}4)$ b) $(+1{,}5) - (+3{,}8)$ c) $(-2{,}9) - (-1{,}3)$ d) $(+5{,}1) - (-4{,}8)$
e) $(+3{,}2) - (-2{,}4)$ f) $(-1{,}5) - (+3{,}8)$ g) $(+2{,}9) - (-1{,}3)$ h) $(-5{,}1) - (-4{,}8)$

4 Schreibe die Aufgaben aus Übung **2** und **3** mit möglichst wenigen Klammern.

> $(-22) - (+53) = -22 - 53$ $(+19) - (+21) = 19 - 21$

5 Berechne.
a) $0 - 51$; $2 - 51$; $-1 - 51$; $\frac{1}{2} - 51$
b) $123 - 125$; $12{,}34 - 12{,}56$; $-123 - 125$; $-12{,}3 - 12{,}5$
c) $14 - (-14)$; $14{,}1 - 14{,}2$; $14 - 14\frac{1}{3}$; $-14 - 14\frac{1}{3}$
d) $12 - 17{,}5$; $-12{,}5 - 17$; $-12{,}5 + 17$; $-17{,}5 + 12$

6 a) Subtrahiere die Differenz $13{,}8 - 15{,}2$ von der Summe $15{,}6 + (-3{,}8)$.
b) Subtrahiere von der Summe aus 3,3 und −5,8 die Differenz aus −2,5 und 15,2.
c) Die Differenz aus dem Doppelten einer Zahl und ihrer Hälfte ist −1,5. Gib diese Zahl an.
d) Subtrahiere von der Gegenzahl der Summe zweier Zahlen die Summe der Gegenzahlen dieser Zahlen. Was erhältst du?
e) Die Summe aus dem Dreifachen einer Zahl und ihrer Hälfte ist größer als ihr Vierfaches. Für welche Zahlen stimmt diese Aussage?
f) Die Summe zweier Zahlen ist immer größer als ihre Differenz – richtig oder falsch?

7 Übertrage die Tabellen in dein Heft und fülle sie aus.

−	−3	5	$-\frac{1}{4}$	2,25
7				
$-\frac{1}{2}$				
5,25				
−2,5				

−	−23,7	$\frac{2}{3}$	$-\frac{1}{3}$	6,3
−13				
$-\frac{1}{3}$				
5,9				
$\frac{2}{3}$				

8 Setze für ■ passend das Zeichen <, = oder > ein.
a) $-12{,}75 + 5{,}4$ ■ $6{,}5 + (-13{,}35)$
b) $-(-12{,}75) + (-5{,}4)$ ■ $-(-6{,}5 + (-(-13{,}35)))$
c) $|+3\frac{3}{4}|$ ■ $|-5{,}7| + |3\frac{3}{4}|$
d) $-|\frac{1}{6}| + (-|-6{,}1|)$ ■ $-2\frac{1}{2} + (-|3\frac{1}{3}|)$
e) $-9{,}99 - 3{,}03$ ■ $0{,}03 - 10{,}09$
f) $\frac{7}{8} - \frac{15}{4}$ ■ $-\frac{12}{7} + \left(-\frac{13}{3}\right)$

9

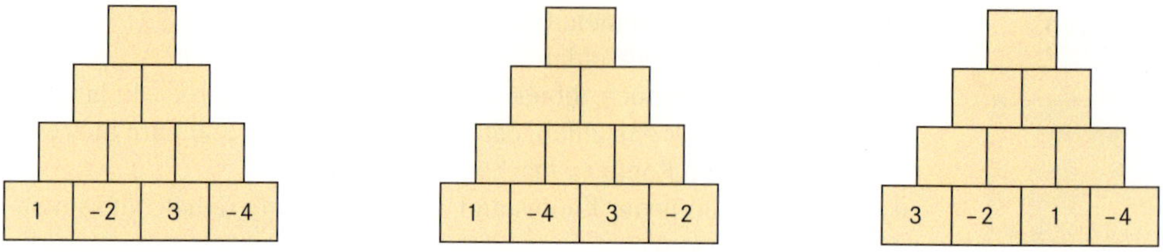

a) Übertrage die Subtraktionsmauern ins Heft und fülle sie aus.
b) Welche Zahlen kommen als Ergebnis vor, wenn man die „Fundamentzahlen“ 1; −2; 3; −4 beliebig vertauscht?
c) Welche Reihenfolge ergibt die größte, welche die kleinste „Spitzenzahl“?
d) Gibt es verschiedene Reihenfolgen mit der gleichen Zahl an der Spitze?

10 Bei der Darstellung im Pfeilmodell in **2** ist in beiden Beispielen der Minuend positiv und hat einen größeren Betrag als der Subtrahend. Was bedeutet das für die Differenz?
Zeichnet weitere Beispiele für die anderen Fälle. Berücksichtigt auch Sonderfälle mit null.
Vergleicht mit den Beispielen anderer Teams.

11

Wie könnten die Gespräche weitergehen? Schreibt mögliche Fortsetzungen auf und lest sie später in der Klasse vor.

Ausstiege

A1

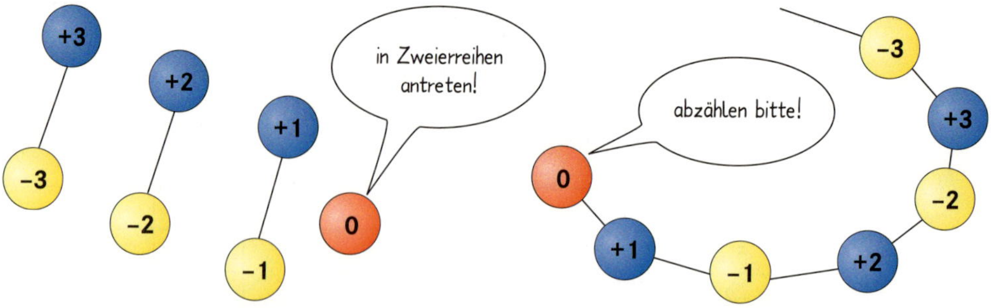

Wie viele ganze Zahlen gibt es, verglichen mit den natürlichen Zahlen?
Nach dem linken Bild könnte man denken, es wären eine weniger als doppelt so viele.
Das rechte Bild zeigt: Man kann die ganzen Zahlen durchnummerieren, also gibt es genau so viele ganze wie natürliche Zahlen.
Es kann doch nicht beides stimmen, oder?
Vergleiche ebenso die natürlichen Zahlen mit den Quadratzahlen, die ganzen Zahlen mit den geraden Zahlen und die Bruchzahlen mit den rationalen Zahlen.

Vermischte Übungen

L 1 Nenne mindestens drei verschiedene Bereiche aus dem Alltag, in denen negative Zahlen vorkommen können.

2 Gib drei Beispiele an für (I) natürliche Zahlen; (II) ganze Zahlen, die keine natürlichen Zahlen sind; (III) Brüche, die keine natürlichen Zahlen sind.

L 3 a) Markiere folgende rationale Zahlen möglichst genau auf einer Zahlengeraden:
$2{,}75;\ -3{,}2;\ \frac{20}{7};\ -3\frac{1}{4};\ -\frac{4}{5};\ 0{,}81.$
b) Bestimme die Gegenzahlen zu den in a) genannten Zahlen.
c) Ordne erst die Zahlen, dann die Gegenzahlen der Größe nach. Verwende dafür das <-Zeichen.

4 a) Vereinfache so weit es geht: $-(-9);\ -(-(-9));\ -(-(-(-9)));\ -(-(-(-(-9))))$.
b) Was kommt heraus, wenn vor der 9 insgesamt 100 Minuszeichen stehen?
c) Formuliere mithilfe der Ergebnisse aus a) und b) eine allgemein gültige Regel.

5 a) Wie lange dauert eine Ebbe- bzw. eine Flutphase?
Um wie viele Meter liegt das Niedrigwasser unter NN?
Wie groß ist der Unterschied zwischen Hoch- und Niedrigwasser (Tidenhub)?
b) Suche Zeiten mit gleichen Wasserständen, z. B. 1 m unter NN., 50 cm über NN.
Denke dir weitere Fragen aus.

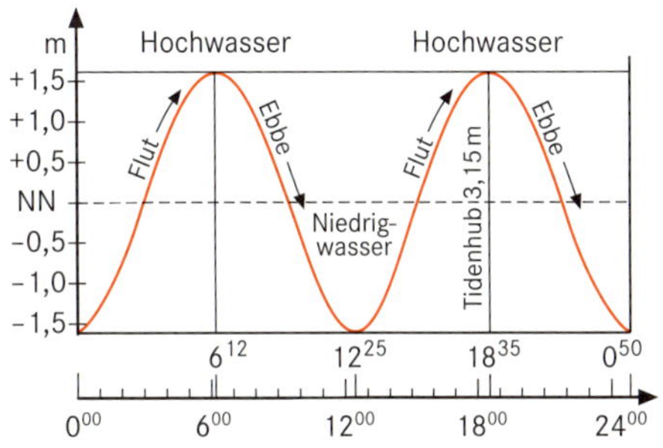

6

	3. Spieltag	Sp	S	U	N	Tore	Tord.	Pkte
1	FC Bayern München	3	3	0	0	11:2	+9	9
2	Werder Bremen	3	2	1	0	8:3	+5	7
3	Hamburger SV	3	2	1	0	6:1	+5	7
4	FC Schalke 04	3	2	1	0	5:3	+2	7
5	1. FC Kaiserslautern	3	2	0	1	9:7	+2	6
6	1. FC Köln	3	2	0	1	6:5	+1	6
7	VfL Wolfsburg	3	1	2	0	5:4	+1	5
8	Hertha BSC Berlin	3	1	1	1	4:5	-1	4
9	Hannover 96	3	0	3	0	4:4	0	3
10	Bayer 04 Leverkusen	3	1	0	2	7:8	-1	3
11	DSC Arminia Bielefeld	3	1	0	2	4:7	-3	3
12	SG Eintracht Frankfurt	3	1	0	2	2:6	-4	3
13	BV 09 Bor. Dortmund	3	0	2	1	4:5	-1	2
	VfB Stuttgart	3	0	2	1	4:5	-1	2
15	MSV Duisburg	3	0	2	1	5:7	-2	2
16	VfL Bor. Mönchengl.	3	0	2	1	2:5	-3	2
17	1. FC Nürnberg	3	0	1	2	1:5	-4	1
18	1. FSV Mainz 05	3	0	0	3	0:5	-5	0

a) Welche Rolle spielt die Spalte der Tordifferenzen in der Bundesligatabelle?
Was bedeuten negative Tordifferenzen?
b) Wie werden die Tabellenplätze bestimmt, wenn bei zwei Vereinen Punkte und Tordifferenzen übereinstimmen, wie im Beispiel bei Werder Bremen und HSV? Formuliere eine umgangssprachliche Regel.
Diese Regel kann man auch mit dem „Torverhältnis“ ausdrücken. Wie?
c) Die Tabellenplatznummer 14 fehlt. Wieso?
d) Suche nach anderen Sportarten, bei denen mit negativen Zahlen gerechnet wird.
Welche Bedeutung haben sie dort?

L 7 Gib die Beträge und die Gegenzahlen folgender Zahlen an: $-17{,}34;\ 6{,}56;\ -0{,}37;\ -\frac{3}{5}$.

L 8 Notiere alle Zahlen x, für die gilt: a) $|x| = 0{,}123$; b) $|x| = 16{,}3$; c) $|x| = 0$; d) $|x| = -0{,}1$.

L 9 Welchen Abstand haben die Zahlen voneinander?

a) −13 und 7 b) 263 und −58,2 c) −47 und −79 d) $-\frac{1}{5}$ und $\frac{1}{2}$ e) $\frac{3}{4}$ und −1,25

L 10 Berechne.

a) $-13 + (-18)$ b) $36 - (-37)$ c) $-123 + 231$ d) $250 + (-360)$
e) $12{,}7 - (-7{,}3)$ f) $-(15{,}5) - (-14{,}6)$ g) $367{,}1 - 1367$ h) $-43{,}2 - 16{,}8$
i) $\frac{1}{2} - \frac{2}{3}$ j) $-3\frac{1}{4} + \frac{3}{4}$ k) $\frac{4}{5} + \left(-\frac{3}{7}\right)$ l) $-7{,}2 + \left(-5\frac{1}{2}\right) + (+7{,}5)$

L 11 Berechne.

a) $-37 - 48 + 56 - 95 + 31$ b) $-104 - 352 - 257 - 681$ c) $-\frac{1}{3} - \frac{2}{5} + \frac{2}{3} - \frac{4}{5} + \frac{3}{5}$
d) $-5\frac{3}{4} + 2\frac{5}{8} - 4\frac{11}{16} - \frac{1}{2}$ e) $-4{,}5 + 5{,}9 - 2{,}7 - 3{,}1$ f) $-3217 + 269 - 439 + 3217 - 42$

12 In der folgenden Tabelle findest du, teilweise geschätzte, Daten einiger berühmter Personen aus dem Altertum. Übertrage die Tabelle in dein Heft und ergänze die fehlenden Daten.

	Geburtsjahr v. Chr.	Todesjahr v. Chr.	Alter
Theano (Naturphilosophin)	565		80
Pythagoras (Mathematiker)	570	496	
Platon (Philosoph)	428		80
Aristoteles (Philosoph und Physiker)	384	322	
Euklid (Mathematiker)	365		65
Archimedes (Mathematiker)	287	212	
Caesar (Feldherr in Rom)		44	56
Konfuzius (Religionsstifter)	551	479	
Buddha (Religionsstifter)		483	77
Nofretete (Königin im alten Ägypten)	1395	1350	
Kleopatra (Königin im alten Ägypten)	69		39

13 a) Das Jahr des Todes von Buddha, dem Begründer des Buddhismus, wurde als das „Null-Jahr" in der buddhistischen Zeitrechnung festgelegt. Auch andere Religionen und Kulturen hatten bzw. haben noch „ihre" Zeitrechnungen. Findet dazu möglichst viele Beispiele.

b) Die Römer legten ihr „Null-Jahr" auf das Gründungsjahr Roms. Das war angeblich im Jahre 753 vor Christus. Übersetzt die Grabstein-Inschriften der römischen Kaiser in arabische Zahlen und bestimmt ihre Lebensdaten nach der christlichen Zeitrechnung.

c) Überlegt, in welcher Reihenfolge die fünf römischen Kaiser regiert haben könnten.

14 Auf einer Ebene in Utah/USA (200 m über dem Meeresspiegel) wird nach Öl gebohrt. Der Bohrer schafft täglich 15 m Tiefe.
a) In welcher Tiefe befindet sich der Bohrer nach 25 Tagen?
b) Nach wie vielen Tagen hat der Bohrer das Ölvorkommen erreicht, das sich in einer Tiefe von 300 m unter dem Meeresspiegel befindet?

15 a) In einem Koordinatensystem wird das Viereck mit den Punkten A (0 | 0); B (1 | 0); C (2 | 2); D (0 | 1) zunächst an der x- und das Bild dann an der y-Achse gespiegelt.
Gib die Koordinaten der Bildpunkte A′, B′, C′, D′ an ohne eine Zeichnung zu benutzen.
b) Gib eine andere Abbildung an, durch die du vom Viereck ABCD zum Viereck A′B′C′D′ gelangen kannst.

16 Zeichne in einem Koordinatensystem einen Kreis mit dem Radius 5 und dem Koordinatenursprung als Mittelpunkt. Zeichne eine Gerade durch die Punkte P (0 | 0) und Q (4 | 3). In welchen Punkten schneidet diese Gerade den Kreis? Lies die Koordinaten möglichst genau ab.

17 Gegeben sind die Punkte P (−5 | −1); Q (5 | −1); R (5 | 2) und S (−5 | 2).
a) Welche geometrische Figur wird durch die vier Punkte gebildet?
b) Bestimme ihren Flächeninhalt.

18 Spiegele in Gedanken das Dreieck mit den Eckpunkten P (1 | 1); Q (2 | 2); R (3 | 0)
(I) am Ursprung; (II) an der x-Achse; (III) an der y-Achse
und gib die Koordinaten der Eckpunkte des gespiegelten Dreiecks an.

19 Der Punkt A (5 | 2) ist Eckpunkt eines Rechtecks ABCD, dessen Seiten parallel zu den Koordinatenachsen verlaufen. Die Koordinatenachsen halbieren die Seiten des Rechtecks.
Gib die Koordinaten der anderen Eckpunkte des Rechtecks an.

20 Bei normaler Wetterlage nimmt die Temperatur zwischen der Erdoberfläche (Meeresoberfläche) und einer Höhe von etwa 11 km in der Erdatmosphäre um etwa 0,65 °C pro 100 m ab.
a) Ballonfahrer wollen bei gutem Wetter und einer Temperatur von 22 °C am Boden (300 m über NN) eine „Aus-Fahrt" machen. Sie wollen bis zu einer Höhe von 4000 m hoch steigen. Mit welcher Temperatur werden sie in dieser Höhe rechnen müssen? Wie sollten sie sich bekleiden?
b) Die Ballonfahrer messen auf ihrer Fahrt eine Temperatur von +10 °C. In welcher Höhe befinden sie sich da ungefähr?

c) Interkontinentaljets fliegen in einer Höhe von etwa 10 km. Welche Temperatur herrscht in dieser Höhe ungefähr?

In einem Schulorchester ist das durchschnittliche Alter der Mitglieder 14 Jahre. Die Mädchen sind im Mittel 15 Jahre alt. Was kann man daraus für das Alter der Jungen schließen?
A Gar nichts B Sie sind im Mittel 13 Jahre alt C Sie sind im Mittel jünger als 14 Jahre

21 Für Flugzeuge sind nicht nur die Temperaturen am Boden wichtig sondern auch die in ihren Flughöhen. Daher werden diese regelmäßig gemessen.

Höhe in m	Höhentemperaturen		
	6.1.	1.2.	1.3.
0	8°	-4°	11°
500	7°	2°	10°
1000	5°	4°	6°
1500	2°	3°	3°
2000	-1°	1°	-2°
2500	-5°	-3°	-5°
3000	-6°	-5°	-9°

a) Zeichne ein geeignetes Koordinatensystem (x-Achse: Höhe, y-Achse: Temperatur). Trage die Höhentemperaturen laut der Tabelle vom Flughafen Düsseldorf für den 6. Januar (rot), für den 1. Februar (blau) und für den 1. März (grün) ein und verbinde die Punkte.

b) An welchen Stellen wird die x-Achse geschnitten? Was bedeutet das?

c) An welchen Stellen schneiden sich die Verbindungslinien? Gib die Koordinaten an. Was bedeutet das für die Temperaturen an diesen Tagen?

22 a) Wie hoch ist die Differenz zwischen der höchsten und der tiefsten Temperatur auf den angegebenen Himmelskörpern? Ordne sie danach.

	Erde	Mars	Merkur	Mond
maximale Temperatur	68 °C	27 °C	480 °C	118 °C
minimale Temperatur	-92 °C	-138 °C	-180 °C	-153 °C

b) Auf welchem Himmelskörper herrscht die höchste Mindesttemperatur?
Um wie viel Grad Celsius unterscheiden sich die Mindesttemperaturen der anderen Himmelskörper davon?

c) Beantworte entsprechende Fragen für die niedrigste Höchsttemperatur.

d) Suche nach Temperaturangaben für andere Himmelskörper und vergleiche ähnlich.

23 a)

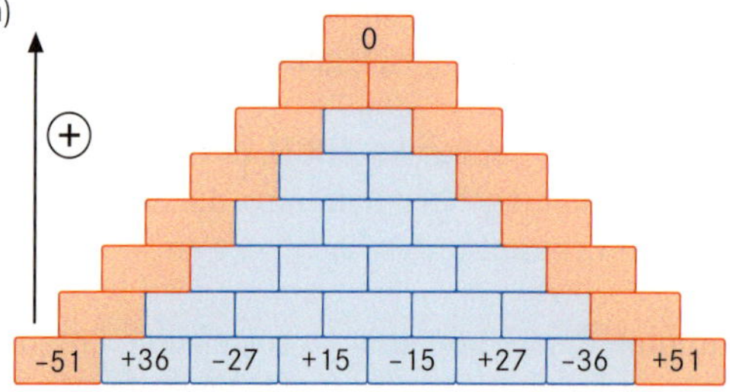

b)

a) Übertrage die Mauer in dein Heft und vervollständige sie.

b) Welches Ergebnis erhält man, wenn man
(I) in der Additionsmauer die Reihenfolge der Ausgangszahlen vertauscht;
(II) irgendeine andere Additionsmauer mit symmetrischen Ausgangszahlen berechnet;
(III) in der Subtraktionsmauer die linke von der rechten Zahl subtrahiert?

24 Übertrage die Tabelle ins Heft und berechne. Benutze als Rechenart einmal die Addition und einmal die Subtraktion.

a)

	8	-11	$-\frac{3}{4}$	5,75
-17				
15				
$-\frac{5}{2}$				
-3,5				

b)

	-25	10	$-\frac{1}{3}$	$-\frac{5}{9}$
-6				
12				
$-\frac{9}{5}$				
$-\frac{1}{5}$				

25 Vergleiche die Regel zur Subtraktion rationaler Zahlen mit der Regel zur Division von Brüchen. Schreibe alles auf, was dir dazu einfällt.

26

$-(-10{,}03) - (+49{,}2) + (-(-5{,}78)) + (-29{,}5) - 31{,}3 - (-34{,}19)$
$= 10{,}03 - 49{,}2 + 5{,}78 - 29{,}5 - 31{,}3 + 34{,}19$
$= (10{,}03 + 5{,}78 + 34{,}19) - (49{,}2 + 29{,}5 + 31{,}3)$
$= 50 - 110$
$= -60$

Sicher ist sicher!

1. *Vereinfachen:* Vor- und Rechenzeichen zusammenfassen
2. *Sammeln und berechnen:* (alles, was addiert werden soll) minus (alles, was subtrahiert werden soll)

Erst denken, dann rechnen!

$-73 + 201{,}4 - 64{,}29 - 201{,}4 + 73$
$= (-73 + 73) + (201{,}4 - 201{,}4) - 64{,}29$
$= 0 + 0 - 64{,}29 = -64{,}29$

a) Denke dir lange Terme mit vielen Vor- und Rechenzeichen aus und lasse sie von deinem Partner berechnen. Unterhaltet euch anschließend über günstige Rechenwege.
b) Schreibt Terme wie in a) auf Karten für die Mathe-Box. Notiert auf der Rückseite nicht nur die Zahl als Lösung, sondern auch ein Stichwort für einen günstigen Rechenweg.

27 Ist die Rechnung korrekt? Wenn du einen Fehler findest, beschreibe ihn und schreibe die Rechnung richtig in dein Heft.

a) $-45{,}2 - (+22{,}9) = -22{,}3$
b) $0{,}02 + (-0{,}23) = -0{,}03$
c) $-(-91) - (+17) = -74$
d) $15{,}4 - (-14{,}3) = 1{,}1$
e) $-5\frac{1}{3} + 12\frac{1}{3} + \left(-\frac{7}{12}\right) - \frac{1}{12} - \left(-4\frac{1}{4}\right)$
$= -5\frac{1}{3} + 12\frac{1}{3} - \frac{7}{12} - \frac{1}{12} = 7 - \frac{8}{12} = 6\frac{1}{4} - 4\frac{1}{4} = 2$

28 Welche Zahl muss für den Platzhalter eingesetzt werden, damit die Rechnung stimmt?

a) 47 + □ = 32
b) −15 + □ = 15
c) 27 + □ = −21
d) □ + (−98) = 0
e) 12 − □ = −17
f) 29 − □ = 41
g) −417 − □ = 2
h) □ − 53 = 63

29 Setze für a und b jeweils mindestens zehn positive oder negative Zahlen ein und prüfe, ob $|a + b| < |a| + |b|$. Wann stimmt das Kleinerzeichen nicht?

30 Das Bild zeigt einen Teil einer **Mindmap** zum Thema rationale Zahlen.
Nimm ein Blatt DIN-A4-Papier und zeichne deine eigene Mindmap. Wenn dir etwas Neues zum Thema einfällt, zeichnest du einfach eine neue Linie und beschriftest sie oder malst ein Bild daran. So kannst du alles unterbringen, was für dich zum Thema gehört. Wichtiges oder Zusammenhänge kannst du mit Farben sichtbar machen.
Ihr könnt auch Packpapier auf einen Tisch legen und gemeinsam eine Mindmap entwerfen.

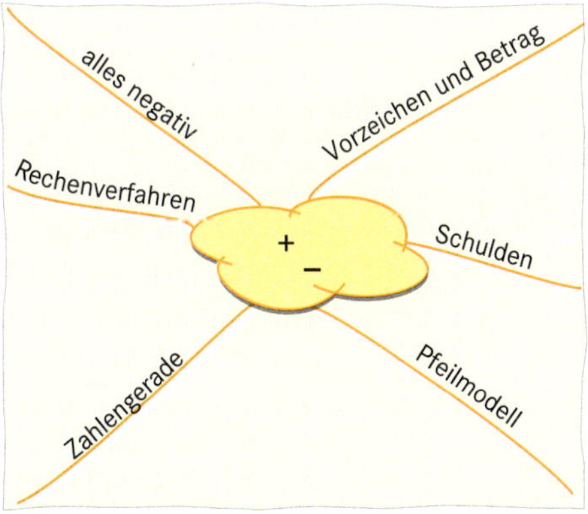

Bestimme den Umfang des Rechtecks.

a)

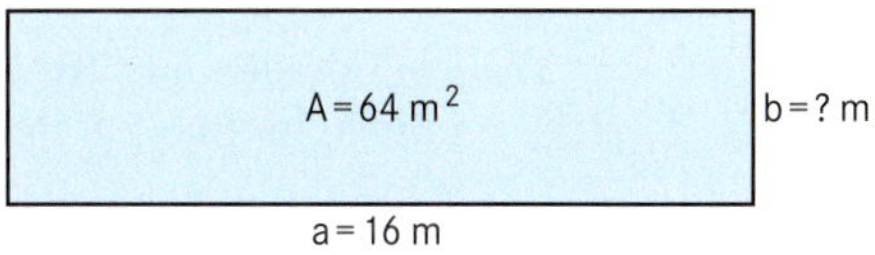

b) $A = 540\ cm^2$; $b = 50\ cm$
c) $A = 1{,}5\ km^2$; $a = 0{,}5\ km$
d) $A = 27\ m^2$; $b = 0{,}25\ m$

31 Teddy hüpft auf der Zahlengeraden herum.

a) Teddy springt von 1 nach −2 nach 3 nach −4 usw. Zeichne Teddys Weg auf. Wo landet Teddy nach zehn Hüpfern?

b) Wie lang ist der Weg, den Teddy nach zehn (nach 20) Hüpfern insgesamt zurückgelegt hat? Welchen Abstand hat er dann vom Nullpunkt?

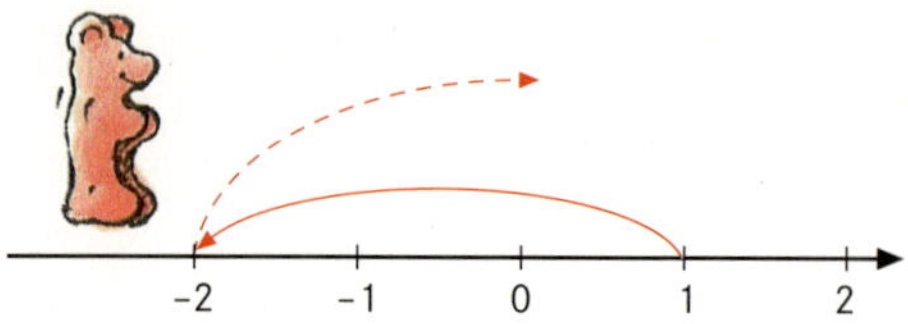

32 Wie könnte man die Zahlenfolge fortsetzen? Nenne möglichst mehrere Fortsetzungen und begründe sie.

a) −1; −2; −4; −7; −11; ...
b) 8; 6; 4; 2; 0; ...
c) −10; 10; −1; 1; $-\frac{1}{10}$; ...
d) 16; 9; 4; 1; 0; ...
e) 0; 1; −1; 3; −3; ...
f) 8; 1; 0; −1; −8; ...

33 a) Ist der Mittelwert zweier ganzer Zahlen eine ganze Zahl? Begründe deine Antwort.

b) Ist der Mittelwert zweier rationaler Zahlen eine rationale Zahl?

c) Wie viele rationale Zahlen liegen zwischen −0,1 und 0,1?

34 Zeichne in ein Koordinatensystem eine Gerade durch die Punkte A (−2|−2) und B (4|4).

a) Gib die Koordinaten von drei weiteren Punkten an, die auf dieser Geraden liegen.

b) Die Gerade teilt die Ebene in zwei Halbebenen. Was kann man über die Koordinaten der Punkte aussagen, die oberhalb der Geraden liegen? Wie erkennt man an den Koordinaten, dass ein Punkt unterhalb der Geraden liegt?

c) Zeichne nun eine Gerade durch die Punkte D (2|−1) und E (−4|2). Wie kann man erkennen, dass ein Punkt oberhalb bzw. unterhalb der Geraden liegt?

35 Setze für x nacheinander die Zahlen −3; −2; −1,5; −1; −0,5; 0; 0,5; 1; 1,5; 2; 3 ein und berechne. Schreibe deine Ergebnisse in Tabellenform.

x	a) x + 1	b) 1 − x	c) 2x	d) 2x + 1	e) 1 − 2x	f) 2x + 3	g) 3x − 2
−3	−2	4					
−2							

36 In der nebenstehenden **Wertetabelle** gehört zu jedem Wert von x ein Wert von 2 − 3x. Man kann zu jedem solchen Wertepaar einen Punkt P (x | 2 − 3x) im Koordinatensystem zeichnen. Die Punkte liegen auf der eingezeichneten Geraden. Man sagt: Die Gerade ist der **Graph** zu y = 2 − 3x.

a) Zeichne das Bild ab und trage die anderen Wertepaare aus der Wertetabelle ein.

b) Lies die Koordinaten des Schnittpunktes der Geraden mit der x-Achse ab.

c) Zeichne die Graphen zu den Termen aus Übung **35**.

x	2 − 3x
−3	11
−2	8
−1,5	6,5
−1	5
−0,5	3,5
0	2
0,5	0,5
1	−1
1,5	−2,5
2	−4
3	−7

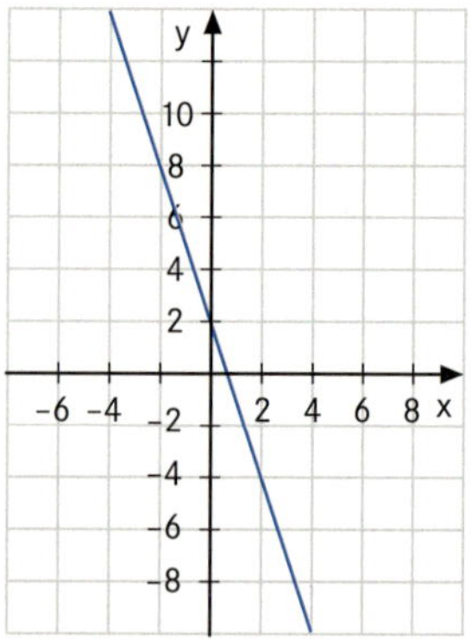

37 Die Geraden aus **36** verlaufen immer in mindestens zwei und höchstens drei der vier Quadranten, im Bild z.B. im 2. und 4. und im 3. Quadranten. Nenne sie für alle Geraden aus **36** c). Wie kann man am Term erkennen, wo die Geraden verlaufen?

Zusammenfassung

1 Die **natürlichen Zahlen** 0; 1; 2; 3; ... zusammen mit den entsprechenden **negativen** Zahlen −1; −2; −3; ... ergeben die **ganzen Zahlen** ... −3; −2; −1; 0; 1; 2; 3; ...
Die **Bruchzahlen** zusammen mit den entsprechenden negativen Zahlen ergeben die **rationalen Zahlen.**
Die natürlichen Zahlen gehören also auch zu den ganzen Zahlen und zu den Bruchzahlen. Die ganzen Zahlen und die Bruchzahlen gehören auch zu den rationalen Zahlen.
Alle rationalen Zahlen lassen sich auf einer **Zahlengeraden** darstellen.

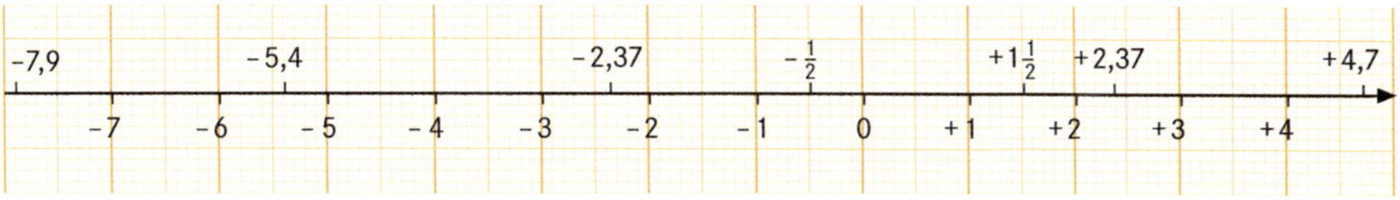

Zwei Zahlen, die auf der Zahlengeraden symmetrisch zur Null liegen, nennt man ein Paar von **Gegenzahlen.** Sie haben denselben Abstand von der Null. Man nennt ihn ihren **Betrag.**

$|-2{,}37| = 2{,}37$ gelesen: „Betrag von −2,37 gleich 2,37.“

2 Beim Umgang mit rationalen Zahlen tritt das *Minuszeichen* nicht nur als *Rechenzeichen* auf, sondern auch als **Vorzeichen.**

Ein *Minuszeichen* vor einer Zahl bewirkt
- **Gegenzahlbildung**
- **Vorzeichenwechsel**
- **Spiegelung an der Null**

3 Die verschiedenen Fälle beim **Addieren** von rationalen Zahlen kann man sich im **Pfeilmodell** so veranschaulichen:

4,5 + 2,5 = 7

(−3,5) + (−2) = −5,5

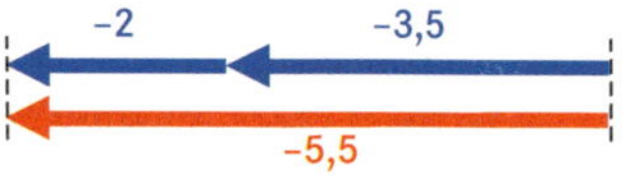

(−6,5) + 3 = −3,5

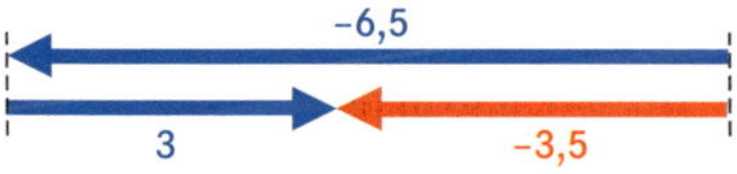

7,5 + (−5,5) = 2

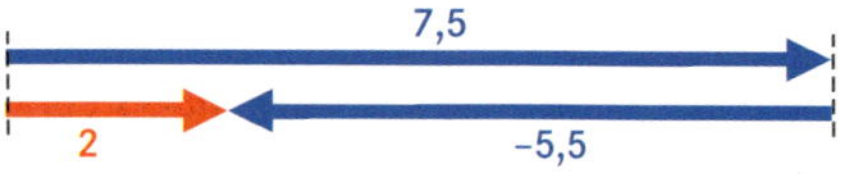

4 Das **Subtrahieren** von rationalen Zahlen kann man im Pfeilmodell auf zwei Weisen darstellen:
Man kann den Pfeil für den Subtrahenden

rückwärts durchlaufen,
wobei man seine *Spitze*
an die Spitze des Minuenden hängt.

7 − 2,5 = 4,5

3,5 − (−2) = 5,5

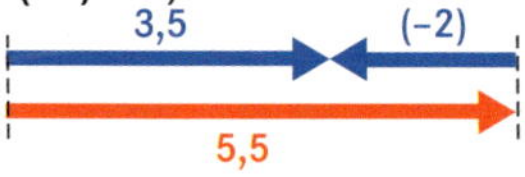

umkehren,
wobei man den *Anfangspunkt*
an die Spitze des Minuenden hängt.

7 − 2,5 = 7 + (−2,5) = 4,5

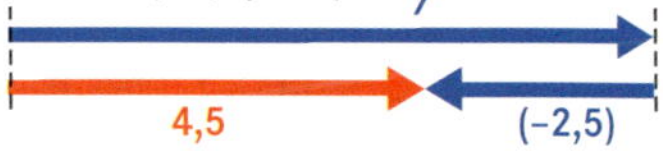

3,5 − (−2) = 3,5 + 2 = 5,5

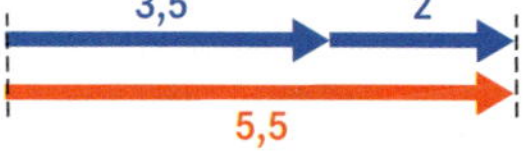

5 Für die Addition von rationalen Zahlen gelten folgende Regeln:

Man **addiert** zwei Zahlen mit *gleichen Vorzeichen,* indem man:
(I) das gemeinsame Vorzeichen notiert,
(II) die Beträge *addiert* und das Ergebnis hinter das Vorzeichen schreibt.

$(+1{,}3) + (+6{,}6) = +(1{,}3 + 6{,}6) = +7{,}9 = 7{,}9$
$(-5{,}8) + (-1{,}1) = -(5{,}8 + 1{,}1) = -6{,}9$

Man **addiert** zwei Zahlen mit *verschiedenen Vorzeichen und Beträgen,* indem man:
(I) feststellt, welche Zahl „überwiegt“, d. h. den größeren Betrag hat, und deren Vorzeichen notiert,
(II) vom größeren Betrag den kleineren *subtrahiert* und das Ergebnis hinter das Vorzeichen schreibt.

$(+7{,}1) + (-3{,}5) = +(7{,}1 - 3{,}5) = +3{,}6 = 3{,}6$
$(+2{,}5) + (-4{,}7) = -(4{,}7 - 2{,}5) = -2{,}2$
$(-9) + (+7{,}1) = -(9 - 7{,}1) = -1{,}9$
$(-3{,}5) + (+9) = +(9 - 3{,}5) = +5{,}5 = 5{,}5$

Zahl + Gegenzahl = 0
$a + (-a) = 0$
$(-a) + a = 0$

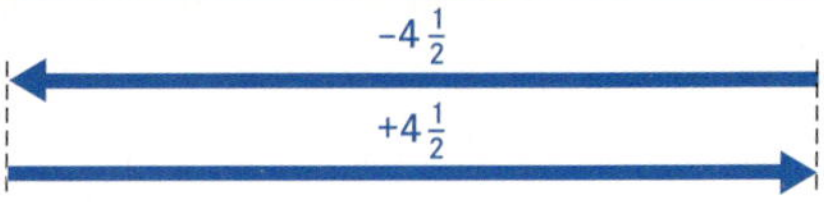

6 Für die Subtraktion von rationalen Zahlen gilt folgende Regel:

Man **subtrahiert** eine rationale Zahl von einer anderen, indem man ihre Gegenzahl addiert.

$3{,}5 - (-2{,}2) = 3{,}5 + 2{,}2 = 5{,}7$
$-5{,}3 - (-7{,}2) = -5{,}3 + 7{,}2 = 1{,}9$
$-2{,}8 - (+1{,}4) = -2{,}8 + (-1{,}4) = -4{,}2$

Durch die Einführung von negativen Zahlen ist jede Subtraktionsaufgabe lösbar geworden.

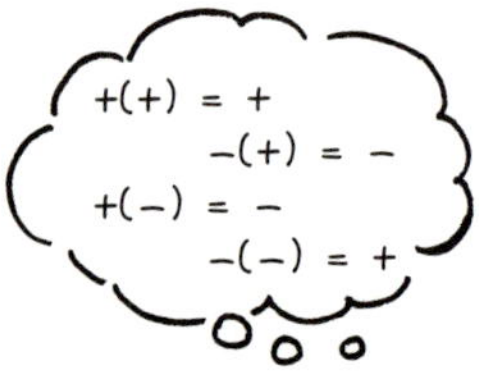

7 Für die Addition rationaler Zahlen gelten das **Kommutativgesetz** und das **Assoziativgesetz.** Jede Subtraktionsaufgabe kann man in eine Additionsaufgabe umwandeln und dann die Gesetze der Addition anwenden.
Mehrere aufeinander folgende Rechen- und Vorzeichen kann man zusammenfassen.

$-73 + 201{,}4 - 64{,}29 - 201{,}4 + 73 = (-73 + 73) + (201{,}4 - 201{,}4) - 64{,}29 = 0 + 0 - 64{,}29 = -64{,}29$
$-(-(-0{,}1)) - (+0{,}9) + (-8{,}01) - (-10) = -0{,}1 - 0{,}9 - 8{,}01 + 10 = -1 - 8{,}01 + 10 = -9{,}01 + 10 = 0{,}99$
$1003 - 4920 + 578 - 2954 - 3126 + 3419 = (1003 + 578 + 3419) - (4920 + 2954 + 3126)$
$= 5000 - 11000 = -6000$

8 Die Pfeilspitze an der Zahlengeraden zeigt die Richtung an, in der die Zahlen **größer** werden.

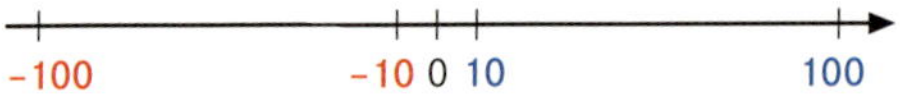

$-100 < -10$ aber $100 > 10$
$-100 < 0$ und $0 < 100$ und $-100 < 100$

9 Erweitert man im **Koordinatensystem** die beiden Zahlenstrahlen über die Null hinaus zu Zahlengeraden, so erhält man ein Koordinatensystem mit vier **Quadranten.**
Die beiden Zahlengeraden heißen **x-Achse** (früher *Rechtsachse*) und **y-Achse** (früher *Hochachse*).
Jeder Punkt im Koordinatensystem hat zwei Zahlen x und y als seine **Koordinaten**.
Umgekehrt gehört auch zu zwei Zahlen x und y immer genau ein Punkt P (x | y).

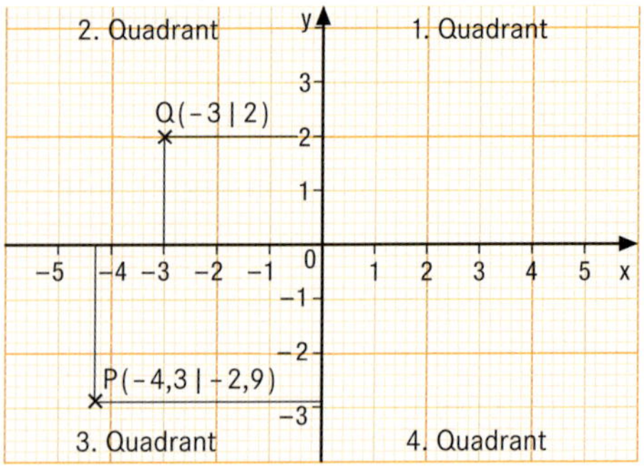

6.6 Überschuldung Jugendlicher

1

Schuldenfalle Handy
Mit Teenie-Tarifen ziehen Eltern die Kostenbremse

Stuttgart (rpo). Klingelton-Downloads, Flirtlines und TV-Votings locken immer mehr jugendliche Handynutzer in die Schuldenfalle. Im Durchschnitt haben die Kids bis zu 450 Euro Schulden, so der Bundesverband Deutscher Inkasso-Unternehmen. Für sie gibt es jetzt spezielle Teenie-Tarife, teure Service-Nummern sind hier gesperrt.

Achtung Taschengeldgangster – Gegen Handyabzocke und Dialertricks

Das Vorgehen von SMS-Betrügern ist einfach: sie simsen ohne Erlaubnis oder Zustimmung ein x-beliebiges Handy an, Tausende am Tag … Auf seinem Display kann man eine Mitteilung lesen, meist mit der Bitte oder der direkten Aufforderung versehen, unbedingt zurückzurufen. Verlockend wird eventuell gar von Gewinnen geredet. Oder von frischem Verliebtsein. Von Kennenlernen und Flirten. Ein Tipp auf die Tasten genügt und der Rückruf erfolgt. Und der hat Konsequenzen! Denn oft sind es 0190er Nummern oder getarnte Nummern im Ausland. So können leicht und in Sekundenschnelle immense Einwahlkosten (1000 Euro sind keine Seltenheit) entstehen!

(Verbraucherzentrale Bremen, Januar 2005)

In den beiden Artikeln wird vor dem leichtfertigen Umgang mit dem Handy gewarnt. Sammelt Informationen über die Kosten, die ein Handy verursachen kann, klärt eventuell unbekannte Begriffe und verfasst ein Faltblatt für eure Mitschülerinnen und Mitschüler.

2

300 Euro Handykosten für Kinder
(…) Jedem Kind zwischen sechs und dreizehn Jahren stehen im laufenden Jahr durchschnittlich 915 Euro zur Verfügung. (…)
Ihr Taschengeld geben sie zu 57 Prozent für Süßigkeiten, zu 38 Prozent für Zeitschriften und Comics und zu 29 Prozent für Eis aus. (…)
Nahezu jedes zweite Kind zwischen zehn und dreizehn Jahren nutzt 2005 ein eigenes Handy. Die Kinder geben dafür im Schnitt 11,47 Euro im Monat aus, während die Eltern 13,29 Euro beisteuerten.
(Hamburger Abendblatt 03.08.05)

Prüft und vergleicht die Angaben genau. Erhebt möglichst in allen Klassen der Klassenstufen 5 bis 7 eurer Schule entsprechende Daten, wertet sie aus und schreibt einen Artikel darüber.

3

Einnahmen
– Ausgaben
?

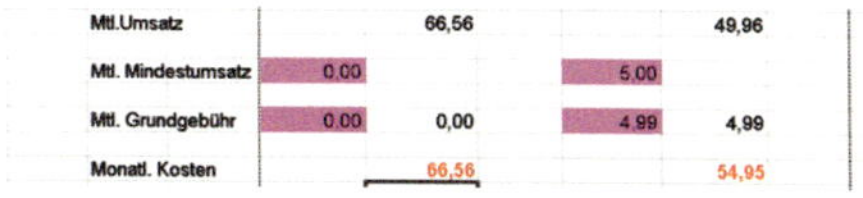

Mtl.Umsatz		66,56		49,96
Mtl. Mindestumsatz	0.00		5.00	
Mtl. Grundgebühr	0.00	0,00	4.99	4,99
Monatl. Kosten		66,56		54,95

Verbraucherzentralen bieten gegen eine geringe Schutzgebühr eine CD-Rom mit einem *Taschengeldrechner* an.

Die Zeitschrift Praxis Politik bietet auf ihrer Internet-Seite eine *Tarifrechner* zum kostenlosen Download an.

Das könnt ihr auch! Gestaltet mit euren Tabellenkalkulationsprogramm einen Taschengeld- oder Tarifrechner, der auch von Mitschülerinnen und Mitschülern leicht zu bedienen ist.

7.1 Aufgaben zum Testen von Kompetenzen

Worum geht es?

In diesem Kapitel kannst du testen, wie selbstständig und geschickt du deine mathematischen Fähigkeiten in Situationen einsetzt, wie sie dir so oder so ähnlich auch im Alltag begegnen könnten. Die Aufgaben sind so zusammengestellt, dass besonders diejenigen Kompetenzen erforderlich sind, die du am Ende der Klassenstufe 6 erworben haben sollst. Diese Aufgaben testen also etwas anderes als die Lernkontrollen in Kapitel 8, mit denen du kontrollieren kannst, wie gut du die Inhalte der einzelnen Kapitel dieses Buches beherrschst.

Kompetenzen

Anhand der Musteraufgabe wird zunächst der Einsatz folgender **Kompetenzen** gezeigt:

1. Das Problem erkunden: Anhand von Bild und Text herausfinden, worum es geht, mögliche mathematische Fragestellungen suchen und die dazu benötigten Daten finden.
2. Das Problem in mathematische Sprache (Terme, Figuren, Diagramme) übersetzen.
3. Das mathematische Problem lösen: Fehlende Größen durch Messen und Schätzen ermitteln, mathematische Regeln und Verfahren anwenden und Problemlösestrategien nutzen.
4. Die Lösung des mathematischen Problems auf die ursprüngliche Problemstellung beziehen: Antworten auf die gestellten Fragen formulieren und auf ihre Brauchbarkeit testen.
5. Problem möglicherweise erneut erkunden, mit veränderter Fragestellung bearbeiten.

Außerdem kommen bei der Bearbeitung dieser Aufgabe folgende Kompetenzen zum Tragen:

6. Lesen und in eigene Worte fassen: Auch wenn keine schriftliche Wiedergabe des Aufgabentextes verlangt und kein Gesprächspartner vorhanden ist, muss man sich die Aufgabe erlesen und in Gedanken mathematische Inhalte formulieren.
7. Begründen: Plausibilitätsüberlegungen führen zu bestimmten Annahmen, mit denen man weiterarbeitet. Später werden diese Annahmen überprüft. Auch wenn nicht ausdrücklich eine Begründung verlangt ist, wird doch erwartet, dass man keine unbegründeten Vermutungen aufschreibt.

Diese sieben **„prozessbezogenen“** Kompetenzen sind so oder so ähnlich auch für *alle Testaufgaben* wichtig.
Weiterhin erfordern die Musteraufgabe und *alle Testaufgaben* die folgende **„inhaltsbezogene“** Kompetenz:

8. Rechnen und dabei gegebenenfalls Rechenvorteile, Überschlagsrechnen und Probe anwenden.

Musteraufgabe

Kansai Airport

Kansai Airport, der Flughafen der japanischen Stadt Osaka, liegt auf einer künstlichen Insel und ist von der Stadt aus nur über eine vier Kilometer lange Brücke zu erreichen.
Für die 40 m hohe Insel wurden Sand und Geröll mit einem Volumen aufgeschüttet, das rund 75-mal dem der Cheopspyramide (rund 2,6 Mio. m^3) entspricht.
Der Flughafen sinkt gegenwärtig 5 cm pro Jahr ins Meer ab. Schätzungen zufolge wird er sich innerhalb der nächsten 50 Jahre um 8,5 m senken.

Lösungsschritt	Das musst du tun:	So könnte eine Lösung aussehen:
① **Problem erkunden**	Finde heraus, worum es geht.	*Der Text macht Aussagen zum Volumen und zum Absinken der Insel. Sind sie plausibel?*
	Suche Fragen, die sich mathematisch beantworten lassen, und kläre, welche Daten du dafür benötigst.	*Wie groß ist die Insel? Entspricht das Inselvolumen mit genügender Genauigkeit dem von 75 Cheops-Pyramiden?* *Ergibt die heutige jährliche Sinktiefe bei gleich bleibender Sinkgeschwindigkeit in 50 Jahren den angegebenen Wert?* *Die Höhe der Insel ist gegeben, Angaben zu Länge und Breite fehlen. Man kann sie aber mithilfe des Fotos und der Entfernungsangabe schätzen.*
② **Problem mathematisch formulieren**	Schätze fahlende Daten, schreibe die Daten übersichtlich auf, mache evtl. eine Skizze, beschreibe Größen durch Terme.	*Die Insel ist ungefähr so lang wie die Brücke und knapp ein Drittel so breit. Sie sieht auf dem Foto rechteckig aus und der Text spricht von ihrer Höhe, als wäre sie überall gleich hoch. Daher ist es sinnvoll anzunehmen, dass die Insel die Gestalt eines Quaders hat.* *Länge: ≈ 4 km* *Breite: ≈ 1,2 km* *Höhe: 40 m* 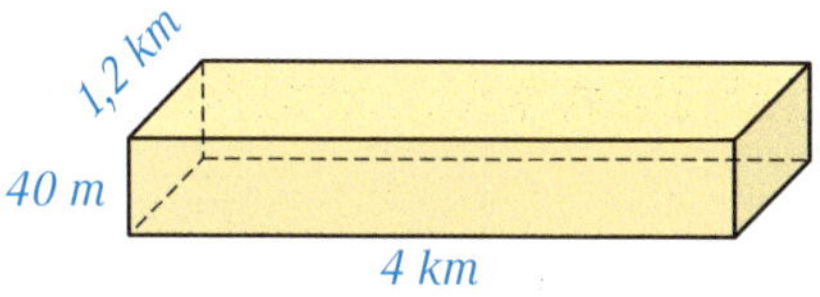 *Volumen eines Quaders = Länge mal Breite mal Höhe* *Sinktiefe heute: 5 cm in 1 Jahr* *Sinktiefe langfristig: 850 cm in 50 Jahren* *mittlere Sinkgeschwindigkeit = Sinktiefe durch Zeit*
③ **mathematisches Problem lösen**	Löse Teilaufgaben, nutze mathematische Verfahren und Strategien.	*Volumen:* *Volumen der Insel* $\approx 4000 \cdot 1200 \cdot 40\ m^3 = 192$ *Mio.* m^3 *Volumen von 75 Cheopspyramiden* $= 75 \cdot 2{,}6$ *Mio.* $m^3 = 195$ *Mio.* m^3 *Sinkgeschwindigkeit:* *mittlere Sinkgeschwindigkeit heute* $= 5\ \frac{cm}{Jahr}$ *mittlere Sinkgeschwindigkeit langfristig* $= \frac{850}{50}\ \frac{cm}{Jahr} = 17\ \frac{cm}{Jahr}$
④ **Lösung auf das reale Problem beziehen und testen**	Formuliere die Lösung als Antwort(en) auf die Ausgangsfrage(n).	*Mit 192 Mio.* m^3 *entspricht das berechnete Volumen der Insel recht gut dem von 75 Cheopspyramiden.* *Die Fläche der Insel wurde offenbar gut geschätzt und die Annahme, dass die Insel ungefähr quaderförmig ist, hat sich bewährt.*
	Prüfe die Lösung. Ist sie unbrauchbar, verändere die Fragestellung.	*Die beiden Sinkgeschwindigkeiten unterscheiden sich dagegen deutlich. Man müsste Genaueres darüber erfahren, auf welchen Annahmen die Prognose für das Verhalten der Insel in 50 Jahren beruht.*
⑤ **eventuell neue Fragen suchen**	Plane neu, nutze mathematische Verfahren und Strategien.	*Man könnte versuchen sich Daten über das Absinken in den letzten Jahren zu beschaffen. Die könnte man im Koordinatensystem darstellen und dann versuchen, die Kurve vernünftig fortzusetzen.*

Weitere Kompetenzen

Die folgende Tabelle gibt eine Übersicht darüber, welche weiteren Kompetenzen in welchen Aufgaben eine Rolle spielen.

	Kompetenz	Aufgaben
inhalts-bezogene	Zahlen runden und der Größe nach verglei-chen (ordnen).	Kansai Airport, Hexenflug, Hausaufgaben, Ziffernspiele
	Mit Zahlen und Größen in unterschiedlichen Darstellungen umgehen.	Kansai Airport, Kreisdiagramm, Regenwald
	Geometrische Grundfiguren und -körper in der Umwelt erkennen.	Kansai Airport, Hexenflug, Kreisdiagramm, Dachneigung
	Messen, schätzen und berechnen von Längen, Flächen- und Rauminhalten.	Kansai Airport, Hexenflug, Kreisdiagramm, Dachneigung, Goldsuche
	Genau zeichnen (konstruieren).	Kreisdiagramm, Dachneigung
	Statistische Daten in Diagrammen darstellen und auswerten.	Kreisdiagramm, Hausaufgaben
	Diagramme untersuchen und beurteilen.	Kreisdiagramm, Hausaufgaben
	Beziehungen zwischen Zahlen und Größen untersuchen, gegebenenfalls in Tabellen und Diagrammen darstellen oder aus solchen ablesen.	Hexenflug, Goldsuche, Regenwald, Höhen-unterschiede, Ziffernspiele
	Systematisch zählen.	Ziffernspiele, (evtl. Hexenflug)
prozess-bezogene	Begriffe aus verschiedenen mathematischen Gebieten und der Umwelt miteinander in Beziehung setzen.	Kansai Airport, Dachneigung, Goldsuche, Ziffernspiele
	Ideen und Ergebnisse präsentieren.	Dachneigung, Goldsuche
	Werkzeuge zum Konstruieren, Präsentieren und Dokumentieren benutzen.	Kreisdiagramm, Dachneigung, Goldsuche

Die letzten beiden Kompetenzen sind in den genannten Aufgaben ausdrücklich gefordert, können aber natürlich auch in allen anderen zum Einsatz kommen.

Problemlösestrategien

Bei einigen der Aufgaben können folgende **Problemlösestrategien** hilfreich sein:
- Beispiele untersuchen
- Systematisch probieren
- Problem in Teilaufgaben gliedern
- Darstellung wechseln (z.B. von Tabelle zu Diagramm oder umgekehrt)

Die Testaufgaben sollen ohne weitere Hilfsmittel und ohne größeren Zeitaufwand bearbeitet werden. Daher enthalten sie keine Aufträge zu Recherchen oder statistischen Erhebungen. Selbstverständlich können sie aber auch im Team bearbeitet werden, sodass über Lösungswege und Ergebnisse gesprochen werden kann und Fehler gemeinsam gefunden, erklärt und korrigiert werden können.

Lösungshilfen

www.westermann.de/mathenetz_loesungen

Lösungshilfen zu den Testaufgaben finden sich im Internet:
Zuerst allgemeine Hinweise und dann genauere Tipps, die je nach Bedarf in Anspruch genommen werden können.
Am Ende ist dort jeweils einer der möglichen **Lösungswege** vollständig dargestellt.

Test-aufgaben

1 Hexenflug

Hexe Hokspox muss dringend zu ihrer Großmutter nach Moordorf, in Nebelstadt 543 g Wunschpulver besorgen, in Krummwald 15 Flaschen Grünwurzzaubertrank abholen und auf dem Blocksberg der Oberchefhexe einen Besuch abstatten. Ihren Flugplan hat sie schon vorbereitet. Leider ist ihr kürzlich der Flugbesen zerbrochen. Deshalb hat sie in ihrem Heimatort Sumpfhausen Mietangebote von Flugbesenverleihern eingeholt.

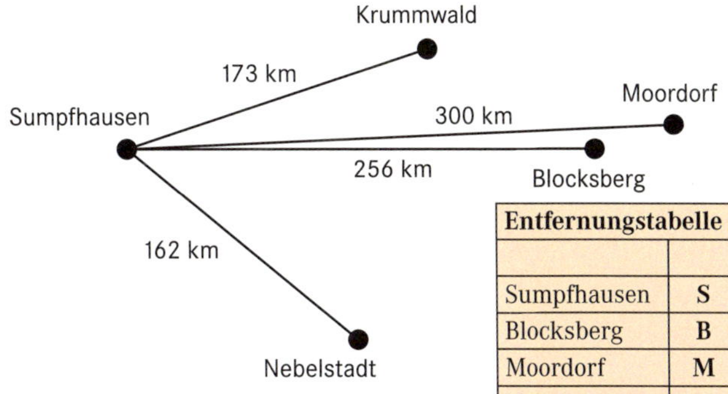

Flugplan der Hexe Hokspox

Entfernungstabelle (in km)						
		S	B	M	N	K
Sumpfhausen	S	0	256	300	162	173
Blocksberg	B	256	0	45	262	132
Moordorf	M	300	45	0	303	165
Nebelstadt	N	162	262	303	0	261
Krummwald	K	173	132	165	261	0

Unser Angebot:

Der Besenflitzer!

Er beschleunigt in 17 Sekunden von 0 auf 120 km/h und fliegt bis zu 184 km/h schnell bei einem Gesamtgewicht von nur 9367 g.
Sie zahlen je 100 angefangene Flugkilometer nur ***134 Silberlinge***.

Hexenraser – der preiswerteste Mietbesen in Sumpfhausn

Wir bieten Ihnen den 212 cm langen Hexenraser zum Festpreis von 215 Silberlingen zzgl. ein Silberling pro Flugkilometer.
Mit dem Hexenraser können Sie bis zu 230 kg transportieren.

Superreisig

Der Superreisig fliegt bis zu 195 km/h und kann mit einem Gewicht von 250 kg beladen werden.
Dabei ist er nur 178 cm lang.
Bei uns zum Festpreis von nur 1 835 Silberlingen (unbegrenzte Flugkilometer).

Volksflieger

Solide und preiswert
Technische Daten:
180 km/h Höchstgeschwindigkeit
195 kg Lastgewicht
2 m Länge
Sie zahlen:
580 Silberlinge Grundgebühr zzgl. 5 Silberlinge pro 10 angefangene Flugkilometer

a) Welches der Mietangebote sollte Hokspox auswählen?
b) Welche Informationen hast du für deine Entscheidung benutzt, welche nicht?
c) Finde sinnvolle Fragestellungen, die mithilfe der Informationen beantwortet werden können.

2 Kreisdiagramm

In der Zeitungsredaktion ist schlechte Stimmung; der Chefredakteur ist stocksauer.
„Wer ist eigentlich für dieses Kreisdiagramm verantwortlich? Ganz abgesehen davon, dass der Leser eine einheitliche Benennung der Anteile erwarten darf, vermittelt die Abbildung einen völlig falschen Eindruck!
Und die Größe des Diagramms passt nicht in unser Layout, das muss im Verhältnis 4:5 vergrößert werden!
In einer Stunde will ich das Ganze überarbeitet auf meinem Schreibtisch sehen!"

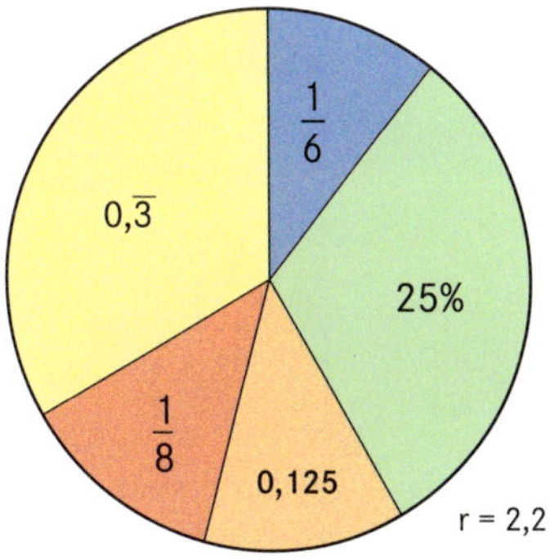

r = 2,2 cm

3 Dachneigung

Für den Bau eines Einbauschranks benötigst du den Neigungswinkel des Daches, das ist der Winkel zwischen Dachfläche und Fußboden. Du bist deshalb gerade mit Geodreieck, Bleistift und Papier drei Stockwerke hoch ins Dachgeschoss gelaufen. Da fällt dir auf, dass das gar nicht so leicht geht.

Etwas hilflos blickst du dich um ...

a) Beschreibe das Problem.
b) Finde möglichst viele Lösungswege.
c) Erläutere deine Lösungswege mithilfe geeigneter Zeichnungen.
d) Welcher Lösungsweg ist nach deiner Meinung der beste? Begründe deine Antwort.

4 Hausaufgaben

Am Tag für Hausaufgaben benötigte Zeit in Minuten														
Eva	12	14	10	16	13	0	20	11	12	9	11	14	12	0
Sophia	17	15	13	17	15	0	0	17	19	12	13	14	0	0
Max	13	13	8	12	12	10	10	12	15	9	10	12	8	10

a) Untersuche und vergleiche die Arbeitszeiten von Eva, Sophia und Max.
b) Wie würdest du die Frage beantworten, ob die Richtzeit von 15 Minuten täglich eingehalten wird?
c) Welche Ratschläge würdest du geben?

5 Goldsuche

Claim: Stück Land, auf dem nach Gold gesucht werden darf.

Im Westen Amerikas gab es im 19. Jahrhundert mehrmals sensationelle Goldfunde, die jedes Mal einen Goldrausch auslösten.
Auch Mr. Goldscraper macht sich zusammen mit seinem Sohn auf den Weg.
Im Rathaus von Goldtown erhält Mr. Goldscraper zwei Möglichkeiten zur Auswahl:

- eine Kordel von 74 m Länge für ein Inlandclaim oder
- eine Kordel von 57 m Länge für ein Claim am Fluss.

Goldtown Claim Office

Amtliche Bekanntmachung
1.) Jeder Goldgräber erhält:
· vier Pflöcke
· ein Stück Kordel festgelegter Länge
2.) Die Claims sind mit Hilfe der Pflöcke und der Kordel rechteckig abzustecken.
3.) Der geradlinge Fluss darf als Claimgrenze benutzt werden.
Gez. Sheriff Angleguard

Seitenlängen in m		A in m^2
a	b	$a \cdot b$
15		

a) Welche Seitenlängen würdest du für das Inlandclaim empfehlen?
b) Welches sind die besten Grundstücksmaße für das Claim am Fluss?
c) Welches Grundstück sollte Mr. Goldscraper wählen? Schreibe eine ausführlich begründete Empfehlung.

6

Regenwald

Im Jahr 1980 waren noch 19,1 Mio km^2 der Erdoberfläche von tropischen Regenwäldern bedeckt. Durch Rodung und andere Einflüsse verringerte sich der Bestand bis zum Jahr 2000 auf 16,9 Mio km^2. Nach neueren Untersuchungen beträgt der Verlust zurzeit etwa 50 000 km^2 pro Jahr, d.h. in jeder Minute wird der Wald auf einer Fläche vernichtet, die 10 Sportstadien entspricht.

a) Überprüfe, ob die Angaben im Text zueinander passen.
b) Nimm an, der Verlust würde weiterhin 50 000 km^2 pro Jahr betragen. Berechne damit den Bestand an Tropenwäldern für das Jahr 2100, 2200, 2300, ... Entscheide selbst, wann du die Rechnung abbrichst.
Stelle deine Ergebnisse in einer Tabelle und im Koordinatensystem dar.
Begründe deine Entscheidung zum Abbruch der Rechnung.
c) Wenn die Annahme aus b) zutrifft, werden die Regenwälder zu irgendeinem Zeitpunkt völlig von der Erde verschwunden sein. Beschreibe mindestens ein Verfahren, mit dem du diesen Zeitpunkt auf 10 Jahre (auf 1 Jahr) genau bestimmen könntest. (Du sollst die Bestimmung nicht durchführen!)
Gib mindestens einen Grund an, warum die Durchführung des Verfahrens nicht sehr sinnvoll wäre.

7 Höhenunterschiede

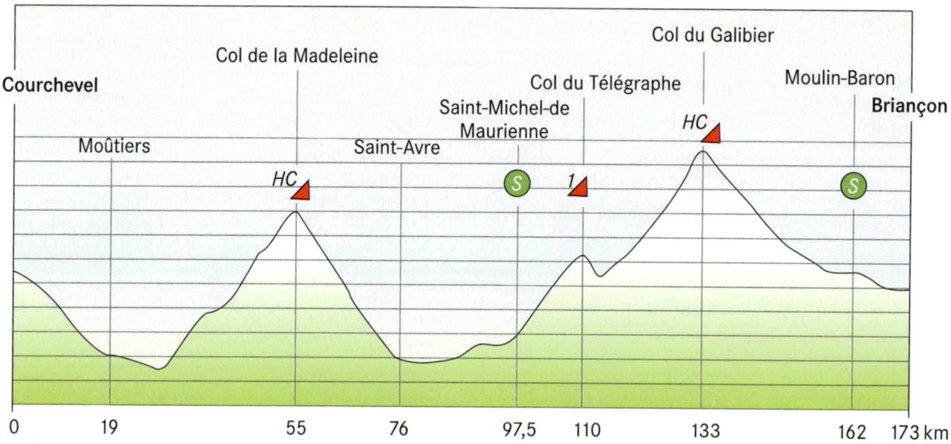

Die 11. Etappe der Tour de France (2005)

Auf der zweiten schweren Alpenetappe legen die Teilnehmer 173 km zurück und erreichen auf dem Col du Galibier (2645 m) das Dach der Tour.
Große Höhenunterschiede sind in einem ständigen Wechsel von Auf und Ab zu bewältigen: Von Courchevel geht es zunächst 874 m abwärts, dann wieder 1500 m aufwärts zum Col de la Madeleine, von dort 1924 m steil abwärts und anschließend in mehreren Etappen 2569 m auf-wärts zum Col du Galibier. Danach führt eine lange Abfahrt in das 1408 m tiefer gelegene Ziel.

a) Welche Höhenunterschiede legen die Teilnehmer insgesamt aufwärts bzw. abwärts zurück?
b) Liegt das Ziel höher oder tiefer als der Start? Um wie viele Meter? Wie hoch ist der Col de la Madeleine?
c) Beschreibe und begründe deine Vorgehensweise in a) und b).
d) Welche Details der Streckenführung, die im Bild erkennbar sind, wurden im Text nicht berücksichtigt?

8 Ziffernspiele

a) Wie viele Zahlen sind in Kiste D? Wie viele verschiedene Primzahlen sind in Kiste Q?
b) Wähle eine Zahl aus D und notiere alle zweistelligen Zahlen, die du aus je zwei ihrer drei Ziffern bilden kannst.
Berechne die Summe dieser zweistelligen Zahlen und teile sie durch die Quersumme der dreistelligen Zahl.
Wiederhole das Verfahren mit anderen Zahlen aus D. Was stellst du fest? Finde eine Erklärung.
c) Begründe, dass in der Primfaktorzerlegung der Zahlen aus Kiste DD die Primfaktoren 7, 11 und 13 auftreten müssen.

8.1 Natürliche Zahlen

Test A

1 Setze die Zahlenfolge um drei weitere Zahlen sinnvoll fort und gib deine Regel an.
a) 1; 4; 8; 13; 19; ... b) 1; 4; 16; 64; ...

2 a) Wie viele Steine benötigt man bei einem Tierdomino mit den Motiven Löwe, Leopard, Tiger und Panter, wenn alle Kombinationen vorkommen?
b) Wie viele Motive muss man verwenden, wenn das Dominospiel aus 78 Steinen besteht?

3 a) Schreibe das Teiler-U zu 720 auf.
b) Bestimme das kgV und den ggT der Zahlen 48; 60 und 45.
c) Zerlege 70 in Primfaktoren. Bestimme dann alle Teiler von 70.

4 Ist die Aussage richtig oder falsch? Begründe.
a) Es gibt keine Primzahl, die durch 5 teilbar ist.
b) Jede Zahl, die durch 12 teilbar ist, ist auch durch 3 und 6 teilbar.
c) Es gibt keine Quadratzahl, die auch Primzahl ist.

5 Bauer Monk will für seine freilaufenden Kühe eine rechteckige Wiese einzäunen, die 84 m breit und 90 m lang ist. Die Pflöcke für die Einzäunung will er in gleichmäßigen Abständen setzen.
Wie weit dürfen die Pflöcke höchstens auseinander stehen? Welche anderen Entfernungen sind denkbar?

Test B

1 Zehn Basketballvereine tragen eine Meisterschaft aus. Jeder Verein soll gegen jeden Verein zweimal spielen. Wie viele Spiele müssen stattfinden? Begründe deine Lösung ausführlich.

2 Die folgenden „Treppen“ wachsen immer um eine Stufe nach rechts und nach oben.
a) Zeichne die nächste Figur in dein Heft (ordentlich mit Bleistift und Lineal) und gib an, wie viele Streichhölzer man benötigt um die fünfte, die sechste und die siebte Figur zu legen.
b) Gib für die ersten sechs Figuren jeweils die Anzahl der enthaltenen Ausgangsquadrate an.

3 Bestimme ggT (84; 220).

4 Vier Freunde treffen sich heute zum Joggen. Als sie das nächste Treffen ausmachen wollen, stellen sie fest, dass Achim jeden dritten Tag, Bernd jeden vierten Tag, Christian jeden fünften und Daniel jeden sechsten Tag läuft.
a) Wann treffen sich die Freunde wieder zu einem gemeinsamen Lauf?
b) An welchen Tagen kommt in den nächsten 30 Tagen keiner zum Joggen?

5 Ist 157 eine Primzahl? Begründe ausführlich.

8.2 Rechnen mit Brüchen

Test A

1 Wandle alle Brüche durch Kürzen und Erweitern in Zehntel-, Hundertstel- oder Tausendstelbrüche um und schreibe sie als Dezimalzahl.

a) $\frac{12}{16}$; $\frac{36}{45}$; $\frac{54}{15}$; $\frac{35}{28}$; $\frac{33}{88}$; $\frac{102}{150}$

b) $\frac{75}{6}$; $\frac{88}{55}$; $\frac{150}{8}$; $3\frac{2}{5}$; $2\frac{4}{125}$; $6\frac{6}{75}$

2 Berechne.

a) $\frac{9}{15} + \frac{3}{10}$ b) $\frac{9}{12} - \frac{3}{18}$ c) $\frac{42}{16} \cdot \frac{40}{14}$ d) $\frac{56}{90} : \frac{14}{18}$ e) $\left(\frac{2}{3} + \frac{1}{4}\right) : \frac{22}{6}$ f) $\frac{8}{3} \cdot 2\frac{1}{4} - \frac{5}{2} : \frac{5}{3}$

3

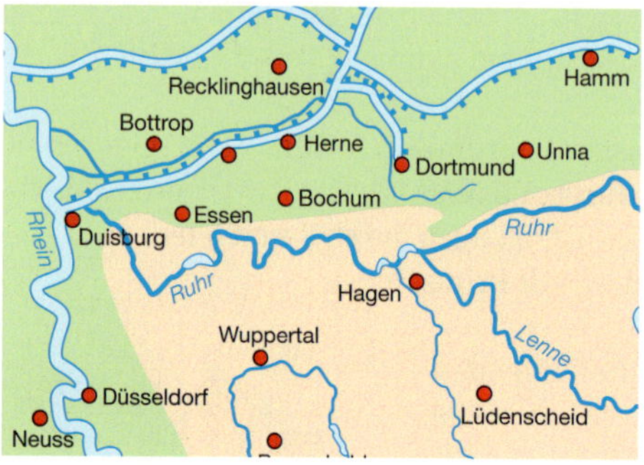

Fluss	Länge der schiffbaren Strecke	Anteil der schiffbaren Strecke an der Gesamtlänge	Gesamtlänge
Ruhr	43 km	$\frac{1}{5}$	?
Rhein	990 km	$\frac{3}{4}$	?
Elbe	932 km	$\frac{4}{5}$	?

4 Berechne.

a) $\frac{2}{3} + \frac{5}{4} + \frac{5}{6}$ b) $\frac{7}{3} - \frac{5}{6} + \frac{1}{12}$ c) $\frac{3}{4} \cdot \frac{5}{6} : 2$ d) $\frac{6}{5} : \frac{4}{10} : \frac{9}{2}$ e) $\dfrac{\frac{1}{4} \cdot \left(\frac{3}{11} - \frac{1}{33}\right)}{\left(\frac{11}{12} - \frac{1}{4}\right) : \frac{1}{3}}$

Test B

1 Christoph ist $1\frac{4}{5}$ m groß. Seine Schwester Sylvie hat $\frac{3}{4}$ seiner Größe, Agata $\frac{3}{5}$ und sein kleiner Bruder Timo ist $\frac{2}{3}$ mal so groß wie er. Wie groß sind seine Geschwister? Gib alle Körperlängen auch als Dezimalzahl an.

2

Wie viele Katzen können sich aus der Schüssel satt trinken, wenn jede Katze $\frac{1}{8}$ *l* Milch trinkt?

3 Wein wird heute oft in Fässern mit 500 Liter Inhalt gelagert und zum Verkauf in Flaschen mit $\frac{7}{10}$-Liter Inhalt abgefüllt; früher wurden dafür $\frac{3}{4}$-Liter-Flaschen verwendet. Wie viele Flaschen Wein erhielt man früher, wie viele erhält man heute aus einem Fass?
Vergleiche und interpretiere dein Ergebnis.

4 Übernimm die Abbildung ins Heft.

a) Schätze, wie viele Kästchen der Flächeninhalt der gefärbten Figur beträgt. Beschreibe anhand der Zeichnung, wie du bei deiner Schätzung vorgegangen bist.

b) Wie groß ist etwa der Inhalt der gefärbten Fläche für $a = \frac{6}{5}$ cm?

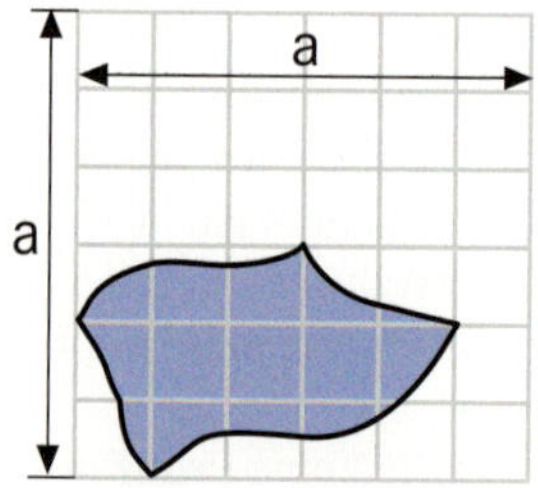

8.3 Geometrie

Test A

1 Ein Kreis soll in 18 gleich große Teile geteilt werden. Wie groß sind die Mittelpunktswinkel? Berechne die Winkelsumme in einem 18-Eck. Wie groß sind die Innenwinkel, wenn das 18-Eck regelmäßig ist?

2 Zeichne die rechte Figur ab.

3

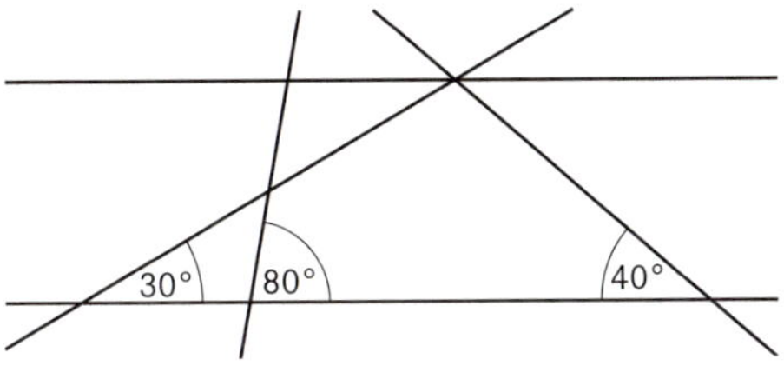

Zeichne die linke Figur in dein Heft.
Markiere die fehlenden Winkel farbig, gleich große Winkel in derselben Farbe.
Berechne die fehlenden Winkel. Gib jeweils den von dir benutzten Satz an.

4 Zeichne eine Raute mit einer Seitenlänge von 4 cm und einem Innenwinkel von 50°.
Berechne die übrigen drei Innenwinkel.
Erweitere deine Zeichnung zu einem Parkettmuster aus mindestens neun Rauten.

Test B

1 Übertrage Abbildung (A) in dein Heft und drehe sie um Z um den angegebenen Winkel.

(A)

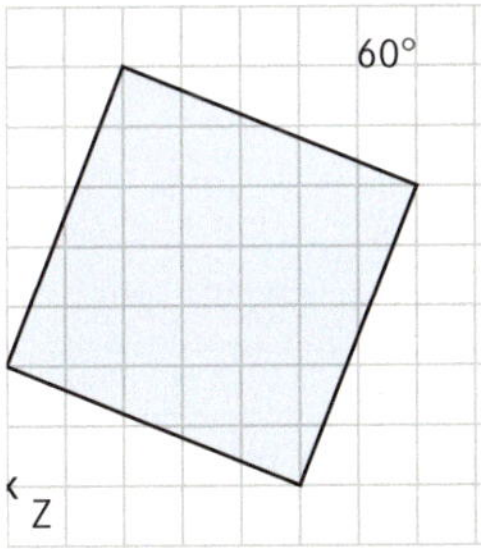

(B)

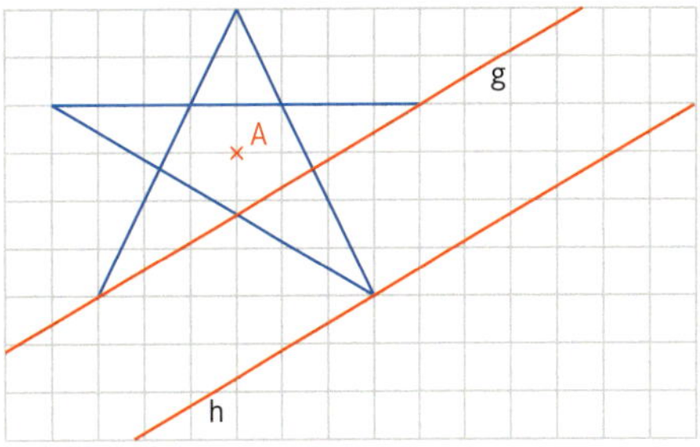

2 Übertrage Abbildung (B) in dein Heft.
a) Spiegele den Stern an der Geraden g. Welche Eigenschaft hat die Gesamtfigur?
b) Spiegele dann das Bild an h.
c) Mit welcher Abbildung hättest du das zweite Bild direkt aus dem Original erhalten können?
d) Spiegele den Stern an A.

3 Beschreibe ein Verfahren, mit dem du ohne das Buch zu beschädigen überprüfen kannst, ob die Figur achsensymmetrisch ist. Zu welchem Ergebnis kommst du?

4 Konstruiere ein regelmäßiges Fünfeck mit 3 cm Seitenlänge. Zeichne alle Symmetrieachsen und das Symmetriezentrum ein.

8.4 Dezimalzahlen

Test A

1 Übertrage die Tabelle in dein Heft und ersetze die in den Feldern angegebenen Rechnungen durch die Ergebnisse.

a)

	0,873	2	3,41	9
4,86	+	:	–	·
7,02	–	·	+	:
11,4	+	·	–	·
11,7	–	:	–	:

b)

	1,521	3	5,13	0,9
5,13	+	:	–	:
9,18	–	·	+	:
11,4	+	·	–	·
4,41	–	:	+	:

2 Schreibe folgende Terme als Rechenbaum und berechne:
a) (2,5 + 1,25) – (18,207 – 17,93)
b) 16,635 – 6,635 · 2 + 1,202

3 Berechne. Finde auch eine Aufgabe ohne Klammer, die dasselbe Ergebnis hat.
a) 37,81 + (1,37 + 8,99)
b) 98,2 – (81,4 – 36,7)
c) 3,2 · (6,8 · 0,17)
d) 8,84 : (4,42 : 2,21)

4 Ein 195 m langer Tunnel soll mit Lampen bestückt werden, die 3,75 m voneinander entfernt hängen. Wie viele Lampen müssen befestigt werden, wenn an der Ein- und Ausfahrt des Tunnels je eine Lampe brennen soll?

5 Bestimme die Zahl in der Mitte zwischen
a) 0,75 und 0,82
b) $2,\overline{6}$ und $2,\overline{7}$
c) 1,6 und $1,\overline{6}$
d) $0,\overline{9}$ und $1,4\overline{9}$

6 Schreibe als Dezimalzahl.
a) $\frac{5}{4}$
b) $1\frac{3}{8}$
c) $\frac{5}{6}$
d) $\frac{134}{100}$
e) $\frac{7}{90}$

Test B

1 Übertrage die Tabelle in dein Heft und fülle sie aus.

a)

	+ 1,47	– 9,09	+ 10,3	– 0,317
18,18				
37,41				
9,812				

b)

	· 3	· 0,07	: 100	: 4
14,37				
21,01				
200,3				

2 Berechne schriftlich.
a) 6 · (4,3 – 2,97) – (0,093 + 22,4 : 3,5)
b) $(1\frac{2}{3} + 0,\overline{4}) : (5\frac{1}{4} - 0,5)$

3 Ordne der Größe nach. Beginne mit der kleinsten Zahl. $0,\overline{72}$; 0,725; $\frac{727}{1000}$; $0,\overline{727}$; 0,72

4 Berechne 8 : 27. Schreibe die Rechnung ausführlich auf und erkläre an diesem Beispiel, was man unter einer Periode versteht und wodurch sie entsteht.
Wie viele Stellen hat die Periode bei diesem Dezimalbruch?
Wie viele Stellen kann die Periode bei Division durch 27 höchstens haben? Begründe.

5 Schreibe als Bruch:
a) 0,625
b) 1,04
c) $3,0\overline{4}$
d) $5,\overline{72}$
e) 7,00001

6 Eine Firma stellt Aquarien mit 189 *l*, 216 *l* und 283,5 *l* Fassungsvermögen her. Alle Aquarien sind 60 cm tief und haben eine 54 dm^2 große Bodenfläche aus Glas. Berechne die jeweiligen Höhen. Wie groß ist jeweils die Glasfläche?

8.5 Daten

Test A

1 a) Welche Informationen kannst du dem Diagramm rechts entnehmen?
b) Welchen Fehler enthält die Darstellung?

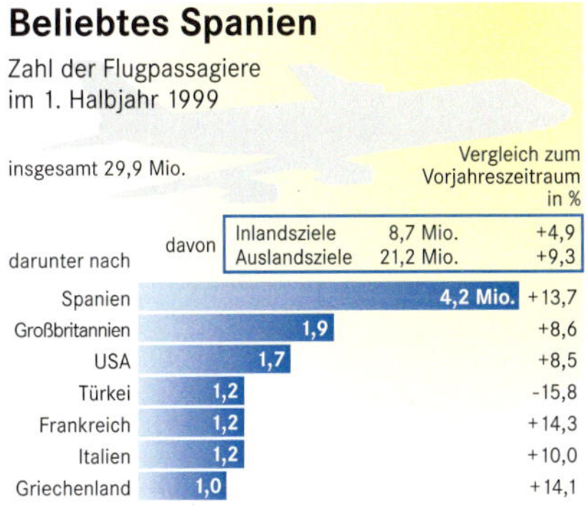

2 Die Eltern des Ortsteils Derenburg haben eine Umfrage gestartet. In der Liststraße waren von 54 Befragten 35 für den neuen Spielplatz, während im Rotweg 44 von 125 Personen gegen den Spielplatz stimmten.
In welcher Straße war der Anteil der Stimmen für den Spielplatz höher?

3 Beschreibe, welche Zusammenhänge man besser in Balken- und Säulendiagrammen erkennen kann und welche man besser in Streifen- oder Kreisdiagrammen darstellt.

4 Im Biologiebuch findest du für verschiedene Pflanzen die Keimzeiten, z.B. Erbse 8 Tage, Salat 7 Tage, Zwiebel 10 Tage, Gerste 7 Tage, Hafer 10 Tage, Tomate 14 Tage, Spargel 21 Tage, Blumenkohl 10 Tage, Karotte 21 Tage, Rettich 6 Tage.
Bestimme Minimum, Maximum, Spannweite, Median und Mittelwert dieser Liste.

Test B

1 Das Diagramm gibt die Sitzverteilung des Deutschen Bundestages im Jahr 2000 wieder.
a) Wie viele Abgeordnete hätten die Parteien, wenn der Bundestag 360 Abgeordnete hätte?
b) Die Wahl zum 16. Deutschen Bundestag am 18. 09. 2005 erbrachte folgende Sitzverteilung. Stelle diese in einem Säulen- und Kreisdiagramm dar:
SPD 222; CDU 180; CSU 46; Grüne 51; FDP 61; Die Linke 54.

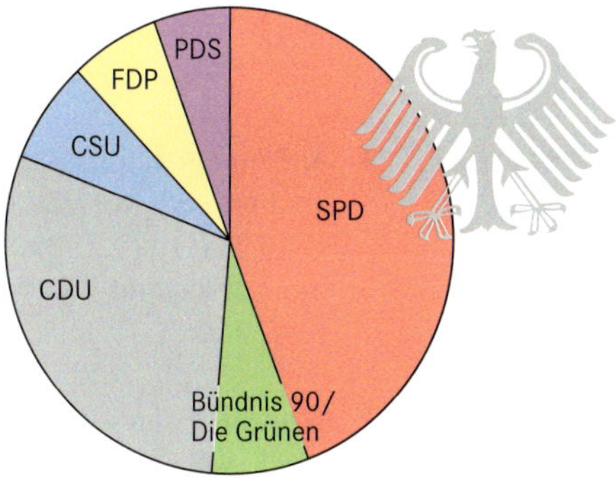

2 Alexandra und ihre Freunde sollten für den Mathematikunterricht die Höhe eines Baumes schätzen. Ihre Ergebnisse waren: 15,5 m; 16,8 m; 20 m; 17,2 m; 17,8 m; 18 m; 16,5 m; 19 m; 18,5 m; 17,5 m; 22 m; 18,1 m; 16,9 m.
a) Bestimme Minimum, Maximum, Spannweite und Median der Werteliste.
b) Berechne den Mittelwert.

3 Die Tabelle gibt die Häufigkeiten der Fahrzeugarten bei einer Verkehrszählung an.
a) Berechne die relativen Häufigkeiten der Fahrzeugarten.
b) Bei den Lkw war der Anteil der Lkw mit Anhänger 0,5.
Wie viele Lkw waren das? Wie groß ist ihr Anteil an allen gezählten Fahrzeugen?

	H
Lkw	46
Lieferwagen	27
Pkw	122
Motorräder	5

4 Bei einer Fahrradkontrolle am Schulzentrum Bieberau wurden bei 116 von 580 Fahrrädern Mängel festgestellt.
a) Bestimme den Anteil der mangelhaften Fahrräder am Schulzentrum Bieberau.
b) Bei einer vorangegangenen Kontrolle lag die Mängelquote bei einem Viertel der untersuchten Fahrräder. Ist der Anteil mängelaufweisender Fahrräder gestiegen oder gefallen?

8.6 Rationale Zahlen

Test A

1 Zeichne eine passende Zahlengerade und markiere hierauf: -4; $2{,}5$; $-\frac{6}{24}$; $0{,}25$; $-\frac{5}{2}$; $3{,}2$.

2 Übertrage die Aufgaben und setze <, > oder = passend ein:

a) 35 □ -36 b) $-7{,}71$ □ $-7{,}17$ c) $-0{,}09$ □ $-0{,}90$ d) -120 □ -87

$-\frac{5}{12}$ □ $\frac{5}{16}$ $-\frac{1}{9}$ □ $-0{,}\overline{1}$ $-\frac{2}{3}$ □ $-\frac{1}{2}$ $-13{,}25$ □ $-13\frac{25}{33}$

3 Denke dir eine Zahl. Subtrahiere davon -23. Addiere zur Differenz die Gegenzahl der gedachten Zahl und multipliziere das Ergebnis mit 7. Was ergibt die Rechnung?

4 a) In einem Koordinatensystem sind folgende Punkte gegeben: A $(-4\,|\,1)$, B $(-6\,|\,-5)$, C $(4\,|\,-1)$, D $(5\,|\,5)$. Diese Punkte sollen an der y-Achse gespiegelt werden. Berechne die Koordinaten der Bildpunkte A′, B′, C′ und D′.

b) Kontrolliere deine Rechnung, indem du in einem passenden Koordinatensystem die Punkte A, B, C und D einträgst und diese durch Zeichnung an der y-Achse spiegelst. Vergleiche die Koordinaten der Bildpunkte deiner Zeichnung mit denen deiner Rechnung aus a).

5 Berechne.

a) $\left(-4\frac{1}{2}\right) + \left(+5\frac{2}{3}\right)$ b) $\left(-5\frac{2}{3}\right) - \left(-4\frac{1}{2}\right)$ c) $(-52{,}25 + 75{,}57) - 57{,}75 + 25{,}52$

d) $33 - 15{,}8 - (33 - 15{,}8)$ e) $-35 - 37 + 18 \cdot 4 - 4$ f) $-(-(-12{,}3)) - 19{,}1 + 7{,}3 + (-24 + 0{,}01)$

Test B

1 Auf einem Konto wurden nacheinander folgende Buchungen vorgenommen (Einzahlungen sind mit „+“, Auszahlungen mit „–“ gekennzeichnet):
+240,39 Euro; –1200,00 Euro; +189,95 Euro; –2545,30 Euro; +5600,79 Euro; –2234,55 Euro.
Der Kontostand war vor diesen Buchungen bei einem Guthaben von 870,00 Euro.
Wie ist der Stand nach diesen Buchungen?

2 Bestimme den Abstand, den die Zahlen auf der Zahlengeraden voneinander haben.

a) -2 und $+2$ b) $13{,}78$ und $31{,}95$ c) $134{,}2$ und $-213{,}6$ d) -827 und -1024

3 Die Punkte $A(-4\,|\,-3)$ und $B(2\,|\,-2)$ sollen durch die Punkte C und D zu einem Viereck ergänzt werden, das symmetrisch zur x-Achse ist. Welche Koordinaten haben C und D? Was für ein Viereck ist ABCD?
Wie kann man die Koordinaten von C und D ohne zu zeichnen bestimmen?

4 Berechne die mittlere Jahrestemperatur auf dem Feldberg im Schwarzwald.

	Jan	Feb	Mär	Apr	Mai	Jun	Jul	Aug	Sep	Okt	Nov	Dez
mittlere Tagestemperatur	-4,3	-4,1	-1,2	1,4	5,8	9,0	10,8	10,7	8,4	4,0	0,3	-2,8

5 Schreibe den Term mit möglichst wenigen Klammern und berechne.

a) $(-(-8{,}9)) + (-4{,}25) - (+4{,}65)$ b) $(47{,}12 - 11{,}33 - 7{,}24) + (-11{,}33 - 52{,}12 - (-7{,}24))$

c) $150 - (-123) - (+246) + (-300 + (-71))$ d) $3 \cdot (-20) - 5 \cdot (+15) - 20 \cdot 15 + 5 \cdot (-20)$

6 Zeige anhand von mindestens drei Beispielen, dass man in einer Differenz Minuend und Subtrahend nicht vertauschen darf. Was kannst du über die Zahlen a–b und b–a sagen?

zu 8.1

A 1 a) z.B. 1; 4; 8; 13; 19; 26; 34; 43; ... b) z.B. 1; 4; 16; 64; 256; 1024; 4096; ...

2 a) 4 + 3 + 2 + 1 = 10 Man benötigt bei vier Motiven zehn Steine.
b) 1 + 2 + 3 + 4 + 5 + 6 + 7 + 8 + 9 + 10 + 11 + 12 = 78. Bei 78 Steinen besteht das Domino aus 12 Motiven.

3 a)

1	720
2	360
3	240
4	160
5	144
6	120
8	90
9	80
10	72
12	60
15	48
16	45
18	40
20	36
24	30

b) $48 = 2^4 \cdot 3$ $60 = 2^2 \cdot 3 \cdot 5$ $45 = 3^2 \cdot 5$
kgV(48; 60; 45) = $2^4 \cdot 3^2 \cdot 5 = 720$; ggT(48; 60; 45) = 3
c) $70 = 2 \cdot 5 \cdot 7$; Teiler sind: 1; 2; 5; 7; 10; 14; 35; 70.

4 a) falsch, denn 5 ist eine Primzahl, die durch 5 teilbar ist.
b) richtig, weil 3 und 6 Teiler von 12 sind.
c) Richtig. Jede Quadratzahl (außer) 1 hat außer 1 und sich selbst noch die Zahl, deren Quadrat sie ist, als Teiler, ist also keine Primzahl.

5 ggT (84; 90) = 6
Der Abstand der Pflöcke kann höchstens 6 m betragen. Die Pflöcke können aber auch bei allen Teilern von 6, also bei 1 m, 2 m und 3 m Abstand eingeschlagen werden.

B 1 90 Spiele. Hinrunde: 1. Verein 9 Spiele; 2. Verein 8 Spiele; ... 9. Verein 1 Spiel.
Insgesamt 9 + 8 + 7 + 6 + 5 + 4 + 3 + 2 + 1 = 45. Bei Hin- und Rückrunde $2 \cdot 45 = 90$
Anderer Lösungsweg: Jeder gegen jeden in Hin- und Rückrunde bedeutet $10 \cdot 10 = 100$ Spiele, davon zu subtrahieren die 10 „Spiele gegen sich selbst", ergibt 90 Spiele.

2 a)

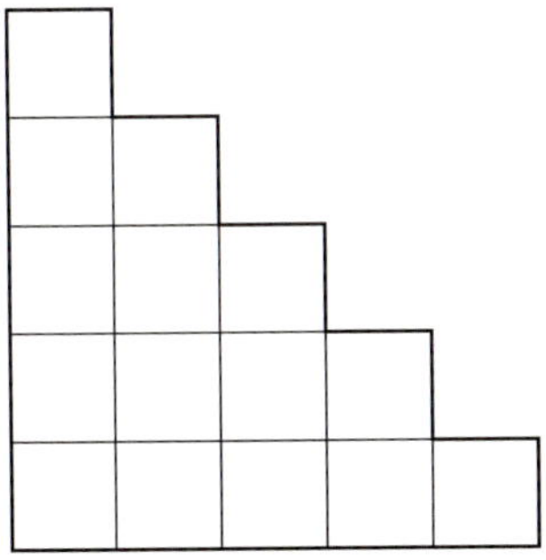

Streichhölzer: 40; 54; 70

b) Anzahl der Ausgangsquadrate 1; 3; 6; 10; 15; 21

3 ggT (84; 220) = 4

4 a) kgV (3; 4; 5; 6) = 60 Nach 60 Tagen treffen sich alle vier Freunde wieder zum Joggen.
b) Am ersten; zweiten; siebten; 11.; 13.; 14.; 17.; 19.; 22.; 23.; 26. und 29. Tag nach ihrem ersten Treffen läuft keiner.

5 157 ist nicht durch 2; 3; 5; 7; 11 und 13 teilbar. Da 157 : 13 < 13, müssen keine weiteren Primzahlen getestet werden. 157 ist also eine Primzahl.

---

zu 8.2

A 1 a) $\frac{75}{100} = 0{,}75$; $\frac{8}{10} = 0{,}8$; $\frac{36}{10} = 3{,}6$; $\frac{125}{100} = 1{,}25$; $\frac{375}{1000} = 0{,}375$; $\frac{68}{100} = 0{,}68$

b) $\frac{125}{10} = 12{,}5$; $\frac{16}{10} = 1{,}6$; $\frac{1875}{100} = 18{,}75$; $3\frac{4}{10} = 3{,}4$; $2\frac{32}{1000} = 2{,}032$; $6\frac{8}{100} = 6{,}08$

2 a) $\frac{9}{10}$; b) $\frac{7}{12}$; c) $\frac{15}{2}$; d) $\frac{4}{5}$; e) $\frac{1}{4}$; f) $\frac{9}{2} = 4\frac{1}{2}$

3 Ruhrgesamtlänge = 215 km; Rheingesamtlänge = 1320 km; Elbgesamtlänge = 1165 km

4 a) $\frac{11}{4} = 2\frac{3}{4}$ b) $\frac{19}{12} = 1\frac{7}{12}$ c) $\frac{5}{16}$ d) $\frac{2}{3}$ e) $\frac{1}{33}$

B 1 Christoph: $1\frac{8}{10} = 1{,}80$ m; Sylvie: $\frac{3}{4} \cdot \frac{9}{5}$ m $= \frac{135}{100}$ m $= 1{,}35$ m; Agata: $\frac{3}{5} \cdot \frac{9}{5}$ m $= \frac{108}{100}$ m $= 1{,}08$ m;

Timo: $\frac{2}{3} \cdot \frac{9}{5}$ m $= \frac{120}{100}$ m $= 1{,}20$ m

2 $1\frac{3}{4} : \frac{1}{8} = 14 \Rightarrow$ 14 Katzen können sich satt trinken.

3 Heute erhält man aus einem 500-*l*-Fass 714 Weinflaschen mit je $\frac{7}{10}$ Liter Inhalt; früher erhielt man nur 666 Flaschen mit je $\frac{3}{4}$ Liter Inhalt. So können die Weinbauern mehr Flaschen verkaufen.

4 a) Der Flächeninhalt der gefärbten Figur beträgt zwischen 9 Kästchen und 10 Kästchen, wie man an geeigneten Rechteckseinteilungen abschätzen kann.
b) Der Anteil der gefärbten Fläche an der Quadratfläche liegt also zwischen $\frac{9}{36} = \frac{1}{4}$ und $\frac{10}{36} = \frac{5}{18}$.
Für $a = \frac{6}{5}$ cm misst die Quadratfläche $\frac{36}{25}$ cm^2, der Inhalt der gefärbten Fläche liegt also zwischen $\frac{9}{25}$ cm^2 und $\frac{2}{5}$ cm^2.

---

zu 8.3

A1 Mittelpunktswinkel = 360° : 18 = 20°
Winkelsumme = (18 – 2) · 180° = 2880°. Im regelmäßigen 18-Eck sind die Innenwinkel 2880° : 18 = 160° groß.

2 –

3

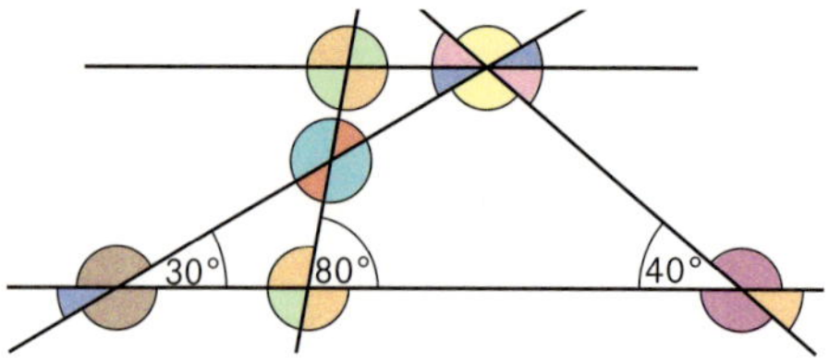

grün: Scheitel-, Wechsel- und Stufenwinkel von 80°
blau: Scheitel-, Wechsel- und Stufenwinkel von 30°
rosa: Scheitel-, Wechsel- und Stufenwinkel von 40°
braun: 150° (Nebenwinkel von 30°)
orange: 100° (Nebenwinkel von 80°)
violett: 140° (Nebenwinkel von 40°)
gelb: 110° (Winkelsumme im Dreieck mit 30° und 40°)
rot: 50° (Winkelsumme im Dreieck mit 30° und orange)
türkis: 130° (Nebenwinkel von rot)

4

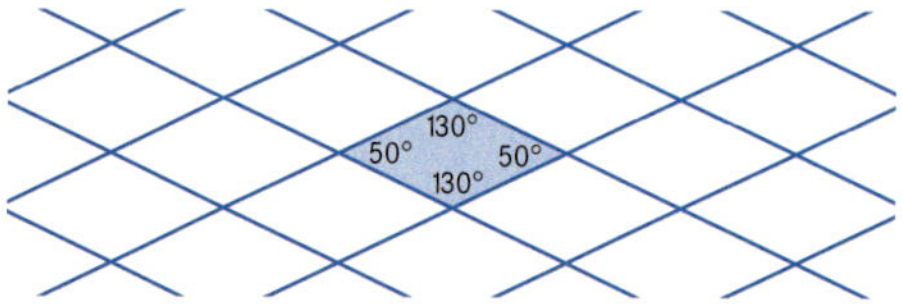

$2 \cdot 50° = 100°$
$360° - 100° = 260°$
$260° : 2 = 130°$

B1

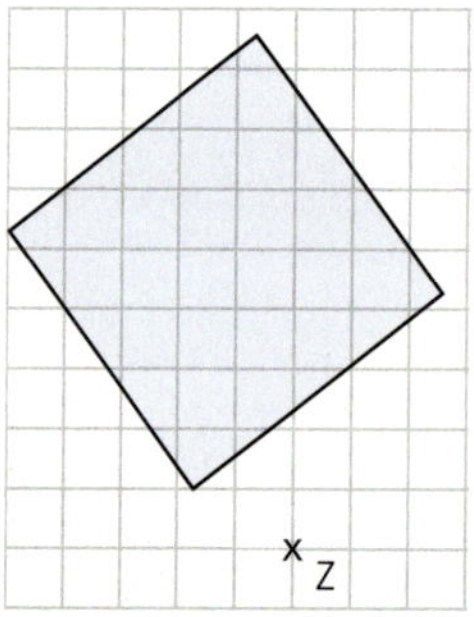

2 a)

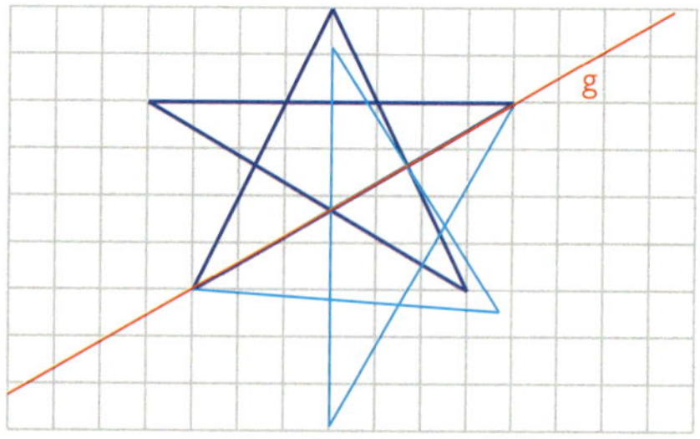

Die Gesamtfigur ist achsensymmetrisch zu g.

b)

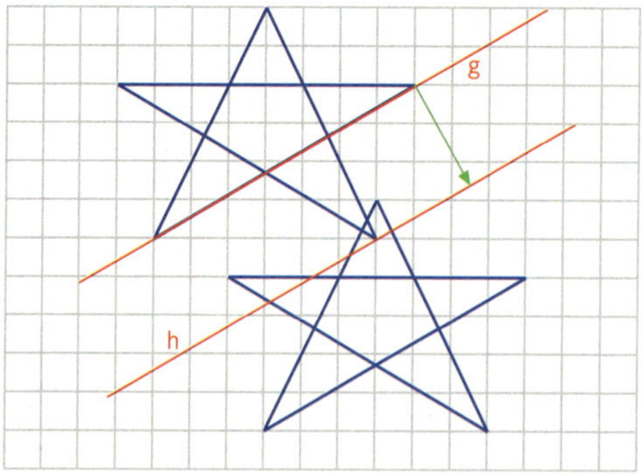

c) Dasselbe Bild ergibt sich bei einer Verschiebung mit dem grünen Pfeil.

d)

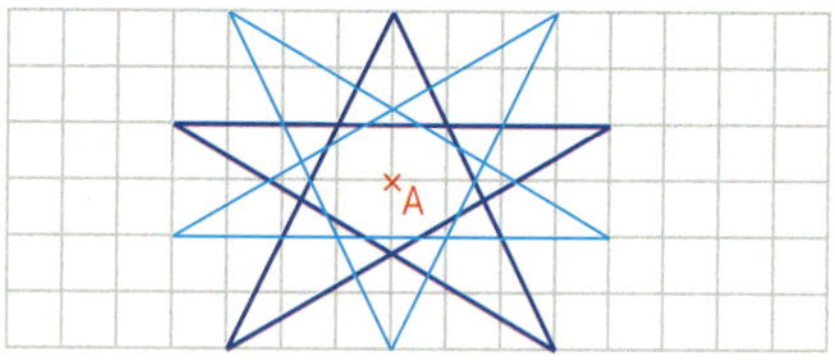

3 Die Figur ist nicht achsensymmetrisch. Mögliche Verfahren sind z.B.:
(I) Gleichheit der entsprechenden Längen und Winkel überprüfen; (II) Schablone einer Hälfte herstellen (Pergamentpapier) und umklappen; (III) Kopie der Gesamtfigur (Pergamentpapier) falten; (IV) mit dem Geodreieck prüfen, ob alle Verbindungslinien entsprechender Punkte parallel verlaufen und dieselbe Mittelsenkrechte haben.

4

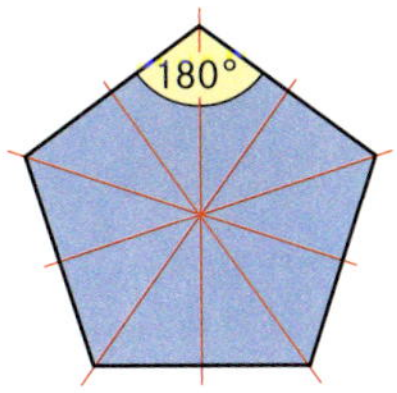

---

zu 8.4

A1 a)

	0,873	2	3,41	9
4,86	5,733	2,43	1,45	43,74
7,02	6,147	14,04	10,43	0,78
11,4	12,273	22,8	7,99	102,6
11,7	10,827	5,85	8,29	1,3

b)

	1,521	3	5,13	0,9
5,13	6,651	1,71	0	5,7
9,18	7,659	27,54	14,31	10,2
11,4	12,921	34,2	6,27	10,26
4,41	2,889	1,47	9,54	4,9

2 a)

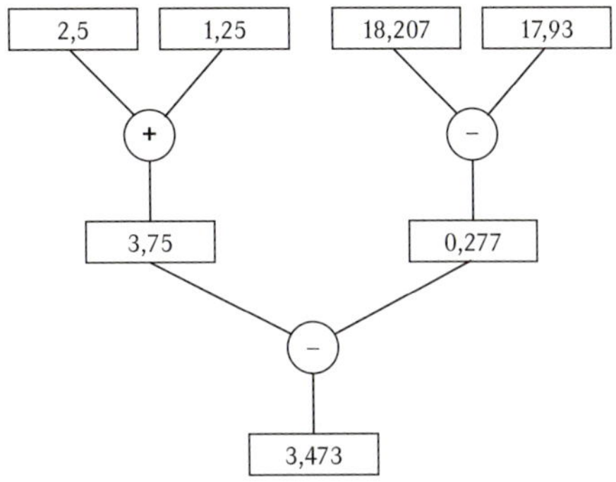

b)

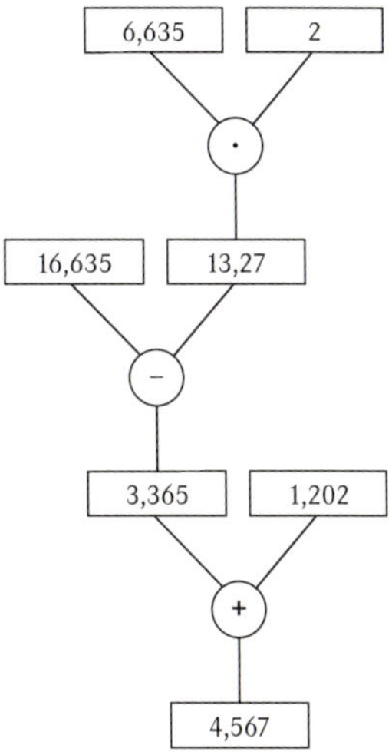

3 a) $48{,}17 = 37{,}81 + 1{,}37 + 8{,}99$ b) $53{,}5 = 98{,}2 - 81{,}4 + 36{,}7$
c) $3{,}6992 = 3{,}2 \cdot 6{,}8 \cdot 0{,}17$ d) $4{,}42 = 8{,}84 : 4{,}42 \cdot 2{,}21$

4 195 : 3,75 = 52. Da am Ein- und Ausgang eine Lampe hängen soll, gibt es also insgesamt 53 Lampen in dem Tunnel.

5 a) 0,785 b) $2{,}7\overline{2}$ c) $1{,}6\overline{3}$ d) 1,25

6 a) 1,25 b) 1,375 c) $0{,}8\overline{3}$ d) 1,34 e) $0{,}0\overline{7}$

B1 a)

	+ 1,47	− 9,09	+ 10,3	− 0,317
18,18	19,65	9,09	28,48	17,863
37,41	38,88	28,32	47,71	37,093
9,812	11,282	0,722	20,112	9,495

b)

	· 3	· 0,07	: 100	: 4
14,37	43,11	1,0059	0,1437	3,5925
21,01	63,03	1,4707	0,2101	5,2525
200,3	600,9	14,021	2,003	50,075

2 a) 1,487 b) $0{,}\overline{4}$

3 $0{,}72 < 0{,}725 < \frac{727}{1000} = 0{,}727 < 0{,}\overline{72} < 0{,}\overline{727}$

4 $8 : 27 = 0{,}\overline{296}$
0
80
54
260
243
170
162
8

Der Rest 8 wiederholt sich.

Sobald sich bei der Division, nachdem man alle Ziffern runtergeholt hat, ein Rest wiederholt, wiederholt sich auch das zugehörige Divisionsergebnis und der folgende Rest usw.
Von nun an tritt immer dieselbe Ziffernfolge auf, die man die Periode nennt.
Im Beispiel hat die Periode drei Stellen: 2-9-6.
Theoretisch kann die Periode bei der Division durch 27 höchstens 26 Stellen haben, weil es 26 von null verschiedene Reste gibt.

5 a) $\frac{5}{8}$ b) $1\frac{1}{25}$ c) $3\frac{2}{45}$ d) $5\frac{8}{11}$ e) $7\frac{1}{100000}$

6 Alle Aquarien sind 6 dm tief und 9 dm breit.

	189 *l*	216 *l*	283,5 *l*
Höhen (dm)	3,5	4	5,25
Glasflächen (dm^2)	159	174	211,5

zu 8.5

A 1 a) Es sind 29,9 Mio. Flugpassagiere im 1. Halbjahr 1999 geflogen, davon 8,7 Mio. innerhalb Deutschlands und 21,2 Mio. ins Ausland. Von denen flogen 4,2 Mio. nach Spanien, 1,9 Mio. nach Großbritannien, 1,7 Mio. nach USA, je 1,2 Mio. in die Türkei, nach Frankreich und Italien, 1,0 Mio. nach Griechenland.
Außerdem sind die Veränderungen gegenüber dem Vorjahr in Prozent angegeben.
b) Falsch dargestellt ist die Länge des Balkens für Großbritannien, der mehr als doppelt so lang ist wie der von Griechenland.

2 Lilienstraße: 35 : 54 = $0{,}6\overline{481}$; Rotkäppchenweg: (125 – 44) : 125 = 81 : 125 = 0,648.
Der Anteil der Befürworter ist also in der Lilienstraße größer.

3 In Balken- und Säulendiagrammen kann man besonders gut die einzelnen Daten miteinander vergleichen.
In Streifen- und Kreisdiagrammen kann man besonders gut den Anteil eines Wertes am Ganzen erkennen.

4 Minimum: 6 Tage Maximum: 21 Tage Spannweite: 15 Tage Median: 10 Tage Mittelwert: 11,4 Tage

B 1 a) Bei 360 Abgeordneten entspricht ein Mittelpunktswinkel von 1° einem Abgeordneten:
SPD 159; Grüne 25; CDU 107; CSU 25; FDP 23; PDS 21.
b)

Partei	SPD	CDU	CSU	FDP	Die Linke	Grüne	insgesamt
Sitze	222	180	46	61	54	51	614
Winkel	130°	105°	27°	36°	32°	30°	360°

Sitzverteilung im 16. Deutschen Bundestag

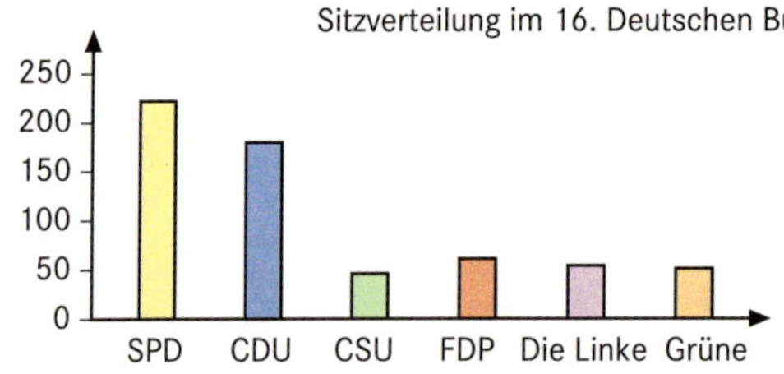

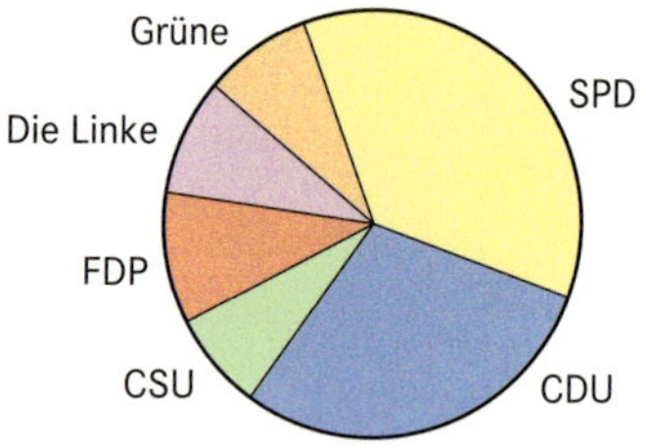

2 a) Minimum: 15,5 m Maximum: 22 m Spannweite: 6,5 m Median: 17,8 m
b) Mittelwert: 17,98 m

3 a)

	H	h
Lkw	46	0,230
Lieferwagen	27	0,135
Pkw	122	0,610
Motorräder	5	0,025

Insgesamt wurden 200 Fahrzeuge gezählt.
b) Der Anteil 0,5 bedeutet, die Hälfte der Lkw fuhr mit Anhänger, also 23. Der Anteil der 23 Lkw mit Anhänger an allen 200 Fahrzeugen war 0,115.

4 a) Am Schulzentrum Bieberau waren $\frac{1}{5}$ der Fahrräder mangelhaft. b) Die Mängelquote ist gefallen: $\frac{1}{5} < \frac{1}{4}$.

zu 8.6

A1

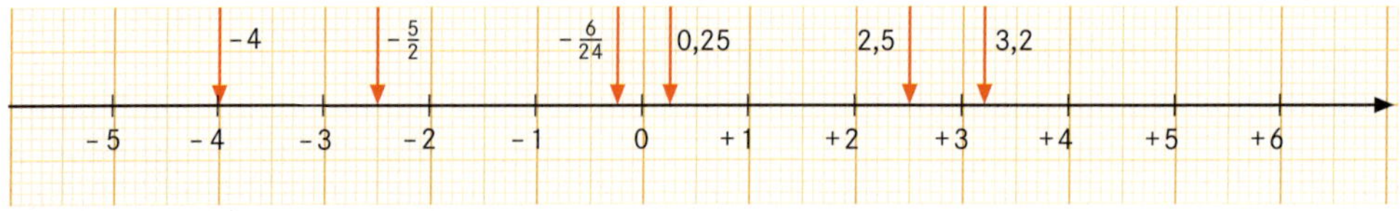

2 a) $35 > -36$ $-\frac{5}{12} < \frac{5}{16}$
b) $-7{,}71 < -7{,}17$ $-\frac{1}{9} = -0{,}\overline{1}$
c) $-0{,}09 > -0{,}90$ $-\frac{2}{3} < -\frac{1}{2}$
c) $-120 < -87$ $-13{,}25 > -13\frac{25}{33}$

3 161

4 Bildpunkte:
A′ (4 | 1), B′ (6 | -5), C′ (-4 | -1) und D′ (-5 | 5)

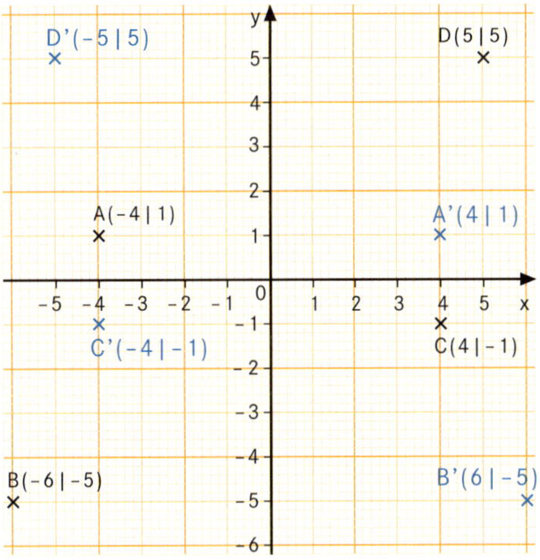

5 a) $1\frac{1}{6}$ b) $-1\frac{1}{6}$ c) -8,91

d) 0 e) -4 f) -48,09

B 1 921,28 Euro

2 a) 4 b) 18,17 c) 347,8 d) 197

3 C(2 | 2); D(-4 | 3) ABCD ist ein gleichschenkliges Trapez.
Symmetrie zur x-Achse bedeutet entgegengesetzte Vorzeichen bei der y-Koordinate.

4 $38 : 12 = 3{,}1\overline{6}$

5 a) 8,9 - 4,25 - 4,65 = 0 b) 47,12 - 11,33 - 7,24 - 11,33 - 52,15 + 7,24 = -27,66
c) 150 + 123 - 246 - 300 - 71 = -344 d) -3 · 20 - 5 · 15 - 20 · 15 - 5 · 20 = -535

6 8 - 4 = 4 ≠ 4 - 8 = -4; 12 - 13 = -1 ≠ 13 - 12 = 1; -7 - 16 = -23 ≠ 16 - (-7) = 23
Die beiden Zahlen sind Gegenzahlen voneinander.

zu 1.4

L1 a) 

Eine mögliche Zahlenfolge ist: 5; 8; 11; 14; 17; 20; 23; 26; ...

b) 

Eine mögliche Zahlenfolge ist: 1; 4; 9; 16; 25; 36; 49; 64; ...

c) 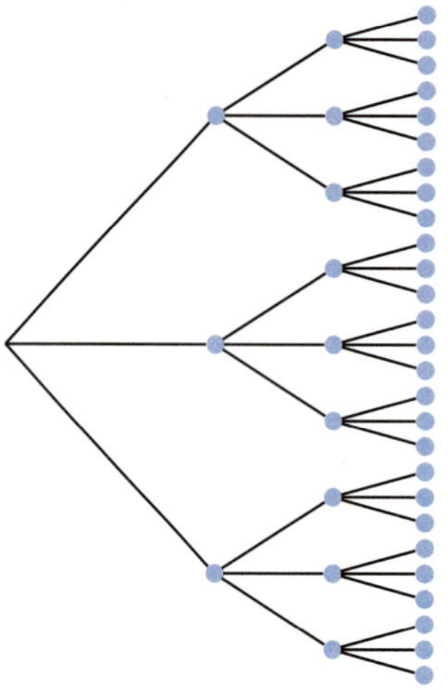

Eine mögliche Zahlenfolge ist: 3; 9; 27; 81; 243; ...; 3^8

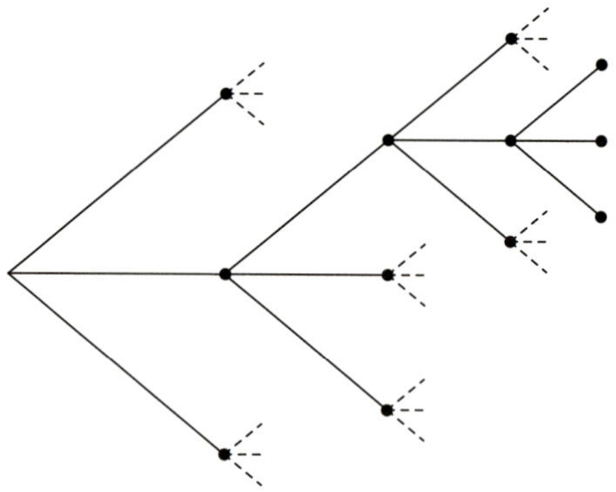

2 Mögliche Fortsetzungen.
a) 20; 23; 26; jeweils +3
b) 20; 29; 40; 53; ... erst +1, dann +3, dann +5 usw.
c) 38; 76; 78; ... abwechselnd · 2 und +2
d) 13; 14; 16; ... abwechselnd +1 und +2

3 a) Mögliches Bildungsgesetz: Die letzten beiden Zahlen werden abwechselnd addiert und subtrahiert. 1; 5; 6; 1; 7; 6; 13; 7; 20; 13; 33 ....
b) Es gibt 90 Möglichkeiten, wenn die Zahlen 1–10 zugelassen sind. Ohne 1 und 10 gibt es 56 Möglichkeiten.

4 a) 35 Flaschen
b) 3 Reihen

5 a) ggT (3549; 1083) = 3. Die Pfähle können also 3 m voneinander entfernt sein.

b)

Streifenbreite in m	1	2	3	6	9	15
max. Pfahlabstand in m	1	1	3	3	3	57

6 Nach 1000 Stunden ist es 4 Uhr. Nach 144 000 Stunden ist es wieder 12 Uhr. Nach 100 000 Stunden ist es auch wieder 4 Uhr.

7 Es gibt verschiedene Möglichkeiten, zum Beispiel
a) ggT(12; 13) = 1
b) ggT(35; 42) = 7
c) kgV(15; 20) = 60
d) kgV(27; 8) = 216

8 a) zweidrittel Mal im Uhrzeigersinn b) dreiviertel Mal im Uhrzeigersinn c) drei und dreiviertel Mal im Uhrzeigersinn

9 a) $\frac{80}{112} \underset{16}{=} \frac{5}{7}$; $\frac{210}{315} \underset{105}{=} \frac{2}{3}$; $\frac{1620}{4590} \underset{270}{=} \frac{6}{17}$; $\frac{168}{392} \underset{56}{=} \frac{3}{7}$

b) $\frac{154}{231} \underset{77}{=} \frac{2}{3}$; $\frac{180}{245} \underset{5}{=} \frac{36}{49}$; $\frac{192}{216} \underset{24}{=} \frac{8}{9}$; $\frac{0}{90} = 0$

c) $\frac{868}{1116} \underset{124}{=} \frac{7}{9}$; $\frac{1144}{1232} \underset{88}{=} \frac{13}{14}$; $\frac{736}{1104} \underset{368}{=} \frac{2}{3}$; $\frac{1950}{2340} \underset{390}{=} \frac{5}{6}$

10 a) Nach 378 000 Tagen stehen sie wieder hintereinander. Das sind etwa 1035 Jahre.
b) Nach 15 120 Tagen stehen die Planeten Una, Dos Tres und Cuarto wieder hintereinander.
c) Die Planeten Dos, Tres und Cuarto stehen nach 7560 Tagen hintereinander.
d) Transcinco hat eine Umlaufzeit von 88 Tagen (oder bestimmten Vielfachen davon). Alle sechs Planeten stehen nach 4 158 000 Tagen, also ungefähr 11 384 Jahren, wieder hintereinander, das wäre im Jahr 13 390.

11 a) Prim rückwärts gelesen ist Mirp. 79 und 97 sind Primzahlen.
b) 11, 13, 17, 37 und 101 sind Mirpzahlen.
c) 727 ist eine Primzahl. Rückwärts gelesen ergibt sie wieder 727. Sie ist zusätzlich eine palindromische Zahl.

12 Die Kantenlänge eines Würfels beträgt 20 cm. Man erhält insgesamt 120 solcher Würfel.

13 kgV (54,81) = 162. Nach 1,62 Sekunden blinken beide Fahrzeuge wieder gleichzeitig.

zu 2.5

2 a) (I)

$\frac{13}{24}$	$\frac{1}{6}$	$\frac{7}{24}$
$\frac{1}{12}$	$\frac{1}{3}$	$\frac{7}{12}$
$\frac{3}{8}$	$\frac{1}{2}$	$\frac{1}{8}$

(II)

$\frac{7}{18}$	$\frac{7}{18}$	$\frac{2}{9}$
$\frac{1}{6}$	$\frac{1}{3}$	$\frac{1}{2}$
$\frac{4}{9}$	$\frac{5}{18}$	$\frac{5}{18}$

(III)

$\frac{1}{15}$	$\frac{17}{30}$	$\frac{11}{30}$
$\frac{19}{30}$	$\frac{1}{3}$	$\frac{1}{30}$
$\frac{3}{10}$	$\frac{1}{10}$	$\frac{3}{5}$

4

Montag	Dienstag	Mittwoch	Donnerstag	Freitag
$6 \cdot \frac{3}{4} + 2 \cdot \frac{1}{3} + 3 \cdot \frac{1}{12}$	$3 \cdot \frac{3}{4} + \frac{1}{3} + \frac{1}{12}$	$7 \cdot \frac{3}{4} + 2 \cdot \frac{1}{3} + 4 \cdot \frac{1}{12}$	$5 \cdot \frac{3}{4} + 2 \cdot \frac{1}{3} + 2 \cdot \frac{1}{12}$	$4 \cdot \frac{3}{4} + 2 \cdot \frac{1}{3} + \frac{1}{12}$
$5\frac{1}{12}$ h = 5 h 25 min	$2\frac{2}{3}$ h = 2 h 40 min	$6\frac{1}{4}$ h = 6 h 15 min	$4\frac{7}{12}$ h = 4 h 35 min	$3\frac{3}{4}$ h = 3 h 45 min

In der Woche: 22 h 40 min

5 Felicia trainiert $5 \cdot \frac{3}{4}$ h = $\frac{15}{4}$ h = $3\frac{3}{4}$ h. Sven trainiert $3 \cdot 1\frac{1}{4}$ h = $3\frac{3}{4}$. Beide trainieren gleich lange in der Woche.

6 $40 : 3\frac{3}{4} = \frac{40}{1} : \frac{15}{4} = \frac{40 \cdot 4}{15} = \frac{32}{3} = 10\frac{2}{3}$ Der Kipper muss elfmal fahren um die 40 Tonnen abzutransportieren.

7 $8 \cdot 1\frac{1}{2} : 18 = 12 : 18 = \frac{12}{18} = \frac{2}{3}$ Jeder Gast könnte $\frac{2}{3}$ Liter trinken.

8 a)

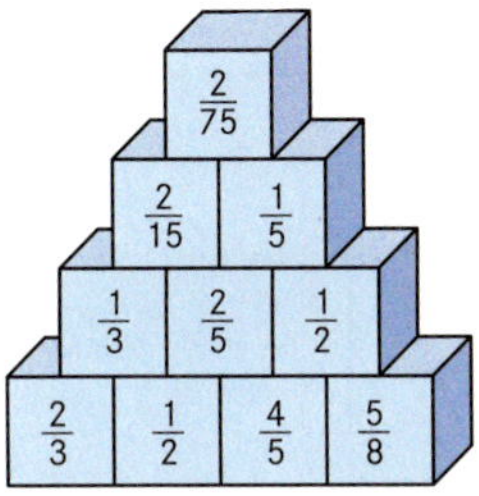

b)

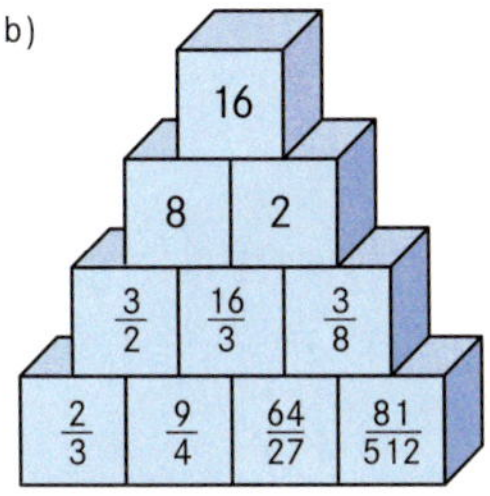

c)

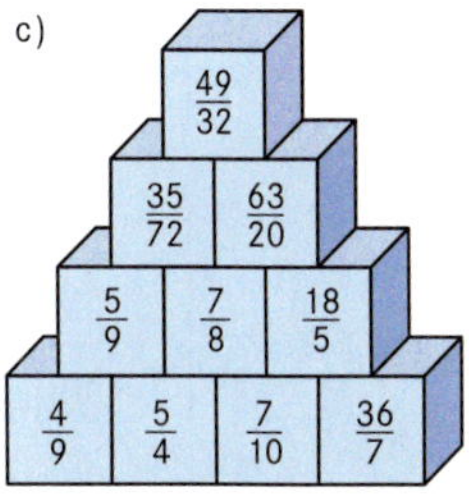

10 a) 375 g b) 5 Minuten c) $31\frac{1}{4}$ Milliliter d) $1\frac{1}{2}$ Monate

e) 10 Eurocent f) 1 cm g) 25 dm^3 h) 5 mm^2

13 Gewicht = 2,5 Pfund; Preis = 10,50 Euro; Zeit = 3 Sekunden

---

zu 3.5

1 a) r = 0,5 cm; r = 2 cm b) r = 1,5 cm; r = 2 cm c) r = 2 cm; r = 0,5 cm

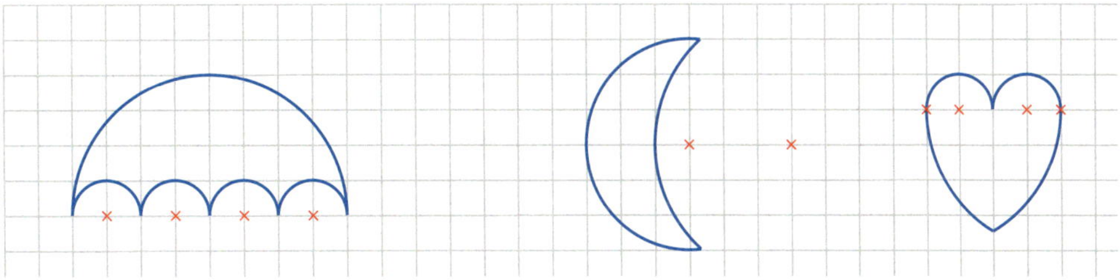

6

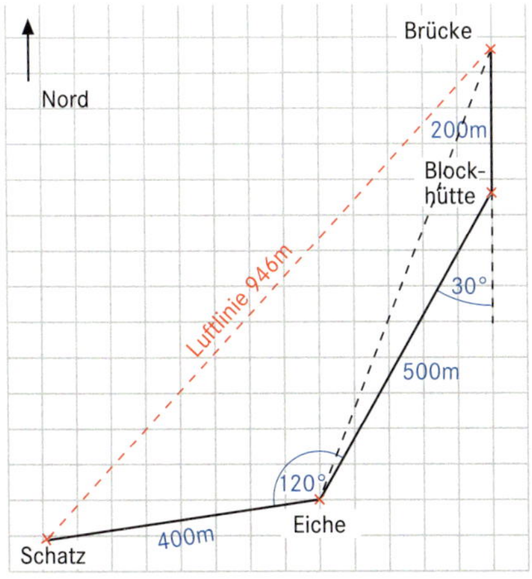

10 Wegen der Symmetrie muss es einen zweiten 70°-Winkel geben. Aus dem gleichen Grund müssen die restlichen beiden Winkel gleich groß sein. Ihre Größe berechnet sich aus der Winkelsumme im 5-Eck (540°):

(540° − 120° − 2·70°) : 2 = 140°.

Für die Winkel gibt es zwei mögliche Reihenfolgen:

140° − 70° − 120° − 70° − 140° und

70° − 140° − 120° − 140° − 70°.

Unten sind zwei Planfiguren abgebildet. Die Längen der Seiten sind aber vielfältig veränderbar, z. B. durch Verschieben der Seite, die dem 120°-Winkel gegenüberliegt.

12 $[(e - 2) \cdot 180°] : e = [e \cdot 180° - 360°] : e = 180° - 360° : e$ beschreibt die Größe eines Innenwinkels. Wenn man e anwachsen lässt, wird $360° : e$ immer kleiner.

13 Zerlegung in drei Vierecke

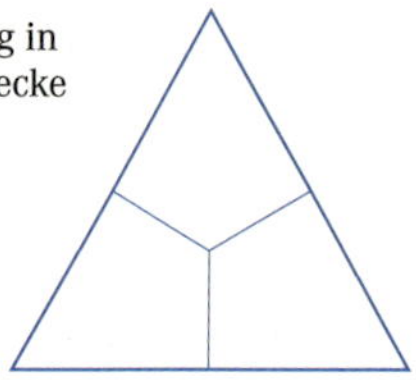

Zerlegung in neun Fünfecke, zwei Sorten

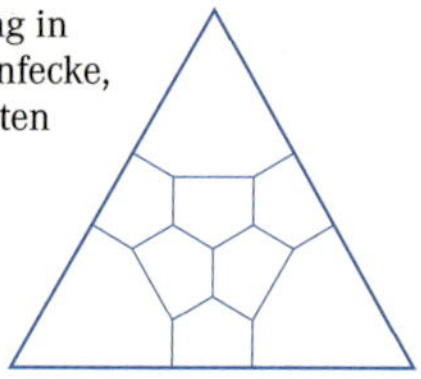

Zerlegung in acht oder weniger Fünfecke ist nicht möglich.

14 a)

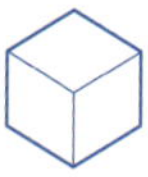

Ein mögliches Verfahren zur Auffindung einer Zerlegung in a) und b): Aus zwei Seiten und einer Ecke eine Raute bilden, dann aus der entstandenen Ecke die nächste Raute bilden usw.
Die Innenwinkel der beiden Rautenarten in b) sind 45° und 135° bzw. alle 90°.

b)

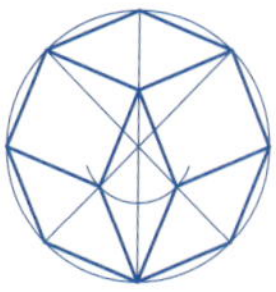

c) Eine Zerlegung existiert, wenn die Eckenanzahl gerade ist. Die Anzahl der Rauten ist eine Dreieckszahl aus der Folge 3, 6, 10, 15, ...

15

Abb.	(A)						(B)					
a) Farbe	gelb		grün		blau		gelb		grün		blau	
Zähne	30		25		40		75		30		20	
(I)	$\frac{1}{30}$	12	$\frac{1}{25}$	$14\frac{2}{5}°$	$\frac{1}{40}$	9°	$\frac{1}{75}$	$4\frac{4}{5}°$	$\frac{1}{30}$	12°	$\frac{1}{20}$	18°
(II)	$\frac{25}{30} = \frac{5}{6}$	300°	1	360°	$\frac{25}{40} = \frac{5}{8}$	225°	$\frac{30}{75} = \frac{2}{5}$	144°	1	360°	$\frac{30}{20} = 1\frac{1}{2}$	540°
(III)	$\frac{5}{6} \cdot \frac{1}{8} = \frac{5}{48}$ $37\frac{1}{2}°$		$\frac{1}{8}$ 45°		$\frac{5}{8} \cdot \frac{1}{8} = \frac{5}{64}$ $28\frac{1}{8}°$		$\frac{5}{6} \cdot \frac{1}{8} = \frac{5}{48}$ 18°		$\frac{1}{8}$ 45°		$\frac{3}{2} \cdot \frac{1}{8} = \frac{3}{16}$ $67\frac{1}{2}°$	
b)	gelb		Unterschied		blau		gelb		Unterschied		blau	
	10 von 30 $= \frac{1}{3}$		10 Zähne		10 von 40 $= \frac{1}{4}$		55 von 75 $= \frac{55}{75} = \frac{11}{15}$		55 Zähne		55 von 20 $= \frac{55}{20} = \frac{11}{4} = 2\frac{3}{4}$	
c)	Lösung mithilfe von Vielfachenlisten: Die erste Übereinstimmung von gelb und blau ergibt sich bei:											
	120 Zähnen						300 Zähnen					
	= 4 Umdr. = 1440°		$= \frac{120}{25} = 4\frac{4}{5}$ U = 1728°		= 3 Umdr. = 1080°		= 4 Umdr. = 1440°		= 10 Umdr. = 3600°		= 15 Umdr. = 5400°	
	Bei den Berechnungen für das grüne Rad kann man die Ergebnisse aus a) (I) benutzen.											
	Lösung über den Unterschied mithilfe der Ergebnisse aus b):											
	Wenn das gelbe Zahnrad eine Umdrehung macht, dreht sich das blaue 10 Zähne zu wenig, das ist eine $\frac{1}{4}$-Umdrehung des blauen. Nach vier Umdrehungen des gelben hat das blaue eine ganze Umdrehung weniger, also genau drei Umdrehungen.						Wenn das gelbe Zahnrad eine Umdrehung macht, sind es beim blauen fast vier Umdrehungen. 5 Zähne fehlen an der 4. Umdrehung, das ist eine $\frac{1}{4}$-Umdrehung des blauen. Nach vier Umdrehungen des gelben hat das blaue eine Umdrehung weniger als $4 \cdot 4 = 16$, also genau 15 Umdrehungen.					

17

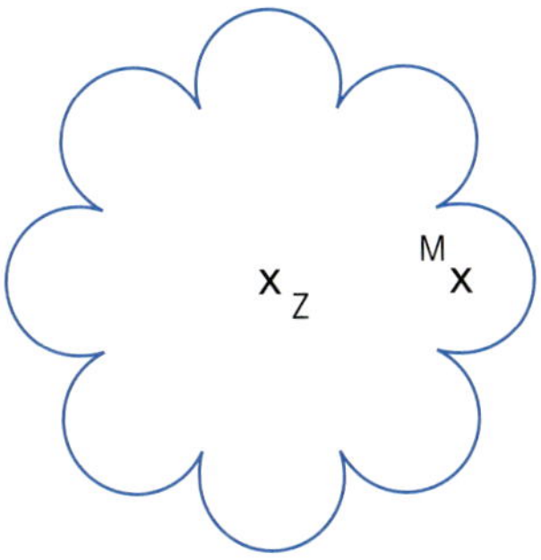

21 ca. 1,6 Stunden

22 (I) Eine Mittelsenkrechte fällt mit einer Winkelhalbierenden zusammen.
(II) Die Mittelsenkrechten sind gleichzeitig die Winkelhalbierenden.
(III) wie (I).

zu 4.4

25

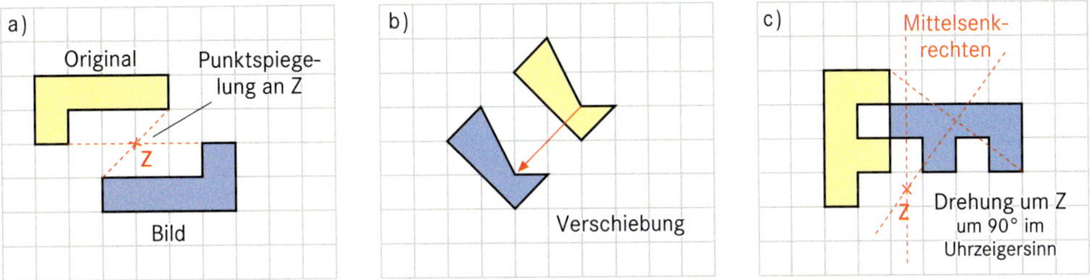

33 Bei regelmäßigen Vielecken mit ungerader Eckenanzahl sind die Mittelsenkrechten zugleich Winkelhalbierende. Bei gerader Eckenanzahl fallen je zwei Mittelsenkrechten bzw. je zwei Winkelhalbierende zusammen. Die Anzahl der Symmetrieachsen ist jeweils gleich der Eckenanzahl.

---

1 RECHENMEISTER **2** MOUNTAINBIKE

3 a)

	Figur (I)			Figur (II)			Figur (III)		
blau	$\frac{1}{2}$	0,5	50%	$\frac{3}{4}$	0,75	75%	$\frac{1}{4}$	0,25	25%
rot	$\frac{1}{4}$	0,25	25%	$\frac{1}{8}$	0,125	12,5%	$\frac{1}{2}$	0,5	50%
grün	$\frac{1}{8}$	0,125	12,5%	$\frac{1}{8}$	0,125	12,5%	$\frac{1}{8}$	0,125	12,5%
violett	$\frac{1}{16}$	0,0625	6,25%				$\frac{1}{16}$	0,0625	6,25%
gelb	$\frac{1}{16}$	0,0625	6,25%				$\frac{1}{16}$	0,0625	6,25%

zu 5.3

b) (I) 8 : 4 : 2 : 1 : 1 (II) 6 : 1 : 1 (III) 4 : 8 : 2 : 1 : 1

4 a) 0,25 = 25% b) 0,35 = 35% c) 0,001 = 0,1% d) 0,6 = 60% e) $0,\overline{6} = 66,\overline{6}\%$
f) $0,8\overline{3} = 83,\overline{3}\%$ g) 2,25 = 225% h) 1,5 = 150%

5 a) $\frac{1}{2}$ b) $\frac{1}{4}$ c) $\frac{1}{5}$ d) $\frac{1}{10}$ e) $\frac{1}{100}$ f) $\frac{3}{4}$ g) $\frac{1}{3}$

6 a) 745,16 t b) 426,4 t **9** C **10** E

2

	Tage	davon Regentage	rel. Häufigkeit von Regen	rel. Häufigkeit von trocken
Jörg	25	4	0,16	0,84
Sarah	28	7	0,25	0,75

3

	Versuche	davon gelöst	relative Häufigkeit für gelöst
Kai	26	12	12 : 26 ≈ 0,46
Annika	18	8	8 : 18 ≈ 0,44
Melanie	38	18	18 : 38 ≈ 0,47

Melanie hat die beste Lösungshäufigkeit.

4

Blutgruppe	absolute Häufigkeit	relative Häufigkeit
A	21	0,42 = 42%
B	7	0,14 = 14%
AB	3	0,06 = 6%
0	19	0,38 = 38%
insgesamt	50	1,00 = 100%

5

	Klassenstärke	davon Wähler	Anteil
Michael	28	10	ca. 0,357 = 35,7%
Nadja	31	12	ca. 0,387 = 38,7%

Nadjas Wähleranteil in ihrer Klasse ist größer als Michaels in seiner Klasse.

zu 6.4

1 Temperaturen, Kontostände, Wasserstände, Einschätzungen.

3

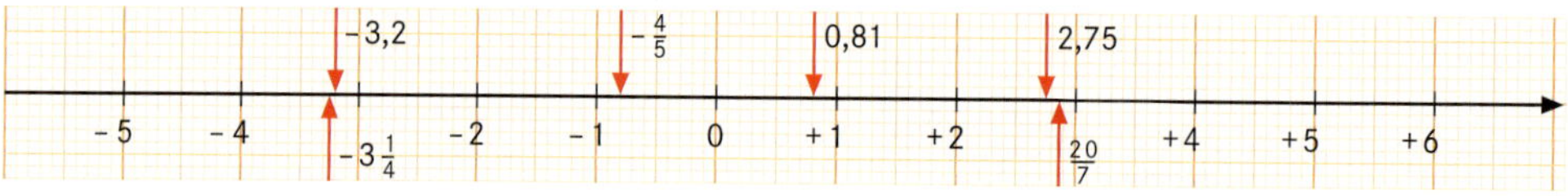

b) Gegenzahlen dieser Zahlen: -2,75; 3,2; $-\frac{20}{7}$; $3\frac{1}{4}$; $\frac{4}{5}$; -0,81.

c) Zahlen: $-3\frac{1}{4} < -3{,}2 < -\frac{4}{5} < 0{,}81 < 2{,}75 < \frac{20}{7}$; Gegenzahlen $-\frac{20}{7} < -2{,}75 < -0{,}81 < \frac{4}{5} < 3{,}2 < 3\frac{1}{4}$.

7 Beträge: 17,34; 6,56; 0,37; $\frac{3}{5}$; Gegenzahlen 17,34; -6,56; 0,37; $\frac{3}{5}$.

8 a) 0,123 und -0,123 b) 16,3 und -16,3 c) 0 d) keine Zahl

9 a) 20 b) 321,2 c) 32 d) $\frac{7}{10}$ e) 2

10 a) -31 b) 73 c) 108 d) -110 e) 20 f) -0,9 g) -999,9 h) -60 i) $-\frac{1}{6}$ j) $-2\frac{1}{2}$ k) $\frac{13}{35}$ l) -5,2

11 a) -93 b) -1394 c) $-\frac{4}{15}$ d) $-8\frac{5}{16}$ e) -4,4 f) -212

Bildquellennachweis:

akg-images, Berlin: 7.1, 37.1
Tony Angermayer, Holzkirchen: 104.9
Architekturphoto Bildarchiv, Düsseldorf: 124.1 (Ralf Richter)
Juliane Breuer, Königswinter: 74.3
CompuSatz Castera, Bredenbeck: 68.2 (Notensatz)
Comstock Fotoagentur, Berlin: 176.1
Corbis, Düsseldorf: 140.1 (Roger Ressmeyer)
Deutsche Lufthansa AG: 24.2
DIAGENTUR, Ahrensburg: 105.1 (Matthias Stolt)
DLR, Oberpfaffenhofen: 81.1
Erhard Sport GmbH & Co. KG, Rothenburg: 98.1
Geospace, Salzburg: 33.2
Getty Images, München: 22.1 (Bongarts), 159.1 (Bongarts)
Dr. Rupert Hochleitner, München: 117.1
IFA-Bilderteam, Ottobrunn: 104.2
IG Windkraft, St. Pölten: 104.4
ITRONIX GmbH, Lohmar: 22.2
Heinz Kalenberg, Krefeld: 104.7
Helga Lade, Frankfurt: 104.5
Liebherr-Werke Nenzing GmbH, Nenzing : 109.3
Das Luftbild-Archiv, Kasseburg: 23.2
Mario Maier, Erlangen: 21.2
Madeleine Mbodjé, Rotenburg/Wümme: 9.2
Mauritius, Mittenwald: 47.1 (Rudolf Pigneter), 72.1 (Studio M), 73.1 (Matthias Pinn), 79.1, 101.2 (Mollenhauer), 101.3 (Lehn), 101.4 (Bachmann), 104.6 (J. Beck), 104.8 (Arthur), 166.1 (Widmann), 184.1

(André Pöhlmann), 203.1 (Pigneter), 206.1 (Rega), 221.2 (Fotofile), 227.1 (age fotostock), 233.2 (Upper Cut)
Museum Boerhaave, Leiden: 88.1
Museum für Völkerkunde, Hamburg: 119.1
NASA: 94.1, 228.1
Okapia, Frankfurt: 104.3, 158.1 (Horst Zanus), 221.1 (Harry Walker/Alaska Stock)
A. Paulitsch: 68.2 (Text)
Photostudio Druwe & Polastri, Cremlingen: 7.2, 9.1, 10.1, 16.1, 21.3, 23.1, 23.3, 24.1, 26, 28.1, 31.1, 33.1, 34.1, 41.1, 48.1, 52.1, 59.1, 66.1, 69.1, 86.1, 96.1, 98.4, 98.5, 99.1, 103.1, 108.1, 109.1, 109.2, 109.4, 125, 126, 132.1, 155.1, 160.1, 177.1, 178.1, 183.1, 188, 189.1, 194.1, 199.2, 201.1, 207, 215.1
Pictor Bildagentur, München: 98.2
picture-alliance, Frankfurt: 57.1 (akg-images/British Library), 104.1, 153.1 (akg-images), 199.1 (AKG)
Premium, Düsseldorf: 45.1
Patricia Rennecke, Düsseldorf: 230.1, 232.1, 232.2, 233.1, 234.1
Dieter Rixe, Braunschweig: 101.1
Edgar Rüttger, Langlingen: 8.1, 27.1, 44.5, 51.1, 53.1, 54.1, 94.2, 140.1, 156.1, 220.1
Sonne heizt Energietechnik GmbH, Berlin: 182.1
Sportimage Fotoagentur: 166.2
Staatliche Münzsammlung, München: 91.1
Zhigang Suo: 74.2
Superbild, Unterhaching: 191.1 (Oredia)
Alexandra Theilenberg, Langenfeld: 215.2
Transglobe Agency, Hamburg: 212.2
aus: Wells, Lexikon der Zahlen: 57.2
Westermann Archiv: 21.1, 98.3
WOSTOK Verlags GmbH, Berlin: 212.1

alle übrigen Illustrationen: Markus Humbach, Osnabrück
alle technischen Zeichnungen: Technisch-Grafische Abteilung Westermann, Braunschweig

Mengen

$M = \{4, 5, 6, 7\}$	Menge aus den Elementen 4, 5, 6 und 7
$\mathbb{N} = \{0, 1, 2, 3, ...\}$	Menge der natürlichen Zahlen
$5 \in M$	5 ist Element der Menge M
$8 \notin M$	8 ist nicht Element der Menge M

Zahlen

$a = b$	a gleich b	$a \neq b$	a ungleich b
$a \approx b$	a ungefähr gleich b		
$a > b$	a größer als b	$a < b$	a kleiner als b
$a \geq b$	a größer oder gleich b	$a \leq b$	a kleiner oder gleich b

Geometrie

A, B, C, ...	Punkte
$\overline{AB}$	Strecke mit den Endpunkten A und B
AB	Gerade durch die Punkte A und B
$\overrightarrow{AB}$	Strahl mit dem Anfangspunkt A durch den Punkt B
g, h, k, ...	Geraden
$g \parallel h$	g ist parallel zu h
$g \perp k$	g ist senkrecht zu k
$P(3 \mid 4)$	Punkt mit der ersten Koordinate 3 und der zweiten Koordinate 4
$\alpha, \beta, \gamma, \delta, \varepsilon$	Winkel

Griechische Buchstaben

α alpha β beta γ gamma δ delta ε epsilon ϱ rho

Parkette aus lauter gleichen Vielecken

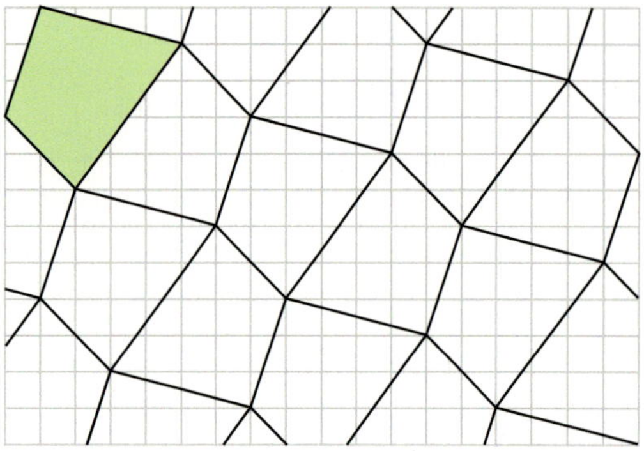

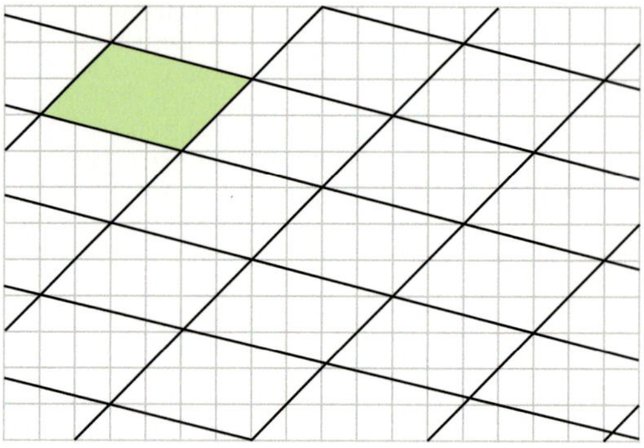

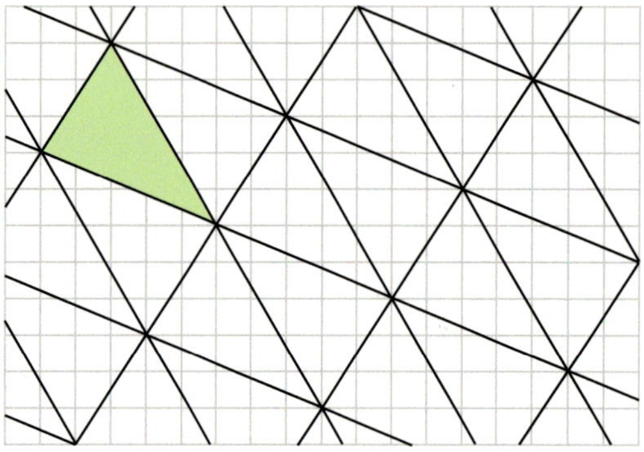

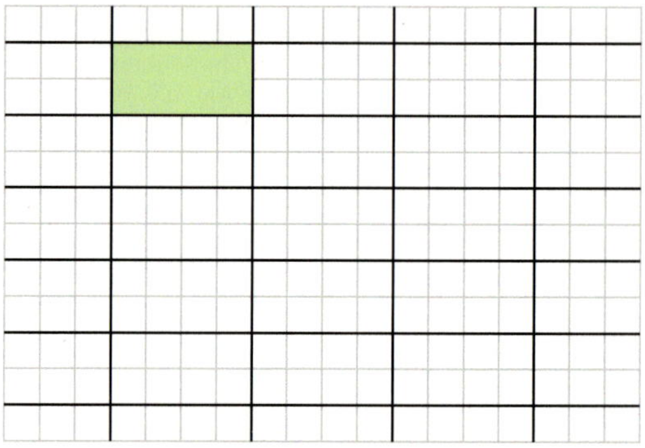

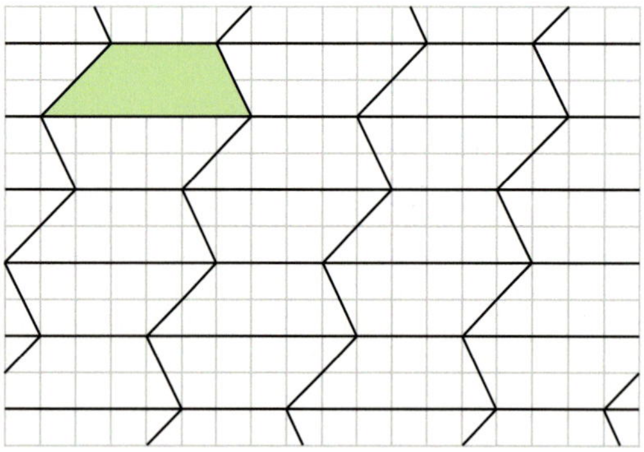

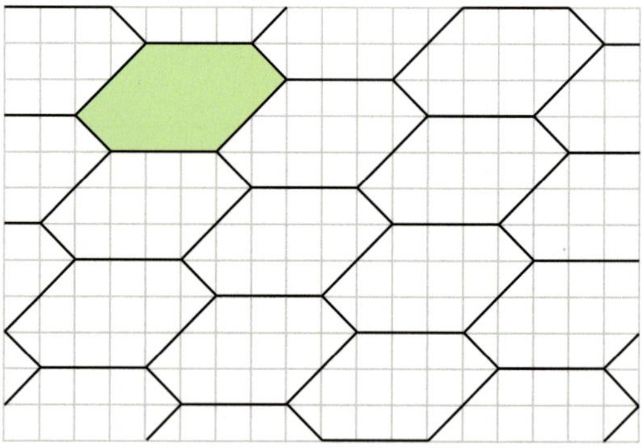

Mandala-Schablone

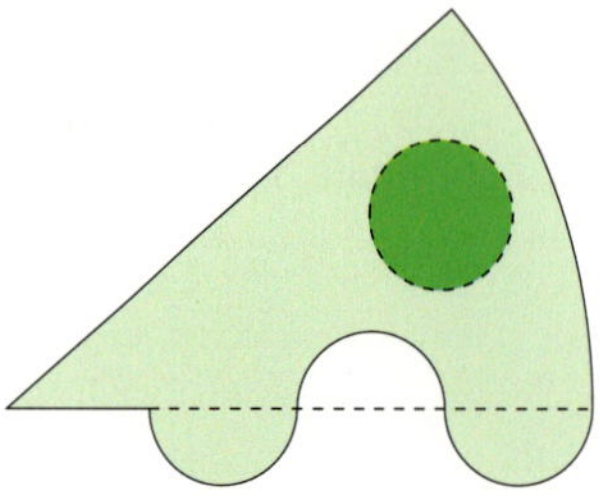

Vogel-Schablone